권위주의적 순간

권위주의적 순간

The Authoritarian Moment

미국 좌파들은 어떻게 시스템을 완전히 장악해 버렸을까

벤 샤피로 저 | 노태정 옮김

기파랑

옮긴이의 글

좌파와의 문화전쟁. 이번 샤피로 저서 『권위주의적 순간』의 키워드다. 개인적으로 책 제목은 그 책 내용을 가장 함축적으로 표현하는 단어라고 생각한다. 한 책의 내용을 간결하게 요약하면 줄거리가 되고, 그 줄거리를 한 단어 또는 문구로 요약하면 책 제목이 되기 때문이다. 그런 점에서 샤피로의 이번 최신작 『권위주의적 순간』의 부제에 '좌파(the Left)'라는 단어가 명시적으로 포함됐다는 사실이 사뭇 흥미롭다.

샤피로는 자신의 정치성향을 드러내는 데 조금도 거리낌이 없는 평론가다. 스스로를 '보수' 또는 '우파'로 부르기를 주저하지 않는다. 하지만 지난 3년간 출판했던 두 권의 책 제목에서 샤피로는 '좌파' 또는 '우파'라는 단어를 사용하지 않았다. 왜냐하면 그 책들은 단순한 좌우 구분을 넘어 보다 근원적이고 포괄적인 주제들을 다루고 있었기 때문이다. 예를 들어 『역사의 오른편 옳은편』에서 샤피로는 서구문명이 유대–기독교적 도덕과 그리스 이성이라는 두 기둥에 의해 지탱된다는 점을 역설했다. 『미국은 어떻게 망가지는가』에서는 '분열주의자(disintegrationists)'와 '연합주의자(unionists)'라는 프레임을 통해 미국의 건국과 발전과정을 긍정하는 사람들과 부정하는 사람들을 구분해 그들의 대립 현상을 설명했었다. 한마디로 『역사의 오른편 옳은편』, 그리고 『미국은 어떻게 망가지는가』에서 다뤄졌던 주제는 정치적 좌우 구분을 초월한 역사·철학적 담론이었다고 할 수 있다.

반면 이번 책에서 샤피로는 아주 오랜만에(정확히는 약 9년 만에) '좌파'라는 단어를 제목에 포함시켰다. 책의 제목은 『권위주의적 순간(The Authoritarian Moment)』이고, 부제는 '미국 좌파들은 어떻게 미국 시스템을 완전히 장악해 버렸을까(How the Left Weaponized America's Institutions Against Dissent)?'이다. 본문에서 샤피로는 미국에서 발생한 실례를 조목조목 언급하며 미국 좌파가 어떤 방식으로 미국의 핵심 제도와 기관, 시스템을 정치도구화 하면서 반대 진영을 묵살해 나갔는지를 생생히 묘사한다.

샤피로는 자신의 주장을 설명하는 데 있어 『블랙스완』의 저자 나심 니콜라스 탈레브의 이론을 빌린다. 탈레브는 '재(再)정상화(renormalization)'라는 개념을 통해 한 기관, 제도권 또는 시스템이 어떻게 완전히 뒤바뀔 수 있는지를 언급했다. 탈레브가 주목했던 건 '고집스러운 소수집단(intransigent minority)'이었다. 절대적 숫자상으로는 소수지만, 고집스러운 이념과 내부 결속을 통해 강력히 단결한 집단은 사회 전체를 변혁시키는 폭발력 있는 에너지를 만들어낼 수 있다는 논리였다. 이건 마치 단단한 쇠 젓가락을 휘저어서 컵 안에 있는 물 전체를 움직이는 것과 같았다. 샤피로는 미국 좌파가 전략적 마인드를 통해 장기간에 걸쳐 '단단하고 고집스러운 소수집단'을 규합한 뒤, 사회 기관과 제도, 시스템 속으로 침투해 들어가는 '긴 행진(long march)'을 통해 미국사회를 집요하고 적극적인 방식으로 재정상화 해왔음을 고발한다.

실제 이 책에서 샤피로가 언급하는 사례들은 충격적이다. 미국에선 단순히 정치권의 좌우 대립을 넘어 학계, 교육, 입법, 행정, 사법, 언론, 기업, 금융, 종교, 엔터테인먼트, 법조계, 심지어 가장 공정하고 객관적인 잣대가 사용돼야 할 과학과 스포츠 영역에서까지 권위주의 좌파의 마수가 뻗어 나가고 있기 때문이다. 이 과정에서 보수 또는 중도 성향을 가진 평범한 미국인들은 서서히 설 자리를 잃어가고 있다. 좌파가 주도하는 캔슬 컬처가 미국 사회 곳곳을 휩쓸게 됨에 따라 친구 관계는 깨지고 있고, 직장 생활 가운데도 정치적 견해에 따른 실제적 피해를 염려하는 목소리가 속출하고 있다. 과거 미국인들은 공화당과 민주당이라는 틀 안에서 정치적으로 대립 하다 가도 월드시리즈나 슈퍼볼 같은 범국민적 스포츠 행사를 통해 애국심과 단결력을 고취시키곤 했다. 하지만 오늘날 미국 사회에서는 서로 정치적 입장이 다른 미국인들이 공유할 수 있는 공통분모가 점점 사라져 가고 있는 현실이다. 샤피로는 그 원인이 핵심 기관과 제도, 시스템을 장악해 나가며 미국사회 전체를 혁명적으로 '재정상화'하는 데 혈안이 돼 있는 권위주의 좌파들에게 있다고 진단한다.

  이번 책을 번역하면서 나의 흥미를 끌었던 부분은 좌파 주도의 재정상화에 대한 샤피로의 처방이었다. 샤피로는 미국 보수진영 역시 좌파와 마찬가지로 '고집스러운 소수집단(intransigent minority)'을 규합해야 한다고 강조한다. 비록 소수라고 할지라도 원칙을 분명히 하고, 자신들의 입장을 타협하지 않는 강건한 보수 세력이 필요하다는 것이다. 보수 이념에 대한 올바른 바탕 위에 스스로의 정체성에 대한 자부심을 갖고 우직하게 그 자부심을 지켜 나가는 고집스러운 소수집단. 엄청난 사회적 압력 가운데도 아닌 건 아니라고 당당하게 말하는 소신 있는 사람들. 이들이 좌경화된 미국 제도권 속으로 들어가 변화의 목소리를 내기 시작한다면 '기울어진 운동장'을 평탄화 시킬 수 있다고 샤피로는 말한다. 여기서 핵심은 바로 '용기'다. 불의 앞에서 '아니야(no)'라고 단호히 말할 수 있는 용기. 군중심리에 동요되지 않는 태도. 진실을 향해 직진할 수 있는 마음가짐. 샤피로는 보수와 중도 성향을 가진 미국인들이 권위주의 좌파가 만들어 놓은 매트릭스를 거부하는 배짱과 용기를 가질 때 비로소 변화의 물결이 시작될 것이라고 말한다. 많은 사람들이 간과하지만, 중요한 건 용기를 내는 것이다.

  좌경화된 기관에 침투해 들어가 재정상화에 착수하는 접근법 뿐만 아니라, 권위주의 좌파가 장악한 미국 시스템을 바로잡기 위해 샤피로가 처방하는 두 번째 방법은 바로 새로운 제도와 기관 〈institutions〉을 설립하는 것이다. 한마디로 새로운 대안을 창조해 내는 방식이라고 할 수 있다. 예를 들어 CNN이나 〈뉴욕타임스〉, 〈워싱턴포스트〉 같은 주류 미디어 회사에 보수 성향 방송인과 기 자들이 몇 명 들어간다고 하더라도, 권위주의 좌파 성향을 가진 리 더십이 공고히 주도권을 가지고 있다면, 그곳에서 유의미한 변화 의 흐름을 만들어 내는 건 불가능하다. 이런 상황에서 보수가 선 택할 수 있는 방법은 바로 '대안매체〈alternative media〉'를 만들어내 는 것이다. 벤 샤피로가 설립한 〈데일리와이어〈The Daily Wire〉〉 역시 바로 그런 대표적 대안매체 가운데 하나다.

2015년 샤피로가 자신의 비지니스 파트너 제레미 보링〈Jeremy Boreing〉과 합작해 설립한 〈데일리와이어〉는 이제 명실상부 미국 최 고의 보수 대안매체로 자리잡게 됐다. 단순한 대안매체를 넘어서, 폭스뉴스〈Fox News〉 정도를 제외하면 현재 〈데일리와이어〉는 미국 에서 가장 영향력 있고 성공적인 보수 미디어로 손꼽힌다. 놀라운 건 대안매체로 출발한 〈데일리와이어〉가 뉴스와 정치 평론에만 활동을 제한하지 않고, 시간이 지날수록 엔터테인먼트, 영화, 다 큐, 스포츠, 육아·키즈 콘텐츠 등 다양한 분야로 사업모델을 확장 하며 종합 미디어 그룹으로 성장해 나가고 있다는 사실이다.

특별히 디즈니플러스〈Disney+〉와 넷플릭스〈Netflix〉 등 거대 미디어 기업들이 그들 콘텐츠에서 좌파 깨시민사상〈wokism〉과 PC주의를 노골적으로 조장함에 따라, 비지니스상 〈데일리와이어〉가 누리는 운신의 폭은 날이 갈수록 확대되고 있다. 왜냐하면 아직 평범한 미국인 중 상당수는 어린 자녀들에게 동성애 코드나 비판인종이론(Critical Race Theory) 같은 좌파 깨시민 사상을 주입하고 싶어하지 않기 때문이다. 그리고 무엇보다, 깨시민주의와 PC사상이 작위적으로 범벅 된 콘텐츠는 너무 재미가 없다. 대중을 '가르치려 드는' 고압적 태도도 상당히 불쾌하다. 스트레스를 해소하고 즐거움을 얻으려고 TV를 켰는데 갑자기 교묘하고 장황한 정치 설교를 듣게 된다면 어떤 시청자가 그걸 좋아하겠는가. 실제 미국 한 언론사를 통해 유출 된 디즈니 고위급 회의 녹취록에 따르면, 임직원 중 한 명은 자신이 디즈니에서 콘텐츠를 만들며 "노골적인 동성애 코드(not-at-all-secret gay agenda)를 끼워 넣고 있다"고 고백하기도 했다. 〈데일리와이어〉의 구독자층이 폭발적으로 증가하고 있는 건 좌파 권위주의자들의 이 같은 사상 강요에 대한 평범한 시민들의 강력한 반작용이라고도 해석할 수 있다.

〈데일리와이어〉가 지금껏 이룩한 성취는 실로 놀랍다. 단순한 '숫자들'을 한번 살펴보자. 먼저, 〈데일리와이어〉의 풀타임 직원은 200여 명이고, 1년 매출은 무려 2억 달러(약 2,200억 원)에 달한다. 2022년 12월 기준, 〈데일리와이어〉에 정기적으로 구독료를 지불하는 멤버십 숫자는 100만명을 돌파했다. 이들은 단순히 유튜브 채널 구독하듯 '구독'을 클릭한 정도가 아니라, 넷플릭스나 디즈니플러스를 이용하는 것처럼 매월 또는 매년 정기적으로 구독료를 지불하며 〈데일리와이어〉가 생산하는 콘텐츠를 소비하는 핵심 팬층이다. 또 매월 약 4천만 명이 〈데일리와이어〉 진행자들의 팟캐스트를 다운받고 있고, 홈페이지의 월간 평균 페이지뷰는 무려 1억 3천만 회에 육박한다. 여기에 그치지 않고 〈데일리와이어〉는 2021년 기준, 〈뉴욕타임스〉, 〈워싱턴포스트〉, 폭스뉴스, CNN 등 유수 레거시 미디어들을 제치고 페이스북에 등록된 언론사들 중 콘텐츠 노출도가 가장 높은 매체에 선정되기도 했다. 좌파 권위주의자들이 장악한 미국 사회를 재정상화 하기 위해 문화전쟁의 최일선에서 유의미한 성과를 지속적으로 내놓고 있는 것이다. 문화전쟁의 맥락에서 이런 대안을 실제 만들어내 성공시켰다는 사실 자체가 매우 고무적이다. 특별히 지난 2년은 〈데일리와이어〉에게 매우 뜻깊은 시기였다.

일례로, 〈데일리와이어〉는 최근 미국 보수진영에서 영향력 있는 목소리를 내는 정치평론가 캔디스 오웬스(Candace Owens)를 영입했다. 또 『12가지 인생의 법칙』이라는 글로벌 베스트 셀러로 한국에도 널리 이름이 알려진 조던 피터슨(Jordan Peterson) 역시 최근 〈데일리와이어〉와 전속 계약을 맺고 샤피로가 만든 플랫폼에 합류했다. '5분 영상'으로 유명한 유튜브 채널 프래이거유(PragerU)도 〈데일리와이어〉 서버에 모든 콘텐츠 데이터를 이전했다. 압권은 디즈니 영화 「만달로리안」의 주연 여배우였던 지나 커라노(Gina Carano)를 영입한 사건이었다. 〈데일리와이어〉는 트위터에 보수적인 트윗을 올렸다는 이유로 디즈니로부터 퇴출됐던 지나 커라노를 보란

듯이 영입한 뒤 「테러 온 더 프레리(Terror on the Prairie)」라는 웨스턴 영화를 제작했다(그 밖에 〈데일리와이어〉는 지금까지 총 3편의 영화를 독립 제작함). 이 사건은 좌파 권위주의자들이 장악한 문화계에서 보수가 '수비' 뿐만 아니라 '공격' 역시 얼마든지 수행할 수 있음을 대중들과 문화업계 전반에 널리 알려준 상징적인 신호탄이었다. 〈데일리와이어〉와 영화 프로젝트를 시작한 뒤 샤피로와 했던 인터뷰에서 지나 커라노는 다음과 같은 인상적인 말을 남겼다. "우리가 허락하지 않는다면, 그들은 우리를 캔슬 시킬 수 없어요(They can't cancel us if we don't let them)."

『권위주의적 순간』에서 좌파 권위주의자들이 장악한 미국 사회를 다시 '재정상화'시키는 해결책을 제시하는 샤피로의 발언이 더욱 설득력 있는 이유는, 그가 현재 문화전쟁의 최전선에서 직접 싸움에 참여하고 있기 때문이다. 그의 글에는 현장의 목소리가 있다. 생동감 있는 승전보가 있다. 그래서 샤피로의 메시지에는 힘이 있다. 왜냐하면 그가 '해봤기 때문'이다. 말을 하는 것과 행동으로 옮기는 건 전혀 다른 차원의 문제다. 행동과 성과가 없으면 말은 아무 의미가 없다. 샤피로는 자신이 글을 통해 제시한 방법을 직접 삶으로 실천하며, 오늘도 미국 사회에서 문화전쟁의 새로운 지평을 열어가고 있다. 10대, 20대, 30대 젊은 세대가 〈데일리와이어〉 구독자의 절대다수를 차지하는 만큼, 앞으로 〈데일리와이어〉가 어떤 모습으로 성장해 나갈지 큰 기대가 된다.

이런 말을 하면 '그건 미국 이야기잖아'라는 김빠진 소리를 하는 사람도 있을 것이다. 하지만 모든 게 글로벌화 된 오늘날 미국 이야기는 단지 미국의 이야기로만 끝나지 않는다. 과거 실례들을 살펴보면, 동성결혼, 젠더, 페미니즘, 난민, 이민, 기후변화, 낙태 등 사회적으로 첨예하게 대립되는 문화 이슈들은 유럽에서 최초의 논의가 시작된 후 대서양을 건너 미국으로 넘어갔고, 일정 기간 뒤 태평양을 건너 한국에 도달하는 패턴을 보여 왔기 때문이다. 예를 들어 2000년 12월, 네덜란드가 지구상 최초로 동성결혼을 합법화하자 그 흐름이 전 유럽으로 전파됐다. 그 후 동성결혼이라는 이슈는 약 10년의 주기를 두고 미국을 강타했고(미국에서는 약 2010년부터 동성결혼에 대한 치열한 논쟁의 장이 펼쳐짐), 결국 2015년 미국에서도 오바마 정부 하에 연방대법원 판결을 통해 동성결혼이 합법화 됐었다. 이를 토대로 살펴보자면 앞으로 한국에서도 동성결혼 합법화에 대한 치열한 논쟁이 발생할 것임을 어렵지 않게 짐작할 수 있다(이미 한국 사회 저변에서는 차별금지법, 평등법 등을 필두로 동성결혼 합법화에 대한 논의가 격렬하게 진행되고 있다).

유념해야 할 건, 오늘날 글로벌화가 가속화되고 소셜 미디어가 고도화됨에 따라 과거 유럽에서 미국으로, 미국에서 한국으로 이슈가 전파되는 데 걸렸던 시차가 급속도로 단축되고 있다는 사실이다. 이 말은 곧 어제 유럽과 미국에서 발생한 사회문화적 이슈가 당장 오늘 한국 사회를 살아가는 우리에게 직접적인 영향을 줘도 전혀 놀라운 일이 아니라는 뜻이다. 미국의 어제는 한국의 오늘이 될 수 있다. 이런 흐름에 비춰볼 때, 문화전쟁에 대한 현재 미국의 사례를 심도 있게 공부하는 건 앞으로 한국 사회가 맞이하게 될(어떤 의미에서는 이미 당면하고 있는) 문화전쟁의 전개양상을 예습하는 것과 같다. 지피지기 백전불태(知彼知己 百戰不殆)라고 하지 않던가. 싸움의 전선에서 상대방을 올바로 이해하고 우리의 현실을 직시할 수 있다면, 백 번 싸워도 전혀 위태롭지 않다. 한국 보수진영이『권위주의적 순간』에서 미국 사회 현상을 분석하고 해결책을 제시한 샤피로의 통찰을 통해 앞으로 한국에서 펼쳐질 문화전쟁의 본질을 파악하고, 이를 한국 상황에 적용해 적절한 대응 전략을 구상해 나갈 수 있게 되길 기대한다.

『권위주의적 순간』은 내가 번역한 샤피로의 세 번째 책이다. 먼저 좋은 번역의 기회를 제공해 주신 기파랑 안병훈 사장님과 박정자 주간님께 지면을 빌려 감사의 말씀을 드리고 싶다. 두 분의 결정이 아니었다면 이 책은 애초에 우리나라에서 빛을 볼 수 없었을 것이다. 또 편집과 출판 과정에서 수고해주신 윤구영 선생님, 박은혜 실장님께도 감사의 인사를 전해드린다. 또 사랑하는 가족에게도 진심으로 고맙다는 이야기를 하고싶다. 마지막으로, 만물의 주관자 되신 하나님께 감사 드린다.

노태정

차례

독립선언서에서 약속했고 우리 헌법이 보장한
자유가 존중되는 나라에 살아갈 마땅한 권리를 부여받은
나의 자녀들에게 이 책을 바칩니다.

들어가는 글

미국 제도권의 핵심 권력을 장악한 사람들은 미국이 권위주의적 독재에 따른 위협에 직면하고 있다고 말한다.

민주당과 주류 언론, 소셜 미디어로 상징되는 테크 기업들, 할리우드 재벌들, 각종 기업의 지도층, 대학 교수들이 하는 얘기를 듣다 보면 미국은 권위주의에 따른 위협을 맞이하고 있음이 분명하다. 그리고 그 위협은 정치적으로 우파들에 의해 발생한다.

미국인들 삶의 상당한 영역을 통제하는 바로 그 사람들(미국 좌파들과 제도권 엘리트들)에 따르면, 그 권위주의 독재적 위협이 가장 분명히 드러난 시점은 지난 2021년 1월 6일이었다.

바로 그날, 몇백 명쯤에 해당하는 폭도들은 평화롭게 진행되던 트럼프 시위대로부터 벗어나(당시 트럼프를 지지하는 시위에는 수천 명이 참여하고 있었다) 미 의사당에 기습 난입했다. 그들 중 다수는 미 의회 의원들과 부통령 마이크 펜스(Mike Pence)에게 폭력을 행사하려 했다. 폭도들의 목적은 합법적으로 진행됐던 2020년 미국 대선의 결과를 뒤집는 것이었다.

1월 6일의 참사가 보여 준 이미지는 그야말로 강렬했다. 또 1월 6일 사건에 가담한 폭도들은 범죄에 해당하는 악행을 저지른 것이 분명했다. 버팔로 뿔을 머리에 달고 야만인처럼 단장한 사람들, 트럼프 지지 깃발과 플라스틱 수갑 같은 군용 장비를 걸치고 서 있던 멍청이들은 그날 이후 전 세계 언론의 헤드라인을 장식했다.

선거 비준 과정을 위해 의사당 내 상하원 의원들과 부통령 마이크 펜스는 안전한 곳으로 대피했고, 폭도들로부터 발생할 수 있는 추가적 위험으로부터 자신들을 지켜 냈다.

정치적 좌우를 막론하고 **선한 마음을 가진** 미국인들은 모두 한결같이 의사당을 강점한 폭도들을 비판했다. 부통령이었던 마이크 펜스는 선거인단 투표에 따른 개표를 관장했다. 켄터키주가 지역구인 공화당 상원 다수당 대표였던 미치 매코널(Mitch McConnell)은 폭도들을 향해 "사악한 멍청이들"이라는 강력한 언어를 사용하며 규탄 성명을 냈고, 그는 곧바로 민주당 바이든 대통령의 당선 결과를 인정했다.

하지만 미국의 정치적 좌파들은 1월 6일 폭동을 단순히 모든 진영에 의해 비난받아 마땅한 범죄 행위쯤으로 치부하지 않았다. 그들의 관점에서 1월 6일 폭동은 미국 우파 진영이 배태하고 있던 권위주의 독재적 기질이 정점을 찍고 표면화된 것에 불과했기 때문이다. 1월 6일 사건에 대해 뉴욕 매거진의 조나단 체이트(Jonathan Chait)는 다음과 같은 주장을 펼쳤다.

"우리는 본능에 충실한 소시오패스적 독재자에게 지구상에서 가장 강력한 직무를 맡겼다. 과연 우리는 어떤 결과를 상상했던 것일까?"[1] 〈뉴욕타임스〉에 글을 기고하는 경제학자 폴 크루그먼(Paul Krugman)은 "미국 공화당이 우파적 피해망상을 관용하는 걸 넘어 부추기기까지 하는 정당이 되었다"고 규탄하며 다음과 같이 말했다. "공화당은 민주주의 원칙을 내던져 버리는 오랜 여정의 정점에 도달했고, 이제 그들은 회복 불능의 상태에 있는 것으로 보인다."[2] 〈워싱턴포스트〉의 기자 그렉 사전트(Greg Sargent)는 "트럼프의 공화당은 추악한 독재적 기질을 갖고 있다"고 설명했다.[3] 하버드대 역사학 교수인 리사 맥거(Lisa McGirr)는 〈뉴욕타임스〉에 기고한 글에서 1월 6일 폭동에 대해 다음과 같이 말했다.

"공화당은 분명 폭동과 자신들을 분리하려고 시도할 것이다. 하지만 이민자를 배척하고 극단적 양극화를 초래하며, 진실을 짓밟고, 백인 민족주의와 반민주적 사상을 옹호하는 것으로 특징되는 트럼프 대통령의 유산은 미래에도 공화당의 핵심 전략으로 남게 될 가능성이 크다."[4]

CNN의 앵커인 돈 레몬(Don Lemon)은 다음과 같이 말했다.

"만약 트럼프에게 투표했다면, 당신은 KKK단원들이 지지하는 사람에게 투표한 것입니다. 당신은 나치 성향을 띠는 사람들이 지지하는 후보에게 투표한 것입니다. 당신은 대안우파가(미국의 극우 세력) 지지하는 사람에게 투표한 것입니다. 당신은 바로 그런 유형의 사람들과 같은 진영에 있습니다. 당신은 군중들이 의사당으로 돌진하도록 하고, 국회의원들의 생명을 앗아갈 뻔했던 행동을 선동했던 사람에게 투표한 것입니다."[5]

앙심은 또 다른 앙심을 부르게 된다. 〈뉴욕타임스〉의 기자 찰스 블로우(Charles Blow)는 다음과 같이 질문했다.

"현재 우리는 한 사회로서, 한 정치공동체로서 무엇을 하고 있는가? 단순히 시간을 때우며, 과거는 과거일 뿐이라고 자조하며, 더 나은 날이 오리라고 막연하게 희망하고 있는 걸까? 그게 아니면 우리는 모종의 정의를 추구하며, 이 나라를 벼랑 끝으로 몰고 간 사람들에게 책임을 물을 준비가 되어 있는 것일까?"[6] MSNBC의 방송인 조이 리드(Joy Reid)는 이라크 전쟁 이후 사담 후세인과 관련된 군 관계자를 숙청했던 "탈(脫)바트화(de-Ba'athification)" 사건을 언급하면서 (트럼프와 관계된 사람들을 사회에서 퇴출시키는) 미국 버전의 "탈바트화가 필요하다고 목소리를 높였다.[7]

실제 미국 좌파들은 미국의 미래를 위험에 빠뜨리는 가장 큰 위협이 우파 권위주의 독재로부터 비롯한다고 주장했다. 하지만 일견 자연스러워 보일 수 있는 이 주장은 실제로는 좌파들이 미국 주류 보수와 백인우월주의자들을 혼동했기 때문에 발생했다. 미국 좌파들은 우파 사상으로부터 비롯하는 권위주의적 위협을 제거하지 않는다면 결국 공화국은 소멸되고 말 것이라고 생각했을 것이다. 권위주의 독재는 분명 사라져야 한다. 하지만 만약 현재 미국이 직면하고 있는 가장 심각한 독재적 위협이 의사당을 점령했던 몇백 명에 달하는 사악한 음모론자들, 멍청이들, 그리고 범죄자들로부터 비롯하지 않았다면 어떻게 되는 걸까?

현재 미국이 당면한 가장 위험한 독재적 위협이 각종 군용 장비를 치렁치렁 몸에 걸치고 버팔로 뿔과 동물 가죽을 뒤집어쓴 채로 민주주의의 전당에 침입해 들어온 바로 그 폭도들, 그리고 그에 따라 마땅히 그들이 받아야 할 경멸을 체험하고 있는 사람들로부터 비롯하지 않고 있다면 어떻게 될까?

만약 미국인들의 자유를 침해하는 가장 심각한 위협이 다른 곳에서 발생하고 있다면?

만약, 이 나라를 위험에 빠뜨리는 권위주의에 따른 위협이 실제로는 제도권 밖이 아니라 제도권 안에서 발생하고 있다면 어떻게 되는 것일까?

다시 말해, 우리 사회에서 존중받는 언론계, 상아탑으로 빛나는 학계, 할리우드 셀럽들의 화려한 오피스, 실리콘밸리의 투명 칸막이 사무실, 그리고 대기업들의 이사회로부터 그 위협이 비롯되고 있다면?

만약 우리 삶을 어려움에 빠뜨리는 권위주의적 위협이 실제로는 가장 힘이 센 사람들에 의해 만들어지고 있다면 어떨지 생각해보자. 미국인들 절반이 갖고 있는 가치관을 경멸하며, 막대한 기관에 요직에 걸터앉아 제도를 통해 권력을 휘두르는 바로 그런 사람들 말이다.

만약 이 같은 사람들이 행사하는 권위주의 독재가 지난 수년간 서서히, 견제받지 않으며 성장했다고 내가 말한다면 당신은 어떤 생각이 들 것인가? 만약 권위주의에는 다양한 갈래가 있으며, 그중 가장 치명적인 형태는 이따금 우파에게서 나타나는 권위주의가 아니라 자기 확신에 가득 차 있으면서 정당성을 얻지 못한 좌파의 도덕적 우월감에 따른 권위주의라고 말한다면, 당신은 이에 대해 어떻게 반응할 것인가?

권위주의적 본능

우리 마음속에는 독재자를 사랑하는 어떤 기질이 있다. 구약성경 사무엘서를 보면, 외적으로는 다른 부족들 간의 전쟁, 내적으로는 불화에 시달리고 있었던 이스라엘 백성들은 사사(士師, judges) 시대를 끝내길 원했다.* 다시 말해, 그들은 왕을 갖고 싶어 했던 것이다.

하지만 과거 이스라엘 백성들은 왕이 출현했을 때 발생하게 될 참혹한 결과에 대해 반복적인 경고를 받았었다.

구약성경에서 하나님은 왕을 요구하는 이스라엘 백성들을 놓고 사무엘에게 그들이 "나를 버렸다"고 말씀하신다. 사무엘은 이스라엘 백성의 결정을 꾸짖으며 "왕은 너희들의 아들과 딸들을 취할 것이며, 너희 밭과 포도원과 너희 양 떼의 십분의 일을 취할 것"이라고 말한다. 또 사무엘은 이스라엘 백성들에게 다음과 같이 경고한다. "너희는 그 종이 될 것이라. 그날에 너희는 너희가 택한 왕으로 인하여 부르짖되 그날에 여호와께서 너희에게 응답하지 아니하시리라" (사무엘상 8:11~18).

이 같은 경고에 대해 이스라엘 백성은 다음과 같이 답한다. "아니로소이다 우리도 우리 왕이 있어야 하리니 우리도 열방과 같이 되어 우리 왕이 우리를 다스리며 우리 앞에 나가서 우리의 싸움을

---

* 왕정시대 전 이스라엘에서 리더십 역할을 맡았던 직책. 입법, 사법, 행정 등을 총괄했음.

싸워야 할 것이니이다"(사무엘상 8:19~20).[8]

인간의 본성은 변하지 않았다. 이것이 바로 인간 역사의 안타까운 진실이다. 인간은 또 다른 인간에게 위협이 되기 때문에, 사람들은 권위로부터 안전과 만족을 얻으려고 한다. 인간은 또 다른 인간에게 위협이 되기 때문에, 사람들은 인간의 본성을 '개조'하려 하고, 권력을 행사함으로써 그 개조 작업을 성취하려 한다. 너무나 많은 경우 사람들은 인류를 자애로운 마음으로 바라보시며 성취감 있는 삶과 풍성한 공동체 형성에 필요한 윤리적 기반을 제공해 주는 위에 계시는 신적 존재로부터 비롯된 도덕적 권위를 불신한다. 그 대신 사람들은 왕, 지도자, 또는 제도, 조직들에서 파생되는 이 땅의 권위로 눈을 돌린다. 유대인들이 금송아지를 만들었던 건 홍해가 갈라지는 초자연적인 역사를 목도한 지 불과 몇 주 뒤였다는 사실을 기억하자.

인간에게는 권위주의적 독재를 열망하는 본성이 있다. 인류 역사 대부분의 경우, 권위주의적 독재는 중앙집권화된 정부 시스템을 통해 나타났다. 역사상 존재해 왔던 왕조, 과두정, 귀족정 등을 통해서 말이다. 2차 세계대전 이후 발생한 민주주의의 확산은 놀라운 현상이었지만, 한편으로 놀라울 정도로 취약한 현상이기도 했다. 인간에게 자유가 주어졌지만, 그 자유는 유통기한이 짧기 때문이다.

민주정은 대개 중우정치에 의해 위협을 받는다. 중우정치란 쉽게 말하자면 떼법이 난무하는 통치다. 떼법을 만들어 내는 폭도들은 다음 두 가지 방식으로 자유를 독재로 바꿔 놓는다. 첫째는 반동적 야만이다. 이 같은 야만은 특정한 난관에 노출된 시민들은 내부적 또는 외부적 변화의 바람으로부터 자신을 지키고 보호하려 할 때 발생하는데, 이는 주로 정치적 우파와 연관돼 나타난다. 또 다른 형태의 중우정치는 유토피아적 야만성이라고 할 수 있다. 유토피아적 야만성이 발현될 때 시민들은 인간의 본성 그 자체를 개조함으로써 당면한 어려움에서 벗어나려는 모습을 보인다. 이 같은 중우정치는 주로 정치적 좌파들과 연관되어 나타난다.

종종 위에서 언급한 두 형태의 폭도들은 적대적 공생 관계처럼 서로에게 필요한 양분을 공급하며 한 사회를 폭정의 소용돌이로 몰아넣는다. 독일 바이마르 공화국에서 발생한 사건이 바로 정확히 그 예시였다. 유토피아적 이상을 꿈꾸었던 독일 공산주의자들이 반동적 야만성을 추구했던 나치 추종자들과 갈등을 일으켰던 것. 이 전쟁에서 승리한 한쪽 진영은 인류 역사상 가장 사악한 폭정을 실시했다. 이 전쟁에서 패했던 진영(독일 공산주의자들) 역시 인류 역사상 가장 사악한 폭정을 저질렀던 집단(소련)의 일부 분파였다. 다시 말하자면, 싸움에 참여한 두 진영 중 어느 쪽도 민주적이고 인권을 보장하는 시스템을 보존하려 하지 않았다.

미국을 건국한 국부들은 중우정치가 그들이 건설한 신생 국가에 가장 치명적인 위협을 끼칠 것이라고 판단했다. 그렇기에 미국 건국의 아버지들은 폭력적인 군중들의 광적인 변덕으로부터 개인의 권리를 보호하기 위해 정부 구조 속에 견제와 균형의 시스템을 심어 놓았다. 미국의 헌법은 야망을 통해 또 다른 야망을 견제하기 위해 만들어졌고, 정념을 통해 또 다른 정념을 통제하기 위해 만들어졌다. 미국 국부 중 한 명이자 연방주의자 논집(The Federalist Papers)의 주요 저자였던 제임스 매디슨(James Madison)은 공공연히 '파당'에 대한 혐오를 표출했는데, 매디슨이 말했던 파당은 "그 숫자가 다수든 소수든 간에, 특정한 정념 또는 이해관계에 따른 충동에 의해 연대하며 행동하는 다수의 시민들"을 의미했다.

매디슨은 이들이 "다른 시민들의 권리를 침해하며, 공동체의 영구적이며 총체적인 이해관계를 해친다"고 규정했다. 이 같은 파당을 방지하기 위해 매디슨은 다음 두 가지 방법을 제안한다. 첫째는 "파당의 존재를 가능하게 만드는 특정 형태의 자유를 소멸시켜 버리는 것"이고, 둘째는, "(공화국 내의) 모든 시민들에게(그들이 합리적으로 충분히 동의할 수 있는) 동일한 관점과 정념, 그리고 동일한 이해관계를 제시하는 것"이었다.[9]

매디슨이 언급한 두 가지 방법은 모두 권위주의적 독재를 종식시키는 해결책이 될 수 있었다. 매디슨은 권위주의 독재를 말소하는 해결책이 견제와 균형의 원칙에 있다고 판단했으며, 권력에 따른 이해관계를 철저히 분산시켜 권위주의 체제가 애초에 들어서는 일이 거의 불가능하도록 국가 시스템을 설계하는 것이 중요하다고 강변했다. 한동안 미국에서는 매디슨이 언급했던 방법론이 효력을 발휘해 왔다. 그 방식이 유효했던 것은 다음 두 가지 이유 때문이었다.

첫째, 미국 국부들이 고안해 낸 견제와 균형의 시스템은 놀라운 내구력을 가지고 있었기 때문이다. 그에 따라 자칫하면 충분히 독재자가 될 수 있었던 사람들의 욕망은 연방주의로 인해 파생되는 견제와 균형, 그리고 권력의 분립 시스템에 의해 번번이 가로막혀 왔다. 오늘날 미국에서 이 같은 견제와 균형은 여전히 작동하고 있다. 미국 헌법이 제공하는 일종의 과속 방지턱은 독재의 싹이 자라나는 것을 분명히 억제하고 있다. 헌법적 질서를 완전히 파괴하려는 공화당과 민주당 양당 정치인들의 노력에도 불구하고 많은 경우 그들의 열정은 억제되는데, 왜냐하면 미국에서는 견제와 균형의 시스템이 어느 정도 작동하기 때문이다.

매디슨의 처방이 지금껏 미국에서 효력을 유지해 왔던 둘째 이유는(어찌 보면 이게 첫째 이유보다 더 중요하다고 할 수 있는데), 미국인들 자신이 전반적으로 폭도 또는 선동가들로부터 비롯되는 충동적 메시지를 끊임없이 거부해 왔기 때문이다. 미국 시민들은 유토피아를 약속하는 좌파 독재와 반동적 성질을 가진 우파 독재 두 가지를 모두 거부해 왔다. 미국인들은 전반적으로 미국적 가치를 대변하는 핵심적 자유들을(예를 들면 표현과 언론의 자유, 종교와 결사의 자유 등) 당연시하며 받아들였고, 미국 사회에서 이 같은 자유의 가치들을 보장해야 하는가에 관한 여부는 토론의 대상조차 될 수 없을 만큼 분명한 기반으로 자리 잡아 왔다.

따라서 노예제처럼 인간의 자유를 억압하는 사건이 발생해 미국 역사를 손상시켰을 때(물론 노예제는 분명 존재했던 역사적 사건이다), 미국인들은 해당 사건이 시간이 지날수록 더욱더 많은 미국인들에게로 적용 범위를 확대해 가는 미국적 자유의 원칙에 어긋난다고 판단했다. 미국의 국부들은 자유의 문화를 지지하는 데 일치단결된 목소리를 내고 있었고, 특별히 그들은 사상과 표현의 자유를

중요하게 생각했다.[10]

권위주의 독재적 사고방식

하지만 미국 사회의 표면 아래에는 권위주의적 사고방식이 언제나 드리워져 있었다.

1950년, 프랑크푸르트학파의 이론가 테오도어 아도르노(Theodor Adorno)는 엘스 프렌켈 브런스윅(Else Frenkel-Brunswik), 다니엘 레빈슨(Daniel Levinson), 네빗 샌포드(Nevitt Sanford) 등의 연구자 및 UC 버클리 대학과 협업하여 『권위주의적 인격(The Authoritarian Personality)』이라는 책을 저술한다. 원래는 반유대주의의 기원을 탐구하기 위해 쓰였던 그 책에서 아도르노는 사람들이 'F-스케일'(여기서 'F'란 파시스트(fascist) 친화 정도를 의미)에 따라 분류될 수 있다고 말했다. 아도르노를 비롯한 공동 저자들은 그와 같은 파시스트 친화적 인격이 미국 사회의 시스템에 의해 형성됐다고 주장했다.

『권위주의적 인격』의 저자들은 다음과 같이 말했다.

"잠정적으로 파시스트적인 사회 구조로의 변화는 심리적 수단만을 통해 이뤄질 수 없다. 우리에게 당면한 과제는 (미국 사회에 만연한) 신경 강박, 비행, 또는 민족주의를 없애는 것이다. 이와 같은 것들은 전체 사회 조직의 부산물이기 때문에 사회 그 자체가 변화해야만 그 부산물 역시 변화될 수 있다."[11]

정치적으로 좌파이자 프로이트의 추종자였던 아도르노가 말한 미국 사회에 대한 분석은 심각한 결함을 가지고 있었다. 물론 우파로부터 비롯된 권위주의적 위협 역시 꽤나 실제적이긴 하다. 하지만 아도르노는 좌파로부터도 권위주의적 위협이 발생할 수 있다는 사실을 철저히 외면했다. 훗날 아도르노의 연구 모델을 참고하여 하버드 대학의 사회학자 로버트 알테마이어(Robert Altemeyer)는 '우익 권위주의' 스케일을 개발해 냈다. 알테마이어는 다음 세 가지 인격적 특질을 발견해 내려 했다. 첫째는 '권위주의적 복종'인데, 이는 사회적 규범으로 받아들여지거나 적절하다 평가받는 권위에 자발적으로 복종하려는 기질을 뜻했다. 둘째는 '권위주의적 공격성'인데, 이는 해당 사회 내에 권위 있는 주체들이 허가한 특정 '외집단'을 향한 공격성 표출을 의미했다. 마지막 개념은 '관습주의'인데, 이는 허가된 사회 제도에 대한 추종 정도를 뜻했다.[12]

아도르노는 미국 사회에서 정치적 우익으로부터 비롯된 권위주의가 염려스러울 정도로 빈번히 발생하는 현상이라고 판단했다. 놀라운 점은 알테마이어가 좌익들은 권위주의적 성향으로 빠질 가능성이 거의 없다고 진단했다는 사실이다. 알테마이어는 좌익으로부터 비롯된 권위주의가 마치 '네스 호의 괴물'과 같아서, 때때로 그림자가 발견되긴 하지만 실체가 없는 존재라고 결론지었다.[13] 알테마이어가 이 같은 결론을 내린 것은 아마 그의 연구에 "좌익 권위주의(Left Wing Authoritarianism, LWA)"에 대한 질문이 생략되었기때문이 아닌가 추측해 본다.[14]

실제 몬태나 대학의 사회 심리학자인 루시안콘웨이(Lucian Conway)는 알테마이어의 모델을 그대로 사용하여 우익적 전제에 관한 문항을 좌익적 전제에 관한 문항으로 변경한 후 새롭게 연구를 실시했다. 놀랍게도 콘웨이는 그 연구에서 "LWA-스케일에 따르면 권위주의적 성향이 가장 높게 나온 것은 (우익이 아니라) 리버럴 집단"임을 발견했다. 이에 대해 콘웨이는 다음과 같이 설명했다.

　"우리가 발견한 연구 데이터에 따르면 정치적 좌파 진영에 속한 평균적 미국인들은 정치적 우파 진영에 속한 평균적 미국인들만큼이나 독단적 권위주의 성향을 가지고 있다. 그 같은 좌익 권위주의자들은 우익 권위주의자들만큼이나 편견에 사로잡혀 있고, 독단적이며, 극단주의적 성향을 가진 걸로 나타났다."[15]

　콘웨이 교수의 연구 결과에 따르면 미국 좌우익 진영의 권위주의자들은 어떤 '가치관'을 기반으로 독선을 가지느냐에 대한 차이가 있을 뿐이었다. 에모리 대학의 사회학자 토마스 코스텔로(Thomas Costello)를 비롯한 공동 저자들이 실시한 연구에서 나타난 것처럼, 좌익 진영의 권위주의는 우익 진영의 권위주의와 마찬가지로 다음 세 가지 형태로 특징된다. 첫째는 혁명 달성을 위한 공격성인데, 이는 사회를 구성하는 위계질서를 해체하고 권력을 가진 이들을 처벌하는 것을 골자로 한다. 둘째는 '톱다운식 검열'인데, 이는 집단적 권위를 통해 우익적 가치관과 행동으로 규정되는 요소들을 규제하는 것을 의미한다.

　좌익 권위주의의 마지막 특징은 반(反)관습주의로, 이는 "진보적 가치와 도덕을 절대주의적으로 신봉하며 보수주의자들을 본질적으로 부도덕하다 취급하는 동시에, 좌익적 신념과 가치를 타인에게 강제하려는 편협한 욕망을 반영하는 한편, 자신의 환경에서

사회적, 이데올로기적 동질성이 필요함을 역설하는 경향성"이라
고 코스텔로는 말한다.[16]

현실 세계에서 권위주의자들은 좌우 모든 진영에 존재한다. 심
지어 아도르노조차 훗날 이 같은 관점(좌익 진영에도 권위주의가 존재
함)을 받아들였다. 1960년대 학생 운동의 바람이 유럽 전역을 휩
쓸고 있을 때, 당시 베를린 자유대학(The Free University of Berlin)에
서 재직하고 있던 아도르노는 급진적 성향의 학생들을 맞닥뜨리
게 된다. 이 사건을 회상하며 아도르노는 자신과 같이 프랑크푸르
트학파에 소속되어 있던 동료 학자 헤르베르트 마르쿠제(Herbert
Marcuse)에게 애처로운 편지를 보냈고, 그 편지에서 아도르노는 자
신의 사무실을 강제 점거하고 퇴거를 거부했던 운동권 학생들이
보였던 좌익적 권위주의에 대해 다음과 같은 불만을 늘어놓는다.
"우리(교수)들은 경찰을 불러야 했어. 경찰들이 와서 사무실을
점거한 학생들을 체포해 갔지. 하지만 경찰들은 건물을 불법 점거
한 학생들이 우리를 대했던 것보다 훨씬 관대하게 그 학생들을 대
하는 것 같더군". 그러면서 아도르노는 운동권 학생들이 "마치 파
시스트들에게서나 찾아볼 수 있을 법한 몰지각한 폭력성을 보여
줬다"라고 말했다. 이 편지를 읽고 난 후, 철저한 좌익 권위주의자
였던 마르쿠제는 아도르노를 꾸짖었다(심지어 마르쿠제는 '억압적 관
용'이란 단어를 내세우며 우익 진영에서 표출되는 반대 의견은 적극적으로 검열돼
야 한다고 주장했다).[17] 마르쿠제는 "우리의 대의는 경찰이 아니라 반
항적인 학생들에 의해 더욱 잘 실현되지 않겠는가?"라고 아도르
노에게 답변하며 좌파 진영이 행사하는 폭력은 그저 '신선한 공기'

같은 것이라고 주장했다.[18]

대부분 권위주의자들은 자신의 권위주의 독재적 성향을 거의 인지하지 못한다. 그들에게 권위주의 독재는 단지 일종의 미덕에 불과할 뿐이기 때문이다.

권위주의적 질문

자, 만약 좌익과 우익 진영 모두에 권위주의가 존재한다면, 그리고 그 두 집단은 서로에게 생존을 위해 필요한 양분을 제공하며 미국을 도덕적 파국으로 몰아가고 있다면, 진짜 위기는 어디에 있는 것일까?

위의 질문에 답하려면 우리는 다음 두 가지 질문을 먼저 평가해 봐야 한다. 첫째로, 권력을 가진 집단에서는 좌파와 우파 중 어떤 형태의 권위주의가 더 만연한 걸까? 둘째로, 미국의 상황에서 어떤 형태의 권위주의가 일반적으로 더 견제받기 쉬울까? 이 질문에 대해 답을 얻기 위해 먼저 2021년 1월 6일 발생한 사건과 그 이후 발생한 일련의 일들에 대해 한번 생각해 보자.

지난 1월 6일 의회의 대통령 선거 인준 과정 중 의사당에 난입한 폭도들은 분명 우익적 권위주의 성향을 갖고 있었다. 그들은 민주적 과업을 가로막고, 헌법적 절차를 짓밟았으며, 합법적 의무를 수행하고 있던 의원들에게 해를 끼치려는 목적으로 의사당 건물에 진입했다. 당시 폭도들은, 앞서 언급한 로버트 알테마이어의 표현을 빌리자면, '권위주의적 복종'에 참여하고 있었다. 그들은 자신들이 부패하고 무기력한 기득권 집단에 맞서 싸우는 도널드 트럼프 대통령의 과업을 도우며 역사적 사명을 감당하고 있다 믿었다.

또한 당시 의사당에 진입한 폭도들은 '권위주의적 공격성'을 띠고 있었는데, 그들은 트럼프를 지키고 입법부를 장악하기 위해서라면 타인을 해칠 권리를 응당 부여받았다고 믿고 있었다. 그리고 폭도들은 '관습주의'를 행사하고 있었다. 실제 그들은 자신들이 사회 내부로부터 진행되어 온 좌익 혁명에 맞서 미국의 핵심 가치들(예컨대 미국 국기, 투표권, 또는 민주주의 그 자체)을 지키는 싸움에 참가하고 있다고 믿었다. 그렇게 1월 6일, 이 같은 우익적 권위주의 사상으로 무장한 폭도들은 의사당으로 쳐들어갔다. 하지만 많은 이들의 의견과 달리, 미국의 시스템은 그날 굳건히 작동했다.

익히 결과에서 드러난 것처럼, 미국 사회에서 우파 진영으로부터 비롯된 권위주의는 충분히 견제되고 있다. 대체로 그러한 견제는 우파 진영 내에서의 '자정작용'을 통해 발생한다. 1월 6일 미국 의회의 선거인단 투표 결과 비준을 거부하려 했던 트럼프 대통령에게 편지를 보내 부통령으로서 자신의 헌법적 의무를 소상히 설명했던 사람은 다름 아닌 트럼프 행정부의 부통령 마이크 펜스였다. 그 편지에서 펜스는 트럼프에게 다음과 같이 말했다.

"저의 의무는 주 선거인단들의 비준 결과를 열어서, 상하원 의원들이 제시하는 반대 의견을 경청한 후, 헌법과 법률, 합중국의 역사에 의해 명시된 방법에 따라, 대통령과 부통령 선거 결과를 개표해 표를 카운트하는 것입니다. 그러니 신이시여, 저를 도우소서."**19** 또 선거인단 투표 비준이 끝난 후 곧바로 조 바이든(Joe Biden) 에게 전화를 걸어 그의 승리를 축하하는 인사를 전했던 건 켄터키 주 공화당 상원 다수당 대표였던 미치 매코널이었다. 의사당에서 의 혼란이 수그러들었을 때, 공화당 강세인 지역구에서는 트럼프 를 지지하는 주민들이 많았기 때문에 지역구 주민들로부터 엄청 난 후폭풍을 맞을 수 있었음에도 불구하고, 헌법적 절차에 따라 선거인단 투표 결과를 비준했던 건 다름 아닌 공화당 의원들이었 다. 그리고 자신들의 주에서 실시된 선거 결과를 비준한 것은 다름 아닌 공화당 주지사들과 주무장관들이었다.

미국의 시스템이 작동한 것이다. 주류 언론에 종사하는 많은 이 들이 1·6사태를 '쿠데타'라고 불렀지만, 올바른 의미를 따져 보면 그건 절대 쿠데타가 아니었다. 쿠데타가 성립되려면 제도적 협조 가(특별히 군부의 협조가) 있어야 한다. 분명 폭도들은 제도적 지원을 받지 않았다. 트럼프 자신도 결코 의사당을 점거하고 폭동을 일으 키라는 메시지를 내지 않았다. 다만 그는 1월 6일 아침 실시한 연 설에서 집회 참가자들이 '평화롭게' 시위에 참여하라고 독려했고, 폭동이 한창 진행 중이던 와중 시위 참여자들에게 모두 집으로 돌 아가 달라고 부탁했을 뿐이다(사실 폭도들이 의사당에 난입했을 당시는 아침 시위에 참여했던 대부분의 참가자들이 이미 집으로 돌아간 후였다). 그리 고 상당히 뒤늦은 판단이긴 했지만, 결국 트럼프는 성명을 발표하 고 자신의 패배를 인정하는 동시에 지지자들에게 평화롭게 머물 러 줄 것을 당부했다. 트럼프가 독재적 기질이 있었는지는 모른다. 하지만 그는 독재적인 방식으로 권력을 휘두르지 않았다. 트럼프 자신을 제외하면, 미국 사회 그 어떤 메이저 기관 또는 제도권 인사들 가운데 1·6 폭동을 지지한 사람은 단 한 명도 없었다. 심지어 미국 제도권 기관 또는 사람들 중 1·6사태가 발생하기 전까지 선거인단 투표 결과를 인정하지 않으려 고집을 부렸던 트럼프의 노력을 지지했던 사람은 거의 찾아볼 수 없었다.

사실상 트럼프 개인이 그 어떤 권위주의적 기질을 가졌든 간에, 그 기질은 트럼프 행정부가 진행되는 내내 철저히 견제되었다. 트럼프 자신은 분명 권위주의적 발언을 했었다. 그는 과격한 언어를 사용했고, 사법 체계를 무기화(정치화)했으며, 각료들에게 헌법에 보장되지 않은 권한 남용을 요구하기도 했다. 중요한 건 트럼프의 이런 무모한 언행이 지속되는 와중 실제론 '아무 일도 발생하지 않았다'는 사실이다. 트럼프 행정부의 법무부 장관들은 법의 테두리를 벗어나길 거부했고, 그에 따라 트럼프로부터 상당한 비난을 들어야 했다.

트럼프는 러시아가 미국 대선에 개입해 트럼프를 도왔다는 사건을 조사하기 위해 임명된 특별검사 로버트 뮬러(Robert Muller)를 해고하지 않았다(뮬러를 해임하는 것은 분명 트럼프의 재량권 안에 있다). 자신에게 적대적인 언론을 향해 표출된 트럼프의 분노는 종종 해당 언론사의 시청률이 상승하는 결과로 귀결됐다. 일례로, 트럼프의 지나친 발언이 자신의 신변을 위험에 빠뜨리고 있다는 주장을 깨어 있는 시간 내내 주야장천 외쳐 댔던 CNN 소속 기자 짐 어코스타(Jim Accosta)는 트럼프로부터 비판받았다는 '엄청난 지위'를 얻은 뒤 미국 사람들의 입에 오르내리는 유명 인사가 됐다.

그 과정 중 어느 한순간에도 어코스타가 형사 처벌을 받는다거나 언론계에서 퇴출되는 등의 위험에 직면했던 적은 없었다. 1·6사태의 본질은 수년간 그 자리를 지켜왔던 가드레일이 잠깐의 순간 동안 쓰러졌던 것에 불과했다. 그 후 얼마 지나지 않아 그 가드레일은 다시 원상태로 복구됐으며, 트럼프의 가장 충실한 지지자들 역시 그 회복의 과정에 함께 참여했다. 그렇다면 이제 또 다른 진영 쪽으로 한번 눈을 돌려 보자.

1·6사태가 발생하고 난 후, 미국의 제도권 권력은 권위주의적 방식으로 사태에 책임을 묻는 행동을 하나하나 시작해 나간다. 기득권 언론은 미국 주류 보수 인사들과 보수 매체들을 자신들의 플랫폼에서 퇴출시키기 시작했다. 1·6사태가 있은 직후 CNN은 의사당 점거 폭동 사건이 과격한 표현을 보호해 왔던 미국의 오래된 전통이 과연 옳은가에 대한 논쟁에 새로운 불을 지폈다고 보도했다. 너무나 자연스럽게도, 주류 언론은 하버드대 버크만 클라인 센터(Berkman Klein Center for Internet & Society) 관계자인 웬디 셀처(Wendy Seltzer) 같은 소위 '전문가들'의 발언을 인용해 가며 미국 사회에서 표현의 자유는 주로 백인들에게 혜택을 안겨 왔다는 주장을 펼치기 시작한다.[20] 소셜 미디어를 통해 끊임없이 자신의 입장을 얼버무리는 전문가이자, 미국 사회의 태생적인 죄악에 대해 날조된 역사 픽션을 썼다는 공로로 퓰리처상을 수상했던 니콜 해나존스(Nikole Hannah-Jones)는 1·6사태 직후 언론에 기고한 글에서 해당 인물들에 대한 '엄격한 문책'이 있어야 한다고 주장했다.[21] 맥스 부트(Max Boot)는 〈워싱턴포스트〉에 기고한 글에서 보수적 입장

을 전하는 폭스뉴스가 케이블TV 네트워크에서 퇴출돼야 한다고 말하며, 그게 힘들다면 연방통신위원회(FCC)가 케이블 뉴스 채널들을 검열하는 권한을 가져야 한다고 주장했다. 부트는 기고 글에서 다음의 발언을 이어 갔다. "바이든 당선인은 FCC의 권한을 강화할 필요가 있다. 그렇지 않으면 우리가 1월 6일을 통해 목도한 테러 행위는 미국에 대한 반역의 끝이 아니라 시작에 불과할 것이다."[22]

이 같은 좌익 진영의 격한 반응은 그저 말에만 그친 것이 아니었다. 미국에 존재하는 대부분 소셜 미디어 그룹들은 트럼프 대통령의 계정을 자신들의 플랫폼에서 퇴출시켰다. 문제는 해당 회사들이 트럼프 대통령 계정 정지 결정을 정당화해 주는 그 어떠한 내부적 정책 기반도 가지고 있지 않았다는 사실이다. 과거 민주당 정치인들이 동일한 행동을 했을 때 잠자코 있었던 미국 주요 기업들은 선거인단 비준 결과에 반대했던 정치인들에 대한 후원금을 즉각 중단하겠다고 발표했다."[23]

미국 주요 출판사 중 하나인 사이몬&슈스터(Simon & Schuster)는 선거인단 비준 과정에서 반대 의견을 냈던 미주리주 공화당 상원의원 조시 하울리(Josh Hawley)와 맺었던 책 출판 계약을 일방적으로 파기했다(물론 하울리 의원의 행동에 철저한 법리적 기반이 있는 건 아니었다는 점을 분명히 해 두자).[24] 하버드 케네디 스쿨은 "2020년 11월 미국 대선에서 선거부정이 있었다는 근거 없는 주장을 공개적으로 했다는 이유"를 근거로 들며 뉴욕주 공화당 하원의원 엘리스 스테파닉(Elise Stefanik)의 상임고문위원회 직책을 박탈해 버렸다."[25] 미국 유명 온라인 스토어인 고대디닷컴(Godaddy.com)은 총기와 관련해 전 세계에서 가장 많은 회원 수를 가진 온라인 커뮤니티 AR15.com을 그들의 웹사이트에서 퇴출시켰다."[26]

의사당 난입 폭동과 관련해서 이뤄진 가장 극적이고 즉각적인 반응은 신생 소셜 미디어 업체 팔러(Parler)에게 가해졌던 제도권의 철퇴였다. 팔러는 2018년 8월 트위터의 대항마로 시작된 기업이다. 그동안 미국 보수주의자들은 불투명한 의사결정과 좌편향적 검열 정책에 대해 공공연히 불만을 표출해 왔다. 팔러는 자유시장적인 방법으로 이 문제를 해결하기 위해 탄생한 플랫폼이었다.

하지만 1·6사태가 발생한 직후, 애플은 자체 앱스토어에서 팔러 앱을 정지시켰으며, 구글 플레이스토어에서도 역시 동일한 조치가 뒤따랐다. 이에 대한 변명은 다음과 같았다. 그들의 주장에 따르면, 팔러 이용자들이 1·6시위 폭도들과 협력했으며, 팔러는 그들의 플랫폼에 선동적이고 위협적인 내용이 유통되도록 방치했다는 것이었다. 아마존 웹서비스(Amazon Web Services, AWS)는(참고로 말하자면 AWS는 단순히 기업들에게 클라우드 기반 웹서비스를 제공해 주는 업체다) 팔러에 최후의 일격을 가했다. 아마존 웹서비스는 팔러의 웹사이트 자체를 자신들의 웹서비스에서 퇴출시켜 버렸고, 그 후 팔러는 온라인 접속 자체가 불가능하게 되었다. 이 사건에 대해 당시 팔러의 CEO였던 존 맷츠(John Matze)는 다음과 같이 말했다. "AWS는 우리(팔러)가 표현의 자유를 포기하고 페이스북이나 트위터처럼 유저들의 발언을 전반적으로 (좌편향적으로) 검열하는 정책을 채택할 때까지 우리를 셧다운시킬 것이다. 그들은 우리 팔러가 순수한 목적을 가진 유저들에게 죄책감을 갖도록 하는 감시 플랫폼으로 탈바꿈될 때까지 우리에 대한 서비스를 허락하지 않을 것이다."[27]

황당한 것은 의사당 점거 폭동에 가담한 당사자들이 그들의 행동을 조율하는 데 팔러뿐만 아니라 페이스북과 트위터 역시 사용했었다는 사실이다. 하지만 페이스북과 트위터 중 어떤 업체도 팔러가 당한 것 같은 웹클라우드 플랫폼 퇴출을 경험하진 않았다. 그럼에도 불구하고 언론계에 종사하는 좌파들은 팔러의 플랫폼 복귀를 요구하지 않았고, 거대 테크 기업들의 위선을 비판하지 않았다. 오히려 좌파 언론인들은 페이스북과 트위터에 대한 추가적 검열을 요구하고 나섰다.

2016년 대선 당시 트럼프를 엄청 띄워 줬던 MSNBC 소속 조 스카보로(Joe Scarborough)는(아마 그는 트럼프가 공화당 후보가 되어야 민주당 대선 후보 힐러리가 손쉽게 승리할 수 있다고 믿었던 것 같다) 1·6사태 이후 흥분하며 다음과 같이 외쳤다.

"페이스북이 아니었다면, 트위터가 아니었다면, 이 폭동은 절대 일어나지 않았을 것이다. 페이스북 알고리즘은 극단주의 성향의 모임이 폭발하는 걸 장려하도록 디자인되어 있다. 페이스북과 트위터는 궁극적으로 반란 사건이 발생할 수밖에 없도록 그들의 비즈니스 모델을 디자인했다."[28]

테크 분야를 취재하는 다른 기자들 또한 스카보로와 비슷한 입장을 표명했는데, 사실 이건 언론인들이 지난 수년간 입에 달고 살아온 주장에 불과할 뿐으로, 해당 발언은(전통적 레거시 미디어가 아니

라) 대안 언론을 대중들에게 제공해 주는 소셜 미디어를 폐지하기 원하는 제도권 언론인들의 속내를 잘 대변하고 있었다.

그 와중, 정부 권력을 가진 사람들도 보복(처벌)을 언급하기 시작했다. 그들은 의사당 점거 폭동을 구실로 자신들이 오랫동안 염원해 왔던 정치적 목적을 달성하기 원했다. 뉴욕에 지역구를 둔 민주당 하원의원 알렉산드리아 오카시오-코르테즈(Alexandria Ocasio-Cortez, AOC)는 "정치권이 미국 언론 환경을 통제"할 수 있게 하려면 "언론 문해력"을 주관하는 정부 기관을 신설해야 한다고 주장했다.[29]

미주리주 민주당 하원의원인 코리 부시(Cori Bush)는 "1·6사태 같은 국내 테러 행위를 선동한" 국회의원들은 의회에서 제명돼야 한다고 목소리를 높였다.[30] 오리건주에 지역구를 둔 민주당 상원의원 론 와이든(Ron Wyden)은 NBCNews.com에 기고한 글에서 의사당 폭동 같은 사태의 재발을 방지하려면 워싱턴 D.C.를 새로운 주로 추가해야 하고, 투표권 관련 법안을 개정할 필요가 있으며(이 주장은 위헌적 요소가 다분하다), 언제 어디서나 보편적으로 우편함 투표를 할 수 있도록 허락해야 한다고 말했다.[31]

2021년 1월 20일 조 바이든이 대통령으로 취임했을 때 트럼프를 히틀러에, 그리고 공화당을 나치당에 비유했던 민주당 하원의원 제임스 클라이번(James Clyburn)은 만약 의회가 반대한다면 바이든은 행정명령을 발동하여 원하는 정책을 모두 관철시켜야 한다고 주장하며 다음과 같이 말했다.[32]

"만약 공화당이 사사건건 방해하며 우리의 앞길에 바리케이드를 설치한다면, 우리는 그들 없이 독단적으로 가겠습니다. 공화당이 협조하지 않는다면 (바이든)대통령께서는 행정명령을 사용하셔야 합니다. 대통령께서는 큰일을 해낼 수 있습니다. 위대한 일을 해낼 수 있습니다. 미국 역사에 영원히 간직되는 유산을 남기실 수 있습니다."[33] 다만 우리는 다음 한 가지 사실을 기억해야 한다. 미국 헌법 어느 구절에도 대통령이 의회의 동의 없이 행정명령만을 통해 자신이 원하는 정책을 모두 관철시킬 수 있다고 말한 곳이 없다는 사실을 말이다.

요약하자면, 2021년 1월 6일 트럼프 지지자 중 일부 극단주의적이고 과격한 사람들이(이들을 우익 권위주의자들이라고 할 수도 있을 것이다) 미국 의사당으로 침입해 들어갔고, 그들은 신속히 제압됐다. 미국의 제도와 시스템은 위기를 견뎌냈다. 반란에 가담했던 사람들은 조롱당했고, 친구, 가족, 직장동료 등으로부터 버림받았으며, 결국 기소되었다.

1·6사태가 발생한 직후, 좌익 권위주의자들은 그 상황을 최대한 활용해 혁명을 위한 공격의 기회로 삼으며 하향식 검열을 추진했다. 또 그들은 단순히 의사당 점거에 가담한 폭도들뿐 아니라 주류 보수주의자들과 개인의 권리 전반을 위협하며 반(反) 관습주의적 숙청 작업을 실시해 나가기 시작했다. 이 같은 관점은 미국 사회 및 제도권에서 힘과 영향력이 있는 거의 대부분의 집단에 의해 공유되었다. 그렇다면, 다시 한 번 좀 전에 물었던 질문을 다시한 번 되짚어 보자.

만약 미국 사회에서 표현의 자유에 대한 심각한 위협이 존재한다면, 그 주요 위협은 우파 권위주의자들로부터 발생하는 것일까, 아니면 언론과 빅테크, 그리고 정부 조직을 장악한 좌파 권위주의자들로부터 발생하는 것일까?

만약 미국 사회에서 민주적 제도와 절차에 대한 위협이 존재한다면, 그 주요 위협은 우파 권위주의자들로부터 발생하는 것일까, 아니면 전반적으로 헌법을 경멸하고 톱다운 방식으로 자신들의 세계관을 미국 시민들에게 주입해야 한다고 믿는, 정부 요직을 장악하고 있는 좌파 권위주의자들로부터 비롯되는 것일까?

만약 미국 사회에서 우리 개인의 기본 자유에 대한 위협이 존재한다면, 우리는 어떤 이들을 가장 두려워해야 하는 걸까? 광대같이 우스꽝스러운 옷을 입고 1월 6일 의사당으로 돌진했던 멍청한 사람들을 정말 두려워해야 할까?

이따금 권위주의적인 발언을 하긴 했지만 실제로는 전혀 그와 같은 방식으로 통치하지 않았던 도널드 트럼프를 두려워해야 할까?

그게 아니라면 획일적 사고를 갖고 있음에도 불구하고 미국 사회 거의 모든 핵심 요직을 독점하고 있는 사람들, 그러면서 종종 자신과 반대 입장을 가진 사람들의 입을 틀어막는 바로 그 좌파 권위주의자들을 두려워해야 할까?

좌파 권위주의자들의 통치 아래 사는 삶

우리 내면을 깊이 돌아보면, 모든 미국인들은 위의 질문에 대한 답을 알고 있다.

오늘날 미국인 10명 중 6명은 자신의 생각을 말로 표현하는 데 두려움을 느끼고 있다. 이 통계를 자세히 살펴보면 스스로를 정치적 리버럴로 규정하는 사람들 중 대다수, 중도 진영에 속한 사람들 중 64%, 그리고 무려 77%에 해당하는 보수주의자들이 자신의 생각을 말로 표현하는 데 두려움을 느끼고 있는 것으로 나타났다. 이 조사에 따르면 유일하게 스스로를 '강경 리버럴'로 묘사하는 사람들만이 자신이 믿는 바를 공개적인 장소에서 당당히 말로 표현할 수 있다고 생각하고 있었다.[34] 좌파 권위주의자가 된다는 건 반관습주의적 확신에 동의하는 것이며, 하향식 검열에 열정을 느끼는 동시에, 혁명적 공격성이 가져다주는 스릴에 즐겁게 참여하는 일이라고 할 수 있다.

내일은 그들에게 속해 있다.

나머지 우리 같은 사람들에게(보수, 중도, 또는 온건 성향의 리버럴들), 좌파 권위주의자들이 통치하는 사회는 무척이나 살아가기 힘든 곳이라고 할 수 있다. 그건 마치 제도권 차원에서 이뤄지는 혐오에 둘러싸여 있는 것과 마찬가지기 때문이다. 미국에서 만약 당신이 보수 성향을 갖고 있다면(또는 좌파가 아니라고 한다면) 당신을 향한 좌파 권위주의자들의 혐오는 피부에 와 닿을 정도로 실제적이다.

당신은 그와 같은 혐오를 학계에서 느낄 수 있다. 각종 언론으로부터도 그 혐오를 느낄 수 있다. 심지어 스포츠 영역과 영화 산업, 그리고 페이스북과 트위터 등에서도 당신은 그 혐오로부터 자유롭지 못하다. 당신의 직장 상사가 당신을 혐오할 수 있다. 동료들 역시 당신을 혐오의 대상으로 생각하기도 한다(만약 그렇지 않다면 적어도 그들은 직장에서 우파 또는 보수 사상을 가진 사람을 혐오하라는 '지침'을 받는다). 그들이 당신을 혐오하는 이유는 당신이 잘못된 생각을 하고 있다고 믿기 때문이다.

아마 그들이 당신을 혐오하는 이유는 당신이 정기적으로 교회에 다니고 있기 때문인지 모른다. 아마 당신이 원하는 방식으로 사업체를 운영하기 원하고, 타인에게 간섭받기 싫어하기 때문인지도 모를 일이다. 또는 당신은 당신의 자녀를 전통적인 사회 가치관을 바탕으로 양육하고 싶어 하기 때문에 혐오를 받고 있는지 모른다.

다음과 같은 것들이 당신을 향한 혐오의 원인일 수도 있다. 예컨대 당신은 (생물학적으로 구분되는) 남성과 여성이 존재한다는 사실을 믿으며, 대부분 미국 경찰들은 인종차별주의자들이 아니며, 아이들에게는 아버지와 어머니 모두가 필요하고, 열심히 일하면 그에 마땅한 보상을 누릴 수 있으며, 성조기는 억압이 아니라 자유를 상징하며, 태아는 살해돼선 안 되고, 사람들은 피부 색깔이 아니라 그들의 인격과 실력으로 평가받아야 한다는 등 일련의 사실들을 믿기 때문에 혐오를 받고 있는지 모른다.

또는 당신이 BLM(Black Lives Matter) 운동에 대한 공감을 상징하는 '검은 사각형'을 페이스북 페이지에 포스팅하지 않았기 때문에 그들이 당신을 싫어하고 있는지도 모를 일이다. 그게 아니면 당신은 미국 국가가 연주될 때 성조기 앞에 무릎을 꿇지 않기 때문에, 혹은 그런 행동을 하는 사람에게 응원을 보내지 않기 때문에 혐오를 받고 있는지도 모르겠다.* 혹은 당신이 트위터 프로필에 자신이 지칭되길 '선호하는 대명사(preferred pronouns)'를 써 놓지 않았기 때문에, 새로운 최신 이슈가 터질 때 LGBTQ 그룹에 속한 사람들과의 연대를 뜻하는 프라이드 상징물을(주로 무지개 모양) 소셜 미디어에 해시태그하지 않았기 때문에, 또는 수신자가 보는 관점에 따라 상처를 입을 수도 있는 '올바른' 이모티콘을 사용하지 않았기 때문에 그들로부터 미움이 대상이 됐을 수도 있다.

그게 아니라면 여러분의 친구, 가족, 또는 지인 중 누군가가 미국 사회에서 소위 '도덕적 우월한 지위에 있다고 간주되는' 사람들이 세팅해 놓은 문화적 규범을 침범했기 때문에, 그리고 당신은 그 사람들과 연결되어 있다는 사실 하나만으로, 미움의 대상이 될 수도 있다. 특정 인물과 대인관계를 통해 엮여 있다는 사실 하나만으로 마치 죄를 지은 것과 같은 수준의 비난을 감수해야 하는 것이다.

좌익 권위주의자들이 당신을 싫어하는 이유는 이루 셀 수 없이 많다. 또 그 이유는 날마다 바뀐다. 그 다양한 이유에는 어떤 연관성, 합리성, 일관성도 존재하지 않는다. 만약 당신이 좌파 권위주의자들의 입맛에 맞게 동성애자들의 인권이나 페미니즘적 이상을 위해 목소리를 낸다면, 그들은 당신을 사회 정의를 실현하는 사람이라고 칭찬하며 한동안 당신을 한껏 띄워 줄 것이다.

---

* 미국 사회에 '구조적 인종차별(systemic racism)"이 있다고 믿는 사람들 중 일부는 운동경기가 시작되기 전 미국 국가가 울려 퍼질 때 국기에 대한 경례를 하지 않고 무릎을 꿇는 제스처를 취하며 항의한다.

하지만 바로 다음 날 스스로를 여성이라 지칭하는 생물학적 남성은 실제 여성이 아니라는 걸 언급했다는 이유 하나만으로 당신은 곧바로 그들로부터 비난을 받고 황량한 옥수수 밭으로 추방당할 수도 있음을 기억하자(이건 미국 여성 테니스 선수 마르티나 나브라틸로바(Martina Navratilova)와 『해리포터』 시리즈의 작가 J. K. 롤링(J. K. Rowling)에게 실제 일어난 사건이기도 했다). 어느 날 당신은 종교에 대해 냉소적인 의견을 개진했다는 이유로 좌파 권위주의자들로부터 영웅이라 칭송받을 수도 있다.

하지만 바로 그다음 날, 우파적 의견을 개진한 사람들을 사회적 권위, 직책, 직업 등으로부터 철저히 퇴출 및 박탈시키는 캔슬 컬처(cancel culture)에 대해 소신 있게 비판했다는 이유 하나만으로 당신은 좌파 권위주의자들로부터 역적 소리를 들을 수도 있다(이건 실제 미국 무신론 신경과학자 샘 해리스(Sam Harris)와 하버드대 심리학 교수 스티븐 핑커(Steven Pinker)에게 발생한 일이기도 했다).

어느 날, 당신이 쓴 심오한 경제학, 사회학적 서적이 사람들에게 필독서로 받아들여지고, 그에 따라 당신은 공히 존경받는 오피니언 리더가 될 수도 있다.

하지만 바로 그다음 날 당신은 이 사회에서 추방당해 마땅한 특권층 백인 남성으로 낙인찍힐 수 있는 것이다(이건 데이터 과학자이자 정치 컨설팅 전문가인 데이비드 쇼어(David Shor)와 〈디 애틀랜틱〉에 글을 기고했던 언론인 매튜 이글레이시어스(Matthew Yglesias)에게 일어났던 실제 사건).

위에서 내가 언급한 사례들은 민주당이냐 공화당이냐의 문제가 아니다. 앞서 언급한 인물들 가운데 단 한 명도 스스로를 공화당원으로 인식하지 않는 걸로 알고 있다. 심지어 그들 중 누구도 스스로를 보수주의자라고 지칭하지 않는다. 미국 사회에서 현재 완연하게 진행되고 있는 문화 전쟁의 난리통 속에서 위의 인물들이 마땅히 '강제 수용소'에 들어가야만 하는 공통적 이유를 하나 꼽자면 그건 다음과 같다. 이들은 좌파 권위주의자들이 행사하는 압력에 굴하길 거부했다는 것이다.

미국의 소설가 허먼 멜빌(Herman Melville)의 책 『필경사 바틀비(Bartleby, the Scrivener)』에서 묘사된 것처럼, 통념을 거부한다는 이유 하나만으로 우리는 때때로 강압에 시달릴 수 있다. 이 경우 우리가 흔히 일반적 기준이라고 생각했던 것은 좌파 권위주의자들이 전하고자 하는 단순한 메시지의 하위 개념으로 전락해 버린다. 좌파 권위주의자들이 전하고자 하는 메시지는 다음과 같다. '우리가 하는 말을 따르면, 결국은 너도 그걸 좋아하게 될 거야.'

좌파 권위주의자들이 주장하는 메시지에 순응하지 않는 사람들이 맞이하게 될 현실은 꽤나 냉혹하다. 미국 사회에서 어느 정도 인지도를 가진 보수주의자로서, 나는 나와의 관계가 대중들에게 알려졌을 경우 발생할 수 있는 사회적, 문화적, 또는 가족과 관련된 후폭풍을 심적으로 받아들일 준비가 되지 않은 사람들에게는 나와의 친분 관계를 공개적으로 드러내지 말라고 주의를 준다.

황당하게 들릴 수도 있지만, 미국 사회에서는 보수주의자를 인간답게 대접하는 것에 혹독한 대가가 따른다. 흥미로운 사실을 하나 말해 주겠다. 매년 내 생일이 되면 내 주변 리버럴 친구들은(한 두 명이 아니라 엄청나게 많은 친구들이) 나에게 (공개적 소셜 미디어 포스팅이 아니라) 사적으로 문자를 보내며 생일을 축하해 주곤 하는데, 나는 매년 반복되는 이 놀랍지 않은 행동을 볼 때면 한편으로는 이게 참 재미있는 상황이라 생각하곤 한다. 내 주변 리버럴 성향 친구들 중 그 누구도 트위터 같은 공개적 매체에서 나에게 생일 축하 메시지를 보내지 않는데, 왜냐하면 한 보수주의자가 어머니를 통해 이 세상에 태어났다는 걸 인정(?)했다는 사실 그 하나만으로 그들은 주변 좌파 친구들로부터 영원히 끝나지 않는 조롱을 들어야 하기 때문이다.

내가 여기서 언급하는 상황은 모두 상상 속의 이야기가 아니라 실제 미국 사회에서 벌어지고 있는 일들이다. 2018년 6월, 할리우드 유명 배우이자 PD인 마크 듀플래스(Mark Duplass)가 나에게 한 번 만나고 싶다는 연락을 전해 왔다. 당시 듀플래스는 총기 권리와 관련된 영화를 제작하고 있었고, 관련 이슈에 대해 보다 정확한 정보를 파악하기 위해 우파 진영에 있는 사람들이 총기에 대해 어떻게 생각하는지를 나에게 묻고 싶었기 때문이었다. 할리우드 업계에서 보수주의적 가치관을 어떤 식으로 특정화해 묘사하는지를 너무 잘 이해하고 있었기 때문에, 나는 솔직히 말하면 듀플래스의 인격적인 제안에 신선한 충격을 받았다. 그래서 나는 기꺼이 만나겠다고 답변했고, 내가 근무하는 데일리와이어(The Daily Wire) 사무실에 들러 이야기를 나눠 보자고 제안했다.

그렇게 우리는 약 한 시간 반 동안 대화를 나눴다. 대화를 마치고 그가 떠나려 할 때, 나는 여느 리버럴 친구에게 하는 것과 마찬가지로 앞으로 발생할 수 있는 만약의 사태에 대해 그에게 주의를 줬다. 만약 당신이 그 여파를 견딜 수 없는 사람이라면, 공식 석상에서 절대 나를 만났다는 이야기를 꺼내지 말라고 말이다.

듀플래스는 내 조언을 따르지 않았다. 그해 7월, 우리의 미팅이 있은 지 몇 주 후, 듀플래스는 다음과 같은 충격적인(!) 내용을 자신의 트위터에 올렸다. "리버럴 친구들, 만약 여러분들이 다른 진영(보수 진영)의 목소리에 한번 귀 기울여 보기 원한다면, 벤 샤피로의 트위터(@benshapiro)를 팔로우하는 걸 추천드립니다. 저는 샤피로 씨가 하는 말에 그다지 동의하지 않지만, 그는 진정성 있는 사람이고 실제 아무 조건 없이 그저 친절하게 사람을 대하듯 저에게 도움을 주었습니다. 샤피로 씨는 진실을 왜곡하지 않습니다. 그는 좋은 의도를 가지고 있습니다."

그 트윗이 올라온 이후로 마크는 지옥을 경험하게 됐다. 마크의 이름이 트위터 실시간 검색어에 오르내리기 시작했고, 이루 말로 표현할 수 없는 비난의 폭격을 받고 난 후, 마크는 즉시 자신이 올렸던 트윗을 삭제한 후, 중국 공산주의 사회에서 흔히 강요되는 자아비판으로 가득 찬 트윗들을 연달아 올리며, 마치 사회적 정의를 수호하는 엄청난 전사로 새롭게 다시 태어난 마냥 다음과 같은 좌파적 발언을 연신 쏟아내기 시작했다.

"그러니깐, 제가 방금 전 올렸던 트윗은 많은 부분에 있어 엄청난 실수였습니다. 저는 제가 어떤 경우에서도 혐오와 인종차별, 동성애자 혐오, 외국인 혐오를 비롯한 어떤 형태의 불관용도 용납하지 않는다는 사실을 먼저 분명히 밝히고 싶습니다. 저의 목적은 언제나 통합과 상호 이해, 그리고 친절함을 도모하는 것이었습니다.

하지만 그 과정에서 간혹 실수를 할 수도 있는 것이겠죠. 흥분했을 때 간혹 저는 충분한 사전 조사를 거치지 않고 일을 시작하기에 성급한 결정을 내리기도 하고, 제 입장을 분명히 하지 못한 채 일을 진행할 때도 있습니다. 정말 죄송합니다. 이제야 저는 제가 더 성실하고 신중하게 일을 진행해야 한다는 걸 깨달았습니다. 제 과오를 개선하기 위해 노력하고 있습니다.

하지만 저는 진보와 보수를 초월하는 서로에 대한 이해가 필요하다는 걸 알고 있고, 앞으로 우리가 살아가는 세상이 평화롭고 품격 있는 곳이 될 수 있도록 제가 할 수 있는 한 최선을 다하려 합니다. 이런 저의 입장과 무관하게, 저는 여러분들의 입장에 귀 기울이겠습니다. 또 저에게 건설적인 비판을 제공해 주신 모든 분들께 감사의 말씀을 드리고 싶습니다. 이번 경험을 통해 저는 정말로 많은 걸 배웠습니다. 모든 분들에게 평안이 가득하길 바랍니다."[35]

글쎄. 듀플래스는 정말 '모든 사람들에게' 평안이 가득하길 빌었을까? 그가 지칭한 대상은 (모든 사람들이 아니라)'거의 모든 사람들'이 아니었을까?

솔직히 말하면 나는 그가 참 안됐다고 생각했다. 듀플래스는 문화계에서 일을 해야 한다. 그리고 할리우드라는 공간은 이념적으로 일당 독재적 시스템이 작동하고 있는 곳이다. 나는 애초에 그에게 나와의 관계를 대중적으로 공개하면 어떤 후폭풍이 발생할지를 미리 경고했다. 물론 비겁함이 죄악의 한 형태라는 것을 굳이 강조하진 않겠다.

자연스러운 결과인지는 모르겠지만, 보수주의 사상을 가진 사람도 인간임을 감히(?) 인정하는 엄청난 죄악을 저질렀다는 이유로 대중 앞에 공개 사과를 해야 했던 듀플래스의 행동에 대해 좌파 진영은 열광을 보냈다. 예를 들면 좌파 성향 온라인 매체 복스(Vox)의 잭 뷰챔프(Jack Beauchamp)는 "샤피로에 대한 칭찬을 거둬들인 듀플래스의 행동은 전적으로 옳았다"는 헤드라인 기사를 작성했다.³⁶ 그렇게 질서는 다시 회복됐다. 좌파 카스트 시스템 속 깨시민 사제들이 통치하는 이분법적 도덕 세계가 굳건히 유지된 것이다.

그리고 그 세계는 앞으로도 굳건히 유지될 것이다.

왜냐하면 이건 비단 듀플래스만의 문제가 아니기 때문이다. 이와 같은 일들은 미국 사회에서 정말이지 날마다 발생하고 있다. 듀플래스 사건이 발생하고 한 일 년 쯤이 지난 후, 나는 꽤나 수준 있고 격식 있는 파티에 참가하게 되었다(아마 그 파티는 내가 일생에서 유일하게 참석해 본 진짜 '호화로운' 파티일 것이다). 그 파티에서 우연히 나는 미국에서 꽤 유명한 좌성향 팟캐스트 진행자를 만나게 되었다. 몇몇 일상적 대화를 주고받고 난 후, 나는 그에게 훗날 선거 시즌이 되면 좌우를 통합하는 방송 프로젝트를 한번 함께 기획해 보는 게 어떻겠냐고 제안했다. 나는 "그걸 하면 시청률이 대박 날 것 같은데요"라고 말하며, "그런 방송을 하게 되면 제 청취자들은 아마 엄청 좋아할 거예요. 왜냐하면 저는 평소에도 제 프로그램에 반대 진영에 있는 분들을 자주 초청하거든요"라고 말했다.

"당신의 청취자들은 아마 그걸 상당히 좋아할 것 같네요." 그리고 그 좌파 방송인은 다음과 같이 말을 이어 갔다. "하지만 제 청취자들은 아마 절 죽이려 할걸요."

그는 틀린 말을 하고 있지 않았다. 그렇기 때문에 보수 성향을 가진 운동선수들로부터 자유주의 성향을 가진 테크 기업 경영자들에 이르기까지, 또 우파 성향의 할리우드 제작자들로부터 착한 심성을 가진 리버럴 언론인들에 이르기까지, 나는 사회적으로 영향력 있는 사람들과 만날 때 최대한 그들을 외부에 노출시키지 않으려고 부단히 노력한다.

나는 주요 기업으로부터 수조 원에 달하는 자본을 빼어내서 그 회사를 망하게 만들 정도의 위치에 있지 않고, 영화 촬영장의 책임자가 특정 인사와 점심을 함께 먹었다는 이유 하나만으로 그를 해고해 버릴 수 있는 입장에 있지도 않다. 하지만 내가 말하고 싶은 건, 그와 같은 환경 속에서 좌파 권위주의자들이 지정해 놓은 이념적 격리 정책을 위반하는 사람은 마치 나병환자처럼 절대 상종하지 말아야 할 사람 취급을 받는다는 사실이다.

솔직히 말하자면 나는 내가 운이 좋은 사람이라 생각한다. 왜냐하면 나는 내 의견을 말하는 걸 업으로 삼아(정치평론으로) 돈을 벌기 때문이다. 하지만 미국에서 살아가는 수억 명의 사람들이 모두 나처럼 자신의 의견을 자유롭게 말하며 생계를 유지할 수 있는 건 아니다. 일반적인 사회생활을 하는 사람들에게 좌파적 고정관념에 어긋나는 말을 공개적으로 하는 것은 상당한 위험이 따르는 일이다. 권위주의적 좌파는 반대 의견을 묵살하려 한다. 그들은 자신들에게 가용한 모든 수단과 방법을 동원하여 그 목적을 이뤄내려 혈안이 돼 있다.

매일 나는 '미국에서 살아가는 것'이라는 지뢰밭에서 어떻게 하면 현명하게 생존할 수 있는지에 대해 나의 자문을 구하는 수십 통의 편지, 전화, 이메일을 받는다. 아래의 예시가 아마 사람들이 나에게 가장 빈번하게 물어보는 유형의 질문일 것이다.

"제 직장 상사가 다양성 트레이닝을 받으라고 압력을 넣는데, 그 트레이닝에 가면 모든 백인들은 인종차별주의자들이라 배운다고 들었어요. 이런 상황에서 상사에게 참여하기 싫다는 제 입장을 분명히 표현해야 할까요? 그렇게 했을 때 상사가 인사고과에서 저에게 불이익을 줄까 봐 걱정이 돼요."

"저희 대학 교수님은 각자가 선호하는 대명사를 사용해 주지 않는 사람들은 꼴통이라고 이야기해요.* 기말고사에서 이와 관련된 문제가 나왔을 때 저는 어떤 식으로 답을 적어야 할까요? 만약 제 의견을 솔직하게 쓴다면 교수님이 감점을 주실까 봐 걱정돼요."

"저의 누나는 제가 공화당에 투표했다는 걸 알고 있어요. 그 일 때문에 누나는 저와 더 이상 대화를 하고 싶지 않다고 하네요. 저는 어떻게 하면 좋을까요?"

우리는 이처럼 깨시민 사상을 강요하는 문화적 권위주의에 따른 결과를 실제 삶에서 경험하고 있다. 잘 다니고 있던 직장을 한

---

* 예를 들면, 생물학적 남성인 A가 스스로를 여성이라 인식하기 때문에 자신을 'she/her'로 지칭해 달라고 말했을 때(주로 트위터나 페이스북, 인스타그램 프로필에 이런 소개 글을 올린다), A는 생물학적으로 남성이기 때문에 객관적 사실을 바탕으로 A를 'he/him'으로 지칭할 경우, A가 원하는 대명사(preferred pronouns)를 그 사람에게 사용해 주지 않은 사람은 '꼴통' 취급을 받는다는 뜻. 트랜스젠더 이슈와 맞물려 특별히 영어권 국가들에서 큰 이슈가 되고 있다.

순간에 잃는 것으로부터 심각한 경우 사회적 매장에 이르기까지, 미국 사회에서 좌파가 주도하는 문화적 권위주의에 따른 여파는 실로 참혹하다.

미국인들은 혹시 평소에 척진 사람이 자신이 오래전 무심결에 생각 없이 썼던 트위터를 찾아내 스크린 캡처한 후 해당 내용을 들먹이며 꼬투리를 잡을까 봐 두려워한다. 또 자신이 친구들과 사적으로 주고받으며 사용했던 부적절한 표현들이 언론을 통해 보도될까 봐 두려워하고 있다.

오늘날 미국인들은 언제 어디를 가도 마치 수많은 눈과 귀가 자신을 둘러싸고 있는 것 같다는 느낌을 받는다. 페이스북에 적은 아주 사소한 이야기가(대체로는 실수나 실언) 유사언론인을 가장한 좌파 활동가에 의해 포착되면, 순식간에 그 내용이 전 세계에 알려지곤 한다. 당신의 상사는 당신이 어떤 이야기를 하는지 무척 신경 쓴다. 당신의 친구들 역시 마찬가지다. 만에 하나 당신이 사회정의를 부르짖는 투사들(?)의 기분을 상하게 한다면, 그 즉시 당신은 이 사회에서 퇴출당할 수 있다. 이 같은 일련의 일들은 '만약'의 경우에만 해당되는 것이 아니다. 단지 언제 그 일이 발생하느냐에 관한 문제일 뿐이기 때문이다.

이 같은 세상에서 폭도들로부터 자신을 지킬 수 있는 유일한 방법은 그 폭도의 무리에 가담하는 것이다. 과거에는 특정 사안에 대한 침묵이 용납됐었다. 하지만 오늘날 미국에서는 심지어 어떤 사건이 발생했을 때 그에 대해 침묵하는 것조차 일종의 반항으로 받아들여진다. 모든 사람들은 자리에서 일어나 스탈린을 환호하며 그에게 박수를 보내야 한다. 이 상황에서 만약 누가 (허락 없이) 먼저 자리에 앉는다면, 그 사람은 강제수용소로 보내지고 말 것이다.

그들의 입장을 그대로 따르고, 믿으라는 것

아마 우리가 경험하고 있는 좌파 문화적 권위주의 현실에서 가장 불쾌한 것은 이에 대해 고민을 토로하며 솔직한 의견을 이야기하는 평범한 미국인들을 마치 그들이 별것 아닌 일에 호들갑 떠는 사람인 것처럼 치부하는 분위기가 좌파 권위주의자들 사이에서 만연해 있다는 점이다. 우리의 고매하고 깨어 있으신 지도층들은 캔슬 컬처 같은 건 실제로 존재하지 않는다고 말하며 앞에서는 우리를 안심시킨다.

하지만 그들은 뒤에서 우리가 과거에 저질렀던 매우 난감한 정치적 실수 또는 발언을 추적하는 데 혈안이 되어 있다. 우리의 고매하신 지도층들은 우리가 다니는 직장에 항의 전화를 걸어 우리를 해고하라 요구하는 행동에 아무 문제가 없다고 생각한다. 결국에는, 그것도 자유시장이 작동하는 한 방법이지 않겠는가! 그들은 오히려 우리에게 왜 소셜 미디어 검열이나 사회로부터 퇴출되는 것에 대해 징징거리고 있냐며 구박한다. 그럴 권한을 가진 사람이라면, 당신의 인생을 산산조각 내도 되고, 당신의 커리어를 끝장내도 되며, 당신의 인격을 비방해도 괜찮지 않냐는 논리다. 결국 이 모든 것도 표현의 자유가 아니겠는가!

어떤 측면에서 보자면, 그들이 완전히 틀린 건 아니다. 당신의 직장 상사는 당신을 해고할 권리를 가지고 있으니 말이다. 우리의 가족과 친구들은, 그게 진정 그들이 원하는 바라면, 우리와의 관계를 끝낼 권한이 있다. 이런 유형의 일들은 표현과 집회, 결사의 자유를 보장한 수정헌법 제1조를 반하지 않는다. 하지만 그러한 태도는 결국 우리의 정치 공동체인 공화국을 끝장내고 말 것이다.

관용의 철학이 시들어 버릴 때 자유로운 의견 교환과 표현의 자유는 종식된다. 꼭 정부만이 미국인들이 누리는 자유를 소멸시키는 주체가 되는 게 아니다. 왜냐하면 (정부의 강제 없이) 시민 문화의 영역에서 작동하는 권위주의 역시 얼마든지 자유를 소멸시킬 수 있기 때문이다. 과거에도 그 방법은 효력을 발휘해 왔다. 역사상 미국과 미국의 민주주의를 가장 정확하게 관찰했던 위대한 관찰자 알렉시스 드 토크빌(Alexis de Tocqueville)은 자신이 1831년 쓴 『미국의 민주주의(Democracy in America)』에서 앞으로 미국이 맞이할 수도 있는 전제정치의 위협을 충격적이면서 소름 돋을 만큼 선견지명 있는 언어로 표현해 냈다.

"절대적 권한을 가진 정부의 통치 아래에서 이뤄지는 전제정치는 사람들의 육체를 투박하게 가격해 버리고, 그 여파를 영혼에까지 전달시킨다. 그 상태에서 영혼은 그 공격에서 벗어나기 위해 육체 위로 영광스럽게 올라가게 된다.

하지만 민주공화국에서 이뤄지는 독재는 그것과 전혀 다른 진행 양상을 보인다. 민주공화국에서의 전제정치는 육체를 건너뛴 채 곧바로 영혼을 타격점으로 삼는다. 민주공화국에서 이뤄지는 독재에는 절대 왕정에서와 같은 명령의 주체가 존재하지 않는다. 특정 인물이 '내가 원하는 방식으로 생각하지 않으면, 너는 죽음을 맞이할 것이다'는 식으로 협박하지 않는다는 뜻이다. 대신 민주공화국에서는 다음과 같은 방식으로 전제정치가 이뤄진다.

민주공화국에서 전제정치를 실시하는 주체는 거기에 저항하는 이들에게 아마 다음과 같은 이야기를 할 것이다. '너는 꼭 내가 원하는 방식으로 생각하지 않아도 된다. 너의 생명과 물건들, 그 밖에 모든 것들은 너의 관할 아래 있다.

하지만 오늘을 기점으로, 너는 우리 가운데 이방인으로 머물러 있게 될 것이다. 도시에서 너는 네가 가진 특권을 유지할 것이지만, 그 특권은 너에게 무용지물이 될 것이다. 만약 네가 동료 시민들로부터 표를 얻길 갈망한다고 할지라도, 그들은 너에게 표를 주지 않을 것이고, 네가 그들의 존중을 받고 싶다고 할지라도, 그들은 여전히 너의 의견을 들어 줄 마음이 없는 것처럼 행동할 것이다. 너는 많은 이들 가운데 머물러 있겠지만, 인류로서의 권리를 잃게 될 것이다. 네가 너와 비슷하게 생긴 사람들에게 다가갈 때, 그들은 마치 너를 불순한 사람 대하듯 너에게서 도망칠 것이다.

또 너의 결백을 믿는 사람들조차도 너를 버리게 될 것이다. 왜냐하면 그렇게 하지 않으면 주변 다른 이들이 당신을 받아들였다는 이유를 빌미로 그 사람들에게서 도망쳐 버리기 때문이다. 평안히 갈 길을 가기 바란다. 나는 네가 너의 방식대로 살아가도록 허락해주겠다. 하지만 그 현실은 죽음보다 더 힘겨울 것이다."[37]

이것이 바로 오늘날 우리가 살아가는 미국에 관한 정확한 묘사이다. 온라인 매체 액시오스(Axios)의 기자 짐 밴더하이(Jim VandeHei)가 말한 것처럼, "민주당이 주도하는 질서는 미국 사회 거의 모든 영역에서 급부상하고 있다. 민주당은 입법, 사법, 행정 삼권을 모두 차지했고, 전통적인 언론사들을 장악하고 있다. 민주당 또는 유관 단체들은 미국 사회에서 영향력이 강한 사회적 매체들을 소유 또는 통제하고 있다. 그들은 빅테크 회사 내에서 사내 의사결정을 할 수 있는 수준의 권력을 가지고 있기도 하다. 우리나라에서는 현재 정치, 표현의 자유, 진실의 정의, 그리고 거짓말의 대가 등에 관한 개념이 재정립되고 있다. 바로 지금 이 순간, 그리고 앞으로 우리가 내리는 결정들은 우리 자녀의 후손들에게 연구의 대상이 될 것이라고 생각한다."[38]

현재 미국 사회에서 이 같은 현상은 쉼 없이 지속되고 있다. 직장에 가면 고용주가 당신에게 좌파적 이념에 충실할 것을 요구하고, 기업들은 당신에게 특정 정치적 관점을 받아들이길 요구하고 있다. 언론은 당신을 개념 없는 야만인으로 취급한다. 여기에는 특별한 영역의 구분이 존재하지 않는다. 할리우드 작품은 당신이 가지고 있는 도덕적 가치관, 그리고 이를 따르는 당신의 모습을 철저하게 조롱한다. 스포츠 방송을 보다 보면 마치 당신도 대중들에게 인기를 끄는 기괴한 일들을 따라 해야 할 것만 같은 압박감을 느낀다. 소셜 미디어 기업들은 당신이 자신의 생각을 표현하지 못하게 하는 동시에 당신이 접할 수 있는 정보의 흐름과 종류를 통제한다. 그리고 매일 당신은 혹시 오늘 폭도가 나를 쫓아오진 않을까 하는 두려움을 안고 살아가야 한다.

이 책에서 나는 미국 사회에서 어떻게 이러한 좌파 권위주의적 독재가 만연하게 됐는가를 설명하려 한다. 따라서 이 책은 어떻게 급진 좌파 권위주의자들이 우리 사회에서 가장 강력한 제도와 시스템들을 장악하게 됐는지를 설명하는 이야기라고 할 수 있다. 또 이 책은 이 최근까지는 전혀 논란이 되지 않았던 미국의 전통적 가치관과 원칙을 지키기 위해 분연히 일어나 목소리를 내는 미국인들이 맞이할 수밖에 없는 참혹한 결과와 끔찍한 증오에 관한 이야기라고도 할 수 있을 것이다.

하지만 또한 이 책은 위에서 언급한 것 이상의 의미를 담고 있기도 하다.

왜냐하면 이 책은 어떻게 하면 앞으로 우리가 '올바른 방법으로' 맞서 싸워 나갈 수 있는지를 다루고 있기 때문이다.

권위주의 사상의 깊은 곳에는 하나의 심각한 결함이 자리 잡고 있다. 그건 바로 불안이다. 만약 권위주의자들이 국민으로부터 진정 폭넓고 진실된 지지를 받았다면, 그들은 굳이 강압적인 방법을 사용하지 않았을 것이다. 좌파 권위주의자들이 꼭꼭 숨기고 싶어 하는 하나의 비밀이 있다면, 그건 바로 그들이 아직 소수에 머무르고 있다는 사실이다.

여러분은 다수다.

실제로는 모든 사람들이 여러분을 혐오하지 않는다. 다만 수백만 명의 미국인들이 "나는 너와 같은 생각을 가지고 있어"라고 공개적으로 말하길 두려워하고 있을 뿐이다.

그동안 우리는 침묵을 강요당해 왔다.

이제는 하나의 간결하고 강력한 단어, 이 세상 역사가 시작된 이래로 자유 그 자체와 동일시되어 왔던 바로 그 단어를 크게 외치며 우리에게 강요됐던 침묵을 깰 시간이 됐다.

"그건 아니야(No)."

CHAPTER 1

다수를 침묵시키는 방법

2016년 11월 8일, 허풍 떨기로 이름을 떨친 리얼리티 티비쇼 스타가 미국 대통령이 됐다. 선거기간 내내 이어진 언론의 히스테리적 반응과 인격 살인적 보도에도 불구하고 도널드 트럼프는 대통령으로 당선됐다. 선거 전 확신에 찬 여론조사기관과 정치평론가들은 트럼프 당선 확률이 거의 0%에 수렴한다고 주장했다.[*] 그럼에도 불구하고 트럼프는 대통령에 당선되었다.

무엇보다, 미국 여론조사기관과 평론가들은 트럼프가 얼마나 많은 미국인들의 지지를 받는지 분석하는 데 실패했다. 왜냐하면 그들은 트럼프의 지지자들을 올바로 분석하지 못했기 때문이다. 여론조사기관과 평론가들은 트럼프의 강성 지지층이 다이아몬드

---

* 실제 CNN은 2016년 선거를 앞두고 트럼프 공화당 후보 지명 가능성을 1%, 힐러리와 선거에서 트럼프가 승리할 확률을 8%로 각각 보도했음.

처럼 단단한 핵을 이루고 있는 꼴통 보수세력이라고 생각했고, 따라서 그들은 이따금 성가신 느낌을 주지만 선거의 승패를 가를 만큼 위협적이지는 않을 것이라 판단했다. 힐러리 클린턴의 표현을 그대로 빌리자면, 민주당 선거 전략가들의 눈에 트럼프 지지자들은 그저 "개탄스러운 사람들"이었을 뿐이었다.

그리고 트럼프는 승리했다.

이 예상치 못한 결과는 정치권에 있는 엘리트들에게 다음 두 가지 선택지를 남겨놓게 되었다. 첫째로, 트럼프의 승리로 귀결된 선거 이후, 정치권의 엘리트들은 그들이 미국인의 삶에 있어 무언가 핵심적인 부분을 놓치고 있었음을 솔직히 시인하고 철저한 내부 성찰과 반성을 통해 미국 대중들이 원하는 게 무엇인지를 다시 점검하는 시간을 가질 수 있었다. 또 다른 방법으로, 정치권의 엘리트들은 트럼프에게 투표한 수천만의 미국인들이 그저 지적, 도덕적으로 모자란 사람들일 뿐이라고 치부해 버리며 기존의 입장을 고수할 수도 있었다.

미국의 엘리트들은 후자의 길을 택했다.

트럼프 당선 뒤 트럼프 현상을 분석했던 최초 보도에서, 뉴욕 브루클린에 거주하며 구찌 로퍼를 신고 언론인 행세를 하고 다니는 제인 구달(Jane Goodall) 빙의 한 기자들은 트럼프 지지자들을 『안개 속의 고릴라』에 등장하는 신비스럽고 불만 가득한 유인원으로 묘사했다. 그 보도에서, 어떻게 하면 〈틴 보그(Teen Vogue)〉 같은 잡지에서 폭스뉴스 앵커 터커 칼슨(Tucker Carlson)을 효과적으로 깔 수 있는지에 대해 뉴욕 대학 언론대학원에서 로렌 두카(Lauren Duca)

로부터 개인지도를 받은 뒤 초롱초롱한 얼굴로 강의실을 막 뛰쳐나온 신입 기자들은, (그들의 관점에서 보면)원시인 집단 거주 지역이나 다름없는 미국 공화당주(red state)를 탐방한다.

이들의 인식 속에 존재하는 공화당주는 특색 없는 프랜차이즈 식당들과 월마트, 교회가 난무한 곳이며, 문화적 감수성을 가진 비건 식당과 인스타그램에 올라올 법한 감성 카페, 또 플랜드 페어런트후드(Planned Parenthood)* 같은 시설들은 전혀 찾아볼 수 없는 그런 장소였다. 해당 취재에서 소위 각 언론사 에이스 취급받는 기자들은 한때 잘나갔지만 현재는 은퇴하고 빈털터리가 돼 정부 보조금에 의존하며 생활하는 노쇠한 공장 노동자들에게 다가가 말을 건넨다. 이 같은 취재를 마친 후, 주류 언론은 트럼프 현상에 대해 다음과 같이 결론을 내렸다. 애초 그들이 생각했던 것처럼, 또 한때 힐러리가 묘사했던 것처럼, 트럼프 지지자들은 실제 개탄스러운 사람들(deplorables)이라는 것이었다.

또 오바마가 한때 언급했던 것처럼, 트럼프 지지자들은 집착적 억하감정에 시달리는 사람들로서, 그들이 전가의 보도처럼 떠받드는 신과 총기(God and guns), 인종차별이란 요소들을 결사적으로 붙들고서, 아침마다 안전모를 뒤집어쓰고 쓰러져 가는 공장으로 출근하며, 밤이 되면 흰색 두건을 머리에 두른 채 이웃 동네에 사는 소수 인종들에게 위협을 가하는 그런 끔찍한 사람들이라는 결론을 내게 된다.

---

* 미국의 비영리단체. 낙태 찬성 운동을 적극 지지.

주류 언론사 기자들이 결론으로 내린 트럼프 지지자들의 정체성은 미국 전역에서 발생하고 있는 인종 구성 변화(demographic shift)**를 멈추길 원하는 낙후된 러스트 벨트(Rust Belt) 지역의 가난한 백인 노동자들이었다(하지만 해당 보도는 약 280만 명가량의 뉴욕 주민들과 약 450만 명의 캘리포니아인들이 트럼프에게 투표했었다는 사실을 파악하지 못했는데, 미국에 사는 모든 공화당 지지자들이 꼭 트럭 운전수 모자를 쓴 채 싸구려 식당에서 식사를 하는 건 아니다).

트럼프 현상을 설명하려 했던 해당 보도는 정말이지 편리한 서술이었다. 해당 보도가 나간 뒤 언론인들은 문자적인 동시에 비유적으로 자신의 안전지대를 벗어나야 할 언론인으로서 의무를 면제받았다. 그들은 더 이상 오하이오주 시골로 내려가 현장 취재를 할 필요도 없었고, 맨해튼의 어퍼 웨스트사이드(Upper West Side) 번화가를 벗어나 촌뜨기들과 불편한 주제를 놓고 대화를 나눌 필요도 없었다. 또 해당 보도는 언론인들이 언론 활동 자체 전반을 내팽개쳐 버리도록 만들었다. 오늘날 미국 주류 언론은 트럼프의 정책에 초점을 맞추는 대신, 단순히 그의 트윗 내용만을 연일 보도하고 있는데, 그들의 행위는 트럼프의 트윗 하나하나가 자신들이 애초 공화당주에게 가졌던 편견이 사실임을 입증해 주는 증거일 뿐이라고 여기는 주류 언론의 본능적 태도를 고스란히 반영하고

** 미국 내에서 백인의 숫자가 줄어들고, 유색인종 및 이민자의 인구는 점차 증가하는 현상. 참고로 2021년 기준, 미국 전체 인구 대비 백인 비율은 72%이고, 이 수치는 점차 감소하고 있다.

있다. 상황이 이렇게 되자, 다양한 정치적 논란에 대해 입체적으로 사실 관계를 확인하는 대신, 미국 언론들은 트럼프 지지자들이 죄악 가운데 빠져 있다고 손쉽게 예단하게 됐고, 그 결과 언론은 트럼프 지지자들에게 명령과 복종을 요구하기 시작했다. 언론 보도 행위는 단순히 트럼프라는 정치인 개인뿐만 아니라, 그를 지지하는 모든 사람들을 대상으로 하는 토벌 작전으로 전락해 버리고 만 것이다.

사실 따지고 보면 미국 언론의 이와 같은 태도가 엄청난 변화라고 볼 수는 없었다. 미국 주류 언론은, 트럼프뿐만 아니라 공화당 지지자 전반이 언제나 골칫덩어리라고 인식해 왔기 때문이다. 트럼프가 그들의 눈에 들어오기 한참 전, 미국 언론은 세금 정책과 관련해 오바마에게 배짱 있게 날카로운 질문을 던졌던 한 지방 소도시 배관공을 표적 삼아 공격한 적이 있다. 해당 배관공이 오바마에게 질문을 한 뒤, 미국 언론들은 그의 세금 납부 내역과 집 주소, 또 배관공 자격증 등을 파헤치는 심층 탐사 보도를 진행했다. 미국 현대 정치 역사상 가장 물렁물렁한 정치인이라고 할 수 있는 미트 롬니(Mitt Romney)조차도 언론으로부터 인종차별주의적 꼴통이라는 낙인을 피해 갈 수 없었다. 훗날 반(反)트럼프 진영의 영웅으로 칭송받았던 공화당 상원의원 존 매케인(John McCain) 역시 언론으로부터 비슷한 비방을 당해야 했다.

미국 언론은 지난 몇 년에 걸쳐 트럼프라는 인물에 대한 보도 관점을 변화시켜 왔다. (트럼프가 정치권에 발을 담그기 전)수년 동안, 언론은 그를 낚시성 기사에 활용했고, 진정성 있는 코미디 캐릭터이 자, 부와 과시욕을 가감 없이 드러내는 덩치 큰 사람, 또 화려한 허세를 통해 대중을 즐겁게 만드는 속임수의 아이콘으로 묘사해 왔다. 트럼프가 공화당 후보로 대통령 선거 도전을 선언하기 바로 직전까지 말이다.

심지어 대통령 출마선언 직후에도, 트럼프는 CNN 사장이었던 제프 저커(Jeff Zucker)로부터 한밤중에 전화를 받거나, MSNBC 앵커인 조 스카보로(Joe Scarborough)의 조언을 얻기도 했다. 그렇게 트럼프는 공화당 대통령 후보로 선정됐다.

그리고 트럼프가 공화당 후보로 결정된 바로 그 하룻밤 사이, 트럼프는 악의 화신이 됐다. 왜냐하면 트럼프는 한순간에 공화당원들을 상징하는 인물이 됐기 때문이다. 트럼프의 경선 승리를 대하는 미국 주류 언론의 태도는 공화당 당내 경쟁자였던 테드 크루즈(Ted Cruz)나 마르코 루비오(Marco Rubia)가 경선에서 이겼을 경우 맞이했을 법한 언론의 태도와는 전혀 거리가 멀었다. 훗날 트럼프가 주장했듯이 미국 언론은 트럼프 자체를 싫어했다기보다는, 트럼프의 지지자들을 싫어했다.

이와 같은 언론의 이중적 태도는 역설적으로 공화당 지지자들이 트럼프를 더욱 충성스럽게 따르는 배경이 되었다. 공화당 지지층은 트럼프가 존재하지 않았으면 자신들에게 겨누었을 언론의 총탄을 트럼프가 대신 맞아준 것이라고 생각하게 됐기 때문이다. 또 이러한 공화당원들의 반응은 실제로도 틀린 생각이 아니었다.

미국 언론의 정치적 화살과 돌팔매는 보수 성향 지지자들을 향

해 있었다. 트럼프는 단지 훨씬 간단하고 간편한 방식으로 언론의
공격에 정당성을 부여해 주는 도구일 뿐이었다. 미국의 모든 보수
주의자들이 — 달리 말하면 자기 진영을 배신하지 않았고, 링컨 프
로젝트(Lincoln Project)*에 가입하는 즉시 생겨나는 좌파로부터의 희
한한 존경(strange new respect)을 얻지 못한 사람들이 — 사악한 인종
차별주의자들이며, 무식한 외국인 혐오자들, 또 꼴통 기질을 가
진 멍청이들이라는 내러티브를 펼친 건 비단 미국 언론뿐만이 아
니었다. 미국 제도권에 존재하는 거의 모든 기관들이 그와 동일한
태도를 보였기 때문이다.

미국 보수주의자들은 좌파 권위주의를 느꼈다. 그들은 위협이
임박했음을 본능적으로 이해하고 있었다. 또 보수주의자들은 그
권위주의 독재를 좋아하지 않았다.

미국 보수주의자들은 소셜 미디어에서 자신들이 일방적인 검열
을 당하고 있음을 느꼈다. 소셜 미디어 기업들은 보수 성향 사람들
의 발언을 '혐오 표현'이라 낙인찍었고, 그들의 세계관 자체를 타
인에 대한 '공격'으로 간주하며 검열했다. 할리우드 영화와 드라
마는 미국 보수주의자들이 보다 아름답고, 관용적이며, 다양성 넘
치는 나라를 만드는 걸 방해하는 세력이라고 묘사했는데, 보수주

---

* 원래 전통적인 공화당 지지자들이었으나, 트럼프가 공화당 주류로 부상하자, 이에
반발을 느껴 공화당 지지를 철회한 사람들이 중심이 된 정치단체. 반(反)보수주의
성향이며, 민주당 친화적 입장을 가짐. 같은 문장에서 'Strange New Respect'란, 민
주당 친화적인 미국 주류 언론이 공화당 내부에서 트럼프에게 반대 목소리를 내는
사람들을 갑자기 영웅으로 치켜세우며 우호적으로 다뤄 준다는 의미.

의자들은 이러한 할리우드 문화 콘텐츠를 접하며 철저한 반(反)전통주의**를 느꼈다. 또한 보수주의자들은 평소 겉으로는 관용적인 척하며 리버럴한 의견을 늘어놓길 좋아하지만, 자신의 생각에 반대하는 직원들에게 은근히 해고 압박을 가하는 직장 상사들로부터 위협을 느꼈다. 또 보수주의자들은 모호하지 않은 언어를 사용하며 그들은 사교적 모임에서 환영받지 못할 것이란 의사를 분명히 표현하는 친구와 가족들로부터 위협을 느꼈다. 미국 보수주의자들은 혁명을 하다시피 미국의 근본 가치를 철저히 파괴하고 있는, 또 그와 동시에 가장 강력한 제도권의 비호를 받고 있는, 급진 좌파들의 실체를 목도하게 됐다.

보수주의자들은 아웃사이더 취급을 받았다. 트럼프에게 투표한 사람들은 상류 사회에서 추방됐고, 괴저에 걸린 팔다리 취급을 받았다. 미국 엘리트들은 고름이 곪아 온몸에 독성이 퍼지는 것보다 정치적 통일체에서 곪은 부위를 잘라내는 것이 유익하다고 판단했다. 사실 미국 제도권은 트럼프에게 적극적 반대 의사를 표출하지 않은 사람들을 단순히 침묵시키는 것에 그치지 않았다. 그 결과 깨시민들은 "침묵은 폭력이다(Silence is violence)"와 같은 황당한 구호를 들고 나오게 된다. 깨시민들은 보수 성향 시민들이 사회에서 추방당해야 한다고 생각했다.

심지어 깨시민들은 트럼프를 옹호하지 않은 보수주의자들조차

●● 기존 서구 문명 사회에서 통용됐던 가정, 종교, 교육, 사회 질서 등이 가지는 의미를 전면 부정하는 기조.

도 그들이 트럼프 지지자들과 대화를 했다는 이유로, 또는 트럼프 지지자들과 기꺼이 대화할 의향이 있었다는 이유로, 미국 사회에서 추방당해 마땅하다고 주장했다. 깨시민들의 논리에 따르면, 트럼프 지지자들과 말을 섞는 행위 그 자체가 곧 비인격적 집단에 인격을 부여해 주는 것이며, 관용할 수 없는 사람들을 관용하는 것이었다. 이들은 트럼프 지지자들을 단순히 사회에서 단절시키는 것만으로는 한참 부족하다고 생각했다. 앞으로 트럼프 지지 행위로 이어질 가능성이 있는 모든 행동과 개념들은 퇴마돼야 했다. 고백이 강요돼야 했고, 순혈 분자를 가려내는 실험이 이뤄져야 했다. 마오쩌둥 공산 치하 중국에서 발생했던 대중 자아비판이 시작되었다.

좌파 권위주의 세력은 충성을 나타내는 다음의 상징물을 강요하기 시작했다. 적절히 깨어 있음을 나타내주는 트위터 해시태그, 차량에 부착된 반(反)트럼프 범퍼 스티커, 잘 관리된 잔디 위에 꽂혀 있는 의미론적으로 모호한(semantically overloaded) 동어반복적 표어들. 또 (기존 전통적 가치관으로부터의)분리를 나타내는 발언들이 의도적으로 사용됐다.

예를 들면, 최근 들어 좌파 권위주의자들에 의해 불쾌 항목으로 분류된 '실력주의'나 '서구 문명', 또는 '피부색을 따지지 않는 정책' 등의 단어들은 금지되기 시작한다. 또 이 같은 흐름에 반대하는 사람들은 트럼프 지지자들과 한데 묶여 같은 인간 취급을 받았다. 한 사회 내에서 허용 가능한 담론의 범위를 뜻하는 오버톤 창(Overton window)은 굳게 닫혀 버렸고, 좌파 권위자들은 닫힌 창

위에 판자를 덧대어 못을 박아 버렸다.

그리고 우리 사회의 문화적 좌파 권위주의자들은 이 방식이 효과가 있다고 생각해 왔다.

2018년 치러진 중간선거에서 민주당은 압도적인 승리를 가져갔다. 또 미국 전역에서 공화당 지역이었던 43개 선거구를 되찾아 오면서 하원을 장악했다. 민주당의 승리를 뒷받침한 주요 지지층은 미국 교외 지역(suburban areas)* 거주자들로서, 민주당은 이 지지세를 기반으로 주의회 선거구 308개를 민주당 지역으로 돌려놓게 된다. 이는 투표지에 '트럼프'라는 이름이 빠진 상태에서 발생한 결과였다.

만약 투표지에 존재 그 자체로 죄악과 편견, 인종차별주의와 저속함, 또 야만성을 상징하는 오렌지색 인간, 다시 말해 트럼프의 이름이 들어간다면, 민주당은 2018년 선거 때보다 더욱 압도적인 승리를 거둘 것이고, 그 결과 향후 최소 30년 동안은 공화당이 소수 정당화됨으로써, 앞으로 영원히 끝나지 않는 민주당 황금기를 열어가게 될 것으로 민주당 지도부는 기대하고 있었다.

그리고 실제 2020년 대선이 치러지기 일주일 전 실시된 여론조사에서 바이든은 트럼프에 10% 포인트 이상 앞서 있었다. 하원선거 관련 여론조사에서도 민주당은 공화당 대비 약 7% 높은 지지율을 보이고 있었다. 승리가 마치 바로 눈앞에 놓여 있는 듯했다. 현실은 전혀 그렇지 않았지만 말이다.

---

* 미국 대도시 인근에 조성된 주거 지역. 주로 경제력이 넉넉한 중산층이 생활한다.

2020년 선거에서 드러난 게 하나 있다면, 만약 한 사회의 문화를 장악한 주요 기관들이 다수의 시민을 상대로 총력전을 펼치게 될 때, 사람들은 해당 기관의 요구에 따라 자신의 생각을 바꾸는 게 아니라, 그저 지하로 숨어 들어갈 뿐이라는 사실이었다. 바로 그것이 2020년 선거의 교훈이었다. 미국 사회 주요 기관들에 의해 강요와 압박을 당했던 시민들은 여론조사에서 거짓으로 답하거나, 애초에 조사 기관에서 걸려 온 전화 자체를 받지 않았다. 이들은 주변 가족과 친구들에게 자신이 어떻게 투표할지를 말하지 않았고, 페이스북이나 트위터에서도 정치에 관한 글을 일절 올리지 않았다. 이들은 직장 상사에게 조 바이든(Joe Biden)이나 카말라 해리스(Kamala Harris), 또는 알렉산드리아 오카시오-코르테즈(Alexandria Ocasio-Cortez, AOC) 등에 대한 자신의 진짜 생각을 말하지 않았다. 그들은 투표소에 들어가서, 조용히 표를 던졌을 뿐이다.

그리고 이들은 자신을 미국 사회의 적이라고 핏대 높였던 사람들을 심판하는 표를 던졌다.

2020년 선거에서 도널드 트럼프는 패배했을지 모른다. 하지만 미국 전역에서 공화당은 패배하지 않았다. 공화당 후보들은 모든 영역에 걸쳐 여론조사를 압도하는 결과를 만들어 냈다. 선거 전 다수의 여론조사 기관들은 트럼프가 10% 이상 차이로 바이든에게 패배할 것이라고 예상했다.

하지만 막상 뚜껑을 열어 보니, 트럼프는 역사상 미국 대선에 출마했던 어떤 공화당 후보보다도 더 많은 표를 얻었고, 2020년 당선됐던 바이든을 제외한다면, 국민들로부터 미국 역사상 공직에 출마한 그 어떤 후보보다 많은 표를 얻어 냈다. 또 몇몇 여론조사 기관은 공화당이 상원에서 다수당이 되지 못할 것이고, 하원에서도 12석가량을 잃을 걸로 내다봤다.

하지만 공화당은 선거에서 상원을 거의 지켜 냈고(만약 충분히 승리할 수 있었던 조지아 상원선거에서 트럼프가 어처구니없는 개입을 하지 않았다면 공화당이 다수당 지위를 그대로 유지했을 것이다), 하원에서는 오히려 의석수를 늘렸으며, 선거구 개편이 실시되는 중요한 시기에 주의회에서 주도권을 거머쥐었고,* 백악관까지도 거의 지켜 낼 뻔했다.

조 바이든처럼 존재감 없고 쇠약한 늙은이가 대통령에 당선됐다는 사실이 곧 유권자가 민주당의 어젠다를 전폭적으로 지지했다는 뜻은 아니었다. 2020년 대선 결과는 민주당 정책에 대한 지지가 아니라 트럼프라는 캐릭터를 유권자가 거부한 것이라고 봐야 정확하다. 사실 지난 몇 년간 트럼프가 올렸던 변덕스러운 트윗들, 그의 특이 성격적 행동, 또 이에 대한 잔인한 언론 보도 등이 맞물렸었다는 점을 고려할 때, 트럼프가 패배했다는 것이 그다지 큰 충격으로 다가오지는 않는다.

트럼프는 같은 날 치러진** 대선 외 선거에서 상원 경합지역에 출마한 다른 공화당 후보들에 비해 현저히 낮은 득표율을 보였다. 일례로, 공화당 후보들은 트럼프가 바이든에 8% 뒤처졌던 뉴

- 미국 선거구 획정 권한은 주의회가 갖는다. 개편 주기는 10년.
- ●● 미국에선 대선 주기에 맞춰 하원, 일부 상원, 일부 주지사, 주의회 선거 등이 같은 날 치러진다.

햄프셔주에서 낙승했다. 트럼프는 교외지역에서 큰 타격을 입었다. 만약 트럼프가 2016년 자신이 받았던 교외지역 표심을 2020년 선거에서도 그대로 지켜 냈었다면, 그는 재선에 성공했었을 것이다. 이런 사실을 비춰 볼 때, 미국인들이 트럼프라는 개인을 거부했을 수는 있다. 하지만 주류 언론과 여론조사 기관들, 또 전문가들이 철저히 간과했던 '침묵하는 다수 세력'은 실로 충격적인 방식으로 자신들이 민주당 정책을 전면 거부한다는 사실을 명백히 드러냈다.

미국인들이 여론조사 결과를 뒤집는 투표를 한 건 그들이 인종차별주의자이기 때문이 아니었다. 미국인들이 트럼프에게 투표했던 건 그들이 편견에 가득한 꼴통이어서가 아니었다. 미국인들이 메인주(Maine), 노스캐롤라이나주(North Carolina), 또 몬태나주(Montana) 상원선거에서 각각 공화당 소속 수장 콜린스(Susan Collins), 톰 틸리스(Thom Tillis), 스티브 데인스(Steve Daines)를 선택한 건 그들이 사라져 가는 인구 구조적 우위를 지키는 데 집착하는 무지몽매한 레드넥(redneck)이기 때문이 아니었다. 엄청난 수의 히스패닉 유권자들이 트럼프에게 표를 몰아준 이유는 그들이 갑자기 '백인'이 되어서가 아니었다(물론 퓰리처상을 받은 작가이자, 얼버무리기 전문이며, 소란 피우며 거짓을 선동하는 〈뉴욕타임스〉언론인 니콜 해나 존스는 트럼프에게 투표하는 히스패닉은 곧 '백인'이라고 주장할지도 모르겠다).

2020년 선거에서 흑인 유권자들 다수가 예상을 뒤집고 트럼프에게 표를 줬던 건, 조 바이든의 주장처럼, 그들이 자신의 인종 정체성을 내던져 버렸기 때문이 아니었다. 교외지역에 거주하는 백인 여성들이 공화당 후보를 뽑았던 건, 그들이 여성을 대하는 태도에 있어 끔찍한 모습을 보여 왔던 도널드 트럼프와 사랑에 빠지기로 결심했기 때문이 아니었다.

앞서 언급한 미국인들이 공화당과 트럼프에 투표했던 이유는, 그들이 미국인이기 때문이고, 그들의 목소리가 정치권에 들려지길 원했기 때문이다. 그들은 권위주의 좌파 세력과 이를 방조하는 리버럴 세력의 연합에 맞서며 굴복하길 거부하는 사람들이다. 이들이 공화당과 트럼프에게 투표했던 이유는, 그들이 단 한 번도 언론 또는 직장 상사가 떠들어 대는 이야기나, 언제 여자나 한번 꼬셔볼까 하는 생각으로 타-네히시 코츠(Ta-Nehisi Coates)가 쓴 책을 옆구리에 끼고 다니는(절대 책을 펼쳐 보진 않는다) 멍청한 학부생 사촌들의 생각에 결코 동의한 적이 없기 때문이다. 이들은 의미 없는 해시태그 상징물들을 자신의 소셜 미디어 페이지에 올리는 걸 거부하는 사람들이고, 모든 정책은 인종차별주의적이라고 말하거나, 미국을 폄하하는 언행이 마치 쿨한 것처럼 인식되는 사회적 압력 가운데서도, 이에 굴복하지 않고 자신의 소신을 지켜 나가는 사람들이다. 이들은 조용했다. 하지만 그들이 사라져 버린 건 아니었다. 그리고 그들은 더 이상 조용하지 않았다.

여론조사가 실수를 저지른 건 이들을 포착하지 못했기 때문이었다. 여론조사 결과가 엉터리였던 건 여론조사 주관사들이 순전히 무능했기 때문만은 아니었다. 그들이 정확한 데이터를 만들어 내지 못했던 건 위협을 느껴 침묵하고 있는 사람들의 숨겨진 본심을 여론조사 과정에서 끌어낼 수 없었기 때문이다. 런던 대학

(University of London)의 에릭 카우프만(Eric Kaufman) 교수가 언급한 것처럼, 사실 여론조사 기관들은 대학을 나오지 않은 백인들에 대한 조사에서는 꽤나 정확한 결과를 도출해 냈다(고졸 백인 남성들은 자체적 권한 부여를 통해 탄생한 문화적 파시즘에서 파생되는 사회적 압력으로부터 가장 영향을 덜 받는 그룹이기 때문이다).

여론조사 업체들이 그들의 조사에서 가장 큰 오차를 보였던 그룹은 바로 사회적 압력에 취약한 사람들, 다시 말해 대학을 졸업한 백인들이었다. 카우프만이 자신의 연구에서 결론을 냈듯이, "만약 미국 사회가 개인의 표현을 다루는 전반적 시스템을 개혁하지 않는다면, 현재 미국 사회에 만연한 지루한 문화적 분열은 절대 극복될 수 없을 것이다."[1]

하지만 지루하게 반복되는 문화적 분열을 극복하려면, 우리는 먼저 다음의 분명한 사실을 인정해야 한다. 현재 우리가 경험하는 분열은 분명 문화에 관한 것이라는 사실 말이다. 미국이 분열되는 건 경제적 문제 때문이 아니다. 인종적 문제 때문도 아니다. 이건 문화에 관한 문제다.

문화 전쟁

우리 정치가 당면한 중요 문제들에 대해 마치 모든 철학적 해답을 가지고 있는 것처럼 행동하는 우리의 잘난 엘리트들은 대체로 미국이 당면한 분열의 원인으로 다음 두 가지 설명을 제시한다. 미국의 분열은 인종과 계급 문제 때문이라는 것이다. 하지만 이 두 답변은 미국의 분열을 설명하기에 터무니없이 부족하다.

계급 때문에 갈등이 발생한다는 마르크스 이론은 현실 세계 현상에 대해 지금껏 조잡한 설명 정도만을 제공해 왔다. 1차 세계대전이 발발했을 때, 마르크스 이론가들은 국제적 차원에서 발생하는 전쟁이 분명 노동자 계층의 혁명을 촉발할 것이라는 확신에 차 있었다. 하지만 막상 전쟁이 발생하자, 마르크스가 '만국의 노동자들'이라고 지칭했던 사람들은 그저 영국인, 프랑스인, 독일인, 그리고 러시아인일 뿐인 게 드러났다.

오늘날 프랑스의 경제학자 토마 피케티(Thomas Piketty)는 소득 불평등의 증가라는 프레임을 통해 트럼프 현상을 분석한다.[2] 하지만 피케티는 왜 트럼프 지지자들이 민주당이 주장하는 노골적 재분배정책에 반기를 드는지를 설명하지 못한다. 마르크스 이론에 따르면, 트럼프에게 투표하는 사람들은 시간이 지남에 따라 점차 사회주의자 버니 샌더스(Bernie Sanders)의 추종자들이 되었어야 했다. 하지만 트럼프에 대한 지지는 샌더스로 옮겨지지 않았다.

미국 정치를 인종 갈등의 시각으로 바라보는 해석 역시 미국 사회 현실을 설명하기에는 불충분하다. 인종 갈등 프레임을 주장하는 사람들은 지난 2016년 대선 트럼프가 백인들의 압도적 지지를 받은 건 날이 갈수록 강화되는 소수 인종들의 선거 연대에 위기감을 느낀 미국 사회의 다수자들(백인들)이 반발을 표출했기 때문이라고 말한다.

하지만 이 이론은 철저히 틀렸음이 드러났는데, 왜냐하면 2018년 중간선거 당시 교외 지역에 거주하는 백인 유권자들이 하원 선거에서 민주당에 다수당 지위를 안겨 줬고, 2020년 대선에서 트럼프는 소수 인종들로부터 과거보다 더 많은 표를 얻은 반면, 백인들로부터는 표를 잃었기 때문이다(특별히 눈에 띄는 건 2020년 백인 남성의 트럼프 투표율이 하락했다는 사실이다).

만약 인종 간 적대감이 트럼프 현상을(좀 더 광범위하게 말한다면 공화당 열풍을) 이끌어 낸 주요 원인이었다면, 플로리다에서 트럼프가 쿠바계로부터 55%의 지지를 받은 사실, 또 스타(Starr) 카운티와 히달고(Hidalgo) 카운티처럼 히스패닉이 다수를 차지하는 리오 그란데벨리(Rio Grande Valley) 선거구에서 2016년 민주당 후보와 각각 60%, 40% 차이 나던 열세를 트럼프가 2020년 선거에서 각각 5%, 17% 차이로 줄여 놓지는 못했을 것이다.

트럼프가 히스패닉과 흑인 유권자들로부터 예상을 뛰어넘는 지지를 받았던 건 그가 인종차별주의자였기 때문이 아니다. 트럼프가 그와 같은 지지를 받은 건, 미국의 제도권을 장악하고 있는 엘리트들이 실제론 인종차별주의적이지 않은 트럼프의 언행을 놓고 마치 그가 인종차별주의자인 것처럼 거짓 프레임을 씌워 놨기 때문이다. 트럼프는 백인우월주의를 공개적으로 규탄했으며, 보수 성향 풀뿌리 지방자치 조직들의 반대에도 불구하고 형사 사법 제도 개혁을 실행하는 등, 공화당 대통령으로서 전례가 없을 정도로 유색인종 우호 정책을 펼쳤다. 그럼에도 불구하고 조 바이든은 트럼프가 선거 기간 내내 자신의 핵심 지지층이 들으면 곧잘 이해할 수 있는 인종차별적 메시지를 던지고 있다(dog whistle)고* 주장했다.

하지만 선거 결과를 통해 드러났듯이, 미국 언론과 핵심 기업들, 막강한 권력을 가진 소셜 미디어 플랫폼들, 또 할리우드를 장악하고 있는 백인 엘리트들과 깨시민들은 유색인종 유권자들의 전반적인 정서와 관점을 전혀 파악하지 못하고 있었다. 이러한 엘리트들이 경찰을 지키고 보호하는 트럼프의 행동을 '도그 휘슬'이라고 힐난했을 때, 유권자들은 그들의 주장에 관심을 *끄게*(tune out) 된 것이다.[3]

실제로 모든 정치적 반대를 개인적 악의를 뒷받침하는 증거로 바꿔 치기 하려는 시도와 반전통주의의 주류화, 또 이에 더해 하향식 검열과 혁명적 공격성을 부추기는 시스템 등을 통해 이뤄지는 보수 정치인에 대한 낙인찍기야말로 2020년 대선과 함께 치러진 선거에서 수많은 민주당 후보들이 낙선한 주요 원인이었다.

현재 미국 사회에서 발생하는 문화 전쟁은 결혼, 경찰의 치안유지, 심지어 낙태처럼 평범한 주제들에 관한 것이 아니다. 우리가 맞이하고 있는 문화 전쟁은 다음의 단순한 질문들에 관한 것이다. 우리는 표현의 자유가 (타인의 발언을 통해)상처받지 않을 자유보다 더 중요하다는 데 동의할 수 있는가? 우리는 비록 무엇이 좋은 삶인지에 대해 각자 의견 차이를 가지고 있을지 모르지만, 미국인으로서 우리가 부여받은 개인의 자유라는 전제에 동의하는 사람들

• 도그 휘슬(dog whistle)은 일반인들은 듣지 못하지만, 강아지는 들을 수 있는 주파수의 소리를 낸다. 여기서 착안해 'dog whistle'이란 단어가 정치적 맥락에서 쓰이면, 일반인들은 들을 수 없지만 핵심 지지층은 듣는 즉시 그 의미를 이해하는 과격하고 차별적 언사를 뜻함.

을 (정치적 관점과 상관없이) 직원으로 고용하고, 그들과 함께 일하며, 함께 식사 자리를 가질 수 있는가?

만약 위의 질문에 대해 '아니오'라고 답한다면, 당신은 정치적으로 좌파일 가능성이 높다. 만약 '그렇다'고 답한다면, 당신은 침묵하는 다수의 일원이다. 실제 당신은 스스로가 '다수'의 편에 서 있다는 사실을 모르기 때문에 침묵을 지키고 있을지도 모른다. 그렇다면 당신은 왜 그 사실을 모르고 있을까?

왜냐하면 지난 3세대에 걸쳐 있는 동안, 좌파 세력은 정치적으로 무관심한 사람들로부터 제도권 핵심 기관에 대한 통제를 빼앗은 후, 그 제도권을 자신들의 정치적 어젠다를 실현하는 무기로 탈바꿈하는 지속적이고 성공적인 작업을 진행해 왔기 때문이다. 철학적으로나, 전략적으로나, 대부분의 미국인들은 '개인'이라는 프레임 속에서 사고하는 경향이 있다. 대부분의 미국인들은 특정 조직에 '침투'해 들어가 해당 조직을 도구화한 후 대중을 상대로 자신의 정치적 목적을 마케팅 하기보다는, 주변에 있는 친구와 가족들에게 자신의 생각을 설득하기 위해 시간을 보낸다.

반면 좌파들은 제도권을 자신의 도구로 사용하는 데 전혀 거리낌이 없다. 대부분 미국인들은 자유시장과 표현의 자유에 대한 믿음을 갖고 있기 때문에, 자신들의 입맛에 맞지 않다고 하더라도 사람들은 간섭받지 않는 상태에서 자유롭게 선택할 수 있어야 하고, 정부 또는 기관 차원에서 개인의 자유를 제약하는 행위에 반대한다. 하지만 좌파들은 다양한 분야에 걸쳐 제도권 조직들을 무기화하여 자신들의 정치적 목적을 이루는 데 전혀 거리낌이 없다.

미국 사회에서 권위주의 좌파는 다음 세 단계의 전략을 성공적으로 활용함으로써 제도권 기관 및 조직들을 점령해 나갈 수 있었다. 첫째, 감정 싸움에서 승리하라. 둘째, 제도권 조직들을 재(再)정상화 하라. 셋째, 모든 문을 걸어 잠그라.

미국인들 입 다물도록 만들기

좌파 세력은 지난 수십 년간 대다수 미국인들을 서서히 억압해 왔고, 보수주의자들이 스스로의 입에 재갈을 물리도록 교묘히 환경을 조성해 왔다. 이 모든 건 공손함을 요청하는 것으로부터 시작됐다. 그 요청은 곧 침묵을 요구하게 됐고, 침묵에 대한 요구는 좌파 철학에 대한 순응과 반복, 그리고 믿음을 강요하는 명령으로 이어져 왔다.

이 모든 과정은 쉽지 않은 일이었고, 당연히 하루아침에 이뤄지지 않았다. 좌파 세력은 보수 철학과 리버럴 철학 모두가 취약점을 내포하고 있다는 단순한 인식을 바탕으로 그들의 전략을 전개해 왔다. 보수주의자들에게 그 취약점은 '정중함'에 대한 강한 집착이었다. 도널드 트럼프가 나타나기 전까지, 보수주의자들은 자신이 지지하는 정치인이 어떠한 가치관을 가지고 있는지에 대해 매우 깊은 관심을 보였지만, 또 한편으론 그들의 일상에서 역시 그런 가치관들을 실천하고 싶어 했다. 예를 들면 평온, 상냥함, 또 '네 이웃을 네 자신처럼 대하라' 같은 가치관들을 일상 속에서도 실현하기 원했다는 뜻이다. 철학자 러셀 커크(Russell Kirk)가 지적했듯이, 보수주의자들은 평화와 안정을 추구하고, 인간의 불완전성을 믿으며, 공동체에 대한 믿음을 가지고 있다.[4]

만약 우리가 평화와 안정의 가치를 믿는다면, 우리는 타인을 관용해야 한다. 만약 우리에게 인간은 불완전하다는 믿음이 있다면, 타인을 지나치게 빨리 판단해선 안 된다. 만약 우리가 공동체를 소중히 생각한다면, 사소한 실수나 모욕은 용서할 수 있는 마음가짐을 가져야 한다. 이 같은 가치들은 모두 미묘한 해석의 뉘앙스를 내포하고 있지만, 보수주의자들은 너무나 많은 경우 그 가치들을 '예의가 있다' 수준으로 간단히 이해한다. 또 너무나 많은 경우 보수주의자들은 '예의를 차린다'는 말이 단순히 '상대방을 거슬리지 않는 것'을 의미한다고 잘못 받아들인다.

하지만 상대방을 불편하게 만들지 않는 건 품격 있는 삶의 조악한 버전에 불과하다. 철학으로서 보수주의는 무난히 정중한 선을 지키는 게 아니다(여기서 말하는 "무난한 정중함"이란 잔혹한 모습을 봤을 때 눈을 돌린다거나, 만연한 죄악에도 불구하고 침묵을 요구하는 것 같은 행위를 뜻한다). 보수주의 철학에 따라 살아가려면 우리는 좌파 철학과 정면충돌하는 특정 가치관들을 적극적으로 옹호해야 한다. 보수주의 철학은 도덕적 판단에 기반하고 있다. 보수주의 철학의 맥락에서 우정이란, 사랑하는 사람들이 죄악에서 벗어나도록 기꺼이 노력하는 우리의 의지를 포함한다. 마치 "너는 네 형제를 마음으로 미워하지 말며 이웃을 인하여 죄를 당치 않도록 그를 반드시 책선하라"고 성경이 말하고 있는 것처럼 말이다.[5]

그럼에도 불구하고, 좌파 세력은 보수주의자들이 주변 사람들과 원만한 관계를 유지하기 위해 '정중함' 그 자체를 선으로 인식하려는 강한 의지가 있다는 사실을 정확히 파악해 냈다. 좌파 세력이 이 같은 보수주의자들의 열망을 그들의 정치 원칙으로 치환시키는 건 크게 어렵지 않은 일이었다. 타인의 감정을 상하게 할 수 있는 모든 것은 금지되어야 한다는 원칙 말이다. 우리가 '정중함의 원칙(Cordiality Principle)'이라고 부를 수 있는 이 원칙으로 인해 보수주의자들은 자신의 철학에 기반한 원칙들은 자유롭게 표현하지 못하게 됐다. 보수주의 철학에는 옳고 그름, 또 선과 악의 분명한 기준이 존재한다. 선악을 구분하려면 (이성을 통한)판단을 활용해야 한다. 좌파는 판단하는 행위 자체가 잘못됐으며, 야만적이고, 저속한 행위라고 주장했다. 무언가를 판단하려면 비판적 관점을 가져야 한다. 하지만 좌파의 관점에서는 이 같은 우파의 판단 행위 자체가 나쁜 것이었다. 판단하려면 누군가의 기분을 상하게 해야 했고, 누군가의 기분을 상하게 한다는 건 '정중함의 원칙'에 위배되는 일이었기 때문이다.

　'평등'과 '포용', '다양성', 그리고 '다문화주의' 같은 단어들이 오늘날 미국 사회를 대표하는 상투적 표현들이 되었다. 보수주의 철학자 로저 스크루턴(Roger Scruton)이 언급했듯이, "신앙심과 판단력, 역사에 대한 충성심 등에 뿌리를 둔 문명에 대한 우리의 오랜 믿음이 사라진 자리에, 젊은 사람들은 평등과 포용에 바탕한 새로운 신념을 주입받고 있으며, 그들은 타인이 가진 삶의 양식을 판단하는 행위 자체가 범죄라는 이야기를 듣고 있다. 타 문화를 절대 판단해선 안 된다는 태도는 자기 자신의 뿌리가 되는 문화를 맹렬히 비난하는 태도와 밀접한 관계를 맺고 있다."[6]

정중함의 원칙은 종교로부터 포르노, 낙태, 동성결혼 등 다양한 주제가 논의되는 공론의 장에서 무시하지 못할 영향력을 얻었다. 많은 보수주의자들은 고상한 사람들과 함께하는 자리에서 자신들이 가지고 있는 원칙과 신념을 도덕적인 언어로 분명히 밝히기를 불편해했다. 왜냐하면 그렇게 방어적으로 행동하는 게 주변 사람들로부터 '저 사람은 별로 나이스한 사람이 아니야'라는 말을 듣는 것보단 낫다고 판단했기 때문이다.

정중함의 원칙을 충실히 따르고자 했던 리버럴 성향의 사람들[•] 역시 분명한 취약점을 가지고 있었다. 리버럴 성향의 사람들에게 있어서, 동정심은 단순히 하나의 원칙이 아니었다. 리버럴에게 동정심은 종교의 대용품이었다. 보수주의자들은 종교적 율법과 자연법의 원리에 따라 선을 규정한다. 반면 리버럴들은 공감을 곧 선으로 규정한다. 리버럴들은 자신이 본질적으로 공감적인 사람이라

[•] 샤피로는 리버럴(liberal)과 좌파(leftist)를 구분한다. 샤피로의 기준에서 리버럴은 경제, 사회, 문화, 정치 등 영역에서 보수주의자와 차별되는 진보적 성향을 가진 사람들이다. 예를 들면 리버럴은 동성결혼 합법화를 찬성하거나, 경제적 재분배 정책을 강조하며, 정부의 복지정책 확대 등의 정책을 지지할 수 있다. 이들은 보수주의자들이 자신과 다른 생각을 갖고 있다 판단하지만, 그렇다고 타인의 의견을 묵살하려 들진 않는다. 리버럴은 표현의 자유를 존중한다. 반면 샤피로의 기준에서 좌파는 정부 역할을 강화하는 정책적 지향을 가지는 동시에 결과의 평등을 주장하며, 자신과 다른 목소리를 내는 사람들을 법과 제도를 통해 묵살하며 탄압해야 한다고 생각하는 사람들이다.

고 생각한다. 그들은 친절함이라는 렌즈를 통해 스스로를 바라본다. 따라서 리버럴들은 아무리 까다로운 상황에 직면한다고 하더라도 누군가와 말다툼을 벌이는 게 그 자체로 '나이스'하지 않다고 판단한다. 모든 문제의 근원은 바로 이 '나이스함'에 대한 집착에 있다. 사람들은 (신념을 지키기 위해) 싸움을 시작하는 것보다 혀를 깨물며 참는 게 더 낫다고 판단하는데, 왜냐하면 상대방과 언쟁을 벌이면 자신이 관용적이지 않은 사람으로 비칠 수 있기 때문이다.

정중함의 원칙은 그저 시작에 불과했다. 좌파들은 타인을 판단하는 행위가 단순히 정중함의 원칙에 어긋난다고 주장하는 데 그치지 않고, 판단 그 자체가 실제 해악을 끼치는 것이라고 말하기 시작했다. 이것이 바로 좌파의 두 번째 단계였다. 좌파의 논리는 사람들에게 "좀 괜찮은 사람이 돼야지"라고 은근한 압박을 주는 것에서 "침묵을 요구함"으로 돌변했다. 여기서 먼저 짚고 넘어가야 할 것은, 전통적으로 서구 문화권에서는 타인의 기분을 상하게 하는 게 그 자체로 타인에게 피해를 주는 행위로 인식되진 않았다는 사실이다.

영국의 철학자 존 스튜어트 밀(J. S. Mill)은 그 유명한 위해 원칙(harm principle)을 상정했던 사람이다. 밀의 위해 원칙에 따르면 실제 누군가에게 피해를 주는 행위는 규탄돼야 했고, 심지어 법으로도 금지돼야 했다. 하지만 밀 자신도 해악과 타인을 기분 나쁘게 만드는 행위를 분명히 구분 지었다. 밀은 어떤 사람이 무언가를 기분 나쁘게 받아들인다고 해서, 해당 행위가 사회적으로 규제되거나 금지돼선 안 된다고 말했다.

하지만 해악과 상대방의 기분을 나쁘게 만드는 행위 사이의 경계는 때때로 모호할 수 있다. 철학자 조엘 파인버그(Joel Feinberg)는 공공장소에서 대놓고 성관계를 맺어도 된다고 생각하는 사람은 거의 없다는 점을 지적했다. 왜냐하면 해당 행위는 우리가 갖고 있는 정중함의 개념을 한참 벗어나기 때문이다. 파인버그는 경우에 따라 '기분 나쁨'이 '위해'가 될 수 있다고 말했다. 구체적으로 어떤 경우 '기분 나쁨'이 타인에 대한 '위해'가 되느냐의 기준을 마련하기 위해, 파인버그는 다음과 같은 균형 시험을 제시한다.

파인버그는 사회 구성원들이 한편으론 '기분 나쁜 언행의 심각성'을 측량할 것이고, 다른 한편으로는 '기분 나쁜 언행이 온당한지'를 측정할 것이라고 말했다. 이를 바탕으로 파인버그는 만약 기분 나쁜 언행이 누군가에게 심각한 상처를 주지 않았고, 그 언행을 하는 사람 스스로에게 그 언행이 중요한 의미를 가지고 있었다면, 이 상황에서 해당 언행은 용납될 수 있다고 말했다. 하지만 만약 타인이 받는 상처가 '위중하다'면, 균형축은 반대 방향으로 급속하게 이동한다는 논리였다.[7]

권위주의적 좌파 세력은 파인버그가 말한 균형점을 인위적으로 이동시켰다. 좌파 세력은 특별히 '취약한 그룹들'에게 향하는 모든 기분 나쁜 언행이(여기서 '취약한 그룹'이란 좌파 세력이 피해자 의식 단계에 기반해 작위적으로 만들어 낸, 상황에 따라 그때그때 변하는 위계질서를 뜻한다) 타인을 기분 나쁘게 만드는 위중한 행위를 나타내고 있다고 주장했다. 권위주의 좌파의 논리에 따르면 그와 같이 타인을 기분 나쁘게 만드는 언행을 일삼는 사람들은 반드시 묵살돼야 했다.

따라서 좌파 세력은 타인을 기분 나쁘게 만드는 사소한 언행이라 할지라도 그 언행이 위중한 피해를 끼칠 수 있다고 주장하기에 이르렀다. 이 같은 맥락에서 표현 그 자체가 폭력이 될 수 있다고 상정하는 '미묘한 공격(microaggression)'이란 용어가 탄생하게 된다. 여기서 말하는 미묘한 공격이란 완전히 무색무취한 발언에서부터 별다른 의미가 전혀 담기지 않은 발언에 이르기까지 광범위한 종류의 표현들을 포괄한다.

예를 들면 권위주의 좌파들은 "네 고향이 어디야(Where are you from)?" 같은 질문을 묻는 게 끔찍한 행위라고 생각한다. 왜냐하면 그 질문에는 답변해야 하는 사람이 외국 출신일 것이란 암시가 묻어 있기 때문이다. 또한 좌파들은 '실력주의'를 기준으로 삼는 것 역시 타인에게 상처를 주는 행위라고 생각한다. 왜냐하면 그 단어 안에는 자유로운 시스템 속에서 열심히 노력하는 사람이 합당한 보상을 받는다는 의미가 함축돼 있기 때문이다. 따라서 (사회에서) 성공하지 못한 사람은 충분히 노력하지 않았다는 암시가 있는 것이다.

권위주의 좌파 세력은 말하는 사람이 전혀 의도하지 않았더라도 미묘한 공격이 가해질 수 있다고 말한다. 미묘한 공격행위에 있어 의도는 고려 대상이 아닌데, 왜냐하면 우리는 우리가 갖고 있는 암묵적 선입견 때문에 자신의 편견을 인지하지 못할 수도 있기 때문이다.

심지어 실제 피해를 끼친 증거가 없는 상황에서도 미묘한 공격이 가해졌다고 주장하는 경우도 있다. 내 기분이 상했다는 주관적 인식만 있다면 그 자체로 충분하다는 것이다. 미묘한 공격에 민감히 반응하는 문화 속에서는 상대방으로부터 우위를 확보하기 위해 자신이 실제보다 더 큰 피해를 입었다고 주장하는 과대 포장이 발생하기도 한다. 피해받았다고 주장하는 사람에게는 놀라울 정도로 엄청난 레버리지가 부여될 수 있다.

〈뉴욕타임스〉의 한 기자는 어떤 경우 흑인을 비하하는 단어를 사용하는 게 잘못됐는지를 구체적으로 설명하기 위해 해당 단어를 입 밖으로 냈다가 깨시민 신입 기자들에게 덜미가 잡혀 〈뉴욕타임스〉에서 해고됐다.

심지어 〈뉴욕타임스〉의 편집국장인 딘 베켓(Dean Baquet)은 좌파 권위주의자들의 환심을 사는 다음과 같은 말을 반복하며 해당 사건에 대한 입장을 발표했다. "우리는 어떤 의도로 사용됐느냐와 관계없이 인종차별적 언어를 배척합니다." '어떤 의도로 사용됐느냐와 관계없이'라니.[8]

만약 당신이 어떤 의도로 사용한 단어와 관계없이 인종차별주의자가 될 수 있다면, 대부분의 미국인들에게 오직 침묵만이 진정한 보호막이 될 수 있다. 결국 그 논리에 따르면, 내가 2017년 U.C. 버클리 대학에서 강연했을 때 버클리의 좌파들이 강연장 밖에서 외쳤던 것처럼, "표현은 곧 폭력"이기 때문이다.

하지만 심지어 오늘날 미국의 좌파는 여기서 한 걸음 더 나아간다. 현재 미국 사회에서는 '침묵' 그 자체가 곧 폭력으로 받아들여진다. 수많은 정치인들과 오피니언 리더들이 이 멍청하고 자가당착적인 슬로건을 실제 사용했다. 내용인즉, 만약 당신이 악의 존재 앞에서 침묵을 지킨다면(여기서 '악'이란 물론 좌파들이 임의로 정의한 악을 뜻한다), 당신 역시 바로 그 악의 동조자라는 것이다. 예를 들어 해당 기준을 따른다면 인종차별주의에 반대하는 것만으로는 충분하지 않다. 좌파 권위주의자들은 당신이 반드시 로빈 디엔젤로(Robin DiAngelo)가 쓴 『백인의 취약성(White Fragility)』 같은 책을 옆구리에 끼고 다녀야 하며, 혹시 당신이 백인이라면, 자신에게 있는 취약성에 대해 온 세상이 들도록 공개발언을 해야 하고, (백인으로서) 절대 비켜 갈 수 없는 속죄의 과정을 통과하기 위한 준비를 해야 한다고 말한다.* 만약 당신이 이 과정을 따르길 거부한다면, 좌파 권위주의자들은 당신을 적으로 간주할 것이다.

한 가지 유의해야 할 건, '침묵은 곧 폭력이다'는 구호가 표현의 자유를 옹호하는 주장이 절대 아니라는 사실이다. 현실은 그와 정반대다. '침묵은 곧 폭력'이란 말은 당신이 침묵하려면 반드시 그 전에, '특정한 일을 실시해야 한다'는 뜻이다(다시 말해 좌파가 정한 특정 행동을 하기 전에는 절대 침묵해선 안 된다는 의미다). 좌파 권위주의자들에 따르면, 먼저 당신은 자신의 관점이 왜 철저히 현실과 동떨어져 있는지를 깨달아야 하고, 깨시민 좌파들에게 모든 걸 양도해야 하

- 여기서 말하는 '백인의 취약성(white fragility)'이란 백인으로 태어났기 때문에 자신이 누리는 수많은 사회경제적 혜택을 자각하지 못하는 무지의 상태를 의미함. 깨시민 좌파들은, 백인들이 그들이 백인으로 태어남과 동시에 자동적으로 부여받는 각종 사회문화적 특권을 '직시'해야 하며, 자신의 '존재' 그 자체로 인해 피해받는 유색인종들에게 '사죄'의 마음을 품어야 한다고 주장한다. 로빈 디엔젤로가 쓴 『백인의 취약성』은 그 같은 주장을 상세히 서술하고 있다.

며, 그들의 관점을 대변하기 위한 활동가가 돼야 한다. 그러고 난 후 당신은 침묵을 지켜야 한다.

만약 이 과정을 거부한다면, 당신은 좌파의 공격 대상이 될 것이다. 좌파 권위주의자들은 당신에게 철저한 사죄를 요구할 것이다. 이 같은 상황에서 성난 짐승 같은 소셜 미디어 폭도들을 피하려면 반드시 그 무리에 가담하여 그들과 함께 으르렁대야 할지 모른다.

미국 사회 제도들을 재(再)정상화 하기

좌파 권위주의로 특징되는 급진적 주장은 트위터 일부 과격 세력과 대학 캠퍼스 학생들 사이에서만 받아들여진다고 생각하는 사람들이 있다. 하지만 엄밀한 현실을 말하자면, 오늘날 권위주의 좌파 문화는 미국 사회 거의 대부분 핵심 제도 및 기관들과 문화적 시금석들을 이미 장악해 버렸다.

한때 표현의 자유를 지키는 최후 보루였던 대학들은 현재 권위주의적 좌파 사상을 학생들에게 주입하는 데 혈안이 된 일당독재 시스템으로 전락했다. 법적 시비에 휘말리는 걸 극도로 두려워하는(또는 최소한 시류에 무감각하다거나 편견 가득한 집단이란 사회적 낙인을 피하기 원하는) 미국 기업들은 권위주의 좌파적 문화에 이미 굴복해 버렸다. 오늘날 미국 기업에서 일하는 수천만 명의 직원들은 보복이 두려워 자신의 생각을 솔직하게 말하는 걸 두려워한다. 소셜 미디어 회사들은 그들이 정한 사회 정의 규범을 거부하는 사람들의 계정을 정지시키고 있고, 주류 언론에 종사하는 열성적 운동가들에게 자극받은 폭도들은 날마다 집회를 열어 '깨어 있지 않은' 사람들을 공격하고 있다. 과거 미국 사회에서 정치가 개입되지 않는 영역이었던 스포츠와 엔터테인먼트 분야도 모두 좌파 세력에 동조하고 있고, 이들 업계는 문화 혁명을 이루는 좌파의 도구로 사용되고 있다.

어떻게 이런 일이 발생하게 됐을까? 한때 열린 탐구와 자유로운 표현의 수호자로 알려졌던 대학들은 어떻게 검열과 이념적 강요로 점철된 집단으로 변질돼 버렸을까? 한때 사실을 전달하고 수정헌법 제1조*를 지키는 데 앞장섰던 언론들은 어떻게 하다가 깨시민들의 철권 통치하에 빠져들게 됐을까? 정치와 관계없는 이익 추구 활동을 하기 위해 만들어진 기업들은 어떻게 하다 대다수 소비자들의 관심사에서 벗어나 목소리는 크지만 실제론 한 줌도 되지 않는 극성스러운 인간들의 취향에 아부하게 된 걸까?

이 모든 질문에 대한 답을 얻으려면 미국의 작가 나심 니콜라스 탈레브(Nassim Nicholas Taleb)가 '재(再)정상화(renormalization)'라고 이름 붙인 과정을 살펴봐야 한다. 재정상화는 강력한 동기를 가진 소수의 사람들이 다수의 사람들을(주로 사회정치적 이슈에 큰 관심이 없는 사람들을) 위협해 자신들이 원하는 방향으로 다수를 이끌어 가는 과정을 일컫는 말이다. 이 현상을 설명하면서 탈레브는 유기농 음식만을 고집하는 딸을 둔 4인 가구를 예로 들었다. 그 가정에서 식

● 　표현의 자유를 보장한 미국 수정헌법 조항.

사 준비를 담당하는 엄마는 선택지를 맞이하게 된다. 먼저, 비유기농 음식을 먹는 가족 식단, 유기농 음식을 먹는 딸을 위한 식단, 이렇게 서로 다른 두 식단을 각각 따로 준비할 수 있다. 그게 아니라면 그냥 유기농 재료로만 만들어진 하나의 식단만 준비할 수도 있을 것이다. 이 상황에서 엄마는 그냥 유기농 식사 하나만을 만들기로 결정한다. 이것이 바로 가족 단위에서 이뤄지는 '재정상화'인데, 이 과정을 통해 비유기농 음식을 먹는 다수의 가족 구성원들은 (유기농을 고집하는 딸 한 명 때문에)유기농 식사를 먹는 사람으로 변화하게 됐다.

탈레브는 여기서 한 걸음 더 나아가 다음과 같은 상황을 상정한다. 이 가족이 또 다른 세 가정이 참여하는 바비큐 파티에 초대받게 된 것이다. 만약 유기농을 고집하는 딸이 있는 가족이 자신들은 유기농 음식만을 먹겠다고 사전에 이야기한다면, 파티를 주관하는 호스트는 위에서 언급한 엄마가 겪었던 상황과 동일한 선택지를 맞이하게 된다. 그리고 해당 호스트는 그냥 파티 음식 전체를 유기농 식단에 맞추기로 결정할 수 있다. 이 같은 '재정상화' 과정은(이렇게 만들어진 결과물을 '뉴 노멀'이라고 부른다) 단단한 목적을 갖고 고집스럽게 뭉친 한 집단이 보다 광범위한 집단에 속한 다수의 사람들을 변화시킬 때까지 지속된다.

이 과정은 우리 일상생활에서와 마찬가지로 정치권에도 동일하게 적용된다. 재정상화의 개념을 정치에 접목시키며 탈레브는 다음과 같이 말한다. "극우 또는 극좌 성향 그룹이 전체 인구의 약 10% 정도 되는 지지를 받을 때, 우리는 그 세력이 내세우는 후보가 딱 10%의 지지만을 받는 것이라고 착각하기 쉽다.

하지만 현실은 전혀 그렇지 않다. 이 10%의 지지 그룹은 '경직된 세력'으로 봐야 하고 이들은 무슨 일이 일어나도 자신이 충성하는 정당 후보에 투표할 것이다. 하지만 '사안에 따라 입장을 달리하는' 유권자들 가운데 일부는 극단적 주장을 하는 후보에게 표를 줄 수 있다. 이처럼 유동적인 사람들을 주의 깊게 관찰해야 하는데, 왜냐하면 유동적인 표로 인해 극단주의적 정당이 받는 지지가 훨씬 늘어날 수 있기 때문이다."[9]

하지만 단 한 명의 완고한 개인이 이 모든 과정을 가동시킬 수 있는 건 아니다. 재정상화가 작동하려면 티핑 포인트(tipping point, 갑자기 폭발적인 인기를 끌게 되는 시점이나 계기)가 있어야 한다. 다시 말해, 한 집단 내에서 재정상화 현상이 폭포수처럼 쏟아질 수 있게 만드는 특정 수의 헌신된 사람들이 있어야 한다는 뜻이다. 특정 소수가 요구하는 사안이 다수의 사람들의 귀에 잠깐 동안은 합리적으로 들릴 수 있지만(다수 입장에서 소수의 목소리를 들어주는 게 '가성비'가 좋다고 인식할 수 있기 때문에), 결국 (다수의)사람들은 변화에 저항하게 되어 있다.

앞서 언급한 바비큐 파티의 예시를 다시 사용해 보자. 특정 가정의 요구에 따라 유기농 요리만을 제공하는 파티가 한번쯤은 개최될 수 있지만, 파티가 열릴 때마다 참가하는 주민들에게 햄버거 대신 두부 요리를 먹어야 한다고 강요하는 건 전혀 다른 차원의 문제라는 뜻이다. 어느 특정 순간이 되면, 소수의 사람들이 제안한 하나하나의 사소한 요구들이 한데 모여 거대한 강요로 다가오는 시점을 맞이하게 된다. 심지어 미국을 만든 건국의 아버지들조차도 얼마의 유예적 기간 동안은 "권리 찬탈과 남용의 긴 행렬"을 기꺼이 감내할 마음가짐을 가지고 있었다. 미국 국부들은 아메리카 식민지에 대한 영국 정부의 요구사항이 "언제나 동일한 목적을 추구했고, 영국 정부는 식민 자치주민들을 절대적 압제 가운데 가둬 놓으려 한다는 사실이 명백해졌을 때"에야 비로소 독립을 선언하게 되었다.

새정상화의 과정이 한 사회에 파급력을 미치려면 반드시 해당 현상이 특정 티핑 포인트를 넘어서야 한다. 하지만 우리가 기억해야 할 것은, 이 티핑 포인트가 이뤄지는 데 반드시 다수의(과반 이상의) 사람들이 필요한 건 아니라는 사실이다. 과반에 한참 못 미치는 인원으로도 변화는 얼마든지 일어날 수 있다. 만약 완강한 입장을 가진 주체들이 함께 힘을 합친다면, 일종의 코어 그룹이 만들어질 수 있고, 이 코어 그룹은 티핑 포인트를 유발하게 된다.

프랑스의 물리학자 세르지 갈람(Serge Galam)은 한 사회에서 불과 20% 정도 극단주의 세력만 힘을 합친다면 급진적 재정상화를 이뤄 낼 수 있다고 말했다. 완고한 입장을 가진 코어 그룹의 연대를 만들어 낼 수 있는 방법은 다음과 같다. 갈람은 이를 "냉동된 편견(frozen prejudices)"이라고 불렀는데, 이는 소수의 집단이 다수의 대중들로부터 불관용적이며 터무니없다는 비판을 감수하면서도 특정 이슈에 대해 기존 입장을 고집하며 견고한 코어 그룹을 유지해 나가는 행위를 의미한다.[10] 다시 말해, 강력한 동기를 가진 코어 그룹을 형성하는 것에서부터 변화가 시작된다는 것이다. '냉동된 편견'

을 가진 코어 그룹은 주변 사람들이 당신을 떠나가는 것에 대해 걱정하지 말고, 취약한 집단이(다수의 대중이) 가진 편견에 호소해, 대중으로 하여금 완고한 코어 그룹과(권위주의 좌파와) 그 그룹을 가장 극렬히 반대하는 적대적 그룹(강경 우파 세력) 사이에서 선택을 내릴 수 밖에 없는 상황을 만든다는 뜻이다. 쉽게 말하면, 이분법적 선택지를 제공하는 게 핵심이다.

요약하자면 이것이 바로 권위주의 좌파 세력이 사용하는 전략이다. 이 전략은 '거대 기득권 시스템'이라는 공통의 적에 의해 강력한 동기 부여를 받은, 소위 이 사회에서 '박탈당한 집단들'이라 불리는 이들의 교차성적 연대를 하나로 규합한다면, 산도 옮길 수 있는 파괴력을 만들어 낼 수 있다는 그들의 믿음에 근거한다. 그렇게 하면 혁명의 지향점은 전혀 다른 세계관을 가진 사람들을(예를 들면 톱다운식 검열을 찬성하는 사람들과 반전통주의에 심취된 사람들을) 하나로 묶는 연대를 결성할 수 있다는 것이다. 날이 갈수록 영향력을 확대해 가는 좌파 권위주의 독재 세력이 우리 사회 제도권에 종사하는 최고위급 인사들에게 자리를 보전해 준다고 약속하거나, 철저하게 항복하는 대가로 과거 죄악(?)을 사죄해 주겠다고 말하며 권력을 활용할 때, 일반적으로 제도권은 그 위협에 무릎을 꿇어 버린다. 그리고 좌파에 의해 포섭된 제도권은 권위주의 좌파 세력이 요구하는 특정 사상을 일반 대중에게 강요하기 시작한다. 바로 이 전략을 통해 8만 명의 직원을 가진 코카콜라가 어떻게 하면 "덜 백인화될 수 있는지" 따위의 인종차별주의적 내용을 사내 워크숍에서 교육하게 된 것이다. 여기서 "덜 백인화된다"는 건

"덜 오만하며, 덜 자만하고, 덜 방어적이며, 덜 무지하고, 더 겸손한" 상태가 되는 걸 의미했는데, 이 와중 코카콜라는 차별로 점철된 그 교육과정이 '포용'을 증진시키기 위해 만들어졌다고 광고하고 다녔다.[11]

오버톤 창 닫아 버리기

미국 사회 제도권은 권위주의 좌파 세력의 요구사항들을 점차 받아들이고 있다. 다양성을 강조하는 워크숍에서부터 소수자를 우대 채용하는 정책에 이르기까지, (좌파 정책을 표방하는 단체에)기부금을 전달하는 것에서부터 내부자를 숙청하는 것에 이르기까지, 미국 제도권에서 권위주의 세력의 요구사항은 정책 전반에 걸쳐 하나씩 반영되고 있다. 하지만 권위주의 좌파 세력이 우리의 제도권을 점령하고 있다는 사실을 피부에 와닿게 느끼려면 다음과 같은 최종 과정이 지나야 한다. 바로 재정상화된 우리 사회의 정치가 검열을 옹호하는 방향으로 변화할 때이다.

전체 인구 중 비율로 따지자면 제도권을 점령한 권위주의 좌파 세력의 숫자는 소수에 머무른다. 하지만 이들이 (자신의 권력과 재량을 이용해)리버럴 성향 사람들을 좌파로 만들 수 있다면, 그들은 사회 전반을 자신의 입맛에 따라 재정상화할 수 있게 된다. 일반적으로 말하자면 미국 정치 지형은 다음 세 가지 주요 세력으로 나뉘어 있다. 보수, 좌파, 그리고 리버럴. 리버럴들은 재분배정책에 있어 좌파와 견해를 같이한다.

하지만 다음의 간단한 테스트를 해보면 리버럴은 좌파와 구분된다. 자신과 생각이 다른 이들의 의견이 묵살돼도 괜찮은지가 바로 그것이다. 예를 들어 미국시민자유연합(The American Civil Liberties Union, ACLU)은 한때 리버럴 성향 단체였다. 심지어 ACLU는 나치 추종자들이 유대인 밀집 지역인 일리노이주 스코키에서 행진할 권리를 지지했던 적도 있다.

하지만 오늘날 ACLU는 완전히 좌파 단체가 돼 버렸다. 2018년 ACLU는 내부자 메모를 통해 다음의 지침을 직원들에게 전달했다. "표현의 자유를 옹호하는 우리 정책은 우리가 가치 있게 여기는 평등과 정의를 구현하는 데 어느 정도 해로운 영향을 줄 수 있습니다. (중략) 우리는 우리 행동이 어떠한 결과를 불러올지 고민하는 데 최선의 노력을 다해야 합니다."¹²

민주당 주류 세력 상당수와 미국인들 절대다수는 톱다운식 검열을 찬성하지 않는다. 하지만 시간이 지날수록 점점 민주당 지도부는 리버럴 성향에서 좌파 성향으로 변화해 왔다. 오늘날 민주당은 자신들을 불쾌하게 만드는 내용이 전파되는 걸 허용했다는 이유로 소셜 미디어 기업들에게 한번 손을 봐 주겠다고 위협을 가하거나, 그들의 입장을 대변해 주지 않는 기업들을 표적 공격하는 규제법안을 만들려고 한다. 재정상화는 서서히 이뤄진다. 광범위한 표현을 한꺼번에 금지해 달라고 노골적으로 요구하는 대신, 좌파들은 상식적으로 수용 가능한 담론의 범위를 뜻하는 오버튼 창(Overton window)이 힐러리 클린턴보다 우파 성향의 사람들에게는 점차 닫혀야 한다고 주장한다. 권위주의 좌파는 보수주의자들을 인종차별주의자들이라 비하하고 있으며, 보수주의자들과 대화를 시도하는 리버럴들을 처벌하고 있다.

상황이 이렇게 됨에 따라 미국의 리버럴들은 두 가지 길 중 하나를 선택해야만 하게 됐다. 그들은 정책적 지향점에 있어서는 대체로 의견을 같이하지만 자유에 관한 근본적 원칙에 있어선 의견을 달리하는 좌파 세력과 연대를 결성할 수 있다. 또는 리버럴들은 정책적 지향점에 있어선 차이가 있지만 자유에 관한 근본적 원칙에 있어선 같은 의견을 공유하는 보수주의자들과 손을 잡을 수도 있다.

리버럴은 아직 어떤 선택을 내릴지 결정하지 않았다.

리버럴 내부 한쪽 진영에서는 표현의 자유를 위해 여전히 목소리를 내려 하는 사람들이 있다(아니면, 최소한 그렇게 보이기라도 한다). 2020년 6월, 해리포터의 작가 J. K. 롤링으로부터 MIT 언어학자 노암 촘스키에 이르기까지 153명의 리버럴들은 〈하퍼스 위클리(The Harper's Weekly)〉 잡지에 "모든 진영에 자리 잡은 불관용의 분위기"를 규탄하는 합동 성명을 발표했다. 이 성명에 참가한 오피니언 리더들은 그들의 입장을 다음과 같이 설명했다.

"자유 사회의 생명선이라고 할 수 있는 정보와 사상의 자유로운 교류가 날마다 제약받고 있다. 나쁜 주장을 물리치는 방법은 그 주장의 문제점을 드러내고, 토론하며, 상대방을 설득하는 것이지, 그들을 묵살하고 사라지도록 만드는 게 아니다."[13] 리버럴 진영에서 보여 준 이와 같은 움직임은 고무적인 현상이었다.

하지만 성명서에는 트럼프를 지지했던 사람이 단 한 명도 포함되어 있지 않았다. 그 말인즉, 이들의 행동에는 여전히 의문 부호가 따른다는 것이다. 이 성명서를 낸 리버럴들은 그저 자신들을 향한 급진 좌파의 악의적 검열을 피하려는 의도로 글을 쓴 것일까? 아니면 자신들에 대한 문제를 넘어서서, 사회 전반에서 오버톤 창이 확대되길 바라는 마음에서 글을 쓴 것일까?

리버럴들이 보수주의자들과 손을 잡고 미국 사회의 표현의 자유와 개인주의를 지켜낼지, 아니면 자신들이 원하는 정책적 유토피아를 추구하기 위해 좌파 세력과 손을 잡을지는 여전히 미정의 문제로 남아 있다. 이에 대해 정확한 판단을 내리긴 아직 이르다.

하지만 리버럴들은 더 이상 결정을 미룰 여유가 없다. 하퍼스 위클리 성명의 참가자이자, 인터넷 언론 복스(Vox)의 공동 창간인이기도 한 매튜 이글레이시어스는 부당하게 트랜스젠더 혐오자 낙인이 찍힌 J. K. 롤링 부류의 사람들과 함께 어떤 프로젝트를 진행했다는 이유로 스태프들로부터 엄청난 비난을 받았다.

그 결과, 당연하게도, 몇 달 후 이글레이시어스는 자신이 직접 만들고 운영하던 웹사이트에서 모든 직책을 내려놓게 됐다. 그 후 〈디 애틀랜틱〉의 기자 코너 프리더스도프(Conor Friedersdorf)와 했던 인터뷰에서 이글레이시어스는 "(자신이 경험한)이 같은 트렌드가 특별히 언론계에서 큰 해악을 끼치고 있다"라고 말했는데, 왜냐하면 "언론 업계는 본질적으로 생각을 자유롭게 나누는 걸 업으로 하는 곳인데, 만약 단순한 의견 차이가 해악의 근원이나 개인의 안전을 위협하는 요소로 간주되기 시작한다면, 좋은 언론행위를 진행할 수 없기 때문이다"라고 토로했다.[14]

미국의 근본적 가치에 대한 위협은 날이 갈수록 심화되고 있다.

소결: 힐링의 시대가 도래할 것인가?

조 바이든이 미국 대통령에 당선될 걸로 예상된다는 언론 보도가 있던 그날 저녁, 바이든은 문화 전쟁이라는 지니를 다시 램프 속에 넣으려 하는 것 같았다. 사실 과거 문화 전쟁을 적극 부추겼던 바이든의 행적을 고려한다면, 이 장면은 그 자체로 다소 아이러니해 보였다. 일례로 바이든은 과거 상원의원 시절 청문회에서 미국 연방대법원 대법관 지명자였던 로버트 보크(Robert Bork)의 인격을 산산조각 냈고, 오바마를 상대했던 공화당 대선후보 미트 롬니가 미국 흑인들을 다시 쇠사슬에 묶어 놓으려 한다며 그를 힐난하기도 했다.

그럼에도 불구하고, 바이든은 미국이 앞으로 나아가려면 보복이 아니라 통합을 해야한다는 자신의 입장을 피력했다. 대통령 취임 연설에서 바이든은 다음과 같이 말했다. "이제 서로에게 다시 한 번 기회를 줍시다. 지금은 거친 수사를 뒤로할 때입니다. 긴장의 온도를 낮춰야 하기 때문입니다. 서로를 다시 바라보기 위해서입니다. 서로의 목소리를 다시 듣기 위해서입니다. 진보를 성취하기 원한다면, 우리는 더 이상 상대방을 적으로 대해선 안 됩니다. 우리는 서로 원수가 아닙니다. 우리는 미국인입니다."[15]

취임 연설에서 바이든이 했던 발언은 의심의 여지 없이 멋진 내용이었다. 하지만 그 연설을 들을 당시 보수주의자들은 의심의 눈초리를 거두지 않았다. 정치의 역사에서 매번 반복돼 온 일이지만, '통합'이란 명분은 특정 세력이 자신들의 입장에 동의하지 않는 사람들을 후려치는 탄압의 도구로 사용돼 온 전례가 있기 때문이다. 통합을 달성하는 데는 두 가지 방법이 있다. 첫째는 인간으로서 상대방의 근본적 가치를 인정하는 것이고, 둘째는 나와 다른 의견을 가진 사람을 모두 숙청해 버리는 것이다. 지난 세월 동안 보수주의자들과 보수주의 이념을 말살하기 위해 정치적으로 부단히 노력해 왔던 좌파 세력의 과거사를 익히 알고 있던 보수주의자들은 바이든의 연설을 들을 당시 경계심을 가졌었다. 그리고 그 경계심은 충분히 정당한 것이었다.

바이든이 연설에서 '통합'을 외친 바로 그날, 과거 그녀가 했던 엄청나게 국론 분열적 발언에도 불구하고 알랑거리는 언론계 추종자들에 의해 소위 '통합적 인물'로 이미지 메이킹되고 있는 미국의 전(前) 영부인 미셸 오바마는 트럼프에게 투표한 7천만 유권자들에 대해 이들은 '현상 유지'를 사랑하는 세력인데, 그 현상 유지는 곧 "거짓과 혐오, 혼란과 분열"을 뜻한다고 주장했다.[16]

전혀 놀랍지 않은 일이지만, 이 같은 미셸 오바마의 발언에 대해 바이든은 어떠한 반박도 하지 않았다. 그 와중, 민주당 지지자들과 언론인들은 트럼프 지지자들에 대한 '탈(脫)바트화(de-Ba'athification)'식 숙청을 요구하고 나섰다. 클린턴 행정부 노동부 장관이었던 로버트 라이크(Robert Reich)는 트럼프 지지자들을 뿌리 뽑기 위해 "진실과 화해 위원회(Truth and Reconciliation Commission)"를 만들어야 한다고 주장했다.

민주당전국위원회(Democratic National Committee)의 대변인 하리 세부젠(Hari Sevugan)은 트위터에서 "트럼프 행정부 출신 인사들을 채용하려는 기관들은 트럼프가 미국의 가치를 공격하는 데 도움을 줬던 인간들을 고용하는 행위에 대한 값을 치러야 할 것"이라고 언급하며, 트럼프와 함께 일했던 직원들과 그에게 정치자금을 기부한 사람들의 리스트를 작성해 공개하는 "트럼프 책임 묻기 프로젝트(Trump Accountability Project)"를 시작해야 한다고 말했다. 민주당 소속 뉴욕 하원의원인 알렉산드리아 오카시오-코르테즈(AOC)는 "트럼프에게 동조한 사람들이 훗날 그들의 과거 행위를 축소하거나 부인할 경우를 대비해 그들의 행적을 공식 문서 기록으로 남겨 둬야 한다"고 주장했다.[17]

한때 공화당 소속이었지만 현재 민주당 대변인 노릇을 하며, 2020년 선거 기간 동안 트럼프와 공화당 후보들을 낙마시킨다는 명분으로 코인팔이를 하며 수천만 달러 자금을 긁어모았던 링컨 프로젝트(Lincoln Project)의 회원들은 존스 데이(Jones Day)라는 로펌이 트럼프 선거 운동 관련 사건을 수임했다는 이유로 해당 로펌에 악의적 컴플레인을 쏟아부어 로펌의 업무를 마비시키기도 했다.[18]

그 와중, 민주당 내부 급진 좌파 세력의 문제점을 용기 있게 지적했던 민주당원들은 인종차별주의자와 꼴통이라는 비난을 받았다. 급진 좌파 세력은 심지어 민주당 간판을 달고 당선된 하원의원들조차도 '개탄스러운 인간들(deplorables)'**이라며 매도했다. "경찰 예산을 없애라(Defund the Police)"는 주장과 사회주의 정책을 옹호하는 민주당 급진 좌파 세력 때문에 선거구에서 의석을 잃을 뻔했다고 불만을 토로한 중도 성향 민주당 의원들에 대해 미시건주 민주당 하원의원 라시다 탈립(Rashida Tlaib)은 그들이 소수자들을 침묵시키려 하는 꼴통들이라고 비난했다.[19] 정의를 추구하는 민주당원들(Justice Democrats), 선라이즈 운동(Sunrise Movement), 진보를 위한 데이터(Data for Progress) 등 진보 성향을 표방하는 단체들은 성명서를 내고 깨시민들의 정책적 우선순위를 반영하지 않는 사람들은 설사 민주당원이라 할지라도 "공화당이 주도하는 분할 정복식 인종차별주의"에 가담하고 있다고 주장했다.

미국 사회에서 침묵하는 다수의 의견을 묵살하려는 전투는 지금도 진행 중이다. 시간이 지날수록, 이 갈등은 축소되지 않고 증폭될 가능성이 높다.

어떻게 하면 이 같은 흐름에 맞서 싸울 수 있는지 이해하려면, 우리는 먼저 우리가 맞이하고 있는 신종 문화 파시스트들이 가진 지향점과 그들의 역사를 파악해야 한다. 다음으로, 우리는 우리 사회 제도들이 얼마나 뿌리 깊은 수준에서 좌파 권위주의자들의 도구로 전락해 버렸는지 깨달아야 한다. 또 마지막으로, 우리는 우리 스스로의 약점이 무엇이며, 어떻게 하면 그 약점을 개선할 수 있는지를 이해해야 한다.

- "basket of deplorables (개탄스러운 인간 집단)"은 2016년 미국 대선 당시 힐러리가 트럼프 지지자들을 힐난하며 했던 발언.

CHAPTER 2

좌파 권위주의자들은
어떻게 미국을 재정상화했는가

2012년 오바마 대통령이 재선에 성공했다. 2008년 선거 대비 350만 표가 줄었고, 선거인단 33명을 잃었음에도 오바마는 재선에 성공했다. 오바마는 '백인들에게 인기가 없었던' 민주당 대선 후보 존 케리가 2004년 선거에서 받았던 것과 비슷한 표를 얻었으며, 모든 학력 및 연령대에서 초선 때보다 저조한 지지를 받았고, 연봉 5만 달러 이상 유권자들의 표를 상당수 잃었음에도 불구하고 재선에서 승리를 거뒀다.

2012년 선거 직전 실시된 여론조사에서 오바마는 상대 후보 롬니에 아주 근소한 차로 앞서 있었다. 당시 미국 경제는 침체돼 있었으며(대선이 있기 바로 직전 두 분기 미국 GDP 성장률은 각각 1.3%와 2.0%였다),[1] 후보자 토론회에서 오바마는 평범한 수준의 퍼포먼스를 보여 줬을 뿐이었다. 그럼에도 불구하고 오바마는 로널드 레이건(Ronald Reagan) 이후 처음으로 두 번의 연속된 선거에서 유권자 과

반 이상의 표를 얻는 데 성공한 대통령이 되었다.

그렇다면 오바마는 어떻게 이 같은 마법을 부릴 수 있었을까? 오바마는 다른 성향을 가진 세력들을 하나의 연대로 묶어 냈다. 오바마가 재선에 성공할 수 있었던 건 그가 소수 인종들과 저소득층을 하나의 세력으로 묶어 낼 수 있었기 때문이다.

단적인 예로, 2012년 선거에서 미국 흑인 유권자의 93%, 히스패닉 유권자의 71%, 아시아계 유권자의 73%, 여성 유권자의 55%, LGBT 성향 유권자의 76%, 연간 3만 달러 이하의 소득을 얻는 사람들의 63%, 연봉 3만 달러에서 5만 달러 사이 유권자 57%가 오바마에게 표를 던졌다.[2] 오바마는 1944년 프랭클린 루스벨트(FDR) 이후 처음으로 실제 투표수와 선거인단 수에서 자신의 초선 대비 적은 표를 얻었지만 재선에 성공한 대통령이 됐다.

오바마의 2012년 선거 승리 스토리는 곧 미국 정치권의 변화에 관한 이야기이기도 하다. 2008년 당시 오바마는 미국 유권자들이 익숙하게 느끼는 선거 캠페인을 진행하면서도 독특한 기질을 가지고 있던 대선 후보였다. 오바마는 지금껏 미국 정치인들이 그래왔듯 국론 통합에 캠페인의 초점을 맞췄다.

일례로, 로널드 레이건은 "미국에 새 아침이 밝았습니다(Morning in America)"라는 슬로건을 사용했고, 빌 클린턴은 "제3의 길(third way)"이란 메시지로 선거를 치르며 당파성을 최대한 배제했었다. 또 조지 W. 부시는 재선 캠페인에서 "온정적 보수주의(compassionate conservatism)"라는 구호를 내놓았다.

오바마 역시 첫 번째 대통령 선거에서는 '희망'과 '변화'라는 구호를 내걸었고, 자신이 당선된다면 단순히 공화당주와 민주당주들의 결합체(collection of red states and blue states)를 뛰어넘어 미국인들이 보다 광범위한 연합을 이룰 수 있도록 노력하겠다고 약속했다. 실제로, 오바마 개인의 인생사는 그가 유세 기간 언급했던 메시지를 잘 웅변하고 있었다. 백인 어머니와 흑인 아버지 밑에서 태어났고, 하와이에서 출생했지만 시카고의 험난한 세파 속에서 어린 시절을 보냈으며, 싱글맘 어머니를 뒀고, 할아버지와 할머니로부터 양육받은 후, 컬럼비아 대학을 거쳐 하버드 로스쿨을 졸업했던 오바마는 자신의 성장 배경을 통해 미국 사회에서 가장 논란이 되는 갈등들을 봉합할 정당성 있는 주장들을 충분히 펼칠 수 있었다.* 오바마는, 자신의 연설에서 언급했듯, "정치적으로 매우 다양

---

* 권위주의 좌파가 만든 사회학적 개념 중 교차성이론(intersectional hierarchy)이란 것이 있다. 다인종 사회인 미국에서 자신이 어떤 인종, 종교, 성적 배경을 가지고 있느냐에 따라 각기 다른 형태 및 강도로 차별과 피해를 경험한다는 논리다. 예를 들면 피라미드 형태의 교차성이론 피해자 그룹 꼭대기에는 흑인 또는 LGBT 성적 지향을 가진 사람들이 있다. 그 밑으로 여성과 무슬림들, 저소득층 등이 존재하며, 경제적으로 부족함이 없는 백인 남성, 기독교인 등은 이 위계질서 내에서 가장 하위 집단에 위치한다. 교차성이론을 신봉하는 사람들은 삶을 살아가면서 위계질서상 상위에 있는 '피해자로서 지위(victimhood)'를 얼마나 공유하느냐에 따라, 미국 사회에서 해당 인물의 사회적 발언권이 높아진다는 인식을 갖고 있다. 또 그 일을 직접 경험한 사람만이 해당 이슈에 대해 발언할 권리가 있다는 식의 인식이 팽배하기도 하다. 예를 들면 LGBT 이슈에 관해선, 오직 LGBT 성향의 사람들만이 신뢰할 만한 발언을 할 수 있다는 논리다. 이런 맥락 속에서, 샤피로는 오바마가 교차성이론상 미국 사회에서 주로 피해자 집단에 속하는 다양한 환경을 몸소 체험했기에(흑인+혼혈+미혼모가정+고학력 등), 사회적으로 민감한 문제들에 대해 강력한 발언권을 갖고 있었고, 만약 오바마가 원했다면 자신의 지위를 적극 활용해 미국 사회를 통합하는 데 앞장설 수 있었다는 이야기를 하고 있다.

한 입장을 가진 사람들이 그들의 입장을 투사하는 검은 스크린"
이라고 스스로를 어필했다.[3]

하지만 2012년 재선에 성공한 뒤 오바마는 자신과 관련된 모든
모호함을 내던져 버렸다. 오바마는 정부주도 전 국민 의료보험 가
입을 목표로 했던 오바마케어(Obamacare)를 만들었고, 노후 차량
을 팔면 신차 구입 시 정부 보조금을 지급해 주는 캐시포클렁커스
(cash-for-clunkers)와 건설 공사 현장에 정부 지원금을 투입하는 정책
(shovel-ready jobs)을 실시했으며, 미국 경찰의 공권력 집행을 비판했
고, 자신의 과거 입장을 번복하고 동성결혼 합법화의 충실한 대변
자가 됐다. 또 국방 예산을 삭감했고, 세금을 올렸으며, 정부 지출
을 대폭 확대하는 진보 정책을 하나씩 추진해 나갔다.

당연한 얘기겠지만, 미국 우파는 오바마표 진보 정책에 격렬히
반발했다. 미국에서는 티파티 운동(TEA Party Movement)이** 일어났
고, 2010년 중간선거에서 오바마는 하원을 공화당에 내주었다. 상
황이 이렇게 되자 다양한 계층의 미국인들은 더 이상 오바마에게
자신의 정치적 성향과 희망, 또 국가를 향한 열망을 투사할 수 없
게 됐다.

달변가로서 기질, 카메라에 익숙한 성향, 사랑스러운 가정이란
이미지가 가져다주는 후광을 등에 업은 오바마의 개인적 인기는

•• Taxed Enough Already(이미 세금을 많이 징수했다)의 약자. 오바마의 재정 팽창에
맞서 감세를 주장하며 일어난 공화당 의원들의 연합. 영국의 과도한 세금 징수에
맞서 일어났던 '보스턴 티파티(Boston Tea Party)'를 오마주 했음.

분명 그의 지지도를 높게 유지해 주는 원동력이었다. 하지만 이런 개인적 인기는 결코 그의 재선을 보장해 줄 수 없었다. 오바마에게 는 새로운 전략이 필요했다. 공통된 관심사를 가진 광범위한 미국 인들에게 호소하는 것에서 벗어나, 파편화된 청중들에게 국한된 특정 메시지를 전달함으로써, 표면적으로 미국 사회에서 박탈되 어 있는 그룹들을 자신의 지지 세력으로 돌려놓는 걸 골자로 하는 오바마의 전략은 정치공학적으로 본다면 가히 혁신적이었다. 오바 마는 새로운 전략을 통해 미국인과 미국인들을, 인종과 인종을, 또 남성과 여성을 갈라놓았다. 오바마는 권력 추구를 위해 좌파 권위주의의 파괴적 충동을 자신만의 방법으로 길들였다.

버락 오바마가 나타나기 전까지, 미국 좌파 세력은 진영 내부 상 충하는 두 가지 서로 다른 충동(노선)에 의해 골머리를 앓고 있었 다. 한편으로, 미국 좌파는 제한 없는 국가 권리에 대한 확고한 신 념을 바탕으로, 개인이 처한 문제들을 정부주도 톱다운 방식으로 해결하려는 충동을 갖고 있었다. 반면 또 한편으로 미국 좌파는 미국 사회의 기득권 시스템을 붕괴시키길 강력히 열망하고 있었 다. 미국 좌파는 표현의 자유, 자유 시장, 종교의 자유 등을 보장하 는 기득권 시스템이야말로 미국 사회에서 서로 다른 집단 간 소득 격차를 발생시키는 본질적 원인이라고 판단했다. '유토피아적 충 동'과 '혁명적 충동'이라고 각각 불릴 수 있는 두 충동 사이에 하 나의 공통점이 있다면, 이들이 권위주의 좌파 철학과 일정부분 궤 를 함께한다는 사실이었다. 유토피아적 충동은 톱다운 방식의 정 부 검열을 추구한다. 혁명적 충동은 혁명 과정에서 발생하는 권리

침해의 필요성을 인정하며, 반전통주의적 성향을 띤다. 하지만 이두 충동은 여전히 갈등 관계에 있었다.

오바마는 정부의 권력을 적극 활용함으로써 이 두 충동 사이의 갈등을 봉합했다. 또한 오바마는 제도권 내부에서 마치 시민활동가 같은 역할을 자처함으로써, 박탈당한 이들의 혁명적 대변자로서 스스로의 입지를 새롭게 정립했고, 박탈당한 이들을 위한다는 명분으로 대통령으로서 자신에게 주어진 레버리지를 적극 활용해 국가 시스템을 무너뜨린 뒤 자신이 원하는 방식으로 시스템을 재건하는 작업에 착수했다.

이 전략은 대단히 효과적이었다. 자신의 연대 세력을 만들어 나가는 과정에서 오바마는 분명 어떤 정치적 마법을 부렸다. 상황이 이렇게 되자 오바마 부류의 정체성 정치와 진보적 이상주의는 미국 정치권에 엄청난 해악을 끼친 권위주의 좌파 진영을 더욱 대담하게 만들었다. 이 과정에서 미국이 받은 피해는 다시 회복되지 않을지도 모른다.

미국에서 나타난 유토피아적 정부의 흥망(興亡)

미국 좌파는 언제나 권력의 약속에 매료돼 왔다.

국가 권력은 최음제와 같다. 권력을 잡으면 가슴이 뜨거워지고, 유토피아를 만들려는 열정이 모든 생각을 집어삼킨다. 일반적으로 좌파 진영 이상론자들은 반전통주의를 옹호한다. 그들은 자신이 가진 도덕관념만이 올바른 도덕관념이란 믿음을 갖고 있다. 또 좌파 이상론자들은 자신과 반대 진영에 있는 사람들의 도덕을 톱다운 방식으로 검열하는 것에 별다른 거리낌을 느끼지 않는다.

20세기 초 미국 진보주의자들은 유토피아적 충동이 가져다주는 도취감을 만끽하고 있었다. 미국 초대 진보 세력은 소득 불평등, 노동 착취, 교육 저하, 또 심지어 지능 부족에 이르기까지, 다양한 사회적 병폐를 해결하기 위해선 국가가 강력하게 개입해야 한다고 생각했다. 이들에게 개인의 권리는 부수적인 문제였다. 미국 진보주의자들은 독립선언서와 그에 따라 보장된 자연권적 자유를 진부한 개념으로 취급했다. 미국 헌법 역시 이들에게는 유토피아의 실현을 방해하는 장애물일 뿐이었다.

미국 제28대 대통령이었던 우드로 윌슨(Woodrow Wilson)은 국가가 모든 가능성의 보고(repository)라고 언급하며 "개인의 권리 보장을 통해 공권력을 제한한다는 생각은 이제 내던져야 하며, 국가는 개인의 이익과 사익을 보편적으로 감독하는 데 있어서 현명하지 않거나 무익한 경우에만 개입을 멈출 수 있다고 생각한다"는 입장을 피력했다.

국가 권한에 대한 윌슨의 사고방식에서는 민주주의 역시 예외적 특혜를 받는 대상이 아니었다. 결국 윌슨에게 민주주의란 그저 "자신과 구성원들의 운명을 결정할 수 있는 공동체의 절대적 권리"에 불과했고, 실제 윌슨은 "공동체로서 인간은 개인으로서 인간보다 우수하다"라고 말했다. 현대인들이 당면한 도전을 고려하며, 윌슨은 "정부는 소심한 양심의 가책을 모두 던져 버리고, 대담

하게 스스로를 정치적 통제뿐 아니라 사회 개혁의 주체로 삼아야 하지 않겠는가?"라는 질문을 던졌다.[4]

미국 초대 진보주의자들 가운데 가장 영향력 있는 인물이라 할 수 있는 존 듀이(John Dewey) 역시 윌슨과 비슷하게 유토피아적 비전을 이루는 데 국가가 주도적 역할을 할 수 있다고 믿었다. 듀이는 다음과 같이 말했다. "국가는 완성된 객관적 정신이며, 인간의 외부화된 이성이다. 국가는 휴전(休戰)이나 외적 조화를 통해서가 아니라, 법을 개인의 주도적 관심사 그 자체, 또는 통제 동기가 되게 만듦으로써 법과 자유 사이의 갈등을 중재한다."[5]

실제로 진보 세력은 강력한 국가 권력에 부여된 무제한적 야망의 본성을 탐닉했다. 대통령으로서 윌슨은 국가 권력을 사용해 자신의 정적들을 탄압했고, 이 탄압의 대상에는 미국의 1차 세계대전 참전에 반대했던 사회주의 성향 정치인 유진 뎁스(Eugene V. Debs)도 포함돼 있었다. 윌슨 정부의 법무부 장관이었던 토마스 그레고리(Thomas Gregory)는 약 25만 명의 회원을 가진 자경단 미국보호연맹(American Protective League)이 반전(反戰)활동의 증거물을 수집한답시고 이웃 마을 주민들의 우편함을 털고 다녔을 때도 그들의 행위를 그냥 눈감아 주었다.[6] 윌슨과 비슷한 진보 성향이었던 올리버 웬델 홈즈(Oliver Wendell Holmes) 대법관은 국가가 다운 증후군을 가진 사람들의 출산권을 제한할 수 있다고 말하며 다음의 논리를 근거로 들었다. "공공복지의 이름으로 이미 국가의 힘을 쇠약하게 만들고 있는 사람들에게 이러한 사소한 희생을 요청하지 못한다면, 그게 오히려 이상한 일일 것이다. 실제 당사자들은(다운 증후군을 가진 사람들은) 출산 제한에 관한 국가의 요청을 큰 희생이라 느끼지 못할 가능성이 큰데, 우리 존재가 무능력에 압도되는 것을 방지하기 위해서라도 이러한 조치는 꼭 필요하다."[7] 플랜드 페어런트후드의 창립자 마가렛 생어(Margaret Sanger)는 미국 사회의 유전자 풀이 더럽혀지는 걸 막기 위해 "1천5백만에서 2천만 명 정도의 인구"에게 강제 불임수술을 하거나 이들을 격리시켜야 한다고 주장했다.[8]

하지만 1차 세계대전이 끝남에 따라, 미국인들은 국가를 절대적 존재로 신봉하는 진보주의 철학에 점차 염증을 느끼기 시작했다. 유토피아적 비전은 조롱당했고, 그 자체로 많은 허점을 가지고 있다는 사실이 드러났다. 1920년 공화당 대통령 워런 하딩(Warren G. Harding)의 압도적 당선은 작은 정부의 시대가 도래했음을 알렸고, 국가의 기능은 헌법에 따라 제한되며 국가는 개인의 자유를 보호하기 위해 존재한다는 미국의 전통적 비전이 다시 돌아오게 된다. 워런 하딩의 후임이자 1924년 대선에서 54%의 득표율을 받고 382석의 선거인단을 쓸어 담았던 캘빈 쿨리지(Calvin Coolidge)* 는 자유 시장에 대한 극진한 존중을 표현하며 다음과 같이 말했다.

------

* 쿨리지는 워런 하딩 정부의 부통령이었다. 1923년 하딩이 재임 중 사망하자 쿨리지가 대통령직을 승계했고, 1924년 선거에서 다시 대통령에 당선됐다. 쿨리지는 자유시장에 입각한 원리와 미국 헌법 정신에 기반한 정책을 통해 경제 번영을 이뤘고 1920년대를 "격동의 20년대(The Roaring Twenties)"로 만들어 냈다. 1928년 재선 선거에 출마해 총 9년가량의 대통령직을 수행할 수 있었으나, 애초에 공언했던 대로, 자신의 첫 번째 임기를 마치고 정계를 은퇴했다. 참고로 쿨리지는 로널드 레이건이 가장 존경했던(레이건은 쿨리지가 그의 'hero'라고 말함) 인물이기도 하다.

"만약 오늘 연방정부가 사라져 버린다고 해도, 미국인들은 꽤 오랜 시간 동안 자신의 일상에서 별다른 차이를 발견하지 못할 것입니다. 우리는 과학의 시대, 또 물질적 번영이 놀라운 축적을 이루는 시대를 살아가고 있습니다. 이 번영이 우리의 독립선언서를 만들어 낸 것이 아닙니다. 우리의 독립선언서가 바로 이 번영을 만들어 냈습니다."[9]

　하지만 헌법에 따른 정상화의 회복은 그리 오랜 기간 지속되지 않았다. 대공황이 찾아오면서, 유토피아적 충동과 정부의 파괴적 손길은 다시 한 번 미국 사회에서 우위를 차지하게 된다. 언제나 그랬던 것처럼, 민주사회에서 국가적 위기 상황은 사회주의가 국민들로부터 다시금 사랑받는 계기를 만들어 주었다. 오늘날 소위 지식인이라는 이들은 프랭클린 루스벨트 대통령의 위대한 업적을 칭송하며 과거를 회상하길 좋아하지만(그중 루스벨트식 국가 복지 시스템을 가장 큰 업적으로 취급한다), 루스벨트의 실제 업적은 처참했다. 루스벨트는 엄청난 규모의 규제정책을 도입했고, 통화 가치를 조작했으며, 사유 재산을 빼앗았다. "저는 개인주의자들이 사회의 발전을 위해 활동한다는 전제가 있을 때에만 개인주의를 신뢰할 수 있습니다"라고 말한 루스벨트의 재임 기간 동안 미국 사회에서 개인주의의 인기는 다시 시들해져 갔다.[10] 물론 루스벨트 발언의 본뜻은, 그가 개인주의를 별로 탐탁지 않게 생각한다는 것이었다.

　루스벨트는 미국 헌법에 명시된 표현 및 언론의 자유, 배심원에 의한 판결, 종교의 자유 등 근본적 자유를 보장하는 것만으로는 절대 충분하지 않다고 주장하며 다음과 같이 연설했다. "우리 국가의 규모와 위상이 성장함에 따라, (앞서 언급된)정치적 기본권들은 행복을 추구하는 과정에서 우리에게 평등을 보장하기엔 너무나 불충분하다는 사실이 입증됐습니다."

헌법에 명시된 기본권과 자유를 보장하는 대신, 루스벨트는 직업을 가질 권리, 음식을 먹을 권리, 의복을 입을 권리, 농부들이 적절한 수익을 올릴 권리, 거주의 권리, 의료 서비스를 받을 권리, 국민연금 혜택을 누릴 권리, 교육받을 권리 등을 포괄하는 "제2의 권리 장전"을 미국 사회가 도입해야 한다고 주장했으며, "새롭게 보장되는 이 모든 권리는 미국인들에게 안정을 가져다줄 것"이라고 확신에 차 말했다. 심지어 루스벨트는 만약 제한된 정부와 자유 시장을 신뢰하는 정책이 전성기를 구가하던 1920년대가 돌아온다면, "우리가 해외 전쟁터에서 적들을 물리친다고 하더라도, 이곳 본토에서는 파시즘의 정신에 굴복하게 될 것"이라고 말하기도 했다.[11]

루스벨트는 좌파 유토피아적 정부 정책을 톱다운식 국가 검열과 결합시켰고, 반대자들에겐 파시스트적 탄압을 자행했다. 미국의 언론인 조나 골드버그(Jonah Goldberg)는 그의 책 『리버럴 파시즘(Liberal Fascism)』에서 루스벨트정권의 파시스트적 성향을 다음과 같이 평가했다. "객관적으로 볼 때 뉴딜정책이 파시스트적이었다는 걸 부인하기는 불가능하다."

뉴딜정책하에, 공무원의 탈을 쓴 폭력배들은 정책을 집행한다는 명목으로 각 가정의 문짝을 때려 부쉈다. 정부 요원들(G-men)은 정권에 반대하는 사람들을 도청하고 미행하는 와중에도 반인

반신(半人半神) 취급을 받았다. 산업을 관리하는 공공기관 임원들은 그들이 따라야 할 법과 규제를 자신의 손으로 직접 만들었다. 루스벨트 대통령은 상대방과의 대화를 비밀리에 녹음했고, 자신의 정적들을 제거하기 위해 국가 기관인 우체국을 도구로 사용했다."

루스벨트의 보좌관이었던 해리 홉킨스(Harry Hopkins)는 대놓고 다음과 같은 주장을 펼치기도 했다. "우리는 법의 테두리 내에서 어떤 방법을 사용하는 것도 두려워하지 않으며, 우리에게는 우리가 하는 그 어떤 일도 '합법적'이라고 주장해 줄 변호사들이 준비돼 있다."[12]

프랭클린 루스벨트가 발산하는 개인적 매력에 정신이 팔려 미국인들은 정확히 상황을 파악하지 못했지만, 루스벨트 정권이 추진한 유토피아적 정책의 여파는 평범한 일상을 살아가는 미국인들에게 실로 재앙 같은 결과를 가져왔다. UCLA 경제학 교수인 해롤드 콜(Harold Cole)과 리 오하니언(Lee Ohanion)에 따르면, 루스벨트의 정책은(특별히 각종 산업을 카르텔화하여 톱다운 방식으로 조직하는 것과, 중앙정부 통제를 강화하기 위해 자유 시장을 제한하는 정책은) 대공황을 더욱 거대하게 증폭시켰으며, 대공황 기간을 무려 7년이나 연장시켰다. 소비는 심각하게 위축됐고 노동 시간 역시 급격히 단축됐다.[13]

2차 세계대전의 여파로 미국을 제외한 전 세계가 잿더미에 파묻혀 있던 시기, 미국은 정부 역할을 확대하는 만용과 비효율을 감당할 수 있었다(그런 정책적 실험을 시도해 볼 여유가 있었다). 하지만 2차 대전 이후 린든 존슨(LBJ) 정권이 정부 규모를 비대하게 팽창시켰을 때, 미국 사민주의 진영의 이상은 한계점에 도달하게 된다. 케네디 암살 이후 대통령직을 승계받은 린든 베인스 존슨(Lyndon Baines Johnson)은 프랭클린 루스벨트식 철학을 더욱 강화하는 정책을 내놓았으며, 미국이 '위대한 사회(Great Society)'가 되려면 반드시 대규모 정부 지출 정책을 실시해야 하고, "빈곤과의 전쟁"에 착수해야 한다고 주장했다. 정부는 한편으론 보조금을 지급하며, 또 한편으론 처벌과 벌금을 매기겠다 위협하며, 미국인의 삶 대부분의 영역들을 침범해 나가기 시작했다. 미국 정부는 집을 주겠다고 약속했다.

하지만 현실에서는 정부가 운영하는 공공아파트를 늘려 나갈 뿐이었고, 그 거주단지들은 곧 지옥 같은 디스토피아로 돌변했다. 정부는 복지를 약속했다. 하지만 실제로는 미혼모들에게 막대한 국가 보조금을 지급함으로써 세대 간에 걸친 빈곤의 답습을 고착화시켰다. 정부는 교육의 기회를 약속했다.

하지만 돌아온 결과는 자기가 속한 학군에서 벗어난 곳으로 강제 등교해야 하는 상황(forced busing)과 공교육 수준의 질적 저하였다.[14]

이러한 흐름에 대한 책임은 꼭 민주당에게만 있는 게 아니었다. 미국 달러의 가치를 금값으로부터 분리시켰고(브레튼우즈 협정 탈퇴), 물가와 임금, 봉급, 월세 등을 정부 주도로 통제했던 리처드 닉슨(Richard Nixon)은 보수 성향 대통령이었음에도 불구하고 민주당 전임자 린든 존슨의 정책들을 그대로 답습했다.[15]

그 결과 루스벨트가 대공황에 대응했을 때처럼 경제는 다시 한 번 정체됐고, (닉슨 정책 이전부터)이미 꾸준하게 감소하고 있던 빈곤층 비율은 1970년대 들어 감소 추세를 멈추었으며, 1966년 약

8,000선에서 보합세를 이루던 주식 시장은 인플레 조정 수치를 기준으로 1982년까지 꾸준히 하락을 거듭한다.[16]

지미 카터(Jimmy Carter) 대통령의 임기가 끝나갈 때 무렵, 미국은 각종 정부 정책의 비대화를 초래했던 유토피아적 좌파 이념과의 밀월을 끝내게 된다. 유토피아적 충동은 시들해졌다. 정부 개입정책을 통해 "세상을 고쳐 보겠다는(fixing the world)" 좌파 이상주의자들의 정책은 기름을 넣기 위해 대기 중인 차량의 행렬과 인플레이션, 대량 실업으로 귀결됐고, 카터 대통령은 미국병을 한탄하며 "세상에 존재하는 모든 법안을 다 동원한다고 하더라도 현재 미국이 맞이한 문제들을 해결할 수는 없다"고 스스로 시인하기에 이른다.[17] 카터에 이어 대통령직을 이어받은 레이건은 자신의 첫 번째 취임 연설에서 미국 시민들에게 다음과 같이 이야기했다.

"정부는 우리 문제에 대한 해결책이 아닙니다. 정부 그 자체가 문제이기 때문입니다. 이제는 피통치자의 동의를 한참 벗어나 비대해져 버린 정부의 팽창을 감시하며 그 흐름을 돌려놓아야 할 때입니다."[18]

실제 정책상으로 레이건이 정부의 크기와 범위를 줄인 건 아니었다. 레이건 시절에도 정부의 크기는 끊임없이 비대해져 갔다. 하지만 미국인들의 마음속에서 진보적 어젠다는 버림받았다. 1996년이 됐을 때, 민주당 대통령이었던 빌 클린턴(Bill Clinton)은 정부의 역할에 관해 레이건이 했던 발언과 비슷한 표현을 사용하면서 "큰 정부의 시대는 끝났다(the era of big government is over)"고 선언하기 이르렀다.

마치 레이건을 연상시켰던 이 연설에서 클린턴은 "작고 새로운 정부는 미국 건국 초창기의 방식으로 작동해야 한다"고 주장했고, "균형 예산"과 "영구적 적자 지출"을 끝낼 때가 됐다고 강조했다.[19] 2000년 공화당 전당대회에서 대선후보 수락 연설을 하면서, 조지 W. 부시(George W. Bush)는 클린턴식 표현을 자신만의 언어로 옮기며 "큰 정부는 답이 아니다"라고 말했다.[20]

또 2004년, 당시 일리노이주 상원선거에 출마했던 신예 흑인 정치인 버락 오바마는, "소도시나 대도시, 식당과 업무지구 등을 막론하고, 제가 만나는 사람들은 정부가 그들의 모든 문제를 해결해 주길 기대하고 있지 않습니다"라고 말했다.[21] 대부분 미국인들의 마음속에는 정부 정책이 만병통치약이 아니며 정부를 통해서 인간의 모든 문제를 해결할 수 없다는 일종의 합의가 굳건히 형성돼 있었다. 많은 경우, 정부는 성공과 번영을 방해하는 장애물과 같았다. 물론 미국인들은 세금을 통해 정부 지원을 받을 수 있다면 그 혜택을 누리길 좋아했고, 그런 혜택을 제거하려는 시도에 대해 이따금 반감을 표출하기도 했다.

하지만 정부가 그들의 삶을 위해 무엇을 해줄 수 있는가에 대해 미국인들은 일반적으로 윌슨보다 레이건의 철학에 가까운 마

• 미국 건국 초기에는 연방정부의 역할이 거의 존재하지 않았고, 대부분의 업무는 주정부 자치 관할이었다. 연방정부의 역할은 상당히 제한적이어서, 초대 대통령 워싱턴은 집무실에서 거의 할 일이 없이 시간을 한가하게 보내는 날도 꽤 많았다고 한다. 이처럼 정부 역할을 최소한의 필요를 만족하는 수준으로 축소하는 '제한된 정부(limited government)'의 철학은 미국 국부들의 건국 철학이기도 했다.

음가짐을 가지고 있었다.

혁명적인 정체성 정치의 흥망

정부가 인류 모든 문제에 대한 해결책이라는 주장이 20세기 내내 진보주의자들 사이에서 떠돌고 있었고, 미국인들은 진보주의의 문제점을 깨닫고 그 미몽에서 서서히 벗어나고 있을 때, 기존 진보주의 이념과 다소 상충하는 내용을 담은 새로운 이론이 미국 좌파 진영에서 뿌리를 내리기 시작한다. 이 이론을 옹호하는 사람들은 독립선언서와 미국 헌법이 낡고 고루한 문서라는 점에 대해선(따라서 오늘날은 그 원리가 그대로 적용될 수 없다는 점에 대해선) 진보주의자들과 의견을 공유했다.

하지만 이 새로운 이론을 신봉하는 사람들은 여기서 한 걸음 더 나아가, 진정한 정의를 이루기 위해선 미국 사회에 존재하는 거의 모든 시스템들을 무너뜨려야 한다고 주장하기 시작했다. 진보주의자들은 유토피아적 목적을 성취하기 위해 재분배정책을 집행하는 데 정부 권력을 사용해도 된다고 믿었던 반면, 혁명적 충동에 따라 탄생한 새로운 유형의 급진주의인 이 이론은 미국 정부 시스템 그 자체가 본질적으로 부패했으며, 그 시스템을 뿌리부터 갈아엎어야 한다는 내용을 골자로 하고 있었다. 이 이론을 신봉하는 급진주의자들은 미국 사회에서 도덕적 반전통주의가 힘을 얻는 걸 가로막는 권력 위계질서를 무너뜨릴 수 있다면, 혁명의 성취를 위해 타인의 권한을 침해하는 것도 정당화된다고 주장했다.

이 같은 이론의 초기 논리를 만들어 낸 건 흔히 프랑크푸르트학파(Frankfurt School)로 알려진 유럽 출신 학자들이었고, 이들은 나치의 탄압을 피해 미국으로 건너온 망명자들이었다. 이 학파의 리더 가운데 하나였던 막스 호르크하이머(1895-1973)는 모든 인간은 환경의 부산물이기 때문에, 미국 사회에 만연한 악의 존재는 자본주의적이고 민주적인 환경에 의해 초래된다고 주장했다. 호르크하이머의 표현을 빌리자면, "우리가 살아가는 시대의 가련함은 사회의 구조와 긴밀하게 연결돼 있는" 것이었다.[22] 역시 프랑크푸르트학파 소속이었던 에리히 프롬(Erich Fromm)은 미국의 자유가 인간을 자유롭게 하지 못한다고 주장하며 다음과 같이 말했다.

"사상을 표현할 자유는 먼저 우리가 스스로 주체적으로 생각할 수 있는 능력을 갖고 난 뒤에야 그 의미를 갖는다." 하지만 프롬은 미국인들이 소비지상주의로 인해 스스로 생각할 능력을 박탈당했기 때문에, 미국에서는 원시 파시즘(proto-fascism)이 발현할 최적의 환경이 조성됐다고 말했다.[23] 프랑크푸르트학파에 따르면, 개인을 자유롭게 하기 위해 모든 권력 시스템은 평준화돼야 했던 것이다.

이 말은 곧 미국의 전통적 자유가 제한돼야 함을 뜻했다. 주관적 자존감이 존중되기 위해선 표현의 자유가 사라져야 했다. 프랑크푸르트학파 철학자였던 헤르베르트 마르쿠제(Herbert Marcuse)가 설명한 것처럼, "해방적 관용은 우익적 활동에 대한 불관용을 의미하는 동시에, 좌익적 활동에 대한 철저한 관용을 의미하는데,

해방적 관용은 행동과 토론, 프로파간다의 영역에 적용될 뿐만 아니라, 행위와 말의 영역에까지 확대된다."**24** 이 개념은 특히 소수자 그룹들에게 딱 들어맞았다. 왜냐하면 그들은 오직 거대 시스템에 대항함으로써 자신들의 권력을 주장할 수 있었기 때문이다.

프랑크푸르트학파 사상가들은 마르크스주의적 성향을 갖고 있었다. 하지만 그들의 주장은 계급 이론과는 썩 들어맞지 않았다. 경제적 계층 이동성은 오랜 기간 동안 이어 내려온 미국 사회의 대표적 특징이었고, 자유 시장은 모든 유형의 사람들에게 기회를 제공하고 있었다.

하지만 미국 사회 억압에 대한 시각이 경제적 분야에서 인종적 분야로 이동됐을 때, 프랑크푸르트학파의 주장은 급속도로 영향력을 확대해 나가기 시작했다. 실제 미국은 과거 흑인 노예화를 허용했으며 노예제를 장려했던 적이 있었다. 미국은 짐 크로(Jim Crow)법이 발전하도록 용인했던 전력이 있기도 했다. 물론 결국 미국은 노예제를 폐지했고, 짐 크로법을 말살했음에도 불구하고(미국이 이 같은 과정을 거칠 수 있었던 이유는, 전직 노예에서 훗날 노예해방 운동가가 됐던 프레드릭 더글러스(Frederick Douglass)가 1852년 주장했었던 것처럼, 독립선언서와 미국 헌법에 명시된 이상이 궁극적으로 이 같은 노예 해방을 가능하도록 만들었기 때문이다), 미국 사회가 뿌리 속까지 인종차별적이며, 따라서 그 문제를 절대 고칠 수 없다는 주장은 여전히 어느 정도 설득력을 얻고 있었다.

이것이 바로 소위 비판적인종이론(Critical Race Theory, CRT)을 옹호하는 사람들의 주장이다. CRT는 미국 사회 근원적 불합리에 대한 논쟁의 초점을 경제적 계급에서 인종으로 이동시켰다. CRT 옹호론자들의 주장에 따르면 미국 사회에 존재하는 모든 제도는 백인우월주의에 바탕하고 있었다. 다시 말해 미국 사회의 모든 시스템은 '구조적으로' 또는 '제도적으로' 인종차별주의를 조장하고 있다는 뜻이었다. 1966년, 이 같은 이론을 최초로 주장한 사람은 학생비폭력협동위원회(Student Nonviolent Coordinating Committee)의 지도자였던 스토클리 카마이클(Stokely Carmichael)이었다(훗날, 카마이클은 흑인독립국가 건설을 옹호하는 운동가가 되었고, 블랙팬서당(Black Panther Party)*의 당수가 됐다).

1965년 민권법안(Civil Rights Act)이 비준되고 난 직후, 카마이클은 비록 연방정부가 인종에 기반한 차별을 금지하긴 했지만, 인종차별주의는 그러한 조치 정도로 해결되지 않는다고 주장했다. 카마이클은 결과의 불평등이 역사적 인종차별주의와 인종차별주의적 시대에 만들어진 제도에 기원하고 있다고 말했다. 카마이클은 다음의 주장을 이어 갔다. "(미국 사회에서)법을 만드는 건 권력을 가진 백인들이며, 그 법을 집행하는 건 총과 곤봉을 손에 든 폭력적 백인 권력이다." 카마이클의 이론을 따라가다 보면 결국 미국 사회의 모든 제도를 철저하게 무너뜨리는 것만이 답이라는 예측 가능한 결론에 도달하게 된다.[25]

카마이클은 시스템에 의해 피해 입은 사람들에게 정의를 구현하기 위해 시스템 그 자체를 이용해야 한다고 말하진 않았다. 다

---

* 마르크스-레닌주의에 기반해 급진적 흑인 운동을 전개한 정당.

만 카마이클은 인종차별의 정의 자체가 변해야 한다고 주장했다. 실제 인종차별을 의도했는지와 관계없이, 이제부터 만약 특정 행동이 인종 간 균등하지 않은 결과를 만들어 냈다면, 그 자체로 해당 행동은 일단 인종차별로 간주돼야 한다는 것이 카마이클의 주장이었다. 이 같은 태도는 특정 행동 및 제도가 인종차별주의인지를 테스트하는 데 이질적인 영향을 주었다. 엄밀히 말해 카마이클의 주장은 전혀 설득력이 없었다. 왜냐하면 인간에 의해 만들어진 모든 제도는 결국 몇몇 그룹들에게 공평하지 않은 결과물을 만들어 내기 때문이다. 사실 좌파 진영이 선호하는 많은 정책들은(예를 들면 최저임금 같은 경우), 소득 불평등을 해소하는 것이 아니라 오히려 악화시킨다. 각기 다른 결과물의 원인을 오직 인종차별적 시스템에서만 찾는 것은 허구적 유토피아를 추구하기 위해 인류의 모든 역사를 깡그리 무시하는 경우와 같다. 기울어진 운동장을 바로잡기 위한 근본적 조치를 취해야 한다고 말하는 대신, 카마이클은 운동장 그 자체를 폭파시켜야 한다고 주장했다. 카마이클의 이론은 지적 프레임을 탑재한 혁명적 충동이었고, 반전통주의와 결합된 혁명적 공격성을 특징으로 했다.

1970년대 후반과 1980년대 초반, 카마이클의 지적 후예들은 CRT를 제도화하는 공식 프로젝트를 시작했다. 리차드 델가도(Rirhcard Delgado)와 진 스테판칙(Jean Stefancic) 같은 이들은 CRT의 기초 이론을 고안했다. 핵심 내용을 몇 가지 짚어 보자면 다음과 같았다. 먼저 이들은 "인종차별이 일반적이며, 일탈적 행동이 아니다"고 주장했다. 둘째로, "유색인종보다 백인이 우위에 있다고 상정하는 미국 시스템은 정신적으로나 물질적으로나 중요한 목적을 달성하고 있다"고 생각했다. 또 CRT를 옹호하는 사람들은 미국 사회의 시스템이 인종별로 차별을 두는 결과를 만들어 내도록 디자인됐다고 주장했다. 이 같은 논리에 따르면 인종별 격차를 나타내는 모든 증거는 시스템 그 자체가 사악하다는 걸 입증하는 증거물인 셈이었다.[26]

비판적인종이론의 선구자이자 하버드 로스쿨 최초의 흑인 교수였던 데릭 벨(Derrick Bell)은 "개인의 권한과 공공 주권이 법치에 의해 조정된다고 믿는 리버럴 철학에 입각한 세계관은 모두 폭파되어야 한다"라고 말하며, "사적 영역과 공적 영역에 기초한 세계관은 정치경제적 권력의 실체를 감추는 매력적인 신기루로서 기능한다"라고 언급했다.[27] 벨에 따르면 심지어 언뜻 보기에 "좋아 보이는 결과물들" 조차도 시스템 내에 만연한 백인우월주의를 드러내는 증거가 될 수 있었다. 백인들은 기득권 시스템 속에 너무나 매몰돼 있기 때문에, 만약 그들이 상황에 따라 필요하다 판단한다면, 유색인종을 관용하는 모종의 조치를 시스템 내에서 일정부분 허용해 줄 수도 있다는 주장이었다.

하지만 벨은 그 모든 것도 결국 백인 기득권을 지키기 위한 시도라고 생각했다. 만약 미국 백인들이 국가 채무를 갚기 위해 외계인에게 흑인을 팔아넘길 수 있다면, 백인들은 실제 그렇게 행동할 것이라고 주장했던 벨은, 노예제가 폐지된 이후 1992년대를 살아가는 미국 흑인들이 미국 역사상 그 어떤 시기보다 더 억압받고 있다고 말했다.[28]

이 같은 극단적 주장은 오랜 기간 미국 주류 사회에서 별다른 호응을 얻지 못했다. 자신감에 차 있었던 린든 베인스 존슨 시대의 진보주의자들은 비판적인종이론류의 주장을 묵살해 버렸다. 린든 존슨 대통령은 정부 권력을 동원한다면 백인과 흑인 사이에 사회 경제적 차이가 메워질 수 있다고 믿었다. 그리고 실제 기울어진 운동장을 바로잡기 위해 노력에 노력을 거듭했던 미국 정부는 과거 미국이 자행했던 인종차별의 죄악에 대해 조금이나마 배상하려는 의도로 빈곤을 퇴치하는 정책을 집행하는 데 수조 달러를 쏟아부었다.

정부 권력을 통해 정체성 정치와 유토피아적 진보주의 사이의 간극을 메울 수 있다고 믿었던 린든 존슨은 정부를 도구화하는 엄청난 규모의 예산을 편성해, 건국 초기부터 미국인들이 정부와 맺었던 사회 계약의 내용을 완전히 새롭게 고쳐 쓰는 일련의 정책을 집행해 나가기 시작한다. 미국의 언론인 크리스토퍼 칼드웰(Christopher Caldwell)이 언급한 것처럼, "민권의 향상을 핵심으로 삼았던 1960년대의 변화는, 단순히 미국 헌법에 주요한 변화를 주는 선에서 그치지 않았고, 원래 헌법의 내용과 양립이 불가능한 경쟁적(상충적) 요소를 담고 있었다."[29] 차별을 철폐한다는 명목으로 연방 정부에게 엄청난 권한이 부여되면서, 미국법의 시스템은 실재와 관념 모두에서, 또 공공 영역과 사적 영역 모두에서 급진적으로 변화됐다. 칼드웰이 지적한 것처럼, 미국에서는 정부 주도하에 "가장 은밀한 사적 영역을 포함해 사회 모든 영역을 인종차별반대주의 이념에 끼워 맞추려는" 움직임이 있었고, 이는 성공을 거뒀다.[30] 또 인종차별주의적 사례가 정부 개입을 정당화하지 못하는 경우에는, 피해를 호소하는 모든 소수자 그룹을 포괄하는 방식으로 반재량의 개념이 확대되었다. 정부가 자행하는 강압과 그런 강압에 대한 동조는 표현의 자유를 침해하는 행위가 아니라 오히려 도덕적 표본으로 추앙받았다.

『정부 지원 혜택의 시대(The Age of Entitlement)』에서 크리스토퍼 칼드웰은 다음과 같이 말했다. "60년대 민권 운동 시대에 만연했던 행정 명령, 소송, 법원의 명령에 따른 보상 체계는 모든 문제를 해결하는 기본 방법론으로 자리 잡게 됐고, 그 결과 새롭게 탄생한 공정의 개념은 미국 사회의 오랜 전통과 각축을 벌이게 됐다. 정부는 점차 민권이란 명분을 활용해 과거 상황에선 헌법에 의해 절대 허용되지 않았을 정책들을 하나씩 추진해 나갔다. 민권은 곧 짐 크로법의 맥락을 훨씬 초월하게 됐고, 민권의 옹호자들이 해방에 이은 해방이라 불렀던 변화들을 만들어 나가게 된다."[31]

이 해방을 추구하는 과정에서 수조 달러의 예산이 지출됐다. 수백만의 미국인들이 정부 의존적 인간으로 변했다. 또 수만 명의 미국인들은 정부와 관련된 일로 생계를 이어 나가게 된다. 당시 시행됐던 정책이 백인 생활수준 대비 흑인 생활수준을 개선시키는 데 별다른 역할을 하지 못했지만, 해당 정책들은 역설적이게도 미국 정부 시스템에 대한 도덕적 신뢰도를 향상시키는 결과를 가지고 왔다.

무슨 말인가 하면, 미국 정부 시스템이 미국 흑인들에게 오히려 우호적으로 변함에 따라(예를 들면 흑인들은 소수자를 우대하는 차별시정 조치(affirmative action)로부터 차별금지법(anti-discrimination law)에 이르기까지 다양한 정책의 실질적 혜택을 받았다), 미국 사회는 흑인을 제도적으로 차별하고 있다고 말하는 게 힘들어졌다는 뜻이다. 아이러니하지만, 미국 시스템의 정당성은 인종중립적 진보를 추구한다는 명목으로 시도된 다양한 노력에 의해 지켜지게 된다. 미국 좌파 철학의 한 축인 유토피아적 충동이 좌파 철학의 또 다른 축인 혁명적 충동을 억제하게 된 것이다.

상황이 이렇게 되자, 1990년대에 들어서는 과격한 주장들이 한풀 사그라들었다. 비판적인종이론 추종자들은 여전히 "백인 우선 기득권 시스템" 때문에 인종 간 소득격차 현상이 발생하고 있다고 주장하며, 피해 입은 유색인종 그룹들에 특혜를 제공함으로써 피해를 배상해야 한다고 목소리 높였지만, 일반적인 미국인들은 인종중립적인 사법 체계를 유지해야 한다는 시각을 공유하고 있었다. 힙합 가수 시스터 소울자(Sister Souljah)가 "아니, 만약 흑인들이 매일 흑인들을 죽이고 있다면, 한 주쯤은 흑인들이 백인들을 죽이는 게 대수인가요?"라고 말하며 LA 폭동을 감싸고 돌았을 때,[32] 당시 민주당 대선후보였던 빌 클린턴은 소울자를 네오나치 극우 활동가 데이비드 듀크(David Duke)에 빗대며 그녀를 강력히 규탄했다.[33] 미국 전역에서 범죄율이(특별히 유색인종 거주 지역에서) 급등했을 때, 미국 양당 리더십은 워싱턴 D.C.에 모여 형량을 늘리는 걸 골자로 하는 강력범죄 처벌강화법을 함께 통과시켰다. 당시 미국 흑인들 가운데 58%가 이 법안을 지지했으며, 특별히 흑인 시장들 중 대부분이 찬성 의견을 나타냈다.[34] 해당 법안은 상원에서 찬성 94표, 반대 5표의 압도적 비율로 통과되었다.

정부를 도구 삼아 유토피아를 추구할 것인가에 대한 논의에서, 또 급진주의를 실현한다는 명목으로 정부를 파괴하는 것이 과연 타당한가에 대한 논쟁에서, 유토피아 추구 세력은 승리를 거뒀다. 내부에서부터 시스템을 파괴시켜야 한다는 주장은 좌우 모든 진영에서 버림 받았다. 정체성 정치는 철저하게 패배했다.

사실 2004년 당시 젊은 정치인이었던 버락 오바마는 민주당 전당대회 연설에서 정체성 정치와 비판적인종이론의 핵심 주장을 배척하며 혁명적 충동의 시대는 끝났음을 확정했다. 우레와 같은 청중의 갈채 속에서 오바마는 다음과 같이 말했다. "저는 제 이야기가 보다 넓은 미국의 이야기임을 분명히 자각하며 이 자리에 섰습니다. 다시 말해 제가 이 땅에 태어나기 전 이곳에서 살아가셨던 분들에게 빚을 지고 있으며, 제 삶의 이야기는 미국을 제외하고는 지구상 그 어느 나라에서도 가능하지 않다는 사실을 말입니다." 미국 대도시 빈민가 지역에서는 "책을 읽는 흑인 아이는 백인 흉내를 내고 있는 것(black kids with books are acting white)"이라 말하며 흑인 사이에서 서로를 비아냥대는 경우가 있는데, 오바마는 그 같은 태도가 잘못됐다고 지적하며 연설에서 이를 꾸짖기도 했다. 이제는 그의 어록으로 자리 잡게 된 다음의 발언을 하며(오바마는 연설 이후 해당 발언을 여러 번 반복했지만, 그의 발언에 담긴 진정성은 시간이 지날수록 놀라울 정도로 희미해졌다) 오바마는 연설을 마무리했다.

"진보의 미국과 보수의 미국은 존재하지 않습니다. 미합중국만이 존재할 뿐입니다. 흑인의 미국과 백인의 미국, 히스패닉계의 미국과 아시아계의 미국은 존재하지 않습니다. 오직 미합중국만 존재할 뿐입니다."**35**

버락 오바마는 어떻게 미국을 근본적으로 바꿔 놓았을까?

정부는 우리 삶의 모든 문제를 해결할 수 없으며, 미국 시스템은 본질적으로 선하다는 일반 대중의 인식은 정치적 좌우를 막론하고 2008년까지 유지돼 왔다. 버락 오바마 역시 그 합의의 틀 안에서 선거 캠페인을 진행했다. 오바마는 희망(hope)을 약속했다. 그는 미국인들이 공통된 근원을 가지고 있으며 공통된 비전으로 연합돼 있다고 강조했다.

하지만 오바마표 통합의 표면 아래 감춰진 저의는 철학적으로 흉악했고, 미국 사회를 심각하게 분열시키는 내용이었다. 당선 후 행보에서 드러난 것처럼, 오바마는 미국 건국 철학의 추종자도, 린든 존슨 스타일의 정부 유토피아주의자도, 심지어 클린턴 대통령 스타일의 중도 포용론자도 아니었다. 그렇다고 오바마의 철학이 인종 간 화합을 기원했던 마틴 루터 킹 주니어 목사의 사상에 기반하고 있는 것도 아니었다. 오바마는 자신이 하버드 로스쿨 재학 중 강력하게 옹호했던 데릭 벨 교수의 철학을 신봉했다.*

---

* 하버드 로스쿨 교수였던 데릭 벨은 하버드 로스쿨이 흑인 여성에게 종신 교수직(tenure)을 주지 않으면 자신도 교수직을 그만두겠다고 협박하며 시위를 벌였다(당시 하버드 로스쿨에는 흑인 여성 종신 교수가 없었기에, 데릭 벨은 일종의 인종 성별 '할당량'을 채우라고 학교 당국에 요구했던 것 같다). 당시 하버드 로스쿨 학생이었던 오바마는 데릭 벨의 입장을 지지하며 그를 동조하는 시위에 주도적으로 참가했음.

이런 배경을 살펴보자면, 훗날 오바마가 제레미야 라이트 (Jeremiah Wright) 목사*와 가깝게 지내며, 라이트 목사가 미국 사회에 만연한 구조적 죄악에 대해 강단에서 열변을 토할 때 그 교회 예배에 참석했던 건 결코 놀라운 일이 아니었다. 게다가 오바마는 스스로가 모든 선하고 품격 있는 것들을 대변한다고 믿는 일종의 메시아 신드롬을 가지고 있었다. 2008년 선거 기간 동안, 미쉘 오바마는 그녀의 남편이 가지고 있는 메시아 신드롬에 대한 감정을 솔직하게 표현하며 다음과 같이 말했다. "미국 사람들의 영혼은 망가졌습니다. 대통령 선거에 참가한 후보 중 오직 버락 오바마만이 그 사실을 이해하고 있습니다. 우리는 망가진 영혼을 고쳐야 합니다."[36] 2008년 대선 투표가 있기 바로 며칠 전 했던 발언에서 오바마 자신 역시 그의 임무가 "미합중국을 근본적으로 바꿔 놓는 것"이라고 솔직하게 고백했다.[37]

이러한 배경을 갖고 있는 오바마는 2008년 선거에서 압도적인 승리를 거둔 뒤 정치적 입장 변화를 본격적으로 나타내게 된다. 오바마는 미국 역사상 최초의 흑인 대통령이었던 자신이 미국 기득권 체제를 내부로부터 바꿔 놓는 최고의 희망을 상징하기 때문에, 그를 향한 모든 비판은 실제로 인종적 혐오에 기반하고 있다

---

* 라이트는 "미국 정부가 흑인 사회를 파괴하기 위해 에이즈 바이러스를 개발했을 가능성이 있으며," "9·11 테러는 미국이 자초한 것"이라 말했고, "빌어먹을 미국"이라고 이야기하는 등 과격한 발언을 쏟아 낸 전력이 있는 미국 흑인 목사다. 한때 오바마의 멘토였지만, 라이트 목사의 발언이 논란이 되자, 오바마는 2008년 대선을 앞두고 라이트 목사와 절연을 선언했다.

고 주장하기 시작했다. 엄밀히 말하면 오바마가 인종 분열적 정책을 펼칠 것이라는 전조는 당선 이전인 2008년 선거 당시부터 이미 분명히 드러나고 있었다. 선거 운동 초창기 시절, 오바마는 자신이 러스트 벨트 노동자들에게 지지받지 못하는 이유가 그들의 인종차별주의 때문이라고 암시하며 다음과 같이 말했다. "그들은 비통한 사람들이며, 총이나 종교, 또는 자신과 비슷하게 생기지 않은 사람들에 대한 적대감, 반이민 정서, 반무역 정서 등에 매달림으로써 좌절감을 극복하기 원하는 사람들입니다."[38] 2008년 유세 기간 내내, 오바마는 흑인으로서 자신의 정체성이 마치 일종의 장애물인 것처럼 언급하곤 했다. 하지만 까놓고 현실을 말하자면, 흑인이 아니었다면 애초 오바마는 민주당 후보로 지명조차 되지 못했을 것이다. 또 오바마는 상대 후보였던 존 매케인이 "오바마는 미국 지폐에 찍힌 여타 (백인)대통령들과는 다르게 생겼다"라고 말할 것이라고 주장하며[**] 유권자들에게 겁을 줬다.[39]

하지만 대통령 당선 전에는 이 같은 오바마의 인종양극화적 성향이 확연하게 표면 위로 드러나지 않았다. 오바마는 미국인들이 자신이 추구하는 정책에 반대할 수 있는 유일한 이유가 은근히, 또는 노골적으로 자행되는 인종차별뿐이라고 생각했다. 2020년 출판된 회고록에서 고백했듯이, 오바마는 "백악관에 자신이 앉아 있다는 바로 그 사실이 자연적 질서가 훼손됐다는 느낌을 가져다줌으로써 미국 사회에 깊숙이 내재된 (백인 기득권 시스템의)공포

•• 실제 매케인은 그런 발언을 한 적이 없음.

를 촉발시켰고, 수백만의 미국인들은 흑인 남성이 백악관을 차지했다는 사실에 겁을 먹었다"고 믿었다. 공화당 대선후보 매케인의 부통령 러닝메이트 세라 페일린(Sarah Palin)이 바로 이 사악하고 편견에 사로잡힌 백인적 편견을 대변하는 전형적 아바타라 생각했던 오바마는 회고록에서 다음의 내용을 이어 간다. "외국인 혐오주의, 반지성주의, 피해망상적 음모론, 흑인과 유색인종에 대한 반감 등 현대 공화당의 언저리에 오랫동안 숨어 있던 어두운 영혼이 세라 페일린이라는 인물을 통해 중앙 정치의 무대로 진입하려 했다." 심지어 오바마는 "(흑인 무슬림 사회주의자인)오바마와* 협상하는 그림보다 (백인인)부통령과 협상하는 것이 공화당 주류 세력을 덜 격분하게 만들 것이라 생각했기 때문에" 대통령 재임 시절 공화당 상원 원내대표인 미치 매코널과 협력해야 할 때 자신이 직접 의회를 방문하지 않고 부통령이었던 조 바이든을 대신 보냈다고 말하기까지 했다. 또 오바마와 미쉘 오바마는 오바마케어에 반대했던 티파티 공화당원들을 인종차별주의와 연관해서 비판했다.[40]

자신의 정적들을 무지몽매한 인종차별주의자들이라고 싸잡아 비난했던 오바마의 전력을 고려할 때, 2012년 재선 선거에서 그가 2008년 선거 때와는 다른 전략을 갖고 나온 건 전혀 놀라운 사실이 아니었다. 광범위한 대중의 지지를 받는 선거 캠페인을 진행하

• 오바마는 실제 무슬림 사회주의자가 아니었지만, 미국 보수 일부 언론은 오바마가 무슬림이며 사회주의자라는 프레임을 씌웠다. 오바마는 회고록에서 그걸 비꼬고 있음.

는 대신, 오바마는 미국 사회에서 소위 피해자 그룹에 속한 사람들을 인종적으로 규합함으로써 교차성에 기반한 새로운 연대 세력을 만들어 냈고, 이들의 지지에 집중적으로 호소하는 '쪼개어 생각하기'식 선거 전략을 구사했다.

실제적으로 말하자면, 이 같은 방식은 지역사회 조직가들이 전통적으로 사용했던 전략이었다. 오바마 그 자신이 조직가로 활동한 경력이 있었던 만큼, 그는 이 전략의 유용성을 누구보다 잘 인지하고 있었다. 오바마는 시민운동가 시절 미국 좌파 진영에서 시민운동의 대부로 추앙받았던 사울 알린스키(Saul Alinsky)의 전략을 훈련받았다. 마르크스주의자였던 알린스키는 1971년 다음과 같이 말했다. "모든 흑인들, 멕시코계 미국인들, 푸에르토리코 사람들, 애팔래치아산맥 주변 가난한 백인들 등 미국 사회의 모든 저소득층이 힘을 합친다고 하더라도, 또 어떤 천재적인 조직이 세력을 규합한다고 하더라도, 그 세력은 유의미하고 기본적인 변화를 일으키지 못할 것이다. 그 세력은 여전히 동맹군이 필요하다. 권력의 실용주의는 어떠한 대안도 허용하지 않을 것이다." 알린스키는 "중산층의 일부를 급진화하려면" 중산층이 갖고 있는 '전략적 민감성'을 적극 활용하라고 급진적 활동가들에게 권면한 반면,⁴¹ 새롭게 등장한 지역사회 활동가들은 알린스키가 불안하고 쓰라린 세력이라 말하며 경멸한(오바마는 2008년 연설에서 알린스키의 언어를 그대로 사용했다) 중하층 계급을 손절해 버릴 절호의 기회를 포착하게 된다. 지역사회 신흥 조직가들은 중하위 노동자 계급을 포기한 후 젊은 대학생들에게 초점 맞추며 이들을 동맹군으로 맞이하기 시작한다.

이 같은 연대 전략은 결국 일종의 철학으로서 지위를 인정받게 됐는데, 컬럼비아 대학 로스쿨 교수인 킴벌리 크렌쇼(Kimberlé Crenshaw)는 이를 교차성(intersectionality) 이론이라고 불렀다. 크렌쇼는 한 개인이 역사적으로 피해자 입장에 속한 그룹들의 다층적 정체성을 동시에 가진다면, 그 정체성을 가지지 않은 사람들과는 다른 종류의 차별을 경험할 수 있다고 지적했다. 물론 이건 전혀 틀린 말이 아니었다(예를 들면, 흑인 여성은 '흑인'이란 정체성과 더불어 '여성'이란 정체성을 동시에 갖고 있기 때문에, 사회 생활을 하며 흑인 남성과는 다른 종류의 차별을 경험했을 것이란 논리였다). 하지만 크렌쇼는 이같이 당연한 주장을 바탕으로, 미국인들은 다양한 정체성 그룹들로 분류될 수 있으며, 특정 정체성을 가진 사람들은(예를 들면 백인 남성들은) 그들과 다른 피해자 그룹의 정체성을 가진 사람들(예를 들면 흑인 여성 무슬림)의 경험을 절대 이해할 수 없다는 훨씬 포괄적 주장을 제시하기에 이른다. 이 같은 주장에 따라 소위 '피해자 그룹'의 정체성을 가졌다고 취급받는 사람들은 막대한 도덕적 권위를 부여받게 됐다.[42] 크렌쇼는 모든 권력 시스템의 핵심은 정체성에 관한 문제라고 주장했으며, 피해자 집단의 정체성을 가진 사람들이 자유를 얻는 유일한 길은 다른 피해자 집단과 연대해 기득권 권력 체계를 무너뜨리는 것이라고 강변했다.

하지만 피해자 그룹들의 교차성 연대 세력은 철학적인 부분보다 실질적인 부분에서 가장 큰 문제를 드러내고 있었다. 내부 분열로 인해 교차성 연대 그 자체가 쪼개질 수 있었기 때문이다. 이게 무슨 뜻인가 하면, 예를 들어 미국 흑인들은 (인종차별 이슈에는 민감하게 반응한 반면)동성결혼 합법화나 불법 이민자들에게 관용을 베푸는 조치는 별로 달가워하지 않았다. 상황이 이럴진대, 미국 흑인들과 동성애자들, 또 히스패닉계 미국인들은 어떻게 하나로 뭉칠 수 있었던 것일까? 또 이렇게 만들어진 피해자 세력의 연합은 어떻게 백인 투표자들과 규합해 선거 승리를 위한 과반수를 만들어낼 수 있었던 걸까?

이 모든 게 가능했던 이유는 오바마란 특별한 정치인이 존재했기 때문이다. 쉽게 말하면, 오바마는 흑인이란 자신의 정체성을 이용해 일반적인 미국 흑인들에게 그들이 별로 좋아하지 않는 정책을 받아들이도록 만들었고, 또 흑인들에게서 받은 압도적 지지를 레버리지 삼아 (서로 간 의견 차이가 있었던)교차성 연대 세력들을 하나로 묶어낼 수 있었다. 2012년 선거 기간 동안 오바마는 교차성 연대에 포함된 각각의 그룹들에게 선물 보따리를 하나씩 제공해 줬다.

2012년 5월, 오바마가 2008년 선거 때의 입장을 번복하고 자신은 이제 동성결혼 합법화를 지지한다고 발표했을 때, 미국의 동성애자들은 열광했다.[43] 바로 그다음 달, 오바마는 불법체류 청소년 추방유예(Deferred Action for Childhood Arrival, DACA) 정책을 발표하며, 과거 약속을 뒤집고 이민법 집행을 전면 거부해 버린다.[44] 또 언론의 지원사격을 등에 업은 오바마는 공화당의 정책이 "여성에 대한 전쟁(war on women)"이라고 규정하며 여성 인권을 위해 싸우겠다고 선언했다. 흑인 유권자들의 표는 이미 따 놓은 당상이라고 여겼던 오바마는 그들을 위한 맞춤형 정책은 따로 발표하지 않았는데,

선거 결과 그가 내린 판단은 옳았음이 드러났다.[45]

교차성 연대를 하나로 규합하기 위해 오바마는 강력하고 위험한 무언가, 즉 외부의 적을 상정해야 했다. 여기서 말하는 '무언가'가 정부일 수는 없었는데, 왜냐하면 당시 대통령이었던 오바마 자신이 정부의 리더였기 때문이다. 그 대신 오바마는 '과거'를 적으로 삼아 자신의 세력을 규합하기로 결심한다. 오바마가 내세웠던 탁월한 슬로건은 단순한 명령이었다. '앞으로(FORWARD).' 오바마의 부통령 러닝메이트였던 조 바이든은 공화당 후보 미트 롬니가 흑인들을 "다시 쇠사슬에 가두길(back in chains) 원한다"고 주장했다.[46] 오바마는 롬니가 "여성들과 동성애자들, 이민자들의 시계를 50년 전으로 되돌려 놓을 것"이라 말하며, 자신은 "미국을 앞으로 전진하게 만들 것"이라고 약속했다.[47] 오바마가 제시한 정책을 비판하는 건 단순히 그와 다른 의견을 갖고 있다는 뜻이 아니었다. 오바마에 대한 반대는 곧 흑인, 여성, 동성애자, 히스패닉의 '정체성'에 대한 공격으로 받아들여졌다.

오바마에 의해 새롭게 탄생한 신연대 세력은 불가능을 가능으로 만들었다. 오바마 연대 그룹은 정부 권력에 대한 믿음이 무한했던 유토피아적 충동 세력과 기득권 시스템을 무너뜨리는 게 답이라고 생각했던 혁명적 충동 세력을 하나로 묶어내는 데 성공했던 것이다. 오바마는 정부 내부로부터 영구적 혁명을 추구함으로써 서로 상극처럼 보였던 이 두 종류의 충동을 하나로 연합시켰다. 오바마의 민주당은 정부 외부와 정부 내부로부터 동시에 권력 위계질서를 무너뜨리는 데 초점을 맞춘 혁명적 공격을 전략 삼아 선거 캠페인을 진행했다. 또 민주당은 그들의 어젠다에 반대하는 사람들을 톱다운 방식으로 검열했고, 반전통주의를 통해 상대방을 도덕성이 부족한 사람들이라고 몰아갔다(실제로는, 꼴통이라고 매도했음).

그리고 이 전략은 주효했다.

2012년 미국 대선은 오바마 연대 세력의 승리를 확정했다. 〈워싱턴포스트〉의 기자 댄 발즈(Dan Balz)는 오바마의 선거 전략이 인구적 변화에 강하게 의존했다고 분석하며 다음과 같이 말했다. "빙하를 움직이는 힘과 같은 인구통계적 변화에 대한 확고한 믿음이 오바마의 대선가도에 놓인 장애물을 극복하는 근원적 원동력으로 작용했다. 오바마의 참모진들은 (2012년 방식으로 선거를 치렀을 때)2008년 선거 때보다 백인 지지율이 떨어질 것이란 점을 분명히 이해하고 있었다." 오바마는 백인들로부터 1988년 민주당 대선 후보였던 마이클 두카키스(Michael Dukakis) 수준의 지지를 받았지만,* 인구적 변화에 힘입어 대통령에 당선됐다(실제 오바마는 비백인 유권자로부터 80%의 압도적 지지를 얻었다). 발즈가 언급했던 것처럼, 오바마 선대위는 그들이 '투표 작전(Operation Vote)'이라고 불렀던 전략을 실행했는데, 이 전략은 오바마 선거 연대를 구성했던 핵심 지지세력인 미국 흑인, 히스패닉, 젊은 유권자들과 여성들(특별히 대학 학위를 가진 사람들)에게 가용한 모든 자원을 집중 투자하는 걸 골자로 했다. 오바마 선대위는 이 핵심 지지세력들과 직접 소통했

•   공화당 후보 조지 H.W. 부시와 맞섰던 두카키스는 1988년 대선에서 40% 백인 지지를 받았음.

고, 특정 장소를 정해 모임을 열고 틈새시장에 맞춰 광고하는 등 이들의 표를 얻는 데 심혈을 기울였다.[48]

그렇게 오바마 선거 연대 전략이 탄생했고, 진보 세력은 이를 격렬히 환영했다. 루디 테이세리아(Rudy Teixeria)와 존 핼핀(John Halpin)은 싱크탱크 미국진보센터(Center for American Progress, CAP)에 기고한 글에서 오바마 연대 세력을 평가하며 다음과 같이 말했다. "한 활동가를 지지하기 위해 다인종, 다민족, 다계급을 포괄하는 세력이 힘을 합쳐 만들어 낸 강력한 진보 과반 연대는 실제적이고, 확장성을 갖고 있었으며, 이 세력은 21세기 초 미국의 현실과 가치관을 잘 반영하고 있기도 하다. 공화당은 그들의 지지세력이 줄어들고 있다는 것과, 그들의 이념은 오늘날 변화하는 미국 사회의 현실을 반영하기엔 너무 낡고 경직돼 버렸다는 엄연한 사실을 반드시 직시해야 한다." 미국진보센터 기고문에서 언급된 것처럼, 2012년 선거를 통해 탄생한 오바마 지지 세력의 존재는 "미국 정치에서 선거 전략상으로 유효하며 이념적으로 균일한 진보적 연대 그룹을 건설하려는 수십 년에 걸친 노력이 마침내 결실을 맺었음을 입증하고 있었다."[49]

민주당은 오랜 세월 동안 이 같은 정점에 도달하려 노력했다. 2002년 당시, 테이세리아는 존 주디스(John Judis)라는 언론인과 함께 『새롭게 부상하는 민주당 다수 세력(The Emerging Democratic Majority)』이라는 책을 공동 집필했는데, 이 책에서 인구상 급증하는 유색인종들이 힘을 합치면 진보 이념에 기반한 영구적인 유토피아를 만들어 낼 수 있다고 주장했다.[50] 2016년 미국 방송국

NPR은 "미국의 갈색화(The Browning of America)"*를 옹호했고, 대학 교육을 받은 대다수의 백인들이 교차성 연대를 강력히 뒷받침하며 민주당 지지세력으로 형성된 현상을 놓고 "미국은 인구 통계학적 변곡점을 맞이하게 됐다"고 주장했다.[51]

그리고 2016년이 되었다. 트럼프는 경합주에서 근소한 과반을 차지하며 세상을 놀라게 했다. 트럼프의 당선은 2020년 선거를 맞이한 민주당에게 선택지를 안겨 주었다. 민주당은 힐러리 클린턴이 재현해 낼 수 없었던 교차성에 기반한 오바마 선거 연대 전략을 전면적으로 철회하거나, 아니면 오히려 그 전략을 더욱 강화해 버릴 수 있었다. 민주당은 오바마 선거 연대를 다시 실현해 내는 길을 택했다. 시사 잡지 〈폴리티코(Politico)〉가 언급했듯이, "(민주당 후보 경선에서의)레토릭은 당선 가능성에 대한 토론을 이념적 기반으로부터(민주당 중도 세력과 강경 진보 세력은 오랜 기간 동안 정책보다 이념 토론에 초점을 맞춰야 한다고 주장해 왔다) 정체성 기반으로 옮겨 놓았고, 과연 어떤 후보가 2018년 중간선거에서 민주당 승리에 결정적 역할을 했던 젊은이들, 여성들, 또 비백인 유권자들을 규합하여 오바마가 만들어 냈던 연대 세력을 다시 한 번 창조해낼 수 있는지가 토론의 주요 쟁점이 됐다."[52]

바이든은 반(反)트럼프 진영을 규합해 그 같은 세력을 만들어낼 수 있었고, 이 과정에서 바이든은 트럼프가 그만이 할 수 있는 독특한 방식으로 소수자들에게 역사적 위협을 가하고 있다고 주

---

* 인구 통계상 백인의 숫자는 줄어들고 유색인종의 숫자는 늘어나는 현상.

장했다. 선거 승리 연설에서 바이든은 "동성애자, 이성애자, 트랜스젠더, 백인, 히스패닉, 아시안, 미국 원주민" 등 자신의 선거 연대 그룹에 포함된 모든 정체성 그룹들을 하나하나 호명하기도 했다. 바이든은 특별히 "미국 흑인 그룹(African-American community)"을 전폭적으로 지원해 주겠다고 공언했는데, 왜냐하면 바이든 자신이 직접 언급한 것처럼 "그들은 언제나 나의 든든한 지원자가 되어 주기에, 나도 그들의 든든한 지원자가 되어 줄 것"이기 때문이었다.[53] 자신을 지지해 준 선거 연대 세력에게 존중을 표하는 차원에서, 바이든은 교차적 특징(인종 및 성별 정체성)에 기반해 내각 관료 직책을 하나씩 할당해 배분하기 시작했다. 이건 명백히 인종 그룹들에게 영합하는 행위였다. 정체성 연대 세력은 다시 권력을 되찾았다. 그리고 이 연대 세력은 오바마 시대를 거치면서 하나의 소중한 교훈을 얻었다. 진보주의에 기반한 유토피아적 충동과 정체성 정치에 기반한 혁명적 충동을 하나로 연합시킬 수 있다면, 선거에서 승리를 이룩할 수 있다는 사실을 말이다.

시스템을 이용해 시스템을 무너뜨리기

2020년 7월, 조지 플로이드(George Floyd) 사망 후 거리로 뛰쳐나온 시위대들이 미국 사회 시스템은 인종차별로 가득 차 있다고 핏대를 세우고 있을 때, 납세자 세금으로 운영되는 스미스소니언 박물관 산하의 미국흑인역사문화 국립박물관(National Museum of

African American History and Culture)은 '백인성(whiteness)'을 규탄하는 온라인 전시회를 열었다. "미국에서 백인성 및 백인 문화적 요소와 그 전제들(Aspects & Assumptions of Whiteness & White Culture in the United States)"이라는 제목으로 열린 해당 전시회의 테마는 미국인들이 백인 주류 문화의 특징을 내재화했다는 것이었다. 전시회 주최자들이 주장했던 '비백인들을 방해하는 끔찍한 백인 문화의 장벽'이란 도대체 무엇을 의미하는 걸까? 전시회 내용에 따르면, "극렬 개인주의(rugged individualism)"는 "개인이 가장 중요한 사회 구성의 단위다", "독립과 자립은 매우 큰 가치가 있으며, 사회는 이를 보상한다", "자신의 환경을 통제하는 건 (시스템이 아니라) 개인이다" 등처럼 끔찍한 가치관들에 기반한 철저히 백인적 개념이었다. 전시회 주관자들은 '가족 구조'라는 단어 역시 백인적 관념을 대변하고 있으며, "아이는 독립적인 존재로 자라나야 한다"는 생각과 마찬가지로, '핵가족(nuclear family)' 역시 백인적 의미가 충만한 단어이기 때문에 규탄돼야 한다고 주장했다. 뒤돌아볼 것 없이 명백하게 백인적인 단어라며 전시회 주최 세력이 언급했던 또 다른 예시는 "인과 관계에 의해 완성된 과학적 방법론에 대한 강조", "서구적(그리스와 로마의) 사상과 유대 기독교 전통의 우수함"을 포함하는 역사에 대한 강조, "열심히 노력하는 것이 성공을 이루는 열쇠"라는 말과 "먼저 일부터 끝내고 놀아야 한다"는 권면, 유일신교(monotheism)에 대한 설명, 성취를 위해 만족을 지연하는 행위와 "엄격한 시간 계획을 따르는 일", 영미 관습법에 기반한 정의와 사유재산의 개념, '의사 결정'과 '행위 정량'이란 단어들, 그리고 당연

하게도 '공손함'이란 표현 역시 이 리스트에 포함돼 있었다.[54]

잠깐만 이성을 갖고 생각해 보면, 만족을 유예한다든지, 약속시간 엄수, 타인을 공손히 대하기, 안정적인 가족 구조 형성하기 등의 개념은 인종차별과 전혀 관련이 없다는 걸 알 수 있을 것이다. 하지만 책임감 있는 삶을 살아가기 위해 꼭 필요한 이 같은 개념들을 모두 싸잡아 '백인적'이라고 왜곡하는 건, 미국 사회 비백인들이 일상에서는 위와 같은 결정을 내릴 능력이 당연히 없다는 점을 전제함으로써, 실질적으로는 비백인들을 위해 주는 게 아니라, 그들을 비하하고 있는 것이나 마찬가지였다. 미국흑인역사문화국립박물관의 전시회는 '(상대방에 대한)낮은 기대를 통해 나타나는 소프트한 형태의 편견(soft bigotry of low expectations)'*의 전형적인 예시였다. 납세자의 돈으로 운영되는 전시회에서 이 같은 편견을 발견한다는 건 솔직히 말해 엄청난 충격이었다.

하지만 오늘날 미국이 처한 현실을 감안한다면, 위와 같은 사례가 상대적으로 덜 충격적인 일처럼 느껴지기도 한다. 교차성에 의해 새롭게 탄생한 연대 세력이 내세운 주장은(미국 사회에서 발생하는 모든 종류의 실패는 그 시스템 속에서 살아가는 개인의 실패에 따른 것이 아니라 시스템 그 자체가 악하기 때문이라는 주장은) 오늘날 미국 사회 정치, 정부 기관, 사법 체계 등 전반에 걸쳐 강력한 헤게모니를 장악하고 있

● 상대방은 어차피 일정 수준 미달이라고 선제적으로 판단함으로써, 그 사람에게 애초에 낮은 기대감을 갖는 것 역시 일종의 편견이다. 위 본문에서 전시회를 주관한 좌파 권위주의자들은 비백인들이 성공에 도움되는 합리적 결정을 내릴 수 없다는 편견을 가지고 있었다.

다. '통합'에 관해 조 바이든과 버니 샌더스가 합동으로 공약한 사안은 다음과 같았다. "교육, 기후변화, 형사사법체계, 이민, 건강 보험, 그리고 기타 영역들을 포함하여 우리 사회의 평등을 추구하기 위해 우리는 취임 첫날부터 반인종차별주의적 정책을 실현할 것을 약속합니다." 물론 여기서 바이든이 언급한 반인종차별주의적 정책이란 개인들이 사안에 대해 어떤 결정을 내렸든 간에 결과의 평등을 보장하는 조치를 뜻했다. 이 같은 입장을 더욱 확고히 하고자 2020년 민주당 정강정책에는 다음과 같은 내용이 포함됐다. "민주당은 우리 법과 문화, 정치, 사회에 존재하는 인종차별주의와 편견에 맞서 싸울 것이고, 인종 중립적인 정책들을 집행하는 것만으로는 인종에 따라 발생하는 결과의 차이를 시정하기에 부족하다는 점을 인지한다. 따라서 우리는 우리가 추진하는 어젠다의 모든 영역에 인종적 정의를 실현할 수 있도록 포괄적인 조치를 취할 것이다."[55]

최근 정지 명령이 내려지기 전까지, 미국 연방정부는 논란 가운데서도 행정부 내에서 "사실상 모든 백인들은 인종차별에 기여한다"고 참가자들에게 가르치는 공무원 교육을 진행하고 있었고, 그 교육을 받은 참가자들은 왜 자신들이 "인종차별로부터 혜택을 받는지"를 설명하도록 강요받았다.[56] 연방 정부와 거래하는 회사들은 깨시민적 이념 교육을 자사 직원에게 강요하지 않을 경우 정부 계약 업체 지위를 잃을 수도 있다는 위협을 받기도 했다. 트랜스젠더 정체성으로부터 동성결혼에 이르기까지 급진적으로 그 적용 범위가 확대된 차별금지법은 결사의 자유 및 종교의 자유와 심각하게 충돌하게 됐다. 현재 미국에서는 상대방이 선호하는 대명사(preferred pronouns)를 사용해 주지 않는 것이 차별금지법에 저촉되는 행동 인지에 대해 치열한 법적 다툼이 진행되고 있다. 오늘날 부모들은 자녀 교육의 통제권을 자신들로부터 강탈해 가려는 연방정부 또는 지자체 정부의 권한 남용을 두려워한다. 교회는 혹시 정부가 세금 면제 혜택을 거둬 가는 건 아닌지 두려워하고 있다. 경찰 당국은 법을 집행하지 않도록 회유당하고 있다.

이와 같이 비뚤어진 이념을 추종하는 사람들은 1960년대에 시스템을 고치기 위해서가 아니라 시스템 그 자체를 무너뜨리기 위해 고안된 혁명의 도구들을 사용하는 데 혈안이 돼 있다. 시스템 내부의 도구들은 시스템 그 자체를 무너뜨리는 데 사용되는 것이다. 데릭 벨과 스토클리 카마이클의 이념적 계승자인 이브람 X 켄디(Ibram X. Kendi)가 공개적으로 연방 차원의 반인종차별부(Department of Anti-Racism)의 설립을 옹호한 데에는 다 이유가 있다. 켄디는 해당 부서에게 막대한 권한을 부여해 "모든 지자체, 주정부, 연방정부가 인종 간 불평등을 산출하는 공공정책을 추진하지 않도록 해야 하며, 해당 정책들의 관리 감독을 반인종차별 부서에 일임하며, 인종적 불평등이 수면 위로 드러날 경우 개인 차원의 인종차별을 조사해야 하고, 인종차별적 생각을 표현하는 공무원이 없는지를 관리 감독해야 한다"고 주장했다. 또 켄디는 해당 부서가 "인종차별적 정책 및 가치관을 자발적으로 내려놓지 않는 공무원이나 정책 결정가들을" 처벌하는 권한을 가져야 한다고 주장했다.[57] 이건 우리가 상상할 수 있는 최악의 형태의 파시즘이라 봐도 무방하다.

물론 아직 미국 사회가 그 정도까지 간 것은 아니다. 하지만 싸움은 여전히 진행 중이다.

좌파 권위주의자들의 연대는 유지될 것인가?

진보주의자들에게 오바마가 건설한 연대 세력의 중요성은 그 세력을 이용해 큰 규모의 소수자들에게(심지어 때때로는 다수의 대중들에게도) 정책을 강요할 수 있다는 점에 있다. 미국 사회에 만연한 시스템적 편견으로부터 벗어나길 심리적으로 갈망하는 깨시민 백인들과 자신이 미국 사회에서 박탈당했다고 믿는 소수자들을 규합함으로써, 민주당 주류 세력은 광범위한 대중들의 마음을 사로잡아야 했던 시대를 뒤로하고 미국의 정치 시스템을 완전히 재정상화 하려 한다. 민주당 주류 세력은 "반인종차별주의" 철학이라는 명분을 대폭 인정해줌으로써, 오바마가 규합한 연대 세력을 더욱 공고히 하는 반면, 그 대가로 진보적 전통에 충실한 정책에 대한 충성을 요구하고 있다.

민주당 주류 세력은 교차성에 근거한 진보 연대가 미국에서 부상할 새로운 통치 권력이 될 것이라고 주장한다. 이 연대 세력은 성향상 권위주의적이다. 이 세력은 미국 시스템 그 자체에 대해 내외부 모두로부터 혁명적 공격을 도모하며, 그들의 의견에 동의하지 않는 사람들을 톱다운 방식으로 검열하고, 자신들은 앞선 세대보다 우월하며 도덕적으로도 절대적 기준을 가진 것인 양 행동한다.

민주당은 2020년 대선 당시 이 전략에 적극 의지했다. 민주당 세력은 도널드 트럼프가 미국의 흑인들, 여성들, 히스패닉, 또 동성애자들에게 그만이 할 수 있는 방식으로 충격적이며 직접적인 위협을 가하고 있다고 주장했다. 이들은 트럼프가 미국 사회 최악의 모습을 전적으로 대변하는 인물이라 말했다. 또 새롭게 변화된 미국, 더 나은 미국을 만들기 위해서 교차성 연대와 그 동맹 세력들은 힘을 합쳐 트럼프를 물리쳐야 한다고 주장했다.

2020년 선거가 끝나고 3주 뒤, 조지타운 대학의 쉐릴 카신(Sheryll Cashin) 교수는 민주당 관계자들에게 오바마 연대 세력을 더욱 강화할 걸 주문했다. 카신 교수는 민주당 지도부가 트럼프 지지자들을 무시하고 그들을 묵살해야 하며, 교차성 연대 세력에 더욱 유화적인 제스처를 취해야 한다고 주장했다. 이에 대해 카신은 다음과 같은 의견을 남겼다. "진보 세력은 트럼프를 지지했던 사람들의 마음을 돌리려고 노력하기보다, 미국 정치에서 마땅히 자신들이 누려야 할 권리를 요구하고 있는 에너지 충만한 유색인종과 인종차별에 저항하는 핵심 백인 지지층을 규합함과 동시에, 경합주에 거주하는 다수 흑인들의 지지에 힘입어 선거에 승리하는 게 훨씬 더 생산적인 전략이 될 것이라고 생각한다."[58]

하지만 2020년 선거 결과가 증명했듯이, 상황은 그리 단순하지 않았다.

먼저 인구통계 변화는 운명이 아니라는 점을 지적하고 싶다. 트럼프가 다양한 정체성을 가진 그룹들에게서 지지를 받았다는 사실은 미국인들이 (자신이 소속된 집단의 정체성이 아니라)개인으로서 자신의 입장을 생각한다는 점을 드러내 주며, 시간이 지난다고 해도 미국인들은 인종적, 민족적, 또는 성적 지향에 기반한 연대 세력으로 뭉쳐질 가능성이 낮다는 사실을 보여주고 있다.

하지만 이보다 더 중요한 건 교차성 연대가 현실적인 문제를 안고 있다는 사실이다. 교차성 연대라는 우산 아래 묶여 있는 그룹들은 서로가 서로를 별로 좋아하지 않는다. 교차성 연대 내부에서 입장이 온건한 사람들이 정책을 만들고 있는 동안, 과격하고 급진적 성향을 가진 세력이 이를 가만히 앉아 두고 보지 않을 가능성이 크다. 유토피아적 충동을 가진 세력과 혁명적 충동을 가진 세력 사이에서 발생하는 긴장은 아직 완화되지 않았다. 이와 같은 상황에서 갈등을 봉합할 오바마 같은 카리스마적 정치인이 존재하지 않는다면, 교차성 연대는 유지될 수 없다. 교차성 연대 내부 급진적 세력이 주도권을 잡았을 때 온건 성향 세력이 그들의 일자리가 사라져 가는 걸 잠자코 보고만 있진 않을 것이란 뜻이다. 바이든의 승리로 마무리된 2020년 선거 이후 민주당 내부 중도 정치인들은 민주당이 (급진 과격 세력 때문에)하원 다수당 지위를 거의 잃을 뻔했고, 상원에서 과반을 차지하지 못했다며 불만을 토로했다. 민주당 내부 중도온건 세력은 급진과격 세력이 멍청한 주장들을 늘어놓음으로써 안 그래도 아슬아슬한 민주당 집권을 더욱 불안하게 만들고 있다고 비판했다.

민주당 소속 버지니아주 하원의원인 아비가일 스팬버거(Abigail Spanberger)는 '경찰 예산 삭감(defund the police)', 또는 '사회주의' 같은 과격 슬로건을 내세우는 동료 민주당 의원들 때문에 민주당은 (경합지역에서 승리할 수 있었던) "좋은 동료들을 잃었다"라고 말하며 가감 없는 감정을 쏟아 냈다.[59] 그 와중, 뉴욕주 민주당 하원의원 알렉산드리아 오카시오-코르테즈나 매사추세츠주 민주당 하원의원 아야나 프레슬리(Ayanna Pressley), 미네소타주 민주당 하원의원 라시다 탈립, 일한 오마르(Ilhan Omar) 등 급진주의자들은 스팬버거 같은 중도 성향 민주당 의원들을 맹비난하며 동료 의원들에게 다음의 내용을 담은 공개서한을 보냈다. "이번 선거를 통해 우리가 얻어야 할 교훈은 인종차별적 분노에 기반한 정치에 편승해선 안 된다는 것과 민주당에게 권력을 부여해 준 사회적 운동으로부터 등을 돌리면 안 된다는 사실입니다."[60]

다수의 소수자 그룹들을 규합함으로써 미국인 과반쯤을 겨우 유지하는 민주당의 선거 연대는 매우 취약하다. 따라서 그 연대는 언제든 깨어질 수 있다. 민주당의 연대를 깨뜨리는 가장 명확한 방법은 교차성 어젠다의 개별화된 측면에 대해 일반화된 저항을 이용하는 것이다. 교차성 연대 내부의 개별 어젠다는 날이 갈수록 매우 과격하고 급진적 주장으로 돌변하고 있다. 2020년 대선 기간 동안 미국 흑인들의 표를 잃을 걸 두려워했던 민주당 지도부는 '블랙 라이브스 매터(Black Lives Matter)' 시위대 주동으로 이뤄진 폭동과 약탈을 눈감아 주며 비판인종이론(CRT)의 정신 나간 주장을 포용했고, 글로벌 팬데믹의 한가운데서 경찰 공권력 집행에 반대하는 대규모 집회를 사주했으며, 미국 전역에서 범죄율이 급등하는 와중 경찰 업무 예산을 줄일 것인지 말 것인지에 대해 애매한 입장을 취했다.

또 LGBT 성향 사람들의 표를 잃을 걸 두려워했던 민주당은, 아동 성전환 수술을 찬성하는 등 가장 급진적 형태의 젠더 이론을 포용했으며, 소셜 미디어 기업들에게 압력을 넣어 "잘못된 성별을 붙이는" 행위를 하는 사람들을 처벌하도록 했다. 또 소위 LGBT 성소수자들의 권리를 위한다는 명분으로 종교 행위를 탄압하겠다고 서약하기도 했다. 히스패닉 계열 미국인들로부터 표를 잃을 걸 두려워했던 민주당 지도부는, 잘 알려지지 않았고 별로 쓰이지도 않는 학문적 용어 'Latinx(라틴스)'를 애써 사용해 가며 라틴계 사람을 뜻하는 'Latino(라티노)' 자체가 모멸적 단어라고 치부했고, 더 전반적으로 보자면, 불법 이민 자체를 처벌해선 안 된다고 주장했다.

하지만 이처럼 교차성의 우산 아래 있는 개별 그룹들의 요구사항이 더욱 급진화됨에 따라 민주당이 구상한 연대는 심각한 위협을 받고 있다. 민주당 주류 세력이 구상해 온 미국 사회의 재정상화는 미국 다수 대중으로부터의 반발이 존재하지 않는 경우에만 실현될 수 있다.

만약 예를 들어 민주당 연대 세력 내 일부 그룹을 포함한 다수의 미국인들이 목소리를 높여 급진적 트랜스젠더 이념에 반대를 표명한다면, 연대를 조직하는 사람들은 트랜스젠더 이해 집단을 내치는 것과(아마 그렇게 된다면 연대에는 심각한 금이 가게 될 것이다) 연대의 빅텐트 안으로 들어오려 하는 온건 성향 중도적 미국인들을 잃는 것(그렇게 된다면 아마 민주당 연대는 선거에서 과반을 얻지 못할 것이다) 사이에서 하나를 선택해야만 한다.

이 같은 문제를 해결하려면 미국 좌파 세력은 재정상화 과정에서 순전히 민주적 절차에만 의존할 수는 없다. 동시에 좌파 세력은 상대방이 그들의 연대에 금을 가게 만들지 못하도록 선수를 쳐야 한다. 좌파 세력은 상대방(보수 및 중도 세력)에게 겁을 줘 그들이 행동하지 못하게 만듦으로써 자신들의 연대를 확장하는 데 장애가 되는 방해 세력을 눌러놓든지, 그게 아니면 보수 및 중도 세력이 애초 그들에게 굴복하도록 만들어야 한다.

좌파 권위주의자들은 반드시 제도권을 장악한 다음, 그 제도권 권력을 이용해 다수의 미국인들이 좌파 입맛에 따라 취사 선택된 정치적 우선순위를 받아들이도록 만들어야 한다. 미국 사회의 문화적 고지를 점령하지 않는다면 좌파 세력의 연대는 승리할 수 없다. 바로 그렇기 때문에 현재 좌파 세력은 문화적 고지를 점령하기 위해 혼신의 힘을 다하고 있다.

CHAPTER 3

신흥지배계급의 탄생

2019년 3월 12일, 연방 검사들은 최소 50명의 피고를 포함한 충격적인 사건을 대중에게 공개했다. 이 사건은 2011년부터 2018년 사이 발생한 일들을 다루고 있었다. 사건에 연루된 수십 명의 피고들은 상상할 수 없을 정도로 부유한 사람들이었고 이들 중 다수는 이름만 들으면 알 수 있는 셀럽이었다. 그중 대표적인 두 명을 언급하자면, 유명 시트콤 〈풀하우스(Full House)〉의 주연배우인 로리 로플린(Lori Loughlin)과 아카데미 여우주연상 후보로 지명됐던 펠리시티 허프먼(Felicity Huffman) 등이 있다.

이들의 범죄행위는 자녀의 대입 비리를 저지른 것이었다. 해당 셀럽들은 돈을 주고 대리 시험을 부탁하거나, 경력을 매수해 거짓 이력서를 강화시켰고, 대학 입학처 담당자들에게 뇌물을 제공하기도 했으며, 기타 다양한 방법을 동원해 비리를 저지른 걸로 드러났다.

사건을 조사한 검사들에 따르면, 로플린은 "그녀의 두 딸이 조정에 관한 경력이 전혀 없었음에도, 딸들이 남가주 대학(USC) 조정팀에 선발되는 대가로 50만 달러에 달하는 뇌물을 사용한 것"이 밝혀졌다.[1] 또 허프먼은 1만 5천 달러 뇌물을 주고 시험 감독관을 매수해 감독관이 답안지를 고치도록 하여 딸의 성적을 부풀렸다.[2]

입시 비리에 연루된 입학처 담당자들은 예일, 스탠퍼드, USC 등 미국에서 가장 유망한 학교에서 근무하는 사람들이었다.[3] 유죄 판결을 받은 로플린은 집행유예 2년을 선고받고 2달 감옥살이를 했으며, 100시간 봉사활동 명령을 받았고, 15만 달러의 벌금을 냈다. 허프먼은 14일 형을 선고받았고, 250시간 봉사활동 명령을 받았으며, 3만 달러의 벌금을 냈다.[4]

이 스캔들은 각종 언론의 헤드라인을 장식했다. 좌파들은 이 스캔들에서 백인 특권의 냄새가 난다고 주장했다. 실제 해당 스캔들에 연루된 사람들은 모두 생활 수준이 괜찮은 편이었고, 자녀들을 위해 수십만 달러를 써 가며 입학 시스템을 조작하려 했던 게 사실이었다. 반면 우파들은 이 사건이 대학 시스템 자체가 하나의 거대한 사기극으로 전락해 버렸다는 걸 보여 주는 증거일 뿐이라고 평가했다.

좌우 양쪽 진영의 평가는 모두 중요한 부분을 놓치고 있었다. 도대체 왜 백만장자나 억만장자처럼 엄청나게 부유하고 유명한 사람들이 자녀를 좋은 대학에 보내고 싶어 안달이 났던 걸까? 특별히 생각해 봐야 할 건, 로플린의 딸 올리비아 제이드(Olivia Jade)는 대학에 입학하기 전 이미 수백만의 팔로워를 거느린 소셜 미디어 인플루언서였다는 사실이다. 스캔들이 보도되고 난 뒤, 제이드는 화장품 판매업체 세포라(Sephora) 등 다수의 업체로부터 받고 있던 스폰서십을 모두 잃게 됐다.[5]

그렇다면 정확히 무슨 이유 때문에 로플린과 그녀 남편이자 의류업체 '모시모'의 설립자인 모시모 지아눌리(Mossimo Giannulli)는 기를 쓰고 그들의 딸들을 LA에서 두 번째로 좋은 대학에 보내야만 했을까?*

애초 제이드는 대학에 진학할 생각이 별로 없었다는 사실을 고려한다면 위의 질문에 대한 답은 더욱 복잡해진다. 제이드는 USC에 진학해 꼭 유전 공학을 배워야겠다, 뭐 이런 결심을 했던 게 결코 아니었다.

실제로 제이드가 2백만 명쯤 되는 자신의 팔로워들에게 대학 생활에 대한 희망사항을 설명하며 다음과 같이 말했을 때, 그녀는 엄청난 여론의 뭇매를 맞았다. "입학을 한다고 해도 학교를 얼마나 다닐지는 잘 모르겠어요. 하지만 저는 캠퍼스 생활을 하며 학장님을 비롯해 주변 사람들과 대화를 나누고 싶어요. 학교생활과 제 삶의 모든 일들 사이에서 균형을 맞출 수 있으면 좋겠네요. 그래도 대학 운동팀 경기나 파티 같은 건 경험해 보고 싶어요. 여러분이 아시겠지만, 제가 학교를 별로 신경 쓰진 않잖아요."[6]

---

* 약간의 시니컬한 조크가 묻어나는데, 샤피로는 UCLA 출신이고, USC는 UCLA의 라이벌 대학이다. 물론 실제 랭킹상으로 UCLA가 USC보다 약간 우위에 있긴 하다.

여기서 우리가 기억해야 할 게 하나 있다. 제이드가 틀린 말을 한 게 아니라는 사실이다.

많은 미국인들이(과학, 기술, 공학, 수학 등 전공자 제외) 대학에 가는 진짜 이유는 순전히 간판을 얻기 위해, 또는 사회적 명성을 얻기 위해, 아니면 이 두 가지를 모두 얻기 위해서다. 오늘날 본질적으로 미국 대학은 신흥지배계급을 만들어 내는 공장이 되었다. 엄청나게 비싼 돈을 받고 사회적 영향력에 필요한 라이선스를 발급해 주는 기관으로 전락해 버린 것이다.

만약 미국 대학에서 문과 전공을 택한다면, 솔직히 말해 당신이 배우는 건 거의 없다. 물론 좋은 대학에 입학해 영어 같은 걸(한국으로 따지면 국문학) 전공한다면 고졸로 남는 것보다 연봉을 높일 기회를 얻을 수 있을지는 모른다. 하지만 이런 상황이 발생하는 이유는 기업들이 대학 졸업장을 일종의 입사 시험의 대체제로 인식하기 때문이고, 또 대학을 다니는 동안 동문끼리 사회적 자본을 형성할 수 있기 때문이다. 다시 말해 오늘날 대학은 사람들을 분류하는 일종의 분류 기계 정도로 기능하고 있다. 그렇기 때문에 엄청나게 부유한 올리비아 제이드의 부모님이 감옥에 갈 위험을 무릅쓰고 수십만 달러를 사용해 가며 그들의 자녀를 괜찮지만 일류 대학은 아닌 USC 같은 학교에 입학시키고 싶어 했던 것이다.

간판 문화에 대해 먼저 생각해보자. 1950년만 하더라도 미국인 남성 중 오직 7.3%만이, 또 여성 중에는 5.2%만이 대학에 진학했다. 1980년대 들어 남성의 대학 진학률은 20.9%, 여성의 진학률은 13.6%로 1950년 대비 거의 세 배 가까이 증가했다. 2019년 통계에 따르면 35.4%의 남성들과 36.6%의 여성들이 각각 대학에 입학하는 걸로 나타났다.[7] 대학에 진학하는 미국인들이 그렇지 않은 미국인들보다 더 많은 연봉을 받는다는 통계에 근거한 이 흐름으로 인해 엄청난 학벌 인플레이션이 발생하게 됐다.

과거에는 대학 졸업장이 없이도 치기공으로 일하거나 병원에서 의료기기를 작동할 수 있었지만 오늘날은 상황이 완전히 달라졌다. 이제 당신은 과거에 했던 똑같은 일을 한다고 하더라도 그 직장을 얻기 위해 대학을 졸업한 사람들과 경쟁해야 하는데, 이 말은 곧 학부 졸업생에 대한 기업의 수요가 증가함에 따라 대학들이 가능한 최대한 많은 졸업생들을 '찍어 내게' 됐다는 걸 의미한다.

하버드 비지니스스쿨 교수인 조지프 풀러(Joseph Fuller)와 만자리 라만(Manjari Raman)이 공동 실시해 2017년 10월 발표한 연구에 따르면, "학위 인플레이션으로 인해 미국의 경쟁력이 약화되고 있으며 특별히 미국의 중산층이 피해를 받고 있는" 걸로 나타났다. 이 현상에 대해 풀러와 라만은 다음의 설명을 덧붙인다. "과거 전통적으로 중급 수준의 기술을 요했던 일자리들이(고등학교 졸업장 이상의 조건을 요구하지만, 대학 졸업장 이하의 조건을 요구했던 직업들이) 이제는 최저 지원 조건으로 대학 졸업 학위를 요구하게 됐다. (중략) 우리 연구에 따르면 현재 미국에서는 학력 인플레이션 때문에 약 6백만 개의 직업이 사라질 위기에 처해 있다."[8]

자연스럽게도 학부 졸업생에 대한 수요가 증가하자 대학원을 진학하는 미국인들의 숫자 역시 급격히 증가했다. 인구통계청에 따르면 2000년과 2018년 사이, 25세 이상의 미국인들 가운데 석사학위를 가진 사람의 숫자는 두 배나 증가했고, 박사학위를 가진 사람의 숫자는 125%나 증가했다. 전반적인 관점에서 2000년에는 약 8.6%의 미국인만이 대학원 학위를 가지고 있었지만, 2017년에는 그 수치가 13.1%로 급증했다.[9]

학력 인플레이션이 발생했다고 해서 과거 대학 졸업장이 필요하지 않았던 일자리에 현재 지원하고 있는 대졸자들의 교육 수준이 꼭 높아진 건 아니었다. 치기공사 일을 배우는 데 퀴어(queer) 이론을 학부 전공으로 선택하는 건 아무 도움이 되지 않기 때문이다. 사실 고등학교를 우수한 성적으로 졸업하고 대학에 진학하지 않은 학생들은 학부 졸업생만큼이나 업무 성취도가 뛰어난 걸로 나타났다. 맨해튼 연구소(Manhattan Institute)가 최근 발표한 연구 결과에 따르면, 상위 25%의 성적으로 고등학교를 졸업하고 대학에 진학하지 않은 학생들은 하위 25%의 성적으로 고등학교를 졸업하고 대학 과정을 마친 졸업생보다 업무 성취도가 더 뛰어났다. 해당 연구를 실시한 사람들이 지적한 것처럼, "대학 진학자의 졸업률이 50% 이하를 밑돈다는 점을 차치하고서라도, 미국 대졸자들 가운데 40% 이상이 대학 졸업장이 필요하지 않은 곳에 취직하고 있었다."[10]

그렇다면 대학은 졸업자들에게 간판을 제공해 줌으로써 부당한 이득을 안겨주고 있는 셈이다. 하지만 대학이 제공하는 혜택은 간판만이 아니다. 대학이 졸업자들에게 주는 또 다른 혜택은 새로운 계급 구조에 접근할 수 있게 해 줌으로써 신분상승의 기회를 제공한다는 점이다.

『힐빌리의 노래(Hillbilly Elegy)』의 저자인 J. D. 밴스(J. D. Vance)는 자신의 책에서 애팔래치아 깡촌에서 예일대 로스쿨에 입성하기까지 본인의 신분 상승 이야기를 기술하고 있다. 밴스에게 이 같은 삶의 변화는 단순히 경제적 또는 지역적 변화에 국한된 게 아니었다. 밴스가 경험한 가장 강력한 변화는 바로 문화적 변화였다. 밴스는 책에서 "예일 로스쿨에서의 첫 1년은 무엇보다 내가 지금껏 미국 엘리트들이 어떤 방식으로 생활하는지를 전혀 모르고 있었다는 사실을 일깨워 주었다"고 회고한다.

로펌 회사들이 주최한 격식 있는 디너 파티에 초대된 밴스는 탄산수가 무엇인지 몰라 당황해하고, 테이블에 놓여 있는 세 종류의 크기가 다른 스푼이나 다양한 버터 나이프를 어떻게 사용하는지, 또 샤도네이(chardonnay)나 소비뇽 블랑(sauvignon blanc) 같은 와인들의 차이가 무엇인지 구분하지 못해 당황스러워한다. 하지만 이 모든 건 로펌이 지원자를 테스트하는 일종의 시험이었다. 이에 대해 밴스는 다음과 같이 회고하고 있다. "로펌 인터뷰는 일종의 사교 테스트를 통과하는 것과 같았다. (엘리트 사회에 대한)소속감을 평가하고, 로펌 이사진을 마주한 자리에서 주눅 들지 않을 수 있는지, 또 향후 클라이언트로 맞이할지 모르는 사람들과 관계를 맺어 나갈 수 있는지를 테스트하는 자리였다."[11]

소속감에 대한 테스트는 학부 졸업생과 그렇지 않은 사람들을 구분 짓는다. 미국의 사회 평론가 찰스 머레이(Charles Murray)가 2012년 썼던 독창적 저서 『분리(Coming Apart)』에서 지적한 것처럼, 미국 사회는(특별히 머레이는 미국 백인들의 삶에 초점을 맞춘다) "국가의 정치, 경제, 문화 등 제도를 운영"하며 "한 도시 또는 지역 내에서 영향력을 행사하는 성공적인 사람들"인 엘리트 계급과 그렇지 않은 사람들로 구성된 평민 계급으로 양분되었다.[12] "고등 교육을 받았고(많은 경우 엘리트 학교를 졸업), 미국 일반 사회와는 구분되는 선호와 취향을 서로 공유하는" 전자의 엘리트 그룹을 머레이는 신흥상류층이라고 부른다. 나는 머레이가 '신흥상류층'이라고 부른 집단을 '신흥지배계급'이라고 부르는 게 더 정확하다고 보는데, 왜냐하면 이 집단에 속한 사람들과 일반적 미국인을 나누는 기준은 단순한 경제적 계층 구분이 아니기 때문이다.

신흥지배계급의 구성원들은 소위 '신흥하류층'에 소속된 사람들과 공통점을 거의 갖고 있지 않다. 물론 여기서 말하는 신흥하류층은 경제적으로 가난한 사람들을 뜻하는 게 아니라 급진 좌경화된 미국의 핵심 문화 및 제도권으로부터 벗어나 있는 이들을 지칭한다. 신흥지배계급에 소속된 사람들은 일반적으로 혼인율이 높고, 미혼모로 자녀 양육을 할 가능성이 적으며, 범죄에 따른 피해를 볼 확률이 적다.

또한 이들은 정치적으로 리버럴한 성향을 가지고 있다. 머레이는 신흥지배계급의 가치관이 '공허하다'고 묘사하는데, 왜냐하면 실생활에서 그들은 자신들이 평소 떠드는 가치관과 정반대되는 삶을 살아가고 있기 때문이다. 신흥지배계급에 소속된 사람들은 그들이 지금껏 성공하기 위해 추구해 온 삶의 법칙과 가치관을 공개적으로 옹호하거나 타인에게 장려하는 걸 극도로 꺼린다.

좌파 성향 역사학자였던 크리스토퍼 래시(Christopher Lasch)는 신흥지배계급이(래시는이 사람들을 '새로운 엘리트들'이라고 지칭한다) "중산층 미국과의 반란을 일으킨 것"이라고 말했다. 래시에 따르면 이 '새로운 엘리트들'은 미국 중산층이 기술적으로 후진적이며, 정치적으로 반동적이고, 성도덕에 있어 억압적이며, 취향이 어중간하고, 겉으로는 의기양양해 보이지만 실제 고분고분하며, 따분하고 촌스럽다고 말하며 이를 평가절하했는데, 신흥 엘리트들은 심지어 전통적인 미국의 중산층들이 과연 스스로를 미국인으로 생각할지에 대해서도 의문이 생겼다고 한다.[13]

일반적으로 신흥지배계급에 입문하는 방법은 대학 간판을 얻는 것이다. 신흥지배계급의 구성원들은 이 점을 잘 인지하고 있다. 시카고 대학에서 학생들을 가르치기도 했던 조지프 엡스타인(Joseph Epstein)은 2020년 12월 기고한 한 칼럼에서 영부인으로 백악관에 입성하는 질 바이든(Jill Biden)이 실제로는 '닥터(doctor)'가 아니라는 점을 지적했다(참고로 질 바이든은 델라웨어 대학에서 교육학 박사 학위를 받았다). 자신의 기고문에서 엡스타인은 다음과 같이 말했다. "어떤 현명한 이는 만약 당신이 신생아를 분만해 보지 않았다면 절대 스스로를 '닥터(doctor)'라고 소개해선 안 된다고 말했었다." 엡스타인은 발언을 이어 갔다. "닥터 질(Dr. Jill) 선생님, 한번 생각해 보시고, (당신의 호칭에 대해)빨리 결정을 내려 주시면 감사하겠습니다."[14] 해당 칼럼이 나간 후 언론은 엡스타인에게 엄청난 조롱과 비난을 퍼부었다. 미국 언론은 닥터 질이 그저 단순한 닥터일 뿐만 아니라, 조나스 소크(Jonas Salk)* 이후 가장 위대한 닥터라 칭송하며 그녀를 두둔했다.

미쉘 오바마는 인스타그램에 분노의 포스팅을 올리며 다음과 같이 말했다. "너무나 많은 경우 사람들은 우리의 업적에 회의감을 표출하고 심지어 조롱하기도 합니다. 우리를 의심하는 이들은 존중이 가져다주는 강함보다 조롱이 가져다주는 약함을 선택하는 사람들입니다. 또 어찌하다 보면 그들의 발언이 오래 남아 우리를 괴롭히기도 합니다. 수십 년에 걸쳐 노력했음에도 불구하고 우리는 다시 처음부터 스스로를 증명해야 하는 것이죠." 카말라 해리스 부통령의 부군(Second Gentleman)인 더글러스 엠호프(Douglas Emhoff)는 트윗을 올려 질 바이든이 "많은 노력과 순전한 끈기를 통해 학위를 취득하게 됐다"라고 말하며 질 바이든은 "나와 그녀의 학생들, 또 미국 전역에 있는 국민에게 영감을 가져다준다"라고 언급했다. 이 와중 '닥터' 질 바이든 여사는 친히 심야 토크쇼 진행자 스티븐 콜베어(Stephen Colbert)의 프로파간다 방송에 출연했다. 방송 중 콜베어는 보는 사람들이 짜증 날 정도로 노골적인 편향성을 드러내며 질 바이든의 면전에서 그녀의 저서를 소리 내서 읽어 댔고, 질 바이든이 "교육학 박사 학위를 받은 건 제가 가장 자랑스럽게 생각하는 일 중 하나입니다. 저는 그걸 이루기 위해 정말 열심히 노력했어요"라고 말하는 내내 연신 공감하는 듯 고개를 끄덕여 댔다.[15]

하지만 여기엔 문제가 하나 있었다. '닥터 질'은 어떤 면으로 보

● 소아마비 백신 개발에 성공한 미국의 의사, 바이러스 학자.

더라도 진짜 닥터가 아니기 때문이다. 내가 이런 얘길 하는 건 단순히 질 바이든이 그녀 스스로 주장하는 소위 '열심히 했다'는 학업적 성취의 측면에서, 그녀 남편이 수십 년간 상원의원으로 일했던 델라웨어주에 위치해 있고, 또 남편 바이든의 이름을 딴 공공정책 대학원이 있는 바로 그 학교에 논문을 제출한 뒤 교육학박사학위(Ed. D.)를 받았기 때문이 아니다(물론 누군가는 그런 학위가 별것 아니며, 별다른 노력 없이 얻어지는 것이라고 주장할 수도 있다). 하지만 이 해프닝과 관련된 진짜 본질은 오직 진짜 의사들만이(예를 들면, 당시의 자녀가 중이염에 걸렸을 때 방문하는 그런 사람들만이) '닥터'로 불릴 자격이 있다는 사실이다. 나는 하버드 로스쿨에서 법학 박사 학위(Juris Doctor)를 취득했다.

하지만 나는 닥터가 아니다. 나의 아내는 UCLA 메디컬스쿨을 졸업했다. 내 아내는 진짜 닥터다. 우리 일상에서 누군가를 '닥터'로 칭해야 하는지를 판가름할 수 있는 정말 간단한 테스트가 하나 있다. 비행기를 타서 기내 방송 중 기장이 '닥터'를 호출했을 때 당신은 자신 있게 손을 들 수 있는가? 참고로 만약 이 상황에서 당신이 교육학으로 박사학위(Doctorate in Education, Ed. D.)를 받았다고 손을 번쩍 든다면, 함께 비행기에 탑승한 사람들이 비상구를 열고 당신을 3만 피트 밖으로 던져 버려도 누구 하나 토를 달지 못할 것이다.

그렇다면 이 해프닝이 시사하는 바는 무엇일까? 왜 닥터 질 여사는, 실제 그녀가 닥터 제이(Dr. J)*가 닥터인 정도, 딱 그 정도 수준에서 닥터임에도 불구하고, 또 닥터 제이에 비해 평균 득점도 훨씬 떨어짐에도 불구하고, 사람들이 그녀를 '닥터'로 불러 주길 고집하는 걸까?(참고로 닥터 제이는 매사추세츠 대학에서 명예 박사학위를 받았다.) 질 바이든이 '닥터'로 불리길 고집하는 이유는 바로 그 호칭이 신흥 지배계급의 멤버십을 증명하는 일종의 표식 같은 것이기 때문이다. 실제 과거 닥터 질은 자신의 남편 조 바이든에게 다음과 같이 말했다고 한다. "나는 '바이든 상원의원 내외분께(to Sen. and Mrs. Biden)'라고 적힌 편지에 싫증 났다. 나는 '바이든 박사님과 바이든 상원의원님께(Dr. and Sen. Biden)'라고 적힌 편지를 받아 보고 싶었다."[16]

엄밀히 말하자면 이런 생각은 정말 어처구니없을 정도로 멍청한 것이다. 정말 많은 경우 나의 아내는(다시 한 번 말하지만, 내 아내는 진짜 닥터다) 그냥 '샤피로 부인(Mrs. Shapiro)'으로 호칭된다. 하지만 아내가 나에게 여러 번 말했듯이, 그녀는 이런 호칭에 대해 정말이지 전혀 신경 쓰지 않는다. 왜냐하면 내 아내는 자신이 무슨 일을 하는지 이해하고 있고, 그녀의 자존감은 타인이 그녀가 어떤 학위를 가졌는지를 알아주는 데 달려 있지 않다는 점을 분명히 인지하기 때문이다.

달리 말하자면 학력은 그 사람이 가지고 있는 실질적 능력을 정확히 대변해 주지 못한다. 현재 우리 사회에서 학벌은 소위 귀족들이 서로의 공통분모를 확인하며 이를 겉으로 표현해 내는 도구 정도로 사용되고 있기 때문이다.

하지만 머레이의 책이 출판되고 난 후 미국 사회에서 진행되는

• 　전직 NBA선수 줄리어스 어빙(Julius Erving)의 닉네임.

문화적 분열을 더욱 심화시키는 사건이 발생한다. 신흥지배계급의 구성원들은 학력으로만 엮인 게 아니기 때문이다. 오늘날 신흥지배계급은 '사회 정의의 언어'를 사용하며 대화한다. 대학에서 가르치는 이 언어는 오직 대학을 졸업한 사람들에 의해서만 사용되며, 만약 대학에 진학하지 않았다고 하더라도 신흥지배계급의 구성원이 되길 열망하는 사람들은 이 언어를 적극 받아들이고 있다. 애초에 대학을 나오지 않았거나, 오래전 대학을 졸업한 사람들은 이 용어들을 상당히 낯설어한다. 대학을 졸업하지 않은 사람들에게는 이 언어가 마치 공문서에서 사용되는 딱딱하고 어려운 표현처럼 들리기 때문이다. 사실 하나하나 뜯어 놓고 본다면 이 언어들은 상당히 비논리적이다. 하지만 고등 교육기관에서 많은 시간을 보낼수록 당신은 이와 같은 언어를 학습하게 될 가능성이 높다.

이 언어를 사용해 가며 사회에 대해 이러쿵저러쿵 비판을 늘어놓으면 당신은 사회적 나병환자 수용촌에 들어갈 자격을 얻게 된다. 1990년대부터 2008년까지의 선거에서 고등학생들과 대졸자들 사이의 투표 성향 차이는 "무시할 정도는 아니지만 적었던" 반면, 2008년과 2012년 사이 두 그룹의 성향 차이는 극명하게 벌어지게 된다. 온라인 매거진 〈디 애틀랜틱〉의 칼럼니스트 애덤 해리스(Adam Harris)가 지적하듯, "대학을 졸업하지 않은 백인들은 대학을 졸업한 백인들보다 공화당을 뽑을 가능성이 훨씬 더 높은 것으로 나타났다." 2016년 선거에서 대졸 백인 중 48%가 트럼프에게 표를 준 반면, 대학을 졸업하지 않은 백인들은 66%가 트럼프를 지지했다.[17] 1980년만 하더라도 대졸자가 가장 많은 선거구 상위

100군데에서는 모두 공화당이 민주당에게 76대 24로 압도적인 승리를 가져갔었다. 하지만 2020년 들어서면서 민주당은 대졸자 비율이 가장 많은 지역에서 공화당에 86대 16으로 승리를 거두고 있다.[18]

자연스럽게도 좌파 평론가들은 공화당의 멍청함과 인종차별주의적 성향 때문에 이 같은 차이가 발생하게 됐다고 해설한다. 하지만 진짜 원인은 그게 아니다. 이 현상의 본질은 깨시민철학에 심취해 거룩한 방언을 말하는 새로운 엘리트 그룹이 탄생하게 됐다는 것이고, 이들이 사용하는 언어는 그룹 내부를 결속하고 불신자들을 숙청하기 위해 만들어졌다는 사실이다.

깨시민언어 배우기

깨시민사상은 정체성 정치에 뿌리를 두고 있다. 이 철학은 교차성이론으로부터 파생됐는데, 해당 이론을 추종하는 사람들은 피해자 서사적 위계질서에 기반해 당신이 얼마나 많은 피해자 그룹에 소속돼 있는지에 따라 이 사회에서 당신의 발언에 대한 신뢰도가 결정된다고 말한다. 하지만 교차성이론은 단순히 그 정도에서 그치는 게 아니다. 깨시민사상은 정체성 정치를 스펙트럼 극단까지 밀고 갔다. 깨시민사상은 한 사회 내의 모든 제도들이 기저에 깔린 보다 근원적인 억압의 체제를 반영하고 있다는 내용을 담고 있다. 이 논리에 따르면 이성, 과학, 언어, 자유 등 모든 개념들이 독극물 같은 정체성 정치의 영향을 받고 있는 것이다.[19] 그래서 깨시민사상을 추종하는 사람들은 객관적 시스템을 긍정하는 그 어떤 행위도 결국은 불평등한 결과물을 만들어 내는 기득권 시스템을 옹호하는 것일 뿐이라고 주장한다. 이들 논리에 따르면 우리 삶에서 발생하는 모든 불평등은 결국 시스템적 불공정 때문에 발생하고 있다. 따라서 그 시스템을 지키는 건 불평등을 지키는 것과 같다는 결론이 도출된다.

1970년대와 80년대만 하더라도 이미 한물간 이론 취급받았던 이런 주장들은 2010년대에 들어서 갑자기 엄청난 지지를 받으며 대학가에서 부활했다. 엄밀히 말해서 이 같은 철학은 한 번도 사라진 적이 없었다. 심지어 내가 UCLA에 다니고 있던 2000년대 초만 하더라도 졸업하려면 교차성이론에 기반한 '다양성 강의'를 들어야 했다. 하지만 2010년대 들어 독창적이지만 변두리에 머물렀던 깨시민철학이 미국의 주요 대학들을 점령하기 시작했다. 그리고 눈 깜짝할 사이, 한때 철저히 버려졌던 미국은 근본부터 사악하다는 주장이 다시 전면에 등장하게 된다.

하지만 중요한 건 이 같은 이론들의 부활이 단순히 하나의 트렌드가 탄생했음을 뜻하지 않았다는 사실이다. 이 현상은 반박 불가능한 세계관으로 무장한 일종의 종교의 출현을 알리고 있었다. 결과의 불평등이 꼭 불공정을 의미하는 게 아니라는 주장은 그 자체로 죄악이자 위험한 발언으로 취급받기 시작했다. 운이나 자연적 불균형, 또는 의사 결정의 차이가 불평등한 결과물을 만들어 낼지도 모른다는 주장을 하면 당신은 타인의 삶을 위협하는 존재로 인식됐고, 피해자를 조롱하는 인간으로 취급받았다. 현시대의 가장 유명한 깨시민 사상가라 할 수 있는 보스턴 대학(Boston University) 교수 이브람 X. 켄디가 언급했듯이, "인종적 불평등은 인종차별적 정책의 결과물이며 서로 다른 인종 그룹은 평등한 존재들"인 것이었다.[20] 켄디의 백인 버전이자 워싱턴 대학(University of Washington)의 교수인 로빈 디앤젤로(Robin DiAngelo)는 깨시민철학을 다음과 같이 요약한다. "만약 우리가 진정으로 모든 인간이 평등하다고 믿는다면, 환경에 따른 차이는 오직 시스템적 차별에 의한 결과물일 수밖에 없다."[21] 달리 말하자면, 모든 결정은 같은 결과물을 만들어 내야 하는데, 만약 이 주장에 동의하지 않는다면, 당신은 인종차별주의자라는 뜻이었다.[22]

소위 '사회 정의'는 당신이 그 자리에 주저앉아 입을 다물기를 우리에게 명령한다. 사회 정의를 추구하는 깨시민들은 타인의 경험을 들어야 하며, 판단을 유보해야 하고, 현존하는 시스템을 무너뜨리는 무정부적 광기에 동참해야 한다고 우리에게 명령하고 있다.

이건 일종의 종교 집단이다. 사회 정의는 반전통주의라는 기반 위에 설립된 도덕 체계다. 이 도덕을 신봉하는 사람들은 자신들만이 어둠을 비추는 등대의 불빛이라는 확신에 차 있는데, 그렇기에 혁명을 이루기 위해서라면 타인의 권리를 침해하는 행위나 톱다운 방식의 검열도 정당화될 수 있다고 생각한다.

예를 들어 이들은 인종차별에 반대하는 사람으로 공인 받으려면, 반드시 로빈 디앤젤로의 강의를 들으며 중국 마오쩌둥 공산당

식의 자아비판에 참여해야 한다고 주장한다. 이 자아비판은 언제나, 정말이지 언제나, 깨시민철학을 철저히 반영하고 있다. 이런 행위에 참여하지 않는 사람들은 바람직하지 않다고 간주된다. 타인의 기분을 상하게 하는 발언을 뜻하는 모든 종류의 '미묘한 공격(microaggression)'은 발견 즉시 지적돼야 한다. 모든 이단들은 추방돼야 한다. 또 이 추종자들은 '보다 위대한 선'을 이루기 위해서라면 모든 논리적 일관성을(심지어 인간관계에 필요한 기본적 품격조차도) 뒤로 제쳐 둬야 한다고 주장한다. 켄디의 표현을 빌려 설명하자면, "인종차별을 해결할 수 있는 유일한 방법은 반인종차별을 통해 새로운 차별을 만들어 내는 것이고, 현재의 차별을 해결하는 유일한 방법은 미래의 차별을 실시하는 것이다."[23]

'우리가 하는 말을 따라 반복하고, 이를 믿어라. 그렇지 않으면 당신은 악한 사람이라고 낙인찍힐 것이다.' 이것이 곧 사회 정의를 추구하는 깨시민들이 가지고 있는 태도다. 이브람 X. 켄디는 미국에 두 가지 영혼이 존재한다고 생각한다. 하나는 정의의 영혼(soul of justice)인데, 켄디에 따르면 이 영혼은 "생기, 자유, 평등, 민주, 인권, 공정, 과학, 공동체, 기회, 모두를 향한 공감 등을 우리에게 불어넣는다." 또 다른 영혼은 정의를 반대하는 사람들이 가지고 있는 영혼인데, 켄디는 이 사람들이 "인종학살, 노예화, 불평등, 투표 방해, 편견, 속임수, 거짓말, 개인주의, 착취, 부인, 또 무관심의 기운을 미국 사회에 불어넣고 있다"고 주장한다.[24] 켄디가 사악하다고 말하며 나열한 리스트에 '개인주의'와 '부인(denial)' 같은 단어들이 포함돼 있음에 주의하자. 켄디의 주장은 간단하다. 만약 당신이 개인들은 권리를 갖고 있다고 믿는다면, 다시 말해 자유로운 국가에서는 자신의 운명을 스스로 책임져야 한다고 생각한다면, 또 모든 (결과의)불평등은 곧 불공정의 증거라는 켄디의 주장을 부인한다면, 당신은 사악한 영혼을 몸 안에 담고 있다는 것이다.

만약 이 모든 설명을 듣고 난 뒤 이게 꼭 사이비 종교의 교리와 비슷하다는 느낌을 받는다면, 그건 바로 실제 그 이론이 일종의 사이비 종교이기 때문이다. 오늘날 미국 사회에서 "사회 정의(social justice)"는 하나의 종교가 되었다. 이에 대해 헬렌 플럭로즈(Helen Pluckrose)와 제임스 린지(James Lindsay)는 다음과 같이 말한다(참고로 이 두 학자는 모두 보수주의자가 아니라 리버럴 성향이다).

"사회 정의 이론가들은 어떤 종류의 이성과 반박, 반증, 이견에도 적대적인 믿음의 체계, 다시 말해 새로운 종교를 만들어 냈다. 실제로 지난날을 돌아보면, 우리가 인지하지 못하는 사이 포스트모더니즘에 기반한 모든 프로젝트들은 과학과 이성, 종교와 자본주의적 경제 체제 등을 특징으로 하는 서구 사상의 메타 서사들을 모두 해체시켰고, 그렇게 만들어진 빈자리를 '신은 죽었다'는 포스트모더니즘적 신념에 기반한 완전히 새로운 종교로 채워 넣어 버렸다. 포스트모더니즘적 신념을 추종하는 사람들은 권력과 기득권으로 점철된 거대 시스템이 피해자들을 양산해 내고 있다고 믿는다. 시간이 지날수록 이 같은 현상은 명목상 세속적 좌파를 지향하는 사람들 사이에서 근본주의적 종교로 자리 잡고 있다."[25]

깨시민주의(wokeism)라는 철학은 단순한 추종 이상의 무언가를 요구한다. 깨시민주의에 입문하려면 당신은 '깨시민 단어(woke terms)'를 능수능란하게 구사할 수 있어야 한다. 이건 꼭 깨시민주의에만 국한된 특징이 아니다. 왜냐하면 모든 종교에는 해당 종교의 특징을 외부로 알리는 특징적 요소들이 존재하며, 종교 집단에 소속된 사람들은 그 독특한 시그널들을 통해 서로를 인지하고 확인하기 때문이다. 많은 경우 사회적 조직들은 소속감을 강화시키기 위해 특정 기표들을 사용해 보다 많은 사람들 사이에서 연대감을 형성하려 한다.

예를 들면, 신앙심 깊은 유대인들은 보다 높으신 존재에게 충성을 표현하기 위해 야물커(yamulke)라는 모자를 쓰기도 하지만, 동시에 그 모자를 씀으로써 주변에 있는 (비슷하게)신앙심 깊은 유대인들에게 종교에 대한 자신의 헌신도를 알려주는 시그널을 보낸다. 진화인류 학자인 리처드 소시스(Richard Sosis)와 캔디스 앨코르타(Candace Alcorta)가 언급한 것처럼, 이 같은 행위는 심지어 동물 왕국에서도 유효하게 적용된다. 소시스와 앨코르타는 다음과 같이 말했다. "의식을 통해 상대방에게 신호를 보내면, (해당 행위를 통해)자신의 의도를 분명히 전달함으로써, 상호 협력을 도모할 수 있으며 적대적 마찰에 따라 발생하는 비용이 감소되고, 결과적으로 사회적 그룹들의 발전과 안정을 위한 기반을 마련할 수 있다." 특정 그룹 안에서 통용되는 신호들을 모방해 부적절한 사회적 이득을 추구하려 하는 이들의 행위를 사전에 방지하기 위해, 사회적 그룹들은 종종 구성원들에게 희생을 요구함으로써, 거짓으로 해당 그룹의 의식을 따라 하는 걸 어렵도록 만든다. 신호를 보내는 가장 효과적인 방법은 신성적 요소를 가미시키는 것인데, 이에 대해 소시스와 앨코르타는 다음과 같이 설명한다. "종교를 진지하게 믿는 사람은 종교적 의식을 거행할 때 감정을 표현하게 되는데, 이 때문에 불신자가 해당 종교를 모방하기란 매우 힘들어지며, 따라서 이 과정은 (종교 집단 내부에서 구성원들의 신앙도에 대한)사회적 평가에 유용한 강력한 도구로 사용될 수 있다."[26]

바로 이것이 깨시민 언어의 핵심적인 기능이다. 깨시민의 언어는 타인을 설득하기 위한 도구가 아니다. 해당 언어를 통해 사람들은 소수 종교에 대한 신념을 표현할 뿐이다. 이에 대해 래시가 언급한 내용을 한번 살펴보도록 하자.

"1960년대부터 미국을 뒤흔들어 놓은 문화 전쟁은 계급 전쟁의 맥락에서 이해하면 가장 정확하다. 계몽된 엘리트는(문화 전쟁에 적극적인 좌파들은 스스로를 엘리트라고 생각한다) 합리적 공개 토론을 통해 다수를 설득하기보다는, 자신의 가치를 다수에게 강요하려 하고(여기서 좌파들이 말하는 다수란 구제불능적으로 인종차별적이고, 성차별적이며, 편협하고, 외국인을 혐오하는 사람들), 계몽되지 않은 사람들과는 더 이상 마주할 필요가 없는 평행 또는 '대안적' 제도를 만들려 한다."[27]

신흥지배계급에 가입하면 눈에 띄는 문화적 특징들을 갖게 된다. 따라서 누군가가 이 계급에 새로운 구성원으로 가입하려 하면 이를 쉽게 알아차릴 수 있다. 혹시 주변 인물 중 소셜 미디어에서 언어학적으로 끔찍한 단어들을 프로필에 사용해 가며 트랜스젠더 어젠다에 대한 연대감을 표출하는 사람들이 있는가? 예를 들면 ze/hir, ze/zem, ey/em, per/pers처럼 의미를 오히려 불투명하게 만드는 괴상한 단어들을 사용하는 그런 사람들 말이다. 혹시 주변 사람들 중 단어마다 성별을 명확히 구분하는 스페인어의 특성에도 불구하고, 라틴계 여성을 존중한답시고, '라티노(Latinos)' 대신 '라팅스(Latinx)'라는 단어를 사용하는 사람들이 있는가? 혹시 그 사람이 '제도적'이며, '시스템적'인 또는 '문화적인' 차별 같은 단어를 입에 달고 살진 않는가? 또 혹시 주변에 정의라는 단어에 형용사를 갖다 붙이는 사람이 있는가? 예를 들면 환경적 정의, 인종적 정의, 경제적 정의 등과 같이 개인 차원의 정의를 오히려 훼손하며 공동체주의를 지향하는 단어들 말이다. 혹시 그들은 '미묘한 공격'이나 '사전 고지(trigger warning)*' 같은 것들에 대해 걱정하진 않는가? 그들은 혹시 '내 의견(my opinion)'이라는 말 대신 '내 진리(my truth)'라는 표현을 즐겨 쓰진 않는가? 혹시 상대방의 주장을 듣고 이에 대한 객관적 데이터를 요구할 때 당신이 그들의 삶을 '말살'하려 한다거나 '정체성을 파괴'하려 한다며 비난하는 사람은 없는가? 또 일반인들이 갖고 있는 소위 '특권**'을 들먹이며 타인의 의견을 묵살하려 드는 사람은 없는가? 혹시 그들은 '권력 구조'에 대해 즐겨 말하거나, '서구 문명' 같은 단어들이 그 자체로 편견에 사로잡혀 있다고 주장하진 않는가? 혹시 그들이 '가부장제'나 '이성

- 듣는 사람이 충격받을 수 있기 때문에(또는 사회적으로 그런 분위기가 있기 때문에) 특정 발언을 하기 전 미리 마음의 준비를 하라고 경고를 날려 주는 행위. 예를 들어, "Where are you from? (고향이 어디야?)"라고 묻기 전, 이 질문이 상대방을 기분 나쁘게 만들 수 있기 때문에, '이런 질문을 네가 괜찮게 생각할지 모르겠는데,' '혹시 실례되지 않는다면' 같은 추임새를 넣어 주는 걸 뜻함.
- •• 여기서 특권은 교차성이론상 하부에 소속된 정체성들을 뜻함. 예를 들면, 백인 남성.

애 규범성** 또는 '시스젠더 규범성'***같은 단어들을 종종 언급하진 않는가?

이 모든 건 정말 복잡한 단어다. 따라서 깨시민사상을 추종하려면 끊임없이 업데이트되는 깨시민 단어 사전을 참고해가며 트렌드를 놓치지 않도록 항상 주의를 기울여야 한다. 바로 어제만 해도 전혀 부적절하지 않았다고 생각됐던 표현이 오늘은 매우 부적절한 단어로 여겨질 수 있다. 문제는 이런 변화에 대한 사전 경고가 전혀 없다는 사실인데, 그렇다 하더라도 무지는 면죄의 사유가 되지 못한다. 깨시민 단어의 변화에는 특별한 규칙이 있는 것도 아니다. 이 단어는 언제나 변할 수 있으며, 또 이런 변화는 거의 순식간에 나타난다.

깨시민 단어는 한눈에 봐도 말이 안 된다. 약 20년 전, 뉴욕 대학(NYU)에서 수리물리학을 가르치던 앨런 소칼(Alan Sokal) 교수는 포스트모던 학술 저널에 난해한 해체주의 용어들을 잔뜩 나열한 글을 한 편 기고했었다. 그 논문의 제목은 「바운더리를 넘어서: 양자 중력의 변혁적 해석학」이었다.*** 2018년 제임스 린지와 헬렌

- 이성애가 규범이며 그 외의 성애는 비규범이라고 생각하는 사고방식.
- •• 시스젠더(여성을 좋아하는 남성과 남성을 좋아하는 여성)가 규범이라고 생각하는 사고방식. 이성애 규범성과 비슷한 의미.
- ••• 소칼 교수는 1996년 당시 포스트모던을 주장하는 사람들이 얼마나 허술하고 어처구니없는 방식으로 논문을 채택하는지를 증명하고 이를 조롱하기 위해 『소셜 텍스트(Social Text)』라는 학술지에 각종 포스트모던적 언어로 도배된 엉터리 논문을 제출했음. 소칼의 논문은 학술지로부터 채택 받았고, 이를 '소칼 사건(Sokal Affair)'이라 부른다.

플럭로즈, 또 피터 보그호시안 등의 학자들은 1996년 소칼 교수가 했던 익살스러운 일을 재현해 냈는데, 이번에는 소칼 교수의 경우보다 스케일이 훨씬 더 컸다. 정치 스펙트럼상 좌파 또는 리버럴 성향이었던 이 세 학자들은 유명 학술 저널에 우스꽝스러울 정도로 풍자적인 논문들을 기고했고, 이 중 상당수는 저널로부터 출판 허가를 받았다. 이들이 제출한 20개의 논문 중, 일곱 개가 저널의 선택을 받았고, 네 개의 논문은 실제 출판됐다. 20개 중 오직 여섯 개의 논문만이 퇴짜를 맞았을 뿐이다.[28] 페미니즘 관련 유명 학술지인 『젠더, 장소, 그리고 문화(Gender, Place, and Culture)』는 「오레건주 포틀랜드 도심 강아지 공원에서 관찰된 강간 문화에 대한 인간 행동과 퀴어 수행성」이란 제목의 논문을 출판했다. 〈지방 연구(Fat Studies)〉라는 저널에는 「누가 감히 나를 판단해? 인체측정학 극복하기와 뚱뚱한 보디빌딩을 위한 체계」라는 논문이 실렸다. 〈성역할(Sex Roles)〉이란 저널은 「여성 종업원이 선정적 옷을 입고 서빙하는 식당의 인종적 분류가 말해 주는 남성성: 여성의 성을 목적화하는 레스토랑에서 나타난 목적화, 성적 정복, 남성 통제, 또 거친 남성성에 관하여」라는 제목의 논문을 출판했다.

이 논문들의 내용은 제목만큼이나 어처구니없었다. 이 중 하나의 논문은 "서구 천문학(western astronomy)"이 편견에 뿌리내리고 있다는 이유를 들며 해당 분야를 비판했다. 천문학을 없애는 대신, 공동 저자인 린지와 플럭로즈, 보그호시안은 논문에서 "자연과학보다 우월한 연구 방법론을 제시해야 하며, 이를 통해 별들에 관한 대안적 지식을 추출해 내야 한다"고 주장했다. 이들은 이러한 방식을 천체 연구에 적용함으로써 "신화적 내러티브들을 현대 페미니즘적으로 분석"할 수 있게 될 것이고, 특별히 별들의 이동과 점성학적 의미를 페미니스트 해설적 댄스(feminist interpretative dance)에도 적용할 수 있다고 말했다. 학술지에 채택된 또 다른 논문에서 저자들은 타인을 떠올리며 자위행위를 하는 것이 과연 성적 학대에 해당되는지를 탐구하는 중요한 주제에 천착했는데, 왜냐하면 그와 같은 상황에서 떠올림 당하는 '타인'은 자위행위자의 성적 행위에 동의해 주지 않았기 때문이다.[29] 또 다른 논문에서 저자들은 남성 이성애자의 트랜스젠더 혐오와 동성애 혐오가 "수용적 삽입에 사용되는 섹스 토이 사용"을 통해 치료될 수 있는지를 연구했다. 또 이 세 명의 학자들은 히틀러의 자서전 『나의 투쟁』의 한 챕터를 여성학적 용어로 고쳐 쓴 후 그대로 저널에 제출했는데, 이 논문 역시 채택됐고, 출판 허가를 받았다.

이 같은 해프닝이 가능했던 이유는 린지와 플럭로즈, 보그호시안이 깨시민 어휘에 능통했기 때문이다. 이들은 우리 사회 모든 문제를 '사회적 피해'라고 단순히 규정하기만 하면 학회로부터 출판 프리패스를 얻을 수 있다는 사실을 정확하게 이해했다. 린지와 플럭로즈, 보그호시안 교수는 "미국 고등 교육의 많은 영역에서 진리를 찾는 것보다 사회적 불만에 편승하는 데 더 관심을 보이는 학회의 전반적 분위기는, 아직 완전히 압도적이라 할 수는 없지만, 어느 정도 공고히 자리 잡게 됐다"고 설명한다.[30]

오늘날 미국 대학은 학생들에게 깨시민언어를 가르친다. 과학 분야를 제외한다면 대학은 더 이상 직업 훈련을 위한 장소가 아니다. 대학은 졸업생들이 깨시민언어를 능수능란하게 사용하는 이중언어 구사자가 되게 만듦으로써 학생들에게 간판을 부여하며, 또 그들을 보다 폭넓은 신흥지배계급의 구성원이 되도록 인도한다. 전국학자연합(National Association of Scholars)의 관계자인 데이비드 랜달(David Randall)은 지난 20년 동안 완전히 새로운 세대의 학자 및 행정 담당자들이 캠퍼스 주도권을 잡게 됐고, 이들은 "고등 교육 시스템을 진보적 명분을 확장하는 도구로 변화시키고 있으며, 그 과정에서 학생들은 수업을 들으며 좌파 시민단체 교육 매뉴얼에나 사용할 수 있을 법한 정보를 학습하고 있다"라고 말한다. 대학가에서 깨시민사상이 얼마나 굳건하게 뿌리를 내렸는지, 미국 주요 대학에서(학교 홈페이지 등에서) 공개적으로 자신을 보수주의자로 소개하는 교직원은 단 한 명도 찾아볼 수 없다. 교수들은 학내 지위를 활용해 커리큘럼과 연구, 또 그들의 저서에 사회 정의 관련 내용을 적극 포함시키고 있다. 행정처 담당자들은 아카데믹한 영역을 비롯해 기숙사 생활과 교내 이벤트 등 대학 생활 전반에 걸친 모든 영역에서 그들의 권력을 이용해 학생들에게 사회 정의를 강요하고 있다.

이러한 목적을 이루기 위해, 미국 대학을 장악한 신흥지배계급은 사회 정의적 성향 수업에 할당된 예산을 극대화하려고 노력하고 있다. 일반적으로 대학들은 이러한 수업들을 지원하는 데 수십억 달러를 지출한다.³¹ 깨시민주의를 학생들에게 주입함에 따라 나타나는 별로 놀랍지 않은 현상 중 하나는, 대학 예산에서 쓸모없는 분야들(예를 들면 생각을 넓히는 게 아니라 좁히는 데 초점이 맞춰진 '다양성 관련 과목들')에 투입되는 금액이 천문학적으로 증가했다는 사실이다. 헤더 맥 도널드(Heather Mac Donald)가 자신의 저서 『다양성이라는 망상(The Diversity Delusion)』에서 언급한 것처럼, "인종, 민족, 성별, 젠더 정체성 등에 기반한 학문의 분야들이 우후죽순 생겨났으며, 다양성에 기생하는 관료 집단이라 할 수 있는 거대한 대학 행정 조직은 날마다 그 숫자를 더해가는 피해자 그룹 구성원들에게 대학 생활이란 교수들과 동료 학생들로부터 편견을 경험하는 것이라는 거짓 주장을 퍼뜨리고 있다." 이런 현상은 언뜻 보기에는 사회 정의 활동과 전혀 관계없어 보이는 학과에서도 만연하게 나타나고 있다. 깨시민철학은 미국 사회 고등 교육기관을 완전히 점령하고 있다.³²

대학들은 어떻게 재정상화됐을까

문화적 급진주의자들은 미국 대학가를 제1의 공격 대상으로 삼았다. 1960년대만 하더라도 미국 대학가에서는 헌법에 의해 보장된 자유를 지켜야 한다는 리버럴적 합의(liberal consensus)와, 진리 그 자체를 추구하는 데 헌신하는 사람들이 존중받아야 한다는 분위기가 존재했다. 하지만 1960년대 말 들어서 이 같은 합의가 완전히 사라져 버렸다. 미국 대학이 재정상화된 이유는 애초 리버럴적 합의라는 개념이 공허했기 때문이었다. 쉽게 말해 열린 탐구를 지향하는 계몽주의적 이상과 진리 추구 행위는 그 자체로 자명하지 않으며, 해당 개념들은 자신을 탄생시킨 뿌리로부터 단절될 때 생명력을 잃게 된다는 뜻이다.

계몽주의를 신봉하는 리버럴들이 가졌던 취약점은 그들이 버클리 대학 사회학 교수 로버트 벨라(Robert Bellah)가 "표현적 개인주의(expressive individualism)"라고 명명한 개념을 반박할 능력이 없었다는 사실이다. 표현적 개인주의의 기본 개념은 삶과 정부의 존재 목적이 개인이 규정하는 '좋은 삶'을 탐구할 수 있도록 만드는 것이며, 또 개인들은 자신이 옳다고 생각하는 방식대로 각자가 규정하는 '좋은 삶'을 표현할 수 있게 장려돼야 한다는 것이었다.[33] 이성과 선에 관한 한, 계몽주의적 자유주의(enlightenment liberalism)의 철학은 무의식적으로 서구 전통의 영향 아래서 형성된 오래된 가치관들에 뿌리 깊게 연결돼 있었다. 반면 표현적 개인주의는 서구 전통으로부터 비롯된 모든 제약들을 말살시켜 버렸다. 표현적 개인주의자들은 만약 당신이 자신의 자녀를 포함해 타인에 대한 의무를 회피하는 것에서 삶의 의미를 찾는다면, 그것이 바로 자유의 본질이라고 주장했다. 또 이들은 만약 당신이 현실 또는 사회적 품격과는 완전히 상반된 방식으로 스스로를 규정하는 것에서 의미를 찾는다면, 바로 그것이 자유 그 자체라고 주장하기 시작했다.

여기에 덧붙여, 찰스 테일러(Charles Taylor)라는 철학자에 따르면, 표현적 개인주의는 타인의 '동의'가 필요했다. 표현적 개인주의에 대해 노트르담 대학의 오 카터 스네드(O. Carter Snead) 교수는 다음과 같이 지적한다. "테일러는 표현적 자유주의의 문화 속에서 새롭게 만들어진 '피해'의 개념을 발견했는데, 다시 말해, 타인이 자신의 깊은 내면을 표현할 때 이를 '수용하고, 받아들이며, 존중하지 못하는 것' 그 자체가 타인을 해치는 행위가 된다는 뜻이었다. 타인이 진정한 자기 자신을 표현할 때 이를 인지하지 못한다면 그건 타인에게 폭력을 행사한 것이며, 따라서 위해를 가한 것이라는 주장이었다." 따라서 표현적 자유주의가 규범으로 받아들여지는 세상에서는 타인의 가치관과 결정, 발언이 나쁘고, 왜곡됐으며, 전혀 사실이 아니라고 할지라도 우리는 그들에게 열광해 줘야만 한다.[34]

해체주의자들이 내놓은 비판의 본질은 그저 표현적 개인주의의 급진적 버전에 지나지 않았다. 계몽주의적 자유주의을 추구하는 사람들이 인권과 객관적 진리, 또 인간은 이성을 통해 주변 세상을 이해할 수 있다는 믿음 등 유대 기독교 철학에 뿌리를 둔 특정 가치관들을 당연하게 받아들인 후(증명의 과정 없이 일단 옳다고 상정해 버린 후), 그 기반 위에서 과학과 권력 등에 대해 오랜 기간 논의 됐지만 증명되지 않은 공리들에 의문을 제기하는 방식으로 논리를 발전시켜 온 반면, 해체주의자들(deconstructionists)은 '모든 것'을 의문이란 산(acid)에 담가 버림으로써, 이 세상의 모든 것을 '해체시켜' 버렸다. 포스트모던주의자들은 이 세상에 존재하는 모든 지식이 기득권적 내러티브에 의해 만들어진 결과물이라고 말했고, 항상 우리는 이 내러티브를 의심해야 하며, 기존의 내러티브를 사용해선 다른 어떤 주장도 반박할 수 없다고 말했다. 포스트모더니즘은 진리를 설립하려는 그 어떤 노력도 무너뜨릴 수 있다. 만약 우리의 문화적 맥락이 왜곡됐다는 핑계를 들며 진리를 규정하는 방식 그 자체를 비판해 버린다면, 포스트모더니즘을 통해선 객관적으로 증명된 과학적 사실조차도 무력화시킬 수 있는 것이다. 포스트모더니즘은 리버럴 철학의 심장을 도려냈다. 계몽주의적 자유주의는 이성과 논리가 담론의 중심이 되도록 만들었었다. 하지만 포스트모더니즘은 이성과 논리를 언급하는 리버럴에게 '그건 그냥 네 생각일 뿐이고(your opinion, man)'라고 핀잔을 주며 이성과 논리의 권위를 깨뜨려 버렸다.

  포스트모더니즘이 만들어 낸 천박한 지적 환경은 대학 캠퍼스에 재앙과 같은 결과를 가져다줬는데, 왜냐하면 포스트모더니즘은 미국 대학가에서 매우 영향력 있는 트렌드가 됐었기 때문이다. 대학가는 포스트모더니즘에 영향받은 과목들로 넘쳐났다. 서구 문명의 오랜 전통을 가르치는 대신, 미국 대학들은 "비판적으로 생각하는(thinking critically)" 데 집중했다. 비판적으로 생각한다는 건 곧 (서구 문화를 제외한)타 문화에 대해선 "네가 뭔데 감히 평가를 해?"라는 태도를 옹호하는 반면, 서구 문명에서 파생된 문화는 가차없이 비판하는 걸 의미했다. 해체주의 철학에 이론적으로 충실한 사람들은 '모든' 문화에 취약성이 있다고 양심적으로 언급한 반면, 미국 대학가에서 유입된 해체주의는 오직 '서구(the West)'만을 비판하는 데 열중했다. 서구를 제외한 타자들에게 해체주의를 적용하는 건 표현적 개인주의의 기조를 위반하는 걸로 치부됐다. 다양한 소수자 정체성 그룹들은 바로 이 약점을 파고들었고, 이들은 역사적으로 피해자 그룹에 소속된 사람들이 기득권적 이념 체계를 비판할 수 있는 특별한 지식과 지위가 있다고 주장하기에 이른다. 또 진리 탐구와 지식 추구를 특징으로 하는 서구적 시스템에 대해 쏟아지는 비판을 반박할 능력을 갖추고 있지 못했던, 또 너무 "착한" 나머지 타 문화에 대해 엄밀한 해체주의적 잣대를 동일하게 적용하지 못했던 대학 담당자들은, 이 같은 공격에 속절없이 무너지고 말았다.[35]

실질적인 부분을 언급하자면, 미국 대학가가 처참하게 무너진 이유는 대학가를 파괴하는 세력에 맞서 싸워야 할 사람들이 '정중함의 원칙'을 지킨다는 미명하에 싸움을 포기했기 때문이다. 또 반자유주의(illiberalism)를 관용하지 말았어야 했던 이들이 자유주의(liberalism)라는 미명하에 반자유주의를 포용했었기 때문이다. 미국 대학가가 무너진 또 다른 이유는 급진 좌파들이 너무도 완고했으며, 그들이 미국 사회의 제도와 각종 기관들을 인질로 잡을 만큼 크고 강력한 연대 세력을 형성했기 때문이다. 다시 말해 좌파 권위주의자들이 대학가를 점령할 수 있었던 이유는 그들이 제도권 자체를 재정상화하는 데 성공했기 때문이다.

딱 하나의 예시를 들자면, 오늘날 미국 역사에서 영광스러운 자유의 순간으로 추앙받는 1964년 버클리 표현의 자유 운동(1964 Berkeley Free Speech Movement, FSM)은 실제로는 권력과 통제력을 얻는 걸 목적으로 했던 운동이었다. 미국의 사회 비평가 로저 킴벌(Roger Kimball)이 언급하듯, 당시 모든 논란은 버클리 학생들이 정치적인 목적으로 대학 소유의 땅을 점거하면서 시작됐다. 버클리 대학은 학생들이 불법 강점을 하지 않고도 캠퍼스 내에서 정치적 활동을 할 수 있는 공간이 많이 열려 있다고 언급하며, 학생들이 인허가 받지 않은 땅을 점거하는 데 반대했다. 그럼에도 불구하고 학교 당국의 결정에 반발한 시위대 학생들은 인원 소집 명령을 내렸는데, 문제는 그 소집 명령이 정치 활동의 시간 장소를 제약하는 교내 규정에 어긋났다는 사실이다. 1965년 FSM에서 사용한 한 팸플릿에는 "정치와 교육은 떼려야 뗄 수 없는 관계"이며, 대학은 "중산층의 도덕, 백인 남성의 도덕, 심지어 '서구 사회'에서 통용되는 도덕을 가르치는 장소가 되어선 안 된다"는 문구가 쓰여 있었다.[36]

버클리에서 난리가 벌어지고 있을 때, 하버드 대학에서 역시 학생들이 건물을 점거했다. 컬럼비아 대학 학생들은 학장을 인질로 삼고 총장 집무실을 점거했다. 코넬 대학에서는 무장한 학생들이 교수들을 인질로 잡고 학교 건물을 공격했으며, 교수진에게 시위 주도 학생들에게 내려진 징계를 철회하도록 강요했다. 이 사건에 대해 코넬 대학의 총장은 "우리 학교 역사상 가장 긍정적인 학생 주도 운동"이라는 평가를 내렸다. 월터 번스(Walter Berns)나 앨런 블룸(Allan Bloom)처럼 강단 있는 교수들은 교수직에서 사퇴했다. 훗날 이 모든 난리를 주동했던 학생 탐 존스(Tom Jones)는 코넬 대학 이사회 임원으로 임명됐다. 이에 대해 블룸은 시위에 참가한 학생들이 "겉으로는 학문적 자유를 말하며 폼 잡는 교수들에게 살짝만 압박을 가하면, 그들을 춤추는 곰으로 길들일 수 있다"는 걸 깨닫게 됐다고 말했다.[37]

학생들은 이 사실을 알고 있었다. 원래 좌파였다가 훗날 보수주의자가 된 미국 작가 쉘비 스틸(Shelby Steele)은 특정 요구 사항이 담긴 리스트를 가지고 흑인 학생들을 선동해 총장실로 쳐들어갔던 자신의 1960년대 후반 대학 생활을 다음과 같이 회고했다. "당시 소집할 수 있는 모든 전투적 권위를 동원했던 나는 담배에 불을 붙여 총장 집무실 고급 카펫 위에 놓인 회색 실린더 통 위로 재를 툭툭 털어 냈다. 이와 같은 행동은 호전성을 갖기로 결심했던 우리에게 응당 기대됐던 오만과 만용을 상징하는 일이었다." 스틸은 당시 대학 총장이었던 조지프 맥케이브(Joseph McCabe)가 당연히 그와 친구들을 꾸짖을 것으로 예상하였다. 하지만 그런 일이 일어나지 않았다고 스틸은 회고한다.

"나는 총장님이 이 모든 상황을 감당하기 힘들어한다는 사실을 깨닫게 됐다. 자신과 학교의 권위에 이런 식으로 대항하며 공격했던 사례는 과거에 존재하지 않았고, 이 같은 새로운 행위에 학교 당국은 어떤 대처 매뉴얼도 갖고 있지 않았다. 나는 총장님의 얼굴에서 강력한 분노가 일어나는 걸 보았다. 총장님은 마치 천장 위로 튀어 오르려고 준비하는 것처럼 의자의 팔 부분을 손으로 강하게 움켜쥐었다. 하지만 그분의 팔이 의자 위에 놓여 있었을 뿐, 총장님은 자리에서 일어나지 않았다. 무엇이 그의 행동을 멈추게 했는지 나는 영원히 알지 못할 것이다. 내가 기억하는 건 총장님이 자신의 행동을 중단시킬 만한 뭔가 심오한 생각을 하고 있는 것처럼 보였다는 사실인데, 그 생각에 잠기게 된 순간부터 총장님은 자신의 내면을 바라보고 있는 것처럼 보였다. 상황이 이렇게 되자, 그분이 내 담뱃재에 신경 쓰지 못할 것이라는 사실이 명백해졌다. 바로 그때, 우리는 권위가 완고한 인물에서 자신에게 도전장을 내민 학생들의 명분에 공감하는 협상가로서 변모하고 있는, 전통적인 대학 총장의 모습에서 현대적인 대학 총장의 모습으로 변모하고 있는 변화의 순간을 목격하게 되었다."

스틸이 언급하듯이 인종차별의 악함을 깨닫게 된 맥케이브 총장은 광란이 섞인 학생들의 행동을 용인해 주었다. 미국의 죄악을 인지하게 되면서 '도덕적 권위의 공백'을 느끼게 된 총장은 분노를 표출하려 했던 자신의 행동을 멈춰 버렸다.[38] 반전통주의 논리에 기대어 전통적 자유주의에는 도덕이 결여돼 있다고 매몰차게 비판하는 좌파 권위주의자들은 다른 대부분 대학 관계자들에게 그러했듯, 맥케이브 총장을 침묵시켜 버렸던 것이다.

자신의 가치를 파생시킨 뿌리로부터 단절된 자유주의는 스스로를 지킬 수 없게 됐다. 재정상화의 춤사위가 미국 전역을 뒤덮기 시작했다. 먼저 좌파 권위주의자들은 권력을 가진 이들을 침묵시켰다. 그러고 난 후 좌파 권위주의자들은 그들에게 공개 고해성사를 하도록 강요했다. 마지막으로 이들은 쓸모가 다하자 버림받게 됐다. 이것이 바로 모든 나라, 모든 시대에 걸쳐 좌파 권위주의자들이 한 사회를 그들의 입맛대로 재정상화하는 방법이다.

숙청

오늘날 대학가는 깨시민 양성소가 되었다. 미국 대부분 명문 대학에서 보수 성향을 가진 교수진이나 행정처 직원을 찾는 건 하늘의 별 따기가 되었다. 2020년 하버드 크림슨(Harvard Crimson)에서 실시한 조사에 따르면, 하버드 대학 교수 중 41.3%가 스스로를 '리버럴' 성향이라고 말했으며, 38.4%는 자신이 '매우 리버럴'하다고 응답했다. 자신이 중도적 성향이라고 답한 비율은 18.9%였고, 오직 1.46%의 교수들만이 스스로를 보수주의자라고 말했다.[39] 예일 대학도 상황은 비슷했다. 2017년 실시된 예일 데일리 뉴스(Yale Daily News) 조사에 따르면 예일대 교수진 중 약 75%가 스스로를 '리버럴 또는 매우 리버럴'이라고 답했으며, 7%가 스스로를 '보수주의자'라고 말했고, 오직 2%만이 자신이 '매우 보수적'이라고 답했다고 한다. 인문학부에서는 이 비율이 더욱 편향돼 있었는데, 인문학부 교수 중 90%는 스스로를 '리버럴'이라 지칭했으며, 90% 이상이 트럼프에 반대한다고 답했다.[40] 한 리버럴 성향 예일대 교수는 〈월스트리트저널〉과 한 인터뷰에서 "대학들은 진리를 향한 탐구에서 벗어나 사회 정의를 추구하는 방향으로 변화하고 있다"라고 말했다.[41]

전반적으로 2015년부터 2018년까지 정치 단체에 기부한 미국 31개 주와 워싱턴 D.C. 소재 대학에서 근무 중인 교수 약 2천 명의 기부 내역을 살펴본 결과, 이들이 민주당에게 한 기부와 공화당에 한 기부 비율 차이는 95:1이었다.[42] 2016년 이콘저널워치(Econ Journal Watch)에 출판된 또 다른 조사 결과에 따르면, 미국 40개 주요 대학에서 투표에 등록한 7,243명 교수들 가운데 민주당 후보에게 투표한 교수는 3,623명인 반면, 공화당 후보에게 투표한 교수는 불과 314명인 것으로 나타났다.[43] 카네기재단은 교수들의 정치 성향을 파악하는 여론조사를 실시했는데, 1969년에는 27%의 교수들이 보수 성향이었던 반면, 1999년이 되자 그 비율이 12%로 내려간 것으로 파악됐다. 고등교육연구소(Higher Education Research Institute) 소속 사무엘 에이브람스(Samuel Abrams)는 1984년 이후 미국 대학 교수진에서 보수 성향 대비 리버럴 성향의 비율이 350%나 증가했다고 말했다. 한 연구에 따르면, 미국 대학에서 정치학과 교수 중 평균 2%만이 보수 성향이었고, 철학과 교수 중에서는 4%만이 보수 성향인 것으로 드러났다. 또 역사학과 교수의 7%, 문학과 교수 중에서는 3%만이 보수 성향인 것으로 밝혀졌다.[44] 쿠바의 독재자 피델 카스트로(Fidel Castro)가 이 모든 사실을 알았다면 부러워서 배 아파하며 얼굴을 붉혔을지도 모른다.

미국 명문대학에서 숙청된 건 비단 보수주의자들뿐만이 아니었다. 권리를 중시하는 고전적 스타일의 리버럴 성향 교수들 역시 대학 캠퍼스에서 설 자리를 잃고 있다. 미국시민자유연합(ACLU)의 전직 회장인 아이라 글래서(Ira Glasser)는 최근 〈리즌(Reason)〉 매거진과 했던 인터뷰에서 한 미국 명문 대학 로스쿨을 방문했던 경험을 다음과 같이 이야기했다.

"참석자들은 무지개 같았다. 강당 안에는 남성만큼이나 많은 수의 여성들이 앉아 있었다. 다양한 피부색을 가진 다양한 인종의 사람들이 그 장소에 모여 있었다. 우리가 지금껏 꿈꿔 왔던 그런 일이 눈앞에 펼쳐지고 있었다. 우리가 지금껏 싸워 왔던 것들이 현실로 나타났다. 그래서 나는 청중을 가만히 바라보며 기쁜 마음이 벅차올랐다. 그리고 패널들의 토론이 끝난 다음, 그중에는 젊은 교수들도 포함돼 있었던 걸로 기억하는데, 사람들이 한 명씩 일어나 발언하는 와중, 그들은 흑인과 여성, 또 모든 소수자들에게 필요한 사회적 정의가 표현의 자유와 양립될 수 없으며, 표현의 자유는 이 모든 진보를 방해하는 장애물이라고 주장하기 시작했다. (중략) 열정을 갖고 사회 정의를 추구하는 사람들이 표현의 자유를 적대시하는 것은 자살 행위와 같다고 생각한다."[45]

하지만 학계의 자살은 이미 진행 중이다. 심지어 중도 성향의 리버럴들조차도 좌파 권위주의자들에 의해 난타당하고 있다. 에버그린 주립 대학(Evergreen State College)에서 과격 흑인운동을 하는 학생들이 특정 수업일자에 백인 교수들은 수업해선 안 된다고 주장하며 백인 교수들에게 모두 캠퍼스를 떠나 달라고 말했을 때, 리버럴 성향 교수 브렛 와인스타인(Bret Weinstein)이 그들의 요구에 응하지 않자(당시 또 브렛스타인은 피부색이 아니라 능력에 따라 교수직을 배정해야 한다고 말함으로써 추가적인 죄악을 저질렀다), 권위주의 좌파 학생들은 브렛스타인 교수가 인종차별주의자라고 소리치며 캠퍼스 건물을 점령해 버렸다.[46] 에버그린 주립대 학생들은 동 대학 진화생물학과 교수로 재직 중이던 브렛스타인의 아내 헤더 헤이어(Heather Heyer)가 "일반적으로 남성들은 여성들에 비해 키가 크다"라고 말하자, 이 발언에 항의하는 차원에서 그녀의 강의를 박차고 나가 버렸다.[47] 핼로윈 의상을 입을 때 다른 학생들의 기분을 상하게 하는 것에 대해 좀 덜 민감해도 된다고 말했다는 중대 죄악을 저질렀다는 이유로 예일대 교수인 에리카(Erika)가 학생들의 비판을 받았을 때, 그녀와 그녀의 남편이자 예일대 동료 교수였던 니콜라스 크리스타키스(Nicholas Christakis)는 예일대 실리먼 칼리지(Yale's Silliman College)에서의 사감교수직(faculty-in-residence)을 내려놓아야 했다.[*]

캠퍼스에서 학생들은 크리스타키스 교수의 길을 가로막으며 그의 얼굴에 대고 소리를 질러댔다. "X발, 누가 당신 같은 사람을 채용한 거야?" 한 흑인 학생은 이렇게 소리쳤다. "당신은 교수직을 그만둬야 해! (중략) 지적인 공간을 만드는 게 대학의 목적이 아니야. 그게 목적이 아니라고! 무슨 말인지 알겠어? (중략) 역겨운 사람 같으니라고!"[48]

위에서 언급된 사건들은 반대자들을 침묵하게 했고, 많은 경우 반대자들을 좌파 권위주의의 동조자들로 변화시켰다. 하지만 학생들이 교수를 위협하는 것만이 문제가 아니다. 진짜 문제는 미국 대학가에서 신흥지배계급이 자가 증식하며 세력을 확장해 나가고 있다는 사실이다. 사회학자 조지 얀시(George Yancy)에 따르면, 사회학자들 가운데 약 30%, 철학과 교수들 가운데 24%, 인류학과 교수들 중 60%, 또 문학과 교수들 중 50%는 공화당 성향의 구직자들과 복음주의 성향 기독교인들을 대놓고 차별할 의향이 있다고 답했다고 한다. 하지만 이와 마찬가지로 심각하게 중요한 건, 깨시민주의가 고등 교육기관의 공식 이념으로 자리 잡게 되면, 보수

•   에리카 교수 발언의 요지는 핼러윈 때 만큼은 '정치적으로 올바른(politically correct)' 기준들에 크게 개의치 말고 축제를 즐기자는 것이었다. 하지만 학생들은 이 같은 성명에 반발해 에리카와 크리스타키스 교수의 파면을 요구했다. 참고로 예일 대학은 입학 초 학부생들에게 '기숙사형 칼리지(residential college)'를 배정하고, 특별한 일이 없는 한 학생들은 자신이 배정 받은 칼리지에서 졸업 때까지 기숙사 생활을 하며 유대감을 다진다. 본문에 나온 실리먼 칼리지(Silliman College)는 예일에 있는 14개 기숙사형 칼리지 중 하나다. 사건이 일어났을 당시 에리카와 크리스타키스 교수는 실리먼 칼리지 사감으로 재직 중이었다.

주의자들은 자발적으로 해당 기관들을 빠져나오게 된다는 사실이다. 현재 미국 대학 정치학과 지도교수들 중 과연 몇 명이 인종 간 불평등은 시스템에 따른 인종차별이 아니라 개인의 선택에 따라 발생한다고 생각하는 박사 과정의 지원자를 선발할까? 미국 대학 학장 중 과연 몇 명이 젠더 이데올로기는 거짓말이라고 당당하게 말하는 사람을 부교수로 채용할 수 있을까? 클레어몬트 맥게나 대학(Claremont McKenna College)의 부교수인 존 쉴즈(John Shields)가 〈내셔널 어페어스(National Affairs)〉 잡지에 기고한 글에서 쓴 것처럼, "사회과학과 인문학 분야에서 진행되는 좌편향은 자기강화적 성격을 갖고 있다."[49]

소결

신흥지배계급의 종교와 그 종교를 추종하는 사람들이 자행하는 각종 의식들은 지적인 바이러스와 같다. 이 바이러스는 미국인 삶 전반을 감염시키고 있다. 사실 깨시민주의의 전파력이 얼마나 강력했던지, 2021년 2월 프랑스 대통령 에마뉘엘 마크롱(Emmanuel Macron)은 "미국에서 수입된 특정 사회과학 이론들"이 프랑스 사회의 통합을 위협하고 있다고 언급했다. 마크롱 정부의 교육부 장관은 성명서를 내고 "미국 대학에서 만들어지는 지적 매트릭스(intellectual matrix)"가 프랑스에 수입돼선 안 된다고 말했다.[50]

지난 수십 년의 세월 동안 보수주의자들은 캠퍼스에 나타난 극단주의적 사상의 출현을 대수롭지 않게 여겨왔다. 그들은 학생들이 캠퍼스를 벗어나 '진짜 사회생활'을 하게 되면 대학 시절의 급진좌파 사상을 내던져 버릴 것으로 예상했다. 미국 보수주의자들은 학생들이 구직 시장의 냉엄한 현실을 맞닥뜨리면 대학가에서 배워온 미묘한 공격에 호들갑 떠는 문화를 던져 버릴 것이라고 생각했고, 학생들이 취직해 세금을 내다보면 유토피아적인 재분배 정책의 허상을 깨닫게 될 것이라고 믿었다. 또 미국 사회의 제도 및 기관들이 대학에서 세뇌된 자기중심적 아이들을 정신 차리게 만들어 줄 것이라고 생각해 왔다. 그들은 모두 틀렸다.

그 대신 강력한 문화 권력과 정부 기관들을 통해 깨시민주의는 미국 사회의 모든 분야로 퍼져 나갔다. 이 과정에서 주도적 역할을 했던 사람들은 깨시민 단어를 학습한 대학 졸업생들이었다. 오늘날 미국에서 성장하는 산업들은 철저히 대학 졸업생들에 의해 장악당하고 있다. 사실 2007년부터 2009년 경제위기 기간 동안, 고졸 구직자들 중 560만 명은 일자리를 잃은 반면, 대졸자들은 오히려 과거보다 18만 7천 개나 많은 일자리를 차지하게 됐다. 경제위기 이후 6년 동안 고졸자들이 소위 '오바마발 회복(Obama recovery)'이라고 불리는 호황 속에서 약 8만 개의 일자리를 얻게 된 반면, 같은 기간 대졸자들은 약 840만 개의 일자리를 추가로 가져갔다.⁵¹

졸업 후 다니게 되는 회사가 직원들의 생각을 바꿔 놓는 게 아니라, 오히려 직원들이 자신을 고용한 회사의 생각을 바꿔 놓고 있다. 최근 발생한 일련의 사태들을 살펴보면 기업 임원들이나 언론 재벌들은 대학가 캠퍼스만큼이나 재정상황에 취약한 것처럼 보인다. 우리가 목도하고 있듯이 거대 기업들은 깨시민 성향의 신입 사원들을 두려워하며, 이런 분위기를 활용해 깨시민 사원들은 사내에서 그들이 추구하는 정치적 우선순위들을 하나씩 관철하고 있다. 전통적 리버럴 성향을 가진 점잖은 언론 경영진들은 보도 데스크를 억압적인 깨시민 스태프들에게 내어 주고 있다. 심지어 교회조차도 시간이 지날수록 급진 좌파적 가치관을 가진 사람들에게 강대상을 내어 주고 있는 실정이다.

　미국 사회에서 좌파 권위주의의 영향을 절대 받지 말았어야 할 딱 하나의 영역을 꼽는다면, 그건 바로 과학 분야일 것이다. 왜냐하면 과학은 무엇이 거짓이고 무엇이 진실인지를 구별해 내는 방법론이기 때문이다. 과학의 본질은 주관적인 피해의식 속에서 함께 뒹굴며 노는 게 아니라 객관적 진실을 발견하는 것이다. 따라서 깨시민사상이 미국 사회를 잠식해 나가는 과정에서 과학 분야야말로 최전선에 서서 이 억압적 현상과 맞서 싸웠어야 된다고 생각한다. 하지만 그렇게 맞서 싸우는 대신 과학계 역시 굴복해 버렸다. 다음 장에서 우리는 왜 이런 일이 발생하게 됐는지를 살펴보려고 한다.

CHAPTER 4

'입맛대로의 과학'은
어떻게 진짜 과학을 무너뜨렸을까?

2020년은 과학의 발전에 있어 기념비적인 해였다. 신종 코로나 바이러스 출현에 따른 글로벌 팬데믹의 한가운데서도, 전 세계 과학자들은 불철주야 연구에 매진하며 문제 해결을 위해 발 벗고 나섰다. 과학자들은 바이러스 전파를 멈출 수 있는 가장 효과적인 방법을 찾아 나서기 시작했다. 그들은 사망률을 낮추는 치료법들을 개발해 냈고, 기존에 판매되는 의약품을 새로운 방식으로 사용할 수 있도록 만드는 연구를 실시했다. 가장 경이적인 건 코로나바이러스가 서구 진영에서 기하급수적으로 전파된 지 불과 몇 개월 만에 과학자들이 다양한 종류의 백신을 만들어 냈다는 사실이다. 2020년 3월까지만 해도 서구권 대부분 나라들은 셧다운 정책을 실시하지 않았었다. 그럼에도 불구하고 2020년 12월이 됐을 때 대부분 시민들은 백신 1회 차 접종을 받을 수 있었고, 노년층과 기저질환 보유 그룹 등 취약 계층의 면역력을 높일 수 있었으며,

결과적으로 감염률을 현저히 줄일 수 있게 됐다.

그 와중, 병원에서는 위험천만한 환경 속에서 의사와 간호사들이 파도처럼 밀려오는 환자들을 돌보고 있었다. 한정된 자원을 운용하는 의사들은 최대한 현명한 결정을 내려야 했고, 확진자들과 밀접 접촉해야 했던 간호사들은 매우 위험한 환경 가운데 노출됐다. 사람들이 바이러스의 실체에 대해 서서히 알아가는 동안 의료계 종사자들은 수만 명의 목숨을 살려냈다.

대중들 역시 상황에 맞는 필요한 행동을 취했다. 서구 진영 전반에 걸쳐 시민들은 사회적 거리두기를 실시했으며, 마스크를 착용했다. 자영업자들은 사업장의 문을 닫았고, 학부모들은 자녀들을 집으로 데려왔으며, 학교 당국은 감염 확산을 방지하기 위해 아이들을 각 가정에 머무르게 해 달라는 지침을 내렸다. 코로나가 가져온 역사적 재앙은 인류를 시험대에 올렸다. 그리고 과학은 승리했다.

그런데 문제가 발생한다. 실험실의 과학자들이 역사상 전례 없던 문제에 대해 전례 없는 해결책을 만들어 내는 동안, 그들이 고통을 호소하는 환자들의 삶을 살리기 위해 위험천만한 환경에서 진료를 보고 있는 동안, 권위주의 좌파 사상에 기초해 실제 과학을 왜곡하는 유사 과학을 시종일관 내세웠던 공공의료기관 담당 관료들은 과격한 정치적 주장들을 밀어붙였다. 실제 그들은 과학 연구를 정치화했고, 그에 따라 과학 그 자체에 대한 대중의 신뢰를 훼손시켰다. 불행하게도 서구 사회에서 과학은 너무나 필수적인 부분이었기 때문에(지금껏 과학은 정치권 밖의 일이라고 여겨졌기 때문에 우리 사회에서 유일하게 당파를 초월해 정치적 합의를 이룰 수 있는 공간이라고 생각되어 왔다), 좌파는 이처럼 가치 있는 과학을 정치적 도구로 사용하지 않을 수 없었다. 그렇게 권위주의적 좌파 세력은 과학을 '입맛대로의 과학(The Science™)'" 으로 대체해 버렸다.

과학은 고된 시행착오를 통해 지식을 축적하고, 관찰과 데이터 수집을 통해 지식 체계를 점진적으로 발전시키며, 반박 과정을 거침으로써 방대한 지식 체계를 건설해 나가는 과정이다. 과학을 하기 위해서 우리는 우리가 살아가는 세상에 객관적 진리가 존재한다고 믿어야 하며, 우리에게 그 진리를 탐구하며 발견할 능력이 있다는 사실을 믿어야 한다. 무엇보다 과학은 언제나 또 다른 과학적 사실에 의해 반박될 수 있다.

하지만 '입맛대로의 과학'은 이와 전혀 다르다. 입맛대로의 과학은 탐구가 아닌 침묵을 요구한다. 신흥지배계급의 구성원들이 우리에게 입맛대로의 과학을 따르라고 강요할 때, 그들은 과학적 연구 결과라는 현실을 받아들여야 한다고 말하는 게 아니다. 신흥지배계급은 정치화된 과학 해설 지침을 따라야 한다고 우리에게

● ™는 '트레이드마크'를 뜻하는데, 여기서 'The Science™'는 좌파 권위주의에 경도된 과학자들이(예를 들면 미국 CDC의 앤토니 파우치) 그들의 정치적 입맛에 맞게 과학적 사실을 주무르고, 자신의 주장만이 절대적이라고 말하며, 마치 상표권 등록을 하듯 '과학' 영역을 독점하려는 행위를 지칭한다. 실제 미국 언론이 코로나 대응에 관한 파우치 박사의 끊임없는 입장 번복을 지적했을 때, 파우치는 "나에 대한 공격은 곧 과학 그 자체에 대한 공격"이라고 말하기도 했다. 이런 점을 풍자하고 있는 샤피로는 자신의 팟캐스트에서 해당 단어를 '더 사이언스'가 아니라 '터 사이언스'라고 우스꽝스럽게 발음하고 있다.

말하고 있다. 신흥지배계급이 주장하는 건 우리가 그들이 선호하는 해결책을 있는 그대로 받아들여야 하며, 자신들의 목적을 성취하기 위해 과학을 무시하고 왜곡할 때 우리가 그런 행위를 눈감아 줘야 한다고 주장하고 있다. 좌파 권위주의자들이 과학을 들먹이는 건 절대 타인을 설득하기 위해서가 아니다. 그들은 강요를 관철시키는 도구로 과학을 사용한다. 쉽게 말해 입맛대로의 과학은 흰 가운을 뒤집어쓴 정치 행위다. 과학이 정치화되면 과학 그 자체가 손상된다. 정치가 과학화되면 사람들의 목숨이 희생된다. 오늘날 '입맛대로의 과학'을 외치는 좌파 권위주의자들은 바로 정확히 이 같은 행동을 하며 그들의 주장을 정당화하고 있다.

팬데믹 기간 동안 우리는 입맛대로의 과학이 진짜 과학보다 더 주목받을 때 어떤 처참한 결과가 나타나는지를 분명히 목격해 왔다.

코로나 사태가 보여준 가장 명백한 사실은(이건 지구촌 전역에서 기정사실로 인정받았다), 소리치고 노래하는 사람들이 한곳에 모인 대규모 시위가 거리두기를 한 상태에서 사람들이 띄엄띄엄 나뉘어 있는 상황보다 훨씬 더 위험하다는 것이었다. 예를 들어, 언론은 사회적 거리두기 격상에 반대하는 시위자들이 매우 무책임한 사람들이라고 꾸짖었고, 실외에서 하는 집회조차도 안전하지 않다고 주장했다.[1] 이 와중 미국 각 지방을 담당하는 공무원들은 과학적 사실을 초월해 바이러스 전파와 전혀 관련 없었던 해변과 하이킹 트레일, 심지어 공원들까지 폐쇄시켜 버렸다.[2] 플로리다주 주지사 론 드산티스(Ron DeSantis)처럼 바이러스 전파와 별로 관계없는 해변을 폐쇄시키지 않았던 공화당 정치인들은 언론으로부터 융단

폭격을 받았다.[3] 반면 셧다운을 찬성하는 모든 정책과 발언들은 정당화됐고, 언론은 이 같은 정책들이 과학에 근거하고 있다고 말하며 찬사를 보냈다.

시간이 지난 후 널리 알려지게 됐지만, 공공의료를 담당하는 공무원들은 과학에 전혀 관심이 없었다. 그들은 자신이 선호하는 정책들을 관철하기 위해 과학을 도구로 이용한 것뿐이었다. 셧다운에 찬성한 공무원과 정치인들은 진짜 과학보다 '입맛대로의 과학'에 더 큰 관심이 있었다. 2020년 5월 말이 되어서 이 점은 더욱 확실해졌다.

2020년 5월 25일, 46살 흑인 남성 조지 플로이드가 미네소타주 미니애폴리스에서 경찰 검거 도중 사망했다. 플로이드는 심각한 범죄 경력을 가진 상습 범죄자였다. 당시 플로이드가 담배를 사기 위해 20달러 위조지폐를 사용하고 있다는 신고를 받은 경찰은 현장에 출동했다. 플로이드의 시신을 부검한 결과, 사망 당시 그는 '치사량 수준의' 마약성 진통제 펜타닐을 복용했던 것으로 드러났다. 경찰관이 플로이드의 목을 무릎으로 짓누를 때 플로이드가 "숨을 쉴 수 없다(I can't breathe)"라고 말하는 내용을 선택적으로 편집한 9분짜리 동영상은 각종 소셜 미디어와 언론에 들판의 불길처럼 퍼져 나갔다. 그렇게 플로이드를 검거하던 경찰관은 2급 살인 혐의로 기소됐다.

플로이드의 죽음은 미국 전역에서 엄청난 시위와 폭동을 불러일으켰다. 이 같은 시위는 미국 경찰들이 공권력을 이용해 흑인들을 일상적으로 살해하고 있다는 잘못된 선동에 적잖은 영향을 받았는데, 이 모든 주장은 전혀 근거 없는 허위 사실이었다.[4] 팬데믹이 한참 진행 중일 때, 급진 과격 단체 블랙 라이브스 매터(BLM)의 주도하에 발생한 '인종 정의'를 위한 시위는 전례 없는 규모와 스케일을 자랑했다. 한 여론조사에 따르면, 약 1,500만에서 2,600만 명의 미국인들이 이 시위에 참여했다고 한다.[5] 집회 참가자들은 분명 사회적 거리두기를 실시하지 않았다. 그들 중 몇 명은 마스크를 썼지만, 다수는 마스크를 착용하지 않고 시위에 참여했다. 시위는 종종 폭력 행위로 번졌고, 대규모 약탈과 재산 손괴가 뒤따랐다. 법을 준수하는 선량한 시민들을 보호하기 위해 미국 주요 도시들은 통금시간을 도입해야 했다. 많은 경우 시위는 파티 같은 행사로 돌변했고 사람들은 거리에서 춤추고 노래하며 구호를 외쳐 댔다.

황당한 건 바로 공공의료 전문가들의 반응이었다. 섯다운 반대 집회를 준엄하게 꾸짖었던 전문가들, 미국인들에게 사회적 거리두기라는 책임을 다하라고 강요했던 전문가들, 자영업자들이 사업장 문을 닫으며 학교 수업이 취소됐을 때 이를 열광했던 바로 그 의료 전문가들은, 좌파 단체의 시위를 적극 지지했다. 혹시 코로나바이러스 그 자체가 깨시민 성향을 가지고 있는 건 아닌가 하는 생각이 들 정도였다. 코로나는 경제를 망가뜨리는 거리두기 강화 정책에 반대하는 공화당 지지자들은 죽음으로 내몰지만, '경찰 예산을 삭감하라(defund the police)'는 진부한 슬로건을 외치며 시위하는 사람들은 감염시키지 않고 넘어가 주는, 그런 깨시민 바이러스가 아닌가 하는 생각도 들었다.

좌파 진영 정치인들은(이들은 깨시민 철학을 신봉한다) 대규모 거리 시위에 직접 참여했다. 미시건주 민주당 주지사인 그레첸 위트머(Gretchen Whitmer)는 하이랜드 파크에서 열린 수백 명이 모인 민권 집회에 참가해 "시위대와 어깨에 어깨를 맞대고" 서 있었다. 놀라운 건 위트머가 이 시위에 참석하기 전에 대중 집회는 사람들의 목숨을 위태롭게 만들 수 있다고 말했다는 사실이다.[6] LA 전역에서 폭동이 발생해 선량한 시민들이 집 밖으로의 외출을 제약받으며 주방위군(National Guard)이 치안을 담당하는 와중에도, LA 시장 에릭 갈세티(Eric Garcetti)는 BLM 시위대와 한데 어울려 길거리에서 무릎을 꿇어 댔고, "언론 인터뷰를 하기 위해 LA다저스 로고가 새겨진 파란색 마스크를 벗어젖혔다."[7] CNN과의 인터뷰에서 뉴욕 시장인 빌 드블라시오(Bill de Blasio)는 뉴욕시 안에서 오직 BLM 시위만이 허가될 것이라고 공언하며 다음과 같이 말했다. "지금은 역사적 변화의 순간입니다. 우리는 이 변화를 존중해야 합니다. 하지만 동시에 우리가 익숙하게 여겨왔던 모임들, 예를 들면 퍼레이드라든지, 박람회 같은 행사들은, 우리가 공공 보건 문제 해결에 초점을 맞추는 동안 잠깐 뒤로 미뤄 둘 것을 제안합니다."[8]

이 같은 발언이 결사의 자유를 보장하는 수정헌법 제1조에 명백히 저촉된다는 점을 차치하고, 과학적 관점만을 놓고 보더라도 위에 언급된 언행은 절대 용납될 수 없다. 하지만 문제는 과학의 이름으로 반과학적 내러티브를 만들어 내는 권위주의 좌파 성향 정치인들이 공공 의료 기득권 세력의 비호를 받고 있다는 사실이다. 글로벌 팬데믹이 진행되는 와중 1,000명이 넘는 소위 '공공 의료 전문가들'이 미국 역사상 가장 큰 규모로 발생한 시위에 찬성하는 성명서를 발표했다. 성명서에서 이들은 조지 플로이드 사망에 따라 발생한 대규모 시위가 "국가 차원의 공공 의료에 필수적"이라고 말했으며, 그들의 성명서가 "모든 종류의 시위를(특별히 자가 격리 조치에 반대하는 시위를) 허용한다는 식으로 오해돼선 안 된다"고 주장했다. 하버드 의대 소속 감염병 전문가인 라누 S. 딜론(Ranu S. Dhillon)은 〈뉴욕타임스〉와 했던 인터뷰에서 다음과 같이 말했다. "이번 팬데믹에 직접적인 영향을 주고 있는 구조적 불공정에 맞서는 것은 매우 중요합니다. 생존권과 숨을 쉴 권리, 길거리를 걸어가다가 이유 없이 경찰에게 심문받지 않을 권리 등은 필수적입니다. (중략) 이건 제가 주말에 예배를 드리러 간다거나, 제 아이에게 롤러코스터를 태워 주고 싶다거나, 제가 친구들과 브런치를 즐기러 가는 것 등의 행위와는 질적으로 차이가 있습니다."[9]

데이터에 기초한 사회 과학 연구를 살펴본다면, 미국 경찰들이 인종적 적대감에 기반해 경찰 업무를 수행하고 있다는 주장이 얼마나 근거 없는 이야기인지 알아차릴 수 있다. 하지만 그와 같은 황당한 주장이 실제로 사실이라 하더라도(물론 실제로는 전혀 사실이 아니다), 팬데믹이 진행되는 와중 제도적인 불공정을 해결하기 위해 대규모 시위를 하는 것이(치사율과 감염률이 매우 높은 바이러스가 전파되도록 만드는 시위를 하는 것이) 공공의료의 관점에서 도움될 것이라고 말하는 건 전혀 말이 안 되는 이야기다. 하지만 '입맛대로의 과학'을 따르는 학자들은 이 같은 주장을 너무나 태연하게 펼치고 있다.

하버드 의대 전염병학 전문가 줄리아 마르커스(Julia Marcus)와 예일대 공공 의료 대학원 전염병학 전문가인 그렉 곤살베스(Gregg

Gonsalves)는 〈디 애틀랜틱〉에 공동 기고한 글에서 다음과 같이 주장했다. "공공 의료 전문가들은 이 같은 동일한 위험들을 인구적 관점에서 분석해 왔고, 의료 전문가들 중 다수는, 최근 시위로 인해 코로나바이러스가 확산세에 들어섰음에도 불구하고, 백인우월주의라는 현재 사회적 상황을 무시하기에는 그 문제가 너무 심각하다는 결론에 도달하게 됐다."[10]

샌프란시스코 캘리포니아대학(University of California, San Francisco, UCSF) 산하 병원은 플로이드의 사망 이후 해당 병원의 유색인종 의사들에게 길거리 시위에 참여할 수 있도록 하루 월차를 제공했다. 시위에 참가한 의사 중 한 명인 모라 존스(Maura Jones)는 자신의 입장을 다음과 같이 설명했다. "네, 저는 의사이고, 그렇기 때문에 여러분에게 사회적 거리두기를 시행해 달라고 요청할 것입니다. 또 저는 코로나 시국이 위중하다는 것과 현재 팬데믹이 우리에게 실제적 위협을 가하고 있다는 사실을 알고 있습니다.

하지만 현재 저와 제 가족에게 인종차별은 코로나보다 더 심각한 위협이며, 지난 수백 년 동안 이 사실은 변하지 않았습니다." 쟈스민 존슨(Jasmine Johnson)이라는 의사는 "인종차별 역시 팬데믹이야!"라는 구호가 적힌 플래카드를 들고 노스캐롤라이나 대학 의대생 협회가 주최한 시위에 참여했다. 그녀는 코로나 사망률에 인종별 차이가 발생하는 근본적 원인이 인종차별 때문이라고 말하면서, 그렇기에 길거리 시위는 공공 의료 정책에 오히려 도움이 된다고 주장했다.[11] 가장 정신 나간 발언을 했던 사람은 브라운 대학 공공 의료 대학원 학장으로 재직 중인 아쉬시 쟈(Ashish Jha)였는데,

그는 길거리 시위가 코로나 확산을 초래하겠지만, 그 사실은 별로 중요하지 않다고 말하며 다음과 같이 주장했다. "대규모 시위가 코로나 감염률을 높일 것이라고 생각하냐고요? 네, 그렇다고 생각합니다. 하지만 이미 댐은 무너졌고, 그 흐름을 막을 방법은 없습니다."[12] '입맛대로의 과학'에 근거해, 정부 관련 일에 종사하는 리버럴 인사들은 인종차별이 곧 '공공 의료 위기' 상황이라는 주장을 이어 나가기 시작했다.[13]

과학은 우리에게 대규모 집회를 하는 것이 나쁘다는 것을 분명히 말해 주었다. 이 같은 진짜 과학을 존중하는 차원에서 수천 명의 미국인들은 그들의 부모님, 형제, 자매, 가족, 또 친구들이 병상에서 쓸쓸하게 홀로 죽어가는 걸 손 놓고 바라볼 수밖에 없었다. 장례식은 줌(Zoom) 미팅으로 대체됐다. 미국 전역에서 수만 개의 사업장들이 문을 닫았다.

'입맛대로의 과학'을 추종하는 사람들에게 건강 문제는 부차적이었고, 정치 문제만이 우선순위를 가졌을 뿐이다. 이 와중에도 과학계 기득권 세력은 왜 대중들이 과학에 대한 신뢰를 잃었는지 전혀 이해하지 못하고 있다.

이후 나타난 과학계의 대처에서 보듯, 우리는 대규모 시위가 코로나 확산에 기여했는지 여부를 영원히 알 수 없을지도 모른다. 하지만 우리는 지난 2020년 여름 코로나가 급격히 전파됐었다는 사실을 알고 있고, 당시 언론은 이 확산세가 집회 발생 같은 주간에 있었던 메모리얼 데이(Memorial Day) 휴일* 모임 때문이라고 재빠르게 책임을 돌렸다는 사실을 역시 알고 있다. 흥미로운 건 뉴욕

같은 대도시들이 방역을 담당하는 공무원들에게 동선 추적 조사를 할 때 조사 대상자들이 대중 시위에 참석했었는지 여부를 절대 물어보지 말라는 지침을 전달했었다는 사실이다.[14]

공공 의료 담당 공무원들이 그들의 전문성 영역을 미국의 인종차별에까지 확대시켰다는 점은 과학 기득권 세력이 가지고 있는 심각한 문제를 우리에게 보여 준다. 전문분야가 아닌 영역에 대해 함부로 말하는 전문가들이 늘어나고 있다는 사실 말이다. 울트라크레피데리어니즘(ultracrepidarianism)이라고 불리는 이 현상은, 한 분야의 전문가가 자신의 분야를 벗어난 문제에 의견을 내거나, 자신의 전문 분야를 통해 (실제로는 그렇지 않지만)다른 전문 분야에서 논의되는 문제를 해결할 수 있다고 착각하는 현상을 뜻한다. 재론의 여지없이, 오늘날 우리 사회 공공 의료 종사자들은(또 경찰 공권력의 문제 등 정치적 문제에 의견을 내는 의사들은) 분명히 그들의 전문성을 벗어난 일들에 기웃거리고 있다. 남성을 여성으로 호칭한다고 해서 그 남성이 생물학적 여성이 되는 게 아닌 만큼, 정치적 의견을 내고 그 의견에 '과학'이라는 딱지를 갖다 붙인다고 해서 그 주장이 '과학적 주장'이 되는 건 아니다. 울트라크레피데리어니즘의 문제는 객관적이며 확인 가능한 대상을 주관적 추측으로 대체시킴으로써 과학의 범위를 유사 과학(pseudo-science)까지 포괄하도록 만들어 버렸다는 데 있다.

● 　전통적으로 미국인들이 가족과 시간을 보내며 야외활동을 많이 하는 기간.

하지만 과학 분야와 관련해서, 미국에서는 이보다 훨씬 더 심각한 또 다른 문제가 존재하는데, 그건 바로 '출혈 효과(Bleedover Effect)'라고 불리는 현상이다. 울트라크레피데리어니즘은 전문가들이 전문성 밖에 있는 문제들에 대해 전문가 행세를 하는 것이라고 한다면, 출혈 효과는 (과학계)외부의 정치적 관점들이 과학계 안으로 흘러 들어와 영향을 주는 것(bleed over)을 뜻한다. 당연한 말이겠지만, 이 같은 현상은 과학의 실제적 영향력을 제한하며, 과학적 진리 탐구 행위를 반과학적 지배 이데올로기로 대체시켜 버린다.

백신 분배와 관련한 예시를 한번 들어보자. 코로나 사태가 어느 정도 지속된 현시점에서 다음 질문에 과학적 해답을 얻는 건 전혀 복잡하지 않을 것이다. 누가 코로나에 가장 취약한 사람들인가? 백신은 코로나에 가장 취약한 계층에게 가장 우선적으로 배급돼야 한다. 그리고 여러 데이터를 통해 드러났듯이 이 질문에 대한 과학적 해답은 명쾌하다. 여러가지 기저 질환을 가지고 있는 노년층이 코로나에 가장 취약하다. 코로나 피해는 연령대별로 큰 차이를 보인다. 미국 질병관리본부(Centers for Disease Control, CDC)에 따르면, 85세 이상의 사람들은 18~29세 사람들보다 코로나 관련 치사율이 무려 630배나 높은 걸로 나타났고, 75~84세 사람들은 18~29세 사람들보다 코로나 치사율이 220배 높은 걸로 드러났다. 또 18~29세에 비해 65~74세 사이의 사람들은 90배 높은 코로나 치사율을 갖고 있었다.[15] 따라서 질병관리본부는 별다른 고민 없이 연령대를 기초로 백신 배분을 했어야 한다고 생각한다.

하지만 실제 백신 분배는 연령대를 기초로 이뤄지지 않았다. 그 대신 깨시민주의가 과학적 사고 속으로 침투해 들어왔고, 과학을 '입맛대로의 과학'으로 변질시켜 놓았다.

2020년 11월 23일, CDC 공공 의료 담당자인 케이틀린 둘링 (Kathleen Dooling)은 CDC 산하 면역수행자문위원회에 백신 공급을 어떻게 하면 좋을지 내용을 담은 추천안을 전달한다. 둘링은 약 8,700만 명에 달하는 필수 노동자들(essential workers)*이 노년층보다 우선적으로 백신을 맞아야 한다고 설명했다. 물론 둘링은 자신의 제안을 따른다면 코로나 사망자의 숫자가 0.5%에서 6.5%가량 증가할 수 있다는 점을 쿨하게 인정했다. 하지만 둘링은 자신이 마련한 모델을 통해 인종적 정의가 실현될 수 있다는 점을 고려한다면 그와 같은 사망률 차이가 '경미할' 것이라고 말했다. 백신 분배 제안을 담은 보고서에서 둘링은 "65세 이하 성인 그룹에서 소수 인종 및 소수민족들은 잘 대표되지 않고 있다"고 주장했다. 백인들이 흑인 및 히스패닉에 비해 평균 수명이 높기 때문에, 노년층 중에는 너무나 많은 백인들이 살아 있다는 것이 둘링의 설명이었다. 그녀의 주장을 요약하자면 다음과 같았다. "미국 역사를 괴롭혔던 인종차별 문제를 배상하는 차원에서, '질병으로 인해 사망할 가능성이 낮은' 젊은 흑인 및 히스패닉들에게 백신을 우선적으로 나눠주는 것이 어떻겠습니까?"

• 의료인, 택배 노동자, 마트 판매사원 등 다수의 사람들과 밀접 접촉을 해야 하는 사람들. 하지만 해당 직군 사람들만 우리 사회에서 '필수적'인 건 아니기에, 이 표현은 많은 비판을 받았다.

이 같은 발언은 단순히 도덕적 차원에서 멍청한 주장이 아니었다. 둘링의 주장은 사악했다. 65세 이상 연령대에서 통계적으로 백인들이 다수를 차지한다고 하더라도, 65세 이상 노년층보다 필수 노동자들에게 백신을 먼저 접종하는 건 '더 많은 흑인들(정확히 말하면, 노년층의 흑인들)'의 목숨을 앗아갈 수 있는 행동이었다. 왜냐하면 그 같은 정책은 코로나 감염에 따라 사망할 확률이 낮은 젊은 흑인들(예를 들면 25살 슈퍼마켓 직원)에게 백신을 우선 접종함으로써, 상대적으로 코로나 치사율이 높은 65세 이상 흑인들의 생명을 위태롭게 만들기 때문이다. 따라서 전체 파이로 보면 적은 '비율'의 흑인들이 사망할지 모르지만, '절대적 숫자'를 놓고 봤을 땐 더 많은 흑인들이 사망하게 되는 결과가 초래된다.[16]

문제는 이 같은 주장이 결코 비주류 소수 의견에 머무르지 않았다는 사실이다. 의료계 종사자들은 이 주장을 존중했고, 해당 의견은 언론에 의해 호의적인 대접을 받았다. 2020년 12월 5일, 〈뉴욕타임스〉는 CDC 위원회가 둘링의 백신 분배 제안을 전폭적으로 지지했다고 보도했다. 또 미국에선 최소 18개 주가 CDC가 제시한 '사회적 약자 지수(social vulnerability index)'를 백신 분배에 반영하겠다고 결정했다. CDC 위원회의 결정을 다룬 〈뉴욕타임스〉 기사에서, 미시건 대학 의료 정책 담당 교수이자 CDC 위원회 멤버이기도 했던 리사 A. 프로서(Lisa A. Prosser)는 다음과 같이 말했다. "역사적으로, CDC 위원회는 과학적 증거에 기반해 결정을 내려왔다. 하지만 현재 위원회 구성원들은 사회 정의 차원의 문제들 역시 고려하고 있다." 같은 기사에서 〈뉴욕타임스〉는 의료 정책 및 윤리 분야에서 소위 전문가 취급을 받는 펜실베이니아 대학 교수 하랄드 슈미트(Harald Schmidt)의 발언을 인용했는데, 여기서 슈미트는 우생학적 용어를 노골적으로 사용하며 다음과 같이 말했다. "인구분포상 나이가 들수록 백인 비율이 높아집니다. 미국 사회는 그들이 더욱 오래 생명을 연장시킬 수 있도록 디자인됐습니다. 이미 많은 의료 혜택을 받은 사람들에게 추가적인 혜택을 주는 것 대신, 우리는 이 기울어진 운동장을 어느 정도 공정하게 돌려놓을 수 있습니다."[17] 기울어진 운동장을 다시 평평하게 만들려면 불균형적으로 많은 수의 백인을 땅 아래로 파묻어 버려도 된다는 의미였다.

여론이 강력하게 반발하자 CDC는 계획을 변경하긴 했다. 하지만 초안에서 약간의 손만 봤을 뿐이다. 의료계 종사자들이 백신 접종을 받은 후, CDC는 노년층과 필수 산업에 종사하는 노동자들에게 백신을 공급했다. 물론 이 같은 접근법으로 인해 여러 사람들이 생명을 잃게 될 것이다. 〈디 애틀랜틱〉에 종종 칼럼을 기고하는 야샤 먹(Yascha Mounk)은 다음과 같은 사실을 지적한다. "누가 먼저 백신을 맞아야 하는지에 관해 성공적인 지침을 제공하는 데 실패한 미국의 상황을 생각한다면, 깨시민주의가 과도하게 대변되는 게 우리 삶에 별로 영향 주지 않는 사소한 문제일 뿐이라는 견해를 이제는 영원히 잠재워야 한다." 또 먹은 과학적 기준에 깨시민철학을 주입하기 위해 엄청난 공을 들였던 〈뉴욕타임스〉는 CDC 위원회가 여론의 압력 때문에 기존 지침을 번복했었다는 사실을 거의 보도하지 않았다고 지적하며 다음과 같이 말했다. "〈뉴욕타임스〉를 날마다 읽는 구독자들은 CDC 위원회가 마련한 지침이 엄청난 여론의 비판을 받기 전까지 CDC 위원회가 매우 반자유적이고 위험한 이념으로 쌓아 올린 재단에 수천 명의 미국인들을 기꺼이 희생시킬 생각을 하고 있었다는 사실을 전혀 알아차리지 못했을 것이다.”[18]

과학이 '입맛대로의 과학'으로 변질됐을 때, 미국인들은 과학 기관들을 의심하기 시작했고, 이 의심은 너무나 정당한 것이었다. 미국인들은 좌파 권위주의자들이 미국의 과학 제도와 기관들을 장악한 후 흰색 가운을 입고 그들의 정치적 견해를 하향식으로 주입시키려 한다는 걸 정확하게 간파하게 됐다.

"전문가의 말을 들어야지"

전문가들이 자기 분야를 벗어난 영역에서도 전문가 행세를 하려는 행태는 정책 결정 과정에서도 빈번하게 발생한다. 데이터에 기반해 어떤 문제가 발생했는지 확인하고, 또 데이터에 기반해 해결책을 제시하는 행위에서 벗어나, 인류가 직면한 모든 문제에 답을 내놓으려 하는 과학자들을 우리는 어렵지 않게 발견할 수 있다. 자신의 전문 분야가 아닌 영역에서 전문가 행세를 하는 사람들이 초래하는 문제(Ultracrepidarian Problem)는 과학 분야에서 결코 새로운 현상이 아니다. 사실 이 같은 태도는 과학 그 자체로부터 도덕이 비롯된다고 믿기 때문에 인류가 최고의 행복을 누리기 위해선 과학적 방법론을 사용하는 전문가들에게 사회 전반을 운영하도록 해야 한다고 믿는 과학만능주의의 핵심 철학이기도 하다. 과학만능주의를 신봉하는 사람들은 신의 존재에 의존하지 않고, 과학 하나만을 통해 이 세상에 존재하는 모든 윤리적 문제에 답을 얻을 수 있다고 믿는다. 그저 약간의 데이터와 훈련받은 과학자들만 있다면 모든 문제를 해결할 수 있다는 주장이다.

과학만능주의는 유구하고 참혹한 역사를 가지고 있다. 과거 사람들은 과학만능주의에 근거해 우생학과 집단학살, 또 완전히 핀트를 벗어난 사회 공학적 정책들을 옹호했다. 문제는 오늘날도 과학만능주의의 인기가 시들해지지 않았다는 사실이다. 현대판 과학만능주의는 과거 버전보다 약간 소프트한 느낌이 있지만, 여전히 과거와 동일한 전제에 기반하고 있다. 한마디로 말해, 과학을 사용한다면 모든 도덕적 문제에 해답을 얻을 수 있다는 것이고, 또 과학을 통해 존재(what is)의 문제에서 '당위(what ought to be done)'의 문제로 손쉽게 넘어갈 수 있다는 확신에 기반한 것이다.

현대 과학만능주의의 옹호자인 스티븐 핑커(Steven Pinker)는 다음의 내용을 담은 글을 기고했다. "우리가 인간의 번영을 강화시키기 위해 이성과 동정심을 활용할 수 있다는 계몽주의적 원칙은 너무도 명백하고, 진부하며, 구닥다리처럼 느껴질 수도 있다. (중략) 하지만 나는 실제 계몽주의 원칙이 그렇지 않다는 사실을 깨닫게 되었다."[19] '인간의 번성'은 과학만능주의를 옹호하는 사람들이 매우 자주 사용하는 단어다. 하지만 많은 이들은 본질적으로 '인간 번성'이 무엇을 의미하는지를 발견하는 건 과학이 아니라 도덕에 관한 문제라는 점을 간과한다. 타인에 대한 책임감을 성실히 감당하며 사회 관계적으로 풍성한 삶을 살아가는 것과 스스로를 만족시키는 데 충실하는 쾌락주의적 삶을 살아가는 것 중 어떤 것이 도덕적으로 바람직한 삶인지를 논하는 토론은 철학 분야 그 자체만큼이나 역사가 오래되었다.

울트라크레피데리어니즘에 따라 자신의 전문성 밖의 영역에서 의견을 남발하는 과학자들은 과학자로서 자신의 신뢰도를 추락시키며, 결과적으로 과학 그 자체에 대한 대중의 신뢰를 손상시킨다. 예를 들어, 기후 변화에 대한 문제를 한번 생각해 보자. 과학계에는 기후 변화와 관련해 정론으로 인정되는 사실 및 원칙들이 존재한다. 첫째로, 기후 변화는 실제 발생하고 있으며 세계 각국의 기온이 상승하고 있다는 사실이다. 둘째로, 인간의 활동, 특히 그중 탄소 배출과 관련된 부분이 전 지구적 기온 상승에 상당 부분 기여하고 있다는 점이다. 반면 향후 1세기 동안 세계의 기온이 얼마나 올라갈지에 대해선 첨예한 의견 대립이 발생하고 있다. UN 산하 기구 '기후 변화에 관한 정부 간 기구(Intergovernmental Panel on Climate Change, IPCC)는 향후 기온이 1850~1900년의 평균기온보다 2도에서 4도쯤 상승할 것으로 내다봤다. 하지만 2도에서 4도 사이라면 그 자체로 꽤 광범위한 온도 차이 구간이다.[20] 또한 탄소 배출이 기후에 얼마나 민감한 영향을 주는지에 대해서도 아직 확실한 결론이 도출되지 않은 상황이다. 나사(NASA) 산하 고다드 우주 연구소(Goddard Institute of Space Studies)의 소장 개빈 슈미트(Gavin Schmidt)는 기후의 민감성이 "꽤 광범위한 불확실성의 범위를 내포하고 있으며, 이 사실에 따라 인간 활동에 의해 발생하는 기후 변화가 지구 전체에 어느 정도로 심각한 영향을 줄 것인지 여부가 크게 달라질 수 있다"고 설명했다.[21] 또 기후 변화가 우리 삶에 어떤 영향을 가져다줄 것인가에 대해서도 여전히 불확실성이 난무하다. 인간은 변화에 적응할 것인가? 얼마나 많은 '충격적' 사건이 발생할 것인가?

기후 변화와 관련된 정책에는 이 같은 불확실성들이 존재한다. 우리는 환경을 안정화시키기 위해 현재 우리가 누리는 경제적 안녕과 미래에 발생할 성장을 얼마나 포기할 수 있는가? 미래에 발생 가능한 어느 정도 수준의 위기가 현재 우리가 맞이한 현실 세계에 실시간 정책 결정을 정당화할 수 있는가?

진짜 과학자들은 이 같은 질문들에 겸손한 제안을 내어 놓는다. 그들은 위험도 평가와 정량화 가능한 지표를 사용하며 자신의 주장을 언급한다. 예를 들어, 기후 변화에 관한 연구로 노벨 경제학상을 받은 예일대 교수 윌리엄 노드하우스(William Nordhaus)는 지구 온난화가 가져다주는 영향이 이미 우리가 맞이하는 현실에 어느 정도 반영돼 있다는 사실을 받아들여야 하며, 인간은 지구 온난화에 적응해 나갈 것이지만, 동시에 우리는 그 현상을 예상된 결과보다 억제하기 위해 노력해야 한다고 주장했다.[22]

하지만 '입맛대로의 과학'을 추종하는 사람들은 급진적인 주장을 통해 기후 변화 문제를 해결하려 하는데, 이들의 급진적 주장은 때마침 신기하게도 좌파 세력의 요구 사항과 딱 맞아떨어진다. 이들은 자신의 의견에 동의하지 않는 사람들이 기후 변화 관련

IPCC 리포트 내용을 받아들이는 것과 관계없이 그들을 손쉽게 '기후 부정론자(climate denier)'라고 낙인찍는다. 또 언론은 전 세계를 돌아다니며 어른들이 기후 변화를 억제하는 데 전혀 관심이 없다고 설교질하며 투덜대는, 그러면서도 과학적으로는 전혀 자격을 갖추지 못한 10대 활동가 그레타 툰베리(Greta Thunberg)를 '전문가'라고 치켜세운다. 언론은 기후 변화와 관련된 진짜 과학적 목소리들을 무시하고 있다. 폴 크루그먼(Paul Krugman)은 〈뉴욕타임스〉에 칼럼을 기고해 '입맛대로의 과학'을 추구하는 사람들이 대하는 전형적인 태도를 잘 보여줬는데, 칼럼에서 크루그먼은 다음과 같이 말한다. "의도가 선한 기후 부정론자는 이 세상에 존재하지 않는다. (중략) 과학에 기반한 행동을 하지 않으면 처참한 결과를 맞이할 수 있는 현시점에서, 내가 과거 누차 언급한 것처럼, (기후 변화를) 부정하는 건 그 자체로 타락한 행위라고 볼 수밖에 없다." 해당 칼럼에서 크루그먼은 "(기후 변화 문제를 좌파 방식으로 해결하려면) 반드시 경제를 파괴할 수밖에 없다"고 주장하는 사람들을 기후 변화 자체가 존재하지 않는다고 말하는 사람들과 한데 모아 뭉뚱그려 언급했다.[23]

하지만 우리가 기억해야 할 중요한 사실이 하나 있다. 경제를 심각하게 손상시키지 않고선 기후 변화와 관련된 정부 규제를 도입할 수 없다는 사실이다. 해리티지 재단(The Heritage Foundation)의 연구 결과에 따르면 파리기후협약(Paris Agreement)을 준수하기 위해선 2035년까지 미국 각 가정당 최소 2만 달러의 소득 삭감을 감수해야 하며, 미국 전체 GDP로 따지자면 약 2조 5천억 달러가 줄어들 것으로 내다봤다.[24] 또 UN 환경 프로그램이 2017년 발표한 것처럼, 엄청난 야단법석을 떨었던 파리기후협약의 약속을 세계 주요국들이 모두 지킨다고 하더라도, 2100년까지 지구의 기온은 여전히 3도가량 상승할 가능성이 크다.[25] 사실 미국이 현재 배출하고 있는 탄소량을 100% 삭감한다고 하더라도, 그 조치는 2100년 지구의 기온을 0.2도가량 떨어뜨릴 수 있을 따름이다. 뉴욕주 민주당 하원의원 오카시오-코르테즈가 그 유명한 그린뉴딜(Green New Deal) 정책을 통해 주장한 것처럼 2050년까지 세계 탄소 배출량을 0으로 만들려면, 일반적인 미국 4인 가정은 매년 8천 달러를 손해 봐야 한다.[26] 그렇다고 해서 기후 변화를 손 놓고 바라만 봐야 한다는 말은 아니다. 우리는 방파제 같은 인프라를 건설하는 데 투자해야 하고, 지질공학 같은 신기술들을 찾아 나서야 한다. 또 우리는 탄소 집약적 산업으로부터 탈피할 수 있게 만들어 준 미국의 셰일가스 산업(fracking industry)을 응원해야 한다. 우리는 핵에너지를 적극 활용해야 하며, 전 세계 사람들의 삶의 질을 향상시켜 온 자본주의를 장려함으로써 빈곤층에 속한 사람들이 기후 변화의 영향으로부터 최소한의 피해를 받을 수 있는 환경을 하나씩 만들어 나가야 한다. 하지만 이와 같은 정책들을 장려하는 사람들은 소위 "기후 변화 부정론자" 취급을 받는다. 반면에 세상은 이미 종말을 맞이했으며, 대규모 재분배정책을 실시하는 것만이 이 모든 문제를 해결할 수 있다고 주장하는 사람들은 진실을 말하는 사람이라고 추앙받고 있다.

언론의 카메라가 꺼지고 솔직한 대화를 나눌 때, 기후 변화를 제대로 이해하는 사람들은 이 문제가 얼마나 복잡한지, 또 우리 사회에서 공개적으로 제안되는 정책들이 얼마나 한심한지를 스스럼없이 이야기한다. 몇 년 전 나는 세계적 리더들과 과학 분야 최고의 석학들이 모인 행사에 참석했다. 그 행사에 참석한 거의 대부분의 사람들은 기후 변화 관련 현상이 이미 우리 실생활과 정책에 반영되어 있으며, 탄소를 배출하는 화석 연료 사용을 완전히 대체하는 것은(특별히 개발도상국에서 그와 같은 정책을 실시하는 건) 거의 불가능에 가깝다는 공감대를 가지고 있었다. 하지만 한 여배우가 자리에서 일어나 저주를 퍼부으며 명망 높은 전문가들이 기후 변화를 심각하게 받아들이지 않고 있다는 설교를 늘어놓자, 행사에 참석한 세계 각국의 리더와 과학자들은 자리에서 일어나 그녀에게 열렬한 박수를 보냈다.

그건 과학이 아니었다. 그건 '입맛대로의 과학'일 뿐이었다. 하지만 과학의 이름으로 모든 문제에 대한 해결책을 제시하려 하는 태도는(울트라크레피데리어니즘에 따른 문제는) '출혈 효과'라는 더욱 심각한 문제를 발생시키게 된다. 출혈 효과에 따라 우리 사회에서는 '정치적으로 올바른' 의견을 가진 사람들이 전문가 취급을 받기 시작했고, 과학은 유사 전문가들에 의해 좌지우지된다.

출혈 효과

울트라크레피데리어니즘이 초래한 가장 큰 아이러니는, 과학자들이 전문성 밖의 일들에 개입하도록 만듦으로써, 그들이 과학적 진실성을 추구하는 척하며 동시에 정치적인 일들을 할 수 있게 되었다는 사실인데, 이 같은 과학자들의 활동으로 인해 정치와 과학이 뒤섞인 회색지대가 만들어지게 된다. 곧이어 이 회색지대는('입맛대로의 과학'이 만들어 내는 영역은) 과학이란 탈을 덮어쓴 채 과학적 연구를 적극 방해하는 데 혈안이 된 좌파 급진주의자들의 서식지가 된다.

최근 몇 년 사이 포스트모더니즘은 이와 같은 방식을 통해 과학의 세계로 잠입해 들어왔고, 그 결과 과학계 전체는 위험에 처해 있다. 포스트모더니즘에 따르면 과학적 진리 역시 문화에 따른 부산물이기 때문에, 인간은 "객관적 진리" 같은 것들을 진정으로 이해할 수 없으며, 과학은 그저 세상을 이해하는 많은 종류의 방법론 가운데 하나에 불과할 따름이었다. 포스트모더니즘을 추종하는 사람들은 과학이 역사적으로 기득권 시스템을 강화해 왔기 때문에 과학은 세상을 바라보는 서구 문명 고유의 방법론이라고 주장한다(인종차별, 성차별, 동성애 혐오, 트랜스젠더 혐오 등과 마찬가지로 말이다).[27] 다시 한 번 말하지만, 이 같은 사고방식은 어느 날 하늘에서 떨어진 새로운 주장이 결코 아니었다. 예를 들면 나치는 '유대인의 과학(Jewish science)'을 거부했고, 소련은 '자본주의적 과학(capitalistic science)'을 거부했었다.* 하지만 과학과 기술의 발전을 통해 상상할

---

* 각각 유대인 학자들이 개발해 낸 이론과, 자본주의적 시스템을 가진 나라에서 개발된 과학.

수 없는 번영을 누리게 된 서구 세계가 포스트모더니즘적 세계관을 적극 받아들였다는 건 정말 숨이 멎을 정도로 멍청한 짓이다.

포스트모더니즘 철학이 과학계 안으로 완전히 스며들어 간 건 아니지만, 꼭 그렇지 않다고 하더라도 과학계는 얼마든지 위협에 노출될 수 있다. '연구에 특정 기준선들을 정하는 것(setting boundaries to research)' 그것만으로도 과학계의 재정상화 과정이 시작될 수 있기 때문이다. 특정 과학적 결과물이 좌파 권위주의자들의 주장과 위배될 때, 그 결과물은 억압된다. 오늘날 미국 사회에서는 이러한 일이 빈번하게 발생하고 있다. 울트라크레피데리어니즘이 실제 적용 가능한 범위를 초월해 과학의 영역을 괴상하게 확장시키고 나면, 출혈 효과가 발생해 과학의 범위를 좌파 권위주의자들이 '용납 가능한(acceptable)' 수준만을 포괄하도록 축소시킨다. 과학의 영역에 사회 정의가 개입됨에 따라 오늘날 과학적 연구를 하려면 반드시 신흥지배그룹의 재가를 얻어야 하게 됐다. 좌파 세력의 주장에 반대되는 내용을 말하는 과학자들은 과학계에서 퇴출당하고 있는데, 이는 정말로 독재적 발상이 아닐 수 없다. 이 같은 현상에 대해 이론물리학자인 로렌스 크라우스(Lawrence Krauss)는 다음과 같이 말했다. "과거 '문화학(cultural studies)' 분야에서만 제한적으로 사용됐던 지배와 억압의 언어를 전적으로 받아들인 과학계 지도자들은 반대 의견을 말하는 사람들을 검열하고 있고, 대학 교수들 가운데서 소위 미국 사회의 구조적 억압을 지지하는 연구를 진행한다고 비판받는 사람들을 핵심 보직에서 해임시키고 있다."[*28]

좌파 이념 추종자들은 삶의 모든 영역에서 사람들이 똑같은 결과물을 가져가야 한다고 생각한다. 만약 어떤 과학적 연구 결과가 그와 다른 주장을 뒷받침한다면, 그 연구 결과는 묵살돼야 하는 것이다. 따라서 샘 해리스(Sam Harris)의 경우가 말해 주는 것처럼, IQ나 그룹 간 차이에 관한 대화는 엄청난 분노를 불러오게 된다. 심지어 대화에 참가한 사람들이 모든 종류의 인종차별주의를 규탄한다고 분명히 언급했을지라도 말이다.[29] 하버드 총장이었던 로렌스 서머스(Lawrence Summers) 관련 사건이 보여 준 것처럼, 남성과 여성이 성향 및 관심사에서 차이를 갖고 있다는 주장을 하면 그 사람은 즉시 사회적 몰매를 맞는다.[30] 좌파들에 의하면 학문의 영역에서 여학생이 남성 지도교수를 만나면 여성 지도교수를 만날 때보다 더 탁월한 결과물을 내어놓는지를 살펴보는 부류의 연구는 반드시 철회해야 하는데, 왜냐하면 연구 모델 그 자체 문제라기보다는 해당 연구가 "잠재적인 위해를 초래할 가능성"이 있기 때문이다. 현존하는 최고의 과학 저널이라고 할 수 있는 〈네이처〉는 최근 발표한 성명서에서 앞으로 편집진은 "(그들의)출판물이 가져올 수 있는 보다 광범위한 사회적 반향"에 대한 의견을 듣기 위해 외부 자문진을 채용하기로 했다고 발표했다. 이 말은 곧 앞으로 과학적 과정에 정치를 개입시키겠다는 공개 선언이었다.[31] 과학적 탐

• 예를 들면, 특정 지역에 경찰 공권력이 줄어들면 범죄율이 늘어난다거나, 남성과 여성의 임금 차이는 구조적 성차별이 아니라 개인의 선택에 따른 결과물이라는 사실을 나타내는 연구. 또는 동성애 성향은 유전에 따라 결정되는 것이 아니라 환경에 따라 영향을 받는다는 연구 등. 좌파 권위주의자들은 이런 연구를 묵살하려 한다.

구는 깨시민들에 의해 사망 선고받은 것이나 마찬가지다.

　과학의 정치화는 성불쾌감(gender dysphoria)에 관한 주제를 다룰 때 가장 극명하게 그 존재를 드러낸다. 성불쾌감은 한 개인이 자신의 생물학적 성별과 반대되는 성별에 소속돼 있다는 느낌을 끊임없이 받는 심리적 상태를 뜻하는데,* 통계적으로 볼 때 이는 극도로 희귀한 현상이다. 그런데 최근 학계에 보고되는 성불쾌감 케이스는 깜짝 놀랄 정도로 급증하고 있다. 이 현상은 특별히 어린 여자아이들 사이에서 더욱 두드러지게 관찰되고 있다. 이 사실이 충격적인 이유는 역사적으로 성불쾌감을 가장 많이 경험했던 그룹은 생물학적 남성들이었기 때문이다. 과학적으로 설명되지 않은 이 현상을 분석하기 위해 브라운 대학 부교수인 리사 리트먼(Lisa Littman)은 연구를 실시했고, "급발성 성불쾌감(rapid-onset of gender dysphoria)"이라는 제목의 연구를 발표했다. 그 연구에서 리트먼 교수는 십 대 여자아이들이 또래 집단의 다른 여자아이들과의 교류를 통해 트랜스젠더적 성향을 높여 간다는 사실을 발견했다. 하지만 브라운 대학은 해당 연구를 비난했고, 브라운 공공 의료 대학원 학장인 베스 마르커스(Bess Marcus)는 리트먼 교수의 연구가 "다양한 관점들에 주의를 기울이지 못했고, 연구 자체의 한계점을 명확히 기술하지 않았다"고 지적하며 학장 명의로 해당 연구를 비난하는

―――
* 　예를 들면, 생물학적 남성이 스스로를 여성이라고 생각하는 경우나, 생물학적 여성이 스스로를 남성이라고 생각하는 경우. 이런 상황이 발생하면 자신의 생물학적 성별과 선호 성별 사이 괴리 때문에 '불쾌감'이 발생함.

공개서한을 발표했다.[32] 〈월스트리트저널〉과 〈워싱턴포스트〉 등에 칼럼을 기고하는 언론인 아비가일 슈라이어(Abigail Shrier) 역시 비슷한 일을 겪었다. 슈라이어가 급발성성 불쾌감을 다루는 책을 출판했을 때, 아마존은 그녀의 책을 광고할 수 없다고 통보해 왔고,[33] 미국 잡화점 체인 타깃(Target)은 온라인 스토어에서 슈라이어의 책을 판매 중지시켜 버렸다. 미국시민자유연합(ACLU)에서 트랜스젠더 정의 문제를 다루는 체이스 스트랜지오(Chase Strangio) 부국장은 "슈라이어 책의 출판을 금지시켜야 한다"고 주장했는데, 이름 그대로 시민의 자유를 보호하기 위해 만들어진 단체의 담당자가 이런 발언을 할 수 있다는 사실은 정말 끝내주게 황당한 일이었다.[34]

또 젠더가 생물학적 성별과 완전히 분리돼 있다는 주장을 뒷받침하는 그 어떠한 과학적 증거도 존재하지 않는다. 그럼에도 불구하고 과학자들은 자가당착적 유사 과학을 추종하는 젠더 이론가들에게 굴복해 버렸다. 이 같은 상황은 어처구니없는 결과들을 직접적으로 가지고 왔다. 생물학적 사실이 엄연히 존재함에도 불구하고, 오늘날 미국 의사들은 (환자 스스로가 느끼는)젠더 정체성이야말로 "성별을 결정하는 데 의학적으로 인정받을 수 있는 유일한 요소"라고 주장하고 있다.[35] 2018년 미국의사협회(American Medical Association)는 "출산 또는 출산 전 결정되는 불변하는 생물학적 특징들"에 기반해 성별을 정의하려는 그 어떠한 접근법도 배격한다고 말하며, (성별은 태어날 때 결정되는 게 아니라)의사들이 신생아에게 임시적으로 "배정(assign)"하는 것일 뿐이라는 우스꽝스러운 주장을 내놓았다.[36] 심지어 미국의사협회는 정신과 의사들이 어린아이들을 상담

할 때 원래 성별에 반하는 행동을 하기보다는 자신의 생물학적 성별을 좀 더 편안하게 느껴도 된다고 아이들에게 말하는 행위 자체를 금지하는 법안을 작성해 이를 의회에 전달하기도 했다.[37]

미국에서 가장 권위 있는 의학 저널이라 할 수 있는 〈뉴잉글랜드의학저널(New England Journal of Medicine)〉은 2020년 12월 간행물에서 출생 증명서에 성별을 표기한 부분이 '어떠한 임상적 효용'도 제공해 주지 못하기 때문에 아예 그 부분을 없애야 한다고 주장했다.[38] 트랜스젠더 수술 예후에 관한 어떠한 장기적 데이터도 존재하지 않으며, 일반적인 어린아이들은 시간이 지날수록 성불쾌감과 거리를 두며 자연스럽게 이를 극복해 나감에도 불구하고, 과학계 구성원들 중 상당수는 '주의 깊게 지켜보며 기다리기(watchful waiting)'* 자체가 트랜스젠더 혐오라고 말하며 이 접근법을 정신의학계에서 퇴출시켜야 한다고 주장했고, 미성년자 성전환수술에 반대한 의사 및 언론인들을 블랙리스트에 올렸다. 또 이들은 아무런 근거도 제시하지 않은 채 성불쾌감을 해결하는 방법이 성 그 자체를 급진적으로 재정의하는 것이라고 말했으며, 아이들은 자신이 선호하는 성별을 자유롭게 선택할 수 있어야 한다고 주장했다. 또 좌파 권위주의자들에게 세뇌당한 과학자들은 강제력을 동원해서라도 생물학적 성별과 전혀 관계없는 대명사들을 사람들이

• 일반적인 어린아이들은 시간이 지나면 자연스럽게 성불쾌감을 극복해 나가기 때문에, (성전환 수술을 적극 권하거나, 해당 아동의 성불쾌감을 긍정하는 등의)별다른 개입 없이 차분하게 아이의 성장 과정을 지켜보며 기다려주는 걸 권하는 심리상담 방법론.

사용하도록 만들어야 한다고 말했다. 오늘날 미국 사회에서는 객관적인 과학적 진실보다 '너의 진실(your truth)'이 훨씬 더 중요하다. 그리고 소위 전문가라 하는 이들은 객관적 과학을 비판하고 있고, 자신과 다른 의견을 내는 사람들을 톱다운 방식으로 검열하고 있으며, 일반 시민들에게 그들의 입맛에 따라 만들어진 새로운 도덕 코드를 따르도록 강요하고 있다.

과학적 탐구는 금지당하고 있다. 오늘날 미국 사회에서는 '입맛대로의 과학'을 인용하는 권위주의 좌파 철학이 과학계를 지배하고 있다.

이처럼 정신 나간 행동은 과연 얼마나 심각하게 진행됐을까? 2020년 6월 약 5만 5천 명의 물리학자들로 구성된 미국물리학회(American Physical Society)는 "흑인들의 생명을 지키기 위해 파업한다"는 명분을 들며, "미국 사회, 특히 학계와 과학계에 만연한 구조적 인종차별을 근절하는" 결의를 다시 한 번 다지기 위해 본사 사무실을 폐쇄해 버렸다. 〈네이처〉는 「반인종차별적인 랩(lab)을 만드는 10가지 간단한 방법」이라는 제목의 기사를 게재했다. 또 프린스턴 대학 교수진은(그들 중 1,000명 이상은) 총장에게 보낸 공식 서한에서 모든 학과가 "반인종차별주의를 다루는 주제, 또는 우리 사회 인종 정의의 지평을 확장시키는 데 기여한" 논문을 쓴 학생에게 수여하는 특별상을 제정해야 한다고 요청했다.[39]

2020년 12월, 컴퓨터 공학을 전공하는 교수들은 세계에서 가장 크고 권위 있는 컴퓨터 학회인 미국컴퓨터학회(Association for Computing Machinery)에 '캔슬 컬처(cancel culture)'를 규탄하는 공개 편지를 쓰겠다는 생각을 가졌다. 해당 편지에서 교수들은 다음과 같이 말했다. "우리는 연구자들이고, 산업 전문가들이며, 학자들이고, 또 교육자들입니다. 우리는 최근 자유롭고 제한받지 않는 과학적 연구와 토론을 제한하는 데 초점이 맞춰진 억압적 행동들이 증가하는 현상에 대해 슬픔과 충격을 느끼며 이 글을 씁니다." 교수들은 글을 이어 갔다. "이 같은 현상은 학문적 보이콧, 다른 연구자들을 해고하려는 압력, 폭도들을 동원해 '사람들의 감정을 상하게 하는(연구 결과물을 내놓는)' 과학자들을 공격하는 것 등의 행위를 포함합니다. (중략) 우리는 특정한 사회정치적 신념, 가치, 또는 태도를 지지하거나 반대하기 위한 목적으로 과학 연구 활동들을 억압하는 모든 종류의 행동들을 규탄합니다. 이 같은 행동에는 연구자들이 선택한 주제를 탐구하지 못하도록 만드는 것과, 과학적 연구에 관련된 주제들을 자유롭게 언급하거나 토론하지 못하도록 만드는 일체의 시도들이 포함됩니다."[40]

'컴퓨터 공학(computer science)' 분야에서조차 이런 공개서한이 필요했었다는 사실은 현재 우리 사회가 맞이하고 있는 문제가 얼마나 심각한지를 잘 웅변해 준다고 생각한다. 하지만 이 같은 공개서한은 오늘날 과학계에서 실제 정말 필요해졌다. 2020년 초, 세계 최고 권위의 인공지능(AI) 학회인 뉴립스(NeurIPS)는 논문을 제출하는 학자들에게 그들의 연구가 어떤 방식으로 정치 영역에 영향을 줄 수 있는지를 설명하는 에세이를 작성하도록 요구했는데, 이 같은 문제는 명백히 과학 분야 밖의 일이지만, '입맛대로의 과학'의 범위에는 분명히 포함되는 일이기도 했다.[41]

과학의 "다양성화"

만약 과학이 입증과 반박을 통해 진리를 추구해 나가는 과정이라면, 과학계는 실력중심주의(meritocracy)를 기반으로 작동돼야 한다. 최고의 연구 결과물을 내놓는 학자가 가장 위대한 찬사를 받아야 한다는 뜻이다. 하지만 깨시민사상이 과학 분야에 잠식해 들어가면 실력중심주의는 뒷전으로 밀려나게 된다. 과학계역시 인종 비율에 따라 모든 걸 할당해야 한다는 반과학적 주장에 노출되고 마는 것이다. 이 같은 현상이 오늘날 과학계를 잠식해 나가고 있음을 보여 주는 사건이 하나 있다. 2020년, 미국의대협회(Association of American Medical Colleges)는 전문성을 갖고 인종차별(professional racist)을 하는 이브람 X. 켄디와 니콜 해나 존스를 초청해 인종적 형평성을 높이기 위해 과학계 입문의 기준이 변화될 필요가 있다는 내용의 특강을 진행했다. 그 모임에서 해나 존스는병원에서 진료를 받을 때, 자신은 되도록이면 흑인 의사를 찾으려고 노력한다고 말했다. 켄디는 미국 병원 전반에 흑인 의사들의수가 적은 것은 "전이 4단계의 인종차별주의"에 따른 결과물이라고 주장했다. 켄디는 미국의대협회 멤버들에게(참고로 이들은 미국 의대 입학 과정 전반을 관할한다) 표준화된 시험은 흑인과 히스패닉 학생들을 걸러 내는 경향이 있기 때문에, 해당 시험 자체가 인종차별적이라고 주장하며 "(의학대학원 입학)시험에 문제가 있거나, 시험을 치르는 학생들에게 문제가 있다"라고 말했다. 켄디의 주장에 따르면, 모든 사람들이 시험을 똑같이 잘 볼 수는 없다고 말하는 건 시험에 응시한 학생들에게 문제가 있다는 사실을 인정하는 것이나 마찬가지였는데, 만약 그런 말을 했다면 즉시로 그 사람은 인종차별주의자가 된다는 논리였다. 해나 존스 역시 켄디의 의견에 동조하며 다음과 같이 말했다. "(우리가 추진하고 있는)인종차별주의에 반대하는 이 모든 행동들은 본질적으로 인종차별이 만들어 낸 사회구조들을 원상태로 돌려놓는 것입니다."[42]

이건 모욕적인 발언이었다. 이들의 발언은 실력중심적 사회에서 업적을 성취한 이들에 대한 모욕이었기 때문이다. 또 무엇보다 그들의 발언은 우리 사회 시스템에 의해 소위 피해를 입었다고 취급받는 사람들에 대한 모욕이기도 했다. 하지만 단순히 모욕의 수준을 넘어서, 켄디와 해나 존스가 보여 준 황당한 인종 기반적 사고방식은 실로 '위험'하기까지 했다. 만약 깨시민주의가 능력중심주의에 대한 대안이라면, 그건 곧 자격 미달인 사람들이 과학계의 가장 높은 자리에 올라가 있다는 사실을 스스로 시인하는 게 아닐까?

그렇다. 그럼에도 불구하고 우리 사회에서 이 같은 현상은 여전히 발생하고 있다. 클레어몬트 매케나 대학(Claremont McKenna College) 교수인 프레드릭 린치(Frederick Lynch)에 따르면, 2013년과 2016년 사이, 미국 의대들은 "(평균 입학 커트라인보다)24점에서 26점 정도 낮은 MCAT 점수로 지원한 흑인들 중 57%가량을 합격시킨 반면, 동일한 조건으로 지원한 백인들은 8%, 아시아인들 중에서는 6%만을 합격시켜 주었다"고 한다. 그 와중, 과학계에 연방정부 예산을 분배하는 국립과학재단(National Science Foundation)은 앞으로 "스템(STEM)* 분야 인적 구성에 다양성을 불어넣겠다"고 발표했다. 모든 인종을 아울러 최고의 과학자들을 지원하겠다고 말한 게 아니라, (다양성 체크리스트에 포함되는)특정 인종 그룹들을 지원하겠다고 노골적으로 천명한 것이다.[43]

인종적으로 다양한 사람들이 함께 모여 연구하면 과학적 발견의 결과물에 영향을 준다는 증거는 그 어디에도 존재하지 않는다. 과학은 문학이 아니다. 화학 분야에서 업적을 이루는 데 개인이 살아온 인생 경험은 별로 관련이 없다. 하지만 이 같은 사실을 지적하면 폭도들은 분노를 표출한다. 2020년 6월, 캐나다에 위치한 브록 대학(Brock University)의 화학과 교수인 토마스 허들리키(Tomáš Hudlický)는 와일리(Wiley) 출판사가 관장하는 명망 있는 화학 저널 〈앙가반테 쉐미(Angewandte Chemie)〉에 글을 기고했다. 그 글에서 허들리키 교수는 실력보다 다양성을 우선시하는 풍조가 화학계 전반의 기준을 망가뜨렸다고 주장하며, 다양성 훈련은 "지원자들의 객관적 자격 요건보다 그들이 소위 선호받는 (소수)인종 그룹에 소속돼 있느냐의 문제를 더욱 우선시하도록 만들었다"고 지적했다. 또 해당 기고문에서 허들리키 교수는 다음의 명백한 진실을 말했다. "평등을 내세우며 특정 인종 그룹 사람들 몇 명을 절대적으로 고용해야 한다고 말하거나, 심지어 그러한 평등을 채용 과정에 강요함으로써 가장 실력 있는 지원자들이 역차별 받는다면, 그 같은 방식은 분명 역효과를 낳고 있는 것이다."[44] 이 글이 출판되고 난 후, 동

- Science (과학), Technology (기술), Engineering (공학), Mathematics (수학).

료 화학자들은 허들스키 교수와 그의 기고문을 규탄하기 시작했다. 영국 왕립화학회(Royal Society of Chemistry)와 독일화학회(German Chemical Society)는 성명서를 발표하고, 허들스키의 교수의 글이 "시대에 뒤떨어졌으며, 위협적이고, 차별주의적"이라고 말하며 다음의 의견을 덧붙였다. "우리는 허들스키의 편에 서지 않겠다. 우리가 일하는 직장과 우리의 문화, 또 사회 전반에서 다양성과 평등을 추구하는 것은 환상적인 일이다. 이 사실은 지난 수십 년간의 연구가 만들어 낸 압도적 증거를 통해 입증됐을 뿐만 아니라, 우리는 이 사실이 도덕적으로 납득 가능한 유일한 입장이란 점을 분명히 한다."

과학적 능력보다 인종적 다양성을 우선시하는 것이 환상적인 일이라는 걸 증명하는, 이들이 언급한 '압도적인 증거'란 과연 무엇일까? 왕립화학회와 독일화학회는 성명서에서 그러한 증거를 전혀 제시하지 않았다. 하지만 그들의 글에는 도덕적 주장들이(당연한 얘기지만, 비과학적 주장들이) 선명하게 드러나 있었다. 논란이 일자 허들스키 교수의 기고문을 출판했던 저널은 다음과 같은 입장문을 덧붙이며 해당 기고문을 삭제했다. "우리 저널에는 뭔가 매우 심각한 문제가 있었습니다. 앞으로 우리는 더욱 개선된 일 처리를 보여드릴 것을 다짐합니다." 이 여파로 두 명의 편집위원들이 자격정지 당했다. 또 노벨상 수상자들을 포함한 16명의 임원진들이 사퇴했다. 이들이 사퇴하며 공동 입장문을 내놓았는데, 그 글에서 그들은 "〈앙가반테 쉐미〉 저널의 출판 방침"을 규탄하며, 그 방침을 통해 "인종 및 성적 다양성이 억압됐다"고 주장했다. 동료

과학자들은 허들스키 교수의 파면을 촉구하고 나섰다.[45]

소결

2020년 10월 들어, 과학이 정치화됐다는 사실은(과학이 '입맛대로의 과학'으로 대체됐다는 사실은) 이전보다 더욱 분명해졌다. 미국에서 가장 인기 있는 과학 잡지라고 할 수 있는 〈사이언티픽 아메리칸(Scientific American)〉은 175년 잡지 역사상 최초로 대통령 후보를 공개 지지했다. 물론 당연한 얘기겠지만, 그들은 조 바이든을 지지했다. "우리는 이러한 결정을 가볍게 내린 게 아닙니다." 잡지 편집위원들은 말을 이어 갔다. "현존하는 증거와 과학은 도널드 트럼프가 미국과 미국 국민에게 심각한 피해를 입혔음을 보여 주고 있습니다. 왜냐하면 트럼프는 과학을 거부하기 때문입니다." 반면 이들 편집진은 조 바이든이 "우리 건강과 우리 경제, 또 우리 환경을 보호할 수 있는 사실에 기초한 계획"을 제시하고 있다고 주장했다. 물론, 편집위원들이 언급한 사실에 기초한 계획은 (확정적 과학이 아니라)논의의 여지가 있는 리버럴한 정책 처방들이었다. 하지만 〈사이언티픽 아메리칸〉 잡지는 '입맛대로의 과학'의 이름으로 입장문을 발표했다.[46] 이들에게 뒤처지지 않을세라, 〈네이처〉 역시 바이든을 지지했다. 〈네이처〉의 편집진은 다음과 같이 말했다. "우리는 가만히 서서 과학이 훼손되는 걸 두고만 볼 수는 없습니다."[47] 역시 권위 있는 의학 잡지인 〈뉴잉글랜드 의학저널〉은 코로나에 대한 대처를 이유로 들며 트럼프가 백악관에서 방을 빼야 한다고 주장했다. 물론, 코로나 사태 속에서 트럼프가 과격하고 모순되는 발언을 많이 하긴 했었다. 하지만 트럼프를 가장 강하게 비판하는 사람들조차도, 만약 그들이 정말 정직하다면, 취임 후 바이든이 자신만의 힘으로(전임 트럼프 정권에서 이양받은 과업들을 제외하면)* 코로나 방역을 향상시키는 어떠한 새로운 접근법도 만들어 내지 못했다는 점을 인정할 것이다. 2020년 미국 대선과 관련해 〈뉴잉글랜드 의학저널〉의 편집부는 다음의 입장을 내놓았다. "합리적인 사람들은 분명 후보들이 가지고 있는 많은 정치적 입장들에 대해 서로 다른 의견이 있을 것입니다. 하지만 진리는 리버럴하지도, 보수적이지도 않습니다."[48]

물론 과학은 리버럴하지도, 보수적이지도 않다. 하지만 '입맛대로의 과학'은(과학자들이 정치를 논하고, 정치인들이 과학의 경계를 정하는 과학의 급진화된 버전은) 분명 좌파 권위주의자들의 도구로 악용되고 있다. 또 이 같은 현상은 과학계 전반을 장악해 나가고 있다. 아직까지 미국인들은 그들의 담당 의사들이 자신들에게 진실을 말해줄 것이라고 믿고 있다. 아직까지 미국인들은 과학자들이 그들의 전문 영역 내에서 선을 지키며 발언할 것이라고 믿고 있다. 하지만

---

* 트럼프 정부가 "초스피드 작전(Operation Warp Speed)"이라 명명한 프로젝트를 통해 불과 1년 만에 코로나19 백신이 개발됐다. 이 같은 속도는 당초 개발에 최소 5년에서 길면 10년은 걸릴 것이라는 의학계의 예측을 한참 상회한 것이었다. 바이든은 트럼프 정부를 통해 개발된 백신을 그대로 인수인계 받은 상태에서 임기를 시작했다.

시간이 지날수록 과학자들과 의료계 종사자들은 자칭 주류 과학계에 소속됨에 따라 자동적으로 그들에게 부여되는 전문가로서의 정당성을 발로 걷어차는 행동들을 보여 주고 있다. 지금껏 세상을 놀라운 방식으로 변화시켜 온 과학 분야 전체가 무너져 내리기 전에, 우리는 과학에 대한 신뢰(scientific credibility)가 신흥지배계급에 소속됐다는 멤버십이 아니라, 과학적 과정 그 자체가 연구자에게 부여해 주는 순수한 정당성으로부터 비롯된다는 사실을 과학자들이 하루빨리 깨닫도록 희망할 수밖에 없다.

CHAPTER 5

당신의 권위주의적인 직장상사

2020년 12월 나는 한 여성 팬에게서 이메일을 받았다. 그녀는 〈포춘(Fortune)〉지 선정 미국 50대 기업에서 근무했는데, 그 회사는 "오직 피부색에만 근거해 사람들을 고용하고 리더십 위치에 올려놓는 인종 쿼터제"를 운용하고 있었다. 사내 미팅에 참석한 나의 팬은 기업이 인종별로 인원을 할당하는 인사정책을 실시해선 안 된다고 주장했다. 그녀의 증언에 따르면, (해당 발언 직후)미팅에 참석한 5명의 다른 직원들은 그녀의 매니저에게 연락해 심각한 우려를 표명했다고 한다. 그 사건에 대해 나의 팬은 다음과 같이 회고했다. "제 매니저는 제가 회사에 근무하기 적합한지 의심하기 시작했고, 저는 거의 직장을 잃을 뻔했어요." 이메일에서 그녀는 나에게 간단하게 질문했다. "지금 당장 저는 다른 회사를 알아봐야 할까요?"

나는 이와 비슷한 이메일을 하루에도 수도 없이 받는다. 지난 2년 동안 나에게 이 같은 이메일을 보내 주는 사람들의 숫자는 급격히 증가했다. 내가 진행하는 라디오 쇼 청취자와의 대화 코너에서 전화를 연결할 때면, 사내에서 단순히 반대 의견을 표현했다는 이유만으로 혹시 해고당해 생계를 위협받는 건 아닌지 걱정하는 직원들의 통화가 쏟아져 들어온다. 그리고 그들의 걱정에는 충분한 당위성이 있다.

과거 미국 기업들은 꽤 균형 잡힌 시각을 유지했으며 정파적이지 않았다. 만약 굳이 한쪽 성향을 선택해야 한다면 미국 기업들은 보수 성향을 지향하고 있었다. 2000년부터 2017년 사이, 주식 시장에 상장된 대기업 임원들 중 압도적 다수는 공화당에 후원금을 냈다. 전미경제연구소(National Bureau of Economic Research, NBER)가 실시한 조사에 따르면, 2000년에서 2017년의 기간 동안, 미국 CEO들 중 18.6%는 정기적으로 민주당에 후원금을 낸 반면, 그보다 훨씬 많은 57.7%의 CEO들이 공화당에 후원금을 냈다. 시간이 지남에 따라 전체 CEO들 가운데 공화당을 지지하는 CEO의 비율이 민주당을 지지하는 CEO보다 크게 증가하긴 했지만, 동시에 점점 더 많은 CEO들이 공화당에 후원금을 내기보다는 정치적 중립을 지키는 쪽으로 선회하기 시작했다. 전미경제연구소 조사에서 또 특기할 점은, 해당 기간 동안 전체 파이에서 정치적 중립을 지키는 CEO들의 숫자가 큰 비중을 차지하면서, 미국 다른 지역들에 비해 오히려 서부와 동북부(라 쓰고 캘리포니아와 뉴욕이라고 읽음)에서 민주당과 공화당 사이 후원금의 격차가 훨씬 좁혀졌다는 사실이다.[1]

하지만 오늘날 미국 기업들은 좌파 독재를 수호하는 집단으로 변질됐다. '흑인의 생명은 소중하다(BLM)' 시위가 한창이었던 2020년 여름, 미국에서 사업하는 거의 모든 주요 기업은 미국 사회에 만연한 시스템적인 차별을 규탄하는 성명서를 발표하며 좌파 깨시민들의 주장을 앵무새처럼 반복했다. 게다가 거의 모든 기업은 직원들에게 내부 공지를 보냄으로써 회사의 대외적 입장과 반대 의견을 내는 사람은 불이익을 받을 것이라는 무언의 압력을 넣었다. 전통적으로 공화당 성향이었던 월마트는 CEO 더그 맥밀런(Doug McMillon) 명의로 성명서를 내고 앞으로 월마트가 "시스템적 인종차별 구조를 대체하는 데 기여하고, '흑인의 생명은 소중하다'는 신념에 대한 우리의 헌신을 확고히 하는 공평과 정의의 체제를 사내에서 만들어 가겠다"고 약속했다. 또 맥밀런은 "월마트에서 일하는 흑인 직원들, 아프리카계 미국인 직원들의 의견을 경청하고, 배우고, 존중할 것이며 앞으로 소수 인종 고용을 늘릴 것"이라고 말했고, "미국 사회에 만연한 구조적 인종차별 문제를 다루고 공평을 확립하는 노력을 제고해 나가는 방향으로 월마트 직원들을 교육하기 위해" 1,000만 달러의 예산을 지출하겠다고 공언했다.[2] 하지만 지난 2020년 여름, BLM 시위에 따른 약탈과 방화로 인해 월마트 지점 수백 개가 문을 닫았어야 했다는 사실은 전혀 언급되지 않았다.[3]

　미국 주요 기업들은 인종차별과 더 나아가 미국에 만연한 소위 '제도적인 인종차별'을 규탄하는 성명을 앞다투어 발표했다. 이들 중 많은 회사는 유사 종교에 가까운 자기만족 행위를 실현하기 위해 기금을 출연하겠다고 서약했는데, 그런 발표를 하면 (인종차별적)기득권 제도에 기업이 공범으로 가담했다는 좌파의 공격을 무마할 수 있다고 생각하는 것 같았다. 애플의 CEO 팀 쿡(Tim Cook)은 성명서를 발표하고 미국의 인종차별적 역사는 "폭력의 형태로 드러낼 뿐만 아니라, 우리가 날마다 경험하는 사회 깊숙이 뿌리 박힌 차별은 오늘날도 여전히 진행되고 있다"라고 말하며 시스템에 따른 인종차별이 미국 사회에 존재하는 거의 모든 사회적 문제의 원인이라고 주장하는 진보 단체 '평등한 정의를 위하여(Equal Justice Initiative)'에 기금을 출연하겠다고 공언했다.[4] 마이크로소프트의 CEO인 사티야 나델라(Satya Nadella)도 성명서를 발표하고 "우리는 우리가 가진 플랫폼과 자원을 활용해 제도적 인종차별 문제를 해결해야 한다"라고 말했다.[5] 또 그 성명서에서 나델라는 마이크로소프트가 앞으로 "2025년까지 미국 근무지에서 흑인 매니저, 흑인 수석 팀장, 흑인 임원 등의 숫자를 두 배로 늘리는 데 초점이 맞춰진 '다양성과 포용을 위한 투자(diversity and inclusion investment)' 프로그램을 위해 1억 5천만 달러의 예산을 편성하겠다"고 발표했다.[6] 넷플릭스 역시 "침묵은 곧 동조"라는 내용이 담긴 성명서를 발표하고, "흑인 커뮤니티에 경제적 기회를 제공하기 위해" 1억 달러의 예산을 지원하겠다고 약속했다. 이 같은 약속은 흑인이 재학생의 다수를 차지하는 대학들(black colleges)에 1억 2천만 달러를 기부하겠다고 발표한 넷플릭스 CEO 리드 헤이스팅스(Reed Hastings)의 발언 직후 언론을 통해 공개됐다.[7]

심지어 인종차별 이슈와 전혀 관계가 없는 회사들도 너나 할 것 없이 이 흐름에 끼어들었다. 아이스크림 회사인 벤앤제리스(Ben &

Jerry's)는 다음과 같은 성명서를 발표했다. "우리는 백인우월주의를 해체해야 합니다. 조지 플로이드에서 일어났던 일은 그저 하나의 나쁜 사례(bad apple)가 아닙니다. 조지 플로이드 사건은 건국 때부터 피부가 검은 사람들을 적으로 간주해 왔던 인종차별적이고 편견에 사로잡힌 미국 시스템이 필연적으로 만들어 낼 수밖에 없었던 예측 가능한 결과물이었습니다."[8] 또 이런 이야기를 하면서 미국 사탕 브랜드 거셔스(Gushers)와 어린이용 젤리 브랜드 프룻바이더풋(Fruit by the Foot)이 파트너십을 맺고 미국의 제도적 인종차별에 맞서기 위해 "우리는 정의를 위해 싸우는 사람들을 응원합니다"라는 구호를 마케팅에 포함했다는 사실을 빼먹는다면, 그건 크나큰 실수일 것이다.[9]

위에서 언급된 CEO들의 성명서와 그들이 보여 준 행동이 그저 의미 없는 눈물 쇼에 지나지 않았다고 생각한다면 큰 오산이다. 성명서가 발표된 후부터 미국 기업들은 사내 조치를 통해 미국 사회 제도적 인종차별과 관련된 급진 좌파의 주장을 직원들에게 강요하기 시작했다. 수많은 기업들이 직원들에게 소위 말하는 '다양성 교육(diversity training)'을 실시했는데, 이 교육 커리큘럼에는 백인 정체성(whiteness) 그 자체에 대한 질책과 미국 사회에 만연한 백인 우월주의의 사악함을 꾸짖는 내용들이 대거 포함되어 있었다. 이 같은 정론(定論, orthodoxy)에 반대 의견을 내는 사람들은 정직되거나 해고당할 수 있었다. IT 네트워크 기업 시스코(Cisco)의 직원들은 "모든 생명은 소중하다(All Lives Matter)"는 문구를 사용하며, '흑인의 생명은 소중하다' 운동은 오히려 인종차별을 조장하고 있다고 말했는데, 그 발언을 했다는 이유로 그들은 직장을 잃었다.[10] NBA팀 새크라맨토 킹스의 중계진이었던 그랜트 네이피어(Grant Napear) 역시 "모든 생명은 소중하다"는 트윗을 올렸다는 이유로 해고당했다.[11] 매사추세츠 대학 로웰 캠퍼스(University of Massachusetts Lowell) 간호 대학의 학장이었던 레슬리 닐-보일란(Leslie Neal-Boylan) 은 "흑인의 생명은 소중하지만, 모든 사람의 생명 또한 소중합니다(BLACK LIVES MATTER, but also, EVERYONE'S LIFE MATTERS)"라는 글을 올린 후 교수직을 잃었는데, 사실 따지고 보자면 닐-보일란의 발언은 간호학의 모토 그 자체이기도 했다.[12] 또 카메라 관련 기업 B&H 포토(B&H Photo)에서 일하는 한 직원은 "나는 'BLM' 단체에서 인종, 민족, 종교, 신념 등에 관계없이 모든 생명은 소중하다고 말하고, 그들의 이름으로 자행되고 있는 폭력을 규탄하기 전까지는 그 단체를 절대 지지할 수 없습니다. E Pluribus Unum!"* 라고 말했다는 이유로 직장에서 해고당했다.[13]

심지어 기업 경영진 또한 이 압박으로부터 자유로울 수 없었다. 피트니스 회사인 크로스핏(CrossFit)의 CEO 그렉 글래스맨(Greg Glassman)은 조지 플로이드와 관련해 논란이 되는 발언을 했다는 이유로 CEO직에서 물러나야 했다. BLM시위에 대해 내놓은 성명서에 진정성이 충분히 담기지 않았기 때문에 시 재단(The Poetry Foundation)에서 일하는 직원 두 명은 사직서를 제출해야 했다. 음식 관련 이야기를 다루는 잡지 〈본 에피팃(Bon Appétit)〉의 편집장 아담

---

* 라틴어로 '여럿으로 이뤄진 하나(out of many, one).' 미국 국가 신조.

라포포트(Adam Rapoport)는 과거 그가 푸에르토리코 사람들 스타일로 옷을 입고 우스꽝스럽게 찍은 사진이 논란이 되자 비판에 시달렸고, 곧 사직서를 제출했다.[14]

한 가지 분명한 사실은 앞서 언급된 회사들 가운데 단 한 곳도 (이들은 인원을 채용하고 해고하며, 또 소비자들로부터 혜택을 받는다는 점에서 모두 자유 시장의 엄청난 수혜자들이다) 좌파 권위주의자들과 같은 방식으로 미국 사회에 제도적 인종차별이 만연하다고 믿는 실제 기업이 없다는 사실이다. 이들 기업들은 대다수의 미국인들이 "구조적 인종차별"이란 단어를 들으면 즉시 머릿속에 떠올리는 것처럼, 미국 사회에 어느 정도 인종차별이 존재한다는 생각을 하고 있을 뿐이다. 물론 미국 기업들이 '흑인의 생명은 소중하다'라고 말하는 이유는 흑인의 생명이 실제로 소중하기 때문이기도 하다. 하지만 '흑인의 생명은 소중하다'는 구호 그 자체는 각기 다른 다양한 의미들을 내포하고 있다(semantically overloaded)는 사실을 기억해야 한다. 따라서 사람들이 해당 구호를 외칠 때, 그 구호가 흑인의 생명이 가치 있다는 뜻으로 사용되고 있는지(그 누구도 이 입장을 부정하지 않는다), 사악한 미국 시스템이 오늘날 흑인들의 삶을 평가절하시키고 있다는 의미로 쓰이고 있는지(이 경우에는 극단적인 주장으로서, 이 주장을 뒷받침하는 증거가 충분히 존재하지 않는다), 아니면 실존하는 단체인 'Black Lives Matter'가 추구하는 행동들을 지지한다는 뜻인지(이 단체는 마르크스주의를 추종하는 급진 좌파성향을 갖고 있다) 명확하게 구분되지 않는다는 데 문제가 있다. 이 상황에서 기업들은 그저 돈을 벌기 위해 행동하고 있을 뿐이다. 언제나 그러했듯 말이다. 문제는 바로 여기에서 발생한다.

    우리가 지금껏 살펴본 바와 같이 권위주의 좌파 세력은 미국의 구조적 인종차별이 미국 사회 모든 영역에서 명백하게 나타나고 있다고 주장한다. 이들은 미국인들의 삶에서 발생하는 모든 종류의 불평등이 백인 기득권을 옹호하는 미국 시스템이 만들어 내는 근본적인 불공정의 문제로 소급된다는 생각을 하고 있다. 이 말인즉, 소위 "시스템적 인종차별"이라는 거짓말을 퍼뜨리고 있는 좌파 권위주의자들은 성공한 미국 기업들의 존재 자체를 미국 사회에 만연한 시스템적 인종차별의 실체를 입증해 주는 증거물로 인식하고 있다는 뜻이다. 이들은 미국 사회가 뼛속까지 인종차별적이라는 주장을 뒷받침하기 위해, 성공한 기업들이 우리의 존재를 갉아먹고 있다는 논리를 펼치고 있다.

    자신의 존재 자체를 악으로 규정하는 사람들을 지지하고 응원하는 척하는 미국 기업들의 모습은 정말이지 아이러니하다. Black Lives Matters 단체의 공동 설립자인 패트리스 컬러스(Patrisse Cullors)는 다음과 같은 표독스러운 입장을 내어 놓았다. "우리는 이념적 프레임을 가지고 있습니다. 특별히 저와 앨리시아(Alicia)는 훈련된 활동가들입니다. 우리는 훈련된 마르크스주의자들입니다. 우리는 다층적인 이념 성향을 가지고 있습니다. 그리고 앞으로 우리가 진짜 하려 하는 일은 정말 많은 흑인들에 의해 활용될 수 있는 하나의 거대한 운동을 만들어 내는 것이라고 생각합니다." 또 Black Lives Matter의 워싱턴 D.C. 지부는 "백인 우월주의, 자본주의, 가

부장제, 그리고 식민지화로 점철된 제도와 시스템들을 철폐함으로써 흑인들을 해방할 수 있는 환경을 만들어 나가야 한다"고 공공연하게 주장했다.[15]

하지만 기업에서 일하는 직원들은 미국의 장점과 선함에 대해 목소리를 내기를 두려워하고, 인종 편애적이며, 인종 분리주의적인 좌파들의 주장을 공개 비판하길 두려워한다. 미국 기업들이 BLM 운동에 대한 연대와 지지를 표현하기 위해 '검은색 사각형(Black Square)'을 인스타그램 공식 계정에 올리기 시작했을 때, 사내에서 안전을 보장받기를 원했던 기업 직원들 다수는 같은 사진을 소셜 미디어에 올리며 보여 주기식 미덕 과시(virtue signaling)에 함께 가담하기 시작했다. 왜냐하면 시간이 지날수록 정치화되는 회사 분위기에 편승하지 않으면 직장 상사에게 밉보여 해고를 당할 수 있기 때문이다.

더 심각한 점은 미국인들이 과거 자신이 한 행동이 발각되는 즉시 언제든 '취소' 당할 수 있는 두려움 속에 살아가는 사실이다. 이건 단지 당신이 소셜 미디어에 올리는 글이나 사진을 회사 측에서 발견하는 정도에 그치는 게 아니다. 오늘날 미국에서 발생하는 현상은 언론의 주도하에 이뤄지는 일종의 밀고 문화(culture of snitching)라고 할 수 있는데, 여기 한번 잘못 걸리기만 하면 당신이 10년 전 페이스북에 썼던 글이 어느 날 불쑥 나타나 직장을 잃게 만들 수도 있다. 인터넷 용어로 '다시 떠오르기(resurfacing)'라 알려진 이 현상은 당신을 별로 좋아하지 않는 사람이 당신이 '과거에 썼던 나쁜 트윗(Bad Old Tweet)'을 찾아내 그걸 캡처한 후, 직장에서

잘리게 할 목적으로 당신의 회사에 해당 정보를 넘겨 주는 행위를 뜻한다. 문제는 실제로 이게 효과가 있다는 데 있다. 미국 사회에서 '다시 떠오르기' 현상이 너무나 빈번하게 발생한 나머지 2018년 NBC 뉴스는 "어떻게 하면 오래된 트윗이 되살아나 당신을 괴롭히기 전 그걸 효과적으로 지울 수 있는지"에 대한 지침을 방송으로 내보내기도 했다.[16] 이 모든 건 미국인들을 침묵시키는 효과를 가져왔다.

비즈니스 세계에는 특성상 하향식으로 강요되는 규칙 준수, 해고당할 수 있다는 위협, 또 외부 결과에 대한 두려움이 상존해야 한다. 얼핏 생각하면 말이 안 되는 이야기이기도 하지만, 기업 경영진들이 한쪽 이념에 편승해 줄을 서게 되자, 권위주의 좌파 사상의 과잉을 가장 효과적으로 막아 내는 제도적 기둥이었던 미국 기업들은 속절없이 무너져 내리고 말았다. 분명한 건 기업 경영진들이 한쪽 진영으로 줄을 서 버렸다는 사실이다.

이해관계의 합류지점

미국 기업들이 권위주의 좌파 사상을 적극 받아들인 현상을 이해하기 위해선 먼저 다음의 간단한 진실을 직시해야 한다. 바로 기업들은 이념적으로 자유 시장을 옹호하는 데 초점이 맞춰진 집단이 아니라는 사실 말이다. 물론 몇몇 CEO들이 자본주의 친화적일 수는 있다. 하지만 다수의 CEO들은 그렇지 않다. 확실한 건 모든

CEO들이 이익 추구를 최우선순위로 삼는다는 사실이다. 이 말은 곧, 역사적으로도 증명되긴 했지만, 이해관계만 맞아떨어진다면 기업 경영진들은 정부 보조금(구제금융)을 지급받는 데 전혀 거부감을 느끼지 않는다는 뜻이다. 기업들은 '규제 포획(regulatory capture)'을 익숙하게 자행해 왔는데, 규제 포획이란 기업을 관할하는 법률 및 규제를 만드는 입법 행정 과정에 기업이 직접적으로 개입하는 행위를 의미한다. 기업들은 정부와의 관계를 통해 돈을 벌 수만 있다면 정경유착을 하며 정치세력과 한통속이 되는 모습을 종종 보여 왔다. 정부 입장에서도 이런 관계를 딱히 마다할 이유는 없었다. 결국 이 모든 건 통제에 관한 일이기 때문이다.

게다가 기업들은 기꺼이 정부가 지정해 준 법률적 테두리 안에서만 사업을 실시하려는 마음이 있었다. 특별히 법적 책임(liability)을 제한하는 영역에서 말이다. 1960년대 이후 민권의 개념이 점진적으로 확대됨에 따라 시민들은 기업에도 법적 책임을 물을 수 있게 되었다. 1964년 통과된 민권법(Civil Rights Act) 및 기타 관련 법안들은 단순히 정부 차원의 차별만을 금지하지 않았다. 민권법이 통과됨에 따라 피해자 집단으로 구성된 새로운 계급이 탄생하게 되었고, 이들은 사실상 차별의 증거를 거의 제시하지 않고도 마음만 먹으면 한 기업을 통째로 날려 버릴 수 있는 막강한 권한을 갖게 됐다. 이런 상황에서 각종 소송과 사내에서 영향력을 확대해 가는 '신흥지배계급'의 정치력을 두려워하게 된 미국 기업들은(신흥지배계급은 특별한 선택을 받은 이들에 의해 한 사회가 하향식으로 엔지니어링(디자인)될 수 있다고 믿는 사람들이다) 당대의 정서를 추종해 나갈 수밖에 없었다. 이 현상에 대해 크리스토퍼 칼드웰은 『정부 지원 혜택의 시대(The Age of Entitlement)』라는 책에서 다음과 같이 말한다.

"기업 경영진과 광고주들, 또 언론계 대부분은 법의 요구사항과 그 법이 어떻게 작동하는지, 또 그 법이 어떤 완곡어법을 통해 존중받는지를 다루는 제반 사항들을 실용적 관점에서 수용하게 되었다. (중략) 60년대 이후 새롭게 탄생한 직책인 '최고 다양성 관계자(chief diversity officer)'와 '다양성 준수 담당자(diversity compliance officer)' 등은 회사 내부에서 일하면서 20세기 공산당 정치위원(commissar)과 같은 역할을 맡게 된다. 이들의 업무는 이사회 구성원 또는 회사 야유회 등에 다양성이 충분히 반영돼 있는지를 점검하는 것이었다."[17]

또한 우리는 기업이 소비자에게 영합하는 집단이라는 점을, 특별히 가장 열성적인 고객들에게 반응한다는 사실을, 인지해야 한다. 구매력이라는 측면을 고려할 때 이 같은 사실은 기업 내에서 재정상화의 촉매가 될 수 있다. 만약 변치 않는 신념이 확고한 충분한 숫자의 고객들이 이념적 코어 그룹을 형성한다면 기업은 그들을 달래기 위해 각종 유화책을 사용하게 된다. 최근 발표된 연구 결과에 따르면, 미국 사회가 더욱 양극화됨에 따라 더욱 많은 사람들이 그들이 사용하는 기업 브랜드가 정치적인 목소리를 내줄 것을 희망하는 것으로 나타났다. 한 연구 조사에 따르면, 약 70%의 미국인들은 그들이 이용하는 브랜드가 정치 사회적 목소리를 내 주면 좋겠다고 생각하는 걸로 드러났다. 약 55%의 응답자들은 자신의 정치적 입장을 대변하지 않는 기업들로부터 물건을 사지 않을 것이라고 답하기도 했다. 또 34%의 사람들은 자신과 정치적으로 입장이 다른 기업자들에게 결코 돈을 지출하지 않겠다고 말했다.[18]

　기업 상품에 정치적 입장을 결부하는 태도는 거의 전적으로 좌파 성향 사람들 사이에서만 나타난다. 이 사실을 보여 주는 흥미로운 연구 결과가 있다. 경영학 교수 제임스 베일리(James R. Bailey)와 힐러리 필립스(Hillary Phillips)는 「하버드 비즈니스 리뷰(Harvard Business Review)」에 제출한 논문에서 '존스 기업(Jones Corporation)'이라는 가상의 회사에 대한 시민들의 반응을 조사했다. 이들의 연구에 따르면, 존스 기업이 보수 성향 회사라고 광고됐을 때, 설문조사에 응한 사람들 중 33%는 존스 기업의 정치적 성향 때문에 제품을 구매하지 않겠다고 말했고, 25.9%는 해당 기업의 제품을 구매할 가능성이 줄어들었다고 답했으며, 43.9%의 응답자들은 그 기업에서 일하고 싶지 않다고 말했다. 반면 연구자들이 존스 기업을 리버럴 성향이라고 광고했을 때는 응답자들 사이에서 그 어떠한 부정적 효과도 나타나지 않았다. 이 연구 결과에 대해 다음과 같은 분석을 내놓았다. "어떤 회사가 보수적 성향이냐 리버럴 성향이냐 문제는 공화당 지지자들의 구매 결정에 어떠한 영향도 주지 않았다. 하지만 민주당 지지자들에게는 큰 영향을 주었다. (중략) 존스 기업이 보수적 입장을 가졌다고 광고됐을 때 스스로를 민주당 지지층으로 인식하는 사람들 사이에서는 기업에 대한 호감도가 33%나 감소했다." 결국 내용을 종합해 보면, 소비자들은 기업이 디폴트 값으로 리버럴 성향인 것이 "정상적인 기업 운영 방식"이

라고 생각하고 있었다. 기업이 보수 성향이라고? 그렇다면 그건 처벌받아 마땅한 행동이었다.[19]

또 일상적인 운영에 있어서 기업들은 일정함(regularity)을 추구한다. 기업들은 무슨 수를 써서라도 논란을 회피하려는 성질을 갖고 있다. 여기서 말하는 논란이란 법적 책임을 묻는 것, 성난 소비자들을 상대하는 것, 심지어 화가 난 직원을 다독거리는 모든 일들을 포함한다. 과거 사내 직원들이 경험한 불만은 '고분고분한 직원(the company man)' 같은 형태로 나타나곤 했다. 여기서 말하는 '고분고분한 직원'이란, 회색빛 정장을 입고 표정이 경직된 전형적인 회사원을 뜻한다. 보수 또는 진보 할 것 없이, 사람들은 기업의 강압적인 사내 문화를 불편하게 받아들였다. 하지만 오늘날 기업들은 깨시민사상이라는 우물에서 어떻게 하면 마법처럼 마르지 않는 샘물을 벌컥벌컥 들이마실 수 있는지를 발견하게 됐다. 채용 과정에서 '정치적 올바름'이라는 좌파적 지침을 철저히 따름으로써 "(불합리한)기업 문화"에 대해 불거질 수 있는 비난을 피해 갈 수 있게 된다. 결국 미국 기업들은 '입맛대로의 다양성(Diversity™)'을 추구하게 됐는데, 이들이 생각하는 '다양성'이란 단순히 각기 다른 인종, 성별, 키, 나이, 머리카락 색 등을 가진 다양한 사람들을 한데 모아 놓는 걸 의미했다. 또 이 합집합에 소속된 사람들은 정확하게 같은 방식으로 사고하고 있었으며, 그들 중 누군가가 다른 목소리를 낸다는 사실을 발견하는 즉시 그 사람에게 집중포화를 퍼부었다.

오늘날 미국 기업 경영자들은 깨시민 성향 직원들을 극도로 두려워하며, 매사에 그들의 눈치를 본다. 과거 직장 상사들은 세상 물정 모르는 듯 행동하며 사내에서 말썽 피우는 직원에게 자리로 돌아가 밥벌이나 똑바로 하라고 분명히 엄포를 놓을 수 있었던 반면, 오늘날 직장 상사들은 깨시민 후임이 요구하는 모든 걸 어떻게든 맞춰 주려 노력하고, 심지어 정치적으로 민감한 일이 발생하는 시기에는 정신 건강을 위해 후임들의 휴가까지 모두 챙겨 줘야 하는 지경에 이르게 됐다.

마지막으로 우리가 기억해야 할 건, 앞서 언급한 세 가지 요소들에 비춰 볼 때(정치적 올바름이라는 지침을 위반한 기업들이 경험하게 되는 법적 처벌, 정치적 동기를 바탕으로 영향력을 행사하려 하는 소비자들, 반대 의견을 용납하지 않으려는 권위주의 좌파 성향 직원들), 기업 내부에서 진짜 권력을 휘두르는 사람들은 CEO를 비롯한 임원들이 아니라는 사실이다. 오늘날 미국 기업들을 좌지우지하는 최고 결정권은 위의 세 요소를 모두 통제하는 언론이 가지고 있다. 언론이 기업 평판에 해로운 악성 헤드라인을 하나 날리기만 하면 해당 기업의 전체 분기 실적은 곤두박질쳐 버린다(주가가 급락하기 때문에). 미국에서 활동하는 모든 기업들은 오직 좌파 권위주의자들의 입장을 대변할 때라야만 기업계가 올바른 처신을 할 수 있다고 생각하는 주류 언론의 노예가 되어 가고 있다. 내부 직원이 회사와 연관된 법정 분쟁들을 〈뉴욕타임스〉에 흘려서 〈뉴욕타임스〉가 해당 사안에 대해 곧바로 온 언론을 도배하게 만드는 건 그리 어렵지 않다. 영상의 특정 부분을 악의적으로 편집해 그걸 〈미디어 매터(Media Matters)〉 같은 좌파 단체에 넘겨 줌으로써 소비자들의 보이콧을 유발하게 하는 것 역시 그리 어려운 일이 아니다. 정부 관련자들에게 압력을 넣어 권위주의 좌파가 생각한 기준을 위반한 것처럼 보이는 기업들에게 패널티를 부과하는 것 역시 그리 어렵지 않은 일이다. 그렇기 때문에 오늘날 기업은 두려움에 떨며 살아가고 있다.

착한 척하는 기업들의 은밀한 비겁함

이처럼 두려움을 느낀 기업들은 한때 어떤 경우이든 논란을 최대한 피하는 쪽으로 행동했다. 하지만 좌파 권위주의자들의 기준이 "침묵해야 한다"에서 "침묵은 곧 범죄"로 변화하게 되면서, 기업들 역시 처세술을 바꾸게 된다. 기업들은 권위주의적 좌파 세력에 종속됐다는 사실을 공식적으로 시인했고, 보그(the Borg)*처럼 기능하는 좌파 세력의 지휘하에서 서로 간의 연대를 일사불란하게 강화해 나가기 시작한다. 이 같은 현실은 좌파 세력의 신호가 떨어지자마자 기후 변화에서부터 전 국민 의료보험 의무가입, 낙태 찬성 활동, BLM 시위 지원 등 좌파적 명분에 적극 개입하는 미국 기업들의 행태에서 가장 극명하게 드러난다.

사실 기업인들이 좌파 세력의 명분에 열광하며 박수를 쳐 주기로 한 이유는, 그렇게 하면 좌파 세력이 칼자루를 쥐고 숙청해 나갈 때 기업들이 가장 나중에 단두대에 설 수 있다고 판단했기 때

• 미국 드라마 시리즈 〈스타트렉(Star Trek)〉에 등장하는 우주 좀비 종족.

문이다. 기업인들은 자본주의가 옳다는 사실을 이해하고 있다. 다만 그들은 정경유착의 과정 속에서 조금씩 이익을 얻어 나가길 희망할 뿐이다. 수백 년 전, 정부는 회사들을 분류해 각 업체에 특정 분야에 대한 독점권을 안겨 주었다. 오늘날 기업들은 정부 권력을 장악한 권위주의 좌파 세력에게 간택받기 위해 치열한 경쟁을 펼치고 있으며, 각종 사업 허가권을 받아 내고, 반자본주의적인 좌파 권위주의자들로부터 어떻게 하면 예외적인 혜택을 받아 낼 수 있을까 눈치를 보며 고심하고 있다. 물론 여기에는 하나의 조건이 따른다. 권위주의적 좌파의 우선순위를 앵무새처럼 대변해 줘야 한다는 것이다. 따라서 2020년 12월, 수천 개 공개 기업들의 주가를 커버하는 나스닥(NASDAQ)은 앞으로 나스닥에 상장된 회사들의 경영진 구성에 있어 인종별 쿼터를 준수해 달라고 요청했다는 사실을 발표했다.

〈월스트리트저널〉에 따르면 나스닥은 미국 증권거래소(SEC)에 보낸 공문에서 앞으로 그들이 "상장된 회사들에 최소한 한 명의 여성을 이사진에 포함하고, 소수 인종 또는 자신을 레즈비언이나 게이, 양성애자, 트랜스젠더, 또는 성적 특이 취향(queer)으로 인지하는 사람 한 명을 임원으로 임명할 것을 요청했다"고 한다. 이와 같은 권고사항을 받아들이지 않는 기업들은 불이익을 받게 될 것이고, 다양성 요구조건을 충족하지 못한 기업들은 구체적 이유를 설명해야 하며, 심할 경우 나스닥에서 퇴출당할 수도 있다는 내용이 뒤따랐다. 물론 이 같은 요구사항을 지킨다면 소형 기업들이 가장 큰 타격을 입게 될 것이 뻔했지만, 나스닥은 그들이 망가지든

말든 별로 관심이 없는 듯해 보였다. 뉴욕증권거래소(New York Stock Exchange) 역시 비슷한 방식으로 내부 권고위원회를 만들고, 주식 시장에 상장된 기업들은 임원진을 "다양하게" 만들어 나가야 한다는 입장을 분명히 했다. 투자은행 골드만삭스도 입장문을 내고 앞으로 "다양성 있는" 임원진을 보유하지 않은 기업의 상장 절차(IPO)를 돕지 않겠다고 발표했다. 과거 집단으로서 정체성이 아니라 개인의 능력에 따라 사람들을 판단해야 한다고 목소리를 높였던 민권운동 단체들은 오늘날 정반대의 입장을 취하고 있고, 한때 실력중심주의를 옹호하는 듯해 보였던 기업들은 도덕적 가치 전도(moral inversion)를 추구하는 실정이다.[20]

많은 사람들은 소위 이해관계자 자본주의(stakeholder capitalism)라는 명목으로 이 같은 현상을 합리화하고 있다. 2020년 말쯤, '다보스 포럼'이라 알려진 세계경제포럼(World Economic Forum)의 창립자인 클라우스 슈왑(Klaus Schwab)은 "그레이트 리셋(Great Reset)"이라고 부르는 개념을 지지한다는 입장을 발표했다. 〈타임〉지와 했던 인터뷰에서 슈왑은 코로나 사태가 다음의 중요한 질문을 우리에게 던져 줬다고 말했다. "이 사태가 마무리된 후, 정부 및 기업 관계자들, 또 중요한 이해관계에 관여하고 있는 당사자들(stakeholders)은 진정 더 나은 방향으로 변하게 될까? 아니면 다시 과거와 같은 일상으로 돌아가게 될까?" 사실, 이건 정말 이상한 질문이었다. 팬데믹 사태가 터지기 전 세계 경제는 호황기를 맞이하고 있었다. 미국에서 실업률은 역사적 최저치를 기록했고 강력한 경제 성장이 발생하고 있었다. 그렇다면 슈왑은 도대체 왜 기업들이 "더 나은 방향으로 변화해야" 한다고 말했던 것일까? 무엇보다 여기서 슈왑이 말한 "더 나은 방향"은 무엇을 의미할까?

슈왑에 따르면 문제는 바로 자유 시장이었다. 슈왑은 다음과 같이 말했다. "자유 시장과 무역, 또 경쟁은 너무나 많은 부를 창출해 내기에, 이론상으로 사람들의 의지만 뒷받침된다면 그 제도는 모든 이들의 환경을 개선시킬 수 있다고 믿는 사람들이 있습니다. 하지만 오늘날 우리가 살아가는 현실은 전혀 그렇지 않습니다." 슈왑은 말을 이어 갔다. "자유 시장은 불평등과 기후 변화를 초래하고 있습니다. 국제적 민주주의는 사회 불화와 불만 발생에 기여하고 있습니다. 슈왑의 주장에 따르면 이제 우리는 "정부가 시장 기능을 분명히 규제하는 걸 탐탁지 않게 생각하는" 사고방식, "시장이 가장 잘 알아"라고 생각하는 "교조적 믿음"에서 벗어날 때가 된 것이었다.

그 대신 슈왑은 주주들(shareholders)의 입장을 우선시하는 데 초점 맞추지 않고, 소위 '이해관계자들(stakeholders)'의 입장을 대변하는, 다시 말해 소수의 사람들이 아니라 공공선(public good)과 모든 이들의 안녕을 우선시하는 방향으로 작동하는 "보다 나은 경제적 시스템"을 도입할 것을 제안했다. 이 같은 경제 시스템에서는 과연 무엇이 한 기업의 성공을 평가하는 척도가 될까? 분명 실적은 아닐 것이다. 그 같은 경제 시스템 속에서 회사의 성공 여부는 "성별 임금 격차", 직원 구성의 다양성, 온실가스 감축 정도, 세금 납부 금액 등에 의해 결정될 것이다. 기업들은 더 이상 가장 좋은 가격에

재화와 서비스를 생산해 가장 많은 고객에게 판매하는, 소위 좌파들이 비열하다고 낙인찍는 행동을 하지 않을 것이다. 오늘날 미국 기업들은 좌파에게 잘 보이려고 노력하고 착한 척하는 데 혈안이 되어 있다.[21]

　"주주 자본주의(shareholder capitalism)"가 아니라 "이해관계자 자본주의(stakeholder capitalism)"에 열중하는 태도는 시간이 지날수록 미국 기업계에서 인기를 얻고 있다. 이런 현상이 발생하는 이유는 이해관계자 자본주의를 선택하면 기업 경영진이 정치권력이라는 레버리지를 활용할 수 있게 되기 때문이다. 기업 경영진은 거대한 왕국의 꼭대기에 걸터앉아 다수의 대중에게 도움되는 행동을 하며 생색내는 플라톤이 말한 철인왕(philosopher king) 같은 존재가 되었는데, 오늘날 기업인들은 예금과 신뢰를 회사의 발전을 위해 기꺼이 내어 놓은 '탐욕스러운' 투자자들과 '비천한' 주주들에게 전혀 책임지지 않아도 되는 사람들이 되었다. 정치권력을 장악한 좌파 권위주의자들은 이 같은 현상을 매우 바람직하게 생각하는데, 왜냐하면 이들은 경영진의 사전 승인하에 미국 기업자들에게 소위 공공선을 위한다는 명분을 들먹이며 규제와 각종 사회적 의무들을 부과할 수 있게 되었기 때문이다. 무서운 주식 시장에 대한 반감을 노골적으로 드러냈던 바이든이 "주주 자본주의의 시대를 끝낼 때가 됐다"고 선언한 건 놀라운 사실이 아니었다.[22] 미국 기업인협의회(US Business Roundtable) 역시 바이든과 같은 생각을 하고 있었는데, 2019년 8월 공표한 성명서에서 미국 대표기업 임원들은 다음과 같이 설명했다. "우리 회사들이 기업으로서 각자의 목적을 추구하는 반면, 우리는 '모든' 이해관계자들에 대한 근본적 책임을 함께 공유합니다."

우선순위를 배정하는 데 주주들을 차순위에 두는 태도는 얼핏 보면 친절하고 나이스해 보인다. 하지만 실제로는 전혀 그렇지 않다. 오히려 그건 사악한 태도다. 주주들이 우선순위에서 밀려나면, 회사에 단돈 한 푼도 투자하지 않은 이름 없는 사람들이 기업을 장악하게 된다. 또 기업 임원들은 정부 공무원들, 언론인들, 정치적으로 생각이 같은 동료들을 위해 재량을 사용하며 제약받지 않는 막대한 권한을 누리게 된다. 자본주의가 모든 사람에게 부와 번영을 가져다주는 이유는 그것이 근본적인 진리에 뿌리내리고 있기 때문이다.

자본주의의 핵심 개념은 다음과 같다. 당신의 노동은 온전히 당신의 것이며, 당신은 내가 원하는 무언가를 내게 답례로 주지 않는 이상 나의 노동을 요구할 어떠한 권리도 없다는 사실이다. 이해관계자 자본주의는 부와 번영을 만들어 내지 못한다. 이해관계자 자본주의는 그저 정당하게 얻지 않은 도덕적 우월감을 조장할 뿐이며, 경제 성장의 엔진인 기업을 정부와 유사한 집단으로 변질시킴으로써 그들이 원래 최우선적으로 신경 써야 하는 주주들을 외면하게 만드는 결과를 초래하게 된다. 이와 동시에 이해관계자 자본주의가 확산되면 본업인 경영 그 자체에만 집중하는 기업들은 뭔가 도덕적으로 의심스러운 집단이라는 거짓말이 사회 내에서 횡행하게 된다.

반대자들 파괴하기

2020년 10월, 업무 비용 관리 업체 익스펜시파이(Expensify)의 CEO 데이비드 배럿(David Barrett)은 그의 회사를 이용하는 모든 고객에게 한 통의 이메일을 보냈다.

그 이메일에는 바이든에게 투표해야 한다는 내용이 담겨 있었다. 배럿은 이메일에서 꽤 정확한 내용을 쓰기도 했다. "저는 여러분들이 저에게서 이런 이야기를 듣고 싶어 하지 않는다는 사실을 알고 있습니다." 배럿은 자신의 생각을 이어 나갔다. "물론 저 역시도 이런 말을 하고 싶진 않았습니다. 하지만 우리는 민주주의 기반 그 자체에 대한 전례 없는 공격을 경험하고 있습니다. 만약 당신이 미국 시민권자라면, 바이든에게 투표하는 걸 제외한 모든 행위는 곧 민주주의에 반(反)하는 행동이라는 사실을 기억해 주시기 바랍니다. 맞습니다. 제가 말하고자 하는 건, 트럼프에게 투표하거나, 제3지대에게 표를 던지는 것, 아니면 투표 그 자체를 하지 않는 모든 행위는 모두 똑같은 행동이라는 사실입니다. 그 말은 곧 당신이 다음과 같은 태도를 갖추고 있음을 의미합니다. '나는 민주주의 그 자체보다 내가 선호하는 이슈에 더 큰 관심이 있어. 나는 트럼프가 승리하는 것이 민주주의를 지키는 것보다 중요하다고 생각해. 나는 내 눈앞에서 민주주의가 철저하게 무너져 내리는 걸 그냥 바라보고 있어도 전혀 불편함을 느끼지 않아.'"[23]

이 이메일을 보고 익스펜시파이에서 일하는 직원들은 무슨 생각을 했을까? 만약 트럼프를 지지한다는 낌새를 조금이라도 풍기

기라도 하면 직장을 잃을 수도 있겠다고 생각했을 것이다. 하지만 CEO인 배럿은 그런 것에 전혀 아랑곳하지 않았다. 그의 정치적 관점만이 절대적으로 옳다고 생각했기 때문이다. 그와 의견이 다른 이들은 잘못된 사람들이었다. 하지만 배럿과 그의 직원들 사이에 존재하는 권력 불균형에 따른 우려는 수면 위로 거의 불거지지 않았다. 그 대신 뗏목을 타며 옆에서 즐기고 있는 사람들이 보내는 환호와 찬사가 쏟아졌을 뿐이다. 현실 세계에서 고객들에게 정치적 내용이 담긴 이메일을 보낸 배럿은 사업상 별다른 리스크를 짊어지지 않았다. 오히려 그는 리스크를 줄이는 행동을 했다. 왜냐하면 배럿은 자기 회사가 '올바르게 생각하는' 기업 그룹에 소속된 의로운 구성원이라는 점을 대외적으로 광고하고(signaling) 있었기 때문이다.

이러한 행동은 단순히 대외 광고적 효과만을 남기는 게 아니다. 배럿이 보여 준 행동은 회사 내부에도 강력한 영향을 주기 때문이다. 깨시민 CEO를 둔 회사 직원들은 로빈 디앤젤로 같은 소위 '전문가들'을 초청해 이뤄지는 "다양성 교육(diversity training)"을 통해 백인 우월주의가 미국인들의 삶 모든 영역에 침투해 있다는 이야기를 주야장천 들어야 한다. 또 다양성 교육에서 직원들은 실력중심주의 그 자체가 인종차별적인 위계질서 기반의 사고를 대변하고 있다는 이야기, (백인으로서)자신이 인종차별주의자가 아니라고 생각하는 것 그 자체가 바로 스스로 인종차별주의를 입증하는 강력한 증거라는 이야기, 백인 여성의 눈물은 인종차별의 한 형태라는 황당한 주장, 또 특정 행동에 인종차별적 의도가 전혀 없었다고 하더라도 오직 행동의 여파와 그 행동이 가져온 피해만을 고려하기 때문에, 얼마든지 해당 행동은 인종차별적이라고 낙인찍힐 수 있다는 이야기 등을 귀에 피가 나도록 듣게 된다.[24]

이러한 강의를 진행할 때 회사는 약 2만 달러 정도의 돈만 쓰면 되는데, 이렇게 하면 직원들을 적절한 정치 이념으로 세뇌할 수 있고, 또 훗날 혹시 발생할지 모르는 차별 관련 소송을 미연에 방지할 수 있기 때문에,* 일석 이조의 효과를 기대할 수 있다.[25]

하지만 이처럼 쓰레기 같은 접근법은 실제 별로 효과가 없다. 다양성 교육과 관련해 실시된 한 연구 결과에 따르면, "기업 내에서 핵심 직책을 차지하며, 다양성 교육의 주요 타깃이 되는 백인들과 남성들의 행동에 다양성 교육이 특별한 영향을 미쳤다는 증거는 전반적으로 매우 빈약한 걸로" 나타났다.[26]

사실 다양성 교육을 받으면 사람들은 더욱 쉽게 화내거나 차별하는데, 왜냐하면 사람들은 (일상에서든 사내 교육 과정에서든) 인종차별주의자라는 말을 듣는 걸 싫어하며, 존재하지도 않는 인종차별주의를 줄인다는 명분으로 강요되는 각종 행동 지침을 의무적으로 따르는 걸 별로 좋아하지 않기 때문이다.[27]

하지만 기업 입장에서 그 교육이 효과가 있는지 없는지는 부차적인 문제다. 왜냐하면 진짜 목적은 여론의 비판을 피해 가는 것

---

* 좌파 단체가 인종, 성차별 등을 이유로 회사를 고소하려 할 때, 사측은 이미 과거에 '다양성 교육' 등에 돈을 투자함으로써 나름대로 차별을 방지하기 위한 내부적 노력을 해 왔다고 변명하게 된다.

이기 때문이다. 다양성 교육을 실시함으로써 경영진은 사회적으로 논란이 되는 이슈들에 대해 직원이 모두 고분고분 따르는 사내 분위기를 만들어 가려 한다. 그리고 기업들은 이 같은 목적을 위해 수십억 달러를 쏟아붓고 있다. 2003년 기준으로, 미국 기업들은 다양성 관련 이슈에 약 80억 달러의 예산을 투입했다. 또 지난 수년간 미국 대표 기업들 내에서 "다양성 전문가들"의 숫자는 급격히 증가해 왔는데, 한 조사에 따르면 2016년부터 2019년 사이 각 기업이 고용한 다양성 전문가들의 숫자는 63%나 증가한 것으로 나타났다.

오늘날 입학 또는 취업을 할 때 거의 모든 사람들은 좌파 권위주의자들이 디자인한 세뇌용 문서를 통과의례로 작성해야 하는데, 그 문서에는 자아비판, 새로운 도덕 코드를 공개적으로 따를 걸 서약하는 내용, 인종 본질주의(racial essentialism)*의 잘못된 개념들에 고개 숙이며 굴복할 것을 약속하는 내용 등 세뇌용 문구들이 잔뜩 들어가 있다. 위에서 언급된 모든 행위의 초점은 구조적 특권과 위계질서에 관한 잘못된 생각을 사람들에게 강요하는 것이다.[28] 이 와중 좌파 권위주의자들의 입장에 동조하지 않는 기업들은 위협을 동반한 강요를 받게 된다.

미국 식료품 회사 고야(Goya)의 CEO 로버트 유나누에(Robert Unanue)가 트럼프의 팬데믹 대처에 고마움을 표현하기 위해 백악

• 세상에 존재하는 모든 갈등의 근본적 원인은 인종(차별)에 따른 갈등이라고 주장하는 철학.

관을 방문했을 때, 좌파들은 전국적으로 고야푸드에 대한 보이콧을 실시했다. 미국 치킨샌드위치 전문점 칙필에이(Chick-fil-A)의 창립자 댄 캐시(Dan Cathy)가 전통적인 결혼(한 남성과 한 여성이 가정을 꾸리는 결혼)을 지지한다고 말했을 때 역시 비슷한 일이 발생했는데, 미국 전역에 있는 LGBT 단체들은 칙필에이를 공격 대상으로 삼았고, 민주당 정치인들에게 압력을 넣어 그들 지역구에 더 이상 칙필에이 체인을 허가해 주지 못하도록 만들었다.[29] 억만장자 투자가 스티븐 로스(Stephen Ross)가 2019년 트럼프를 위한 모금 활동 행사를 열었을 때, 좌파 단체들은 로스가 투자하고 있는 에퀴녹스(Equinox)와 소울사이클(SoulCycle)에 대한 보이콧을 단행했다. 미국인 모델 크리시 티겐(Chrissy Teigen)은 다음과 같은 트윗을 올렸다. "에퀴녹스와 소울사이클에서 회원 탈퇴를 하는 모든 사람들은 도서관에서 모입시다. 힘을 실어 줘야죠."[30]

누구도 고야푸드나 에퀴녹스가 당한 일을 경험하고 싶지 않을 것이다. 2020년 6월이 됐을 때, '변화의 색깔(Color of Change)', '유색인종 인권 향상을 위한 전국민연합(NAACP)', '반명예훼손연맹(Anti-Defamation League, ADL)', '잠자는 거인들(Sleeping Giants)', '자유언론(Free Press)', '상식언론(Common Sense Media)' 등 단체들은 페이스북이 사용자들의 콘텐츠를 검열하도록 만들기 위해 페이스북 광고주들에게 연락해 단체 행동하라고 요청했고, 그 결과 수천 개의 기업들이 이 지침을 따라 페이스북에 압력을 넣었다. 여기에 참여한 회사들은 아웃도어 업체인 REI, 통신사 버라이즌, 포드, 혼다, 리바이스, 월그린 등이 있었다.[31]

좌파 권위주의자들의 목표는 협박에 굴하지 않는 사람들을 제외한 모든 이들에게 겁을 줘 사람들을 침묵하도록 만드는 것이었다. 일반적으로 보이콧 때문에 기업이 망하는 일은 없다. 통계 자료를 보면 대부분의 보이콧은 기업의 매출 그 자체에 별로 영향을 주지 못하는 걸로 나타난다. 하지만 보이콧은 한 브랜드의 평판을 악화시킬 수 있고, 보이콧이 지속되는 며칠 동안 분명 경영진의 머리를 아프게 만들 수 있다. 보이콧의 영향력에 대해 노스웨스턴 대학 정책연구소에서 활동하는 브래이던 킹(Braydon King) 교수는 다음과 같이 말한다.

"어떤 보이콧이 효과적인지를 확인하는 최고의 방법은 보이콧 주최자들이 얼마나 많은 동조 서명을 받았는지, 또는 얼마나 많은 소비자들이 작정하고 해당 기업 제품을 보이콧하는지가 아니라, 그 보이콧이 얼마나 많은 언론의 반응을 끌어내는지를 살펴보는 것이다."[32] 기업들은 통제할 수 없이 언론의 관심을 받는 상황을 견디지 못해 한다. 그렇기 때문에 수많은 기업들이 논란이 발생하면 곧바로 사과하고, 물러서며, 자비를 구하는 것이다. 하지만 이 같은 반응은 악순환의 고리를 새롭게 시작시킬 뿐이다.

광장에서 이뤄지는 숙청은 전염병처럼 번져 나가고 있다. 당신 회사에 대한 나쁜 소식이 단 한 줄이라도 언론을 통해 새어 나가기만 하면, 권위주의 좌파들은 회사를 과녁에 놓고 방아쇠를 당기려 한다. 문제는 그 어느 때보다 오늘날 이처럼 나쁜 소식을 만들어 유통하기가 편해졌다는 사실이다.

2020년 10월, 대중들이 기업 및 회사들에 대해 평점을 매기는 플랫폼인 옐프(Yelp)는 "만약 특정 기업과 연관된 사람이 인종차별주의자라는 논란을 일으켰다면, 옐프는 앞으로 해당 업체 옆에 '주의(alert)' 표시를 해 놓을 것"이라는 입장을 발표했다. 이 말은 옐프에 등록된 수위(Janitor) 업무를 하는 사람이 과거 트럼프를 지지하는 포스팅을 소셜 미디어에 올렸다는 사실이 발각되면, 그 사람은 옐프 플랫폼에서 매우 큰 불이익을 얻을 수도 있다는 뜻이었다. 또 옐프는 만약 "특정 업체의 사장이 노골적인 인종차별 언어 또는 상징물을 사용하는 등 과거 끔찍한 인종차별적 행위에 가담한 적이 있다는 분명한 증거가 발견된다면(여기서 '증거'란 '믿을 만한' 언론사에서 쓴 신문기사를 뜻했다)" 앱 안에서 해당 업체 옆에는 "인종차별 행위에 가담했다고 의심받는 사업장"이라는 알림 표식이 붙게 될 것이라고 말했다.

이렇게 옐프는 '서로서로 감시하는 스탈린식 시스템'을 만들어 냈는데, 그에 따라 알바생 한 명, 조회 수에 목마른 22살짜리 기자, 이메일 주소, 이렇게 세 가지만 있으면 하나의 사업장을 영원히 문 닫게 만들 수도 있는 상황이 만들어졌다. 참고로 2020년 5월 26일에서 9월 30일 사이, 옐프에서는 450개 이상의 업체들이 인종차별 행위 관련 '주의(alert)' 딱지를 받았는데, 이건 (다른 단체가 신고한 케이스들은 제외하고)Black Lives Matter 단체 하나가 신고한 케이스들만을 합산한 수치였다.[33]

중립적 기업들의 죽음

미국 기업들의 깨시민화 현상이 가져오는 최종 결과물은 단순한 내부 숙청이 아니다. 결국 미국 기업들은 내부 자원을 활용하여 '이단' 성향을 보이는 잠재적 고객들을 적극적으로 공격하는 일에 착수하게 된다. 겁쟁이 기업들을 정치적 도구로 활용하는 좌파 권위주의자들이 힘을 얻게 됨에 따라, 좌파 세력을 두려워하는 기업들은 점점 보수 성향 사람들과 사업하는 걸 꺼리고 있다. 이에 따른 결과는 시장이 철저히 양분되는 것이다.

사실 미국에서 이 같은 현상은 이미 발생하고 있다. 2016년, 노스캐롤라이나주는 트랜스젠더들이 자신의 선택에 따라 원하는 화장실을 사용할 수 있도록 허락한 샬롯(Charlotte)시 조례안에 반대하여, 주 내에서 생물학적 남성과 여성이 각자 다른 화장실을 사용하도록 하는 법안을 통과시켰다. 이 법안에 대해 미국 기업계는 일제히 분노를 표현했고, 대기업들은 앞으로 노스캐롤라이나에서 모든 사업을 철수하겠다고 엄포를 놓았다. 페이팔과 도이치뱅크는 노스캐롤라이나에 추가 사무실을 짓겠다는 기존 계획을 철회했다. 아디다스는 샬롯 대신 조지아주에 있는 애틀랜타에서 신규 인원을 채용하겠다고 발표했다. 미국 대학 스포츠리그인 NCAA는 노스캐롤라이나에서 열리기로 예정돼 있던 결승전 경기들을 취소했다. 뱅크오브아메리카(Bank of America)의 CEO 브라이언 모이니핸(Brian Moynihan)은 다음과 같이 말했다. "다른 곳으로 이동하면 이곳(노스캐롤라이나)에서 맞이해야 할 문제들을 겪지 않아도 되기 때문에, 기업들은 다른 주들로 이동하고 있습니다." AP 통신(Associated Press)에 따르면 앞서 언급된 '화장실 법안'을 철회하지 않는다는 가정하에, 노스캐롤라이나주는 향후 약 37억 5천만 달러의 손해를 입게 될 예정이었다.[34] 결국 2017년 3월, 화장실 법안은 폐지되고 말았다.

미국 다른 주들에서도 비슷한 패턴의 현상들이 발생했다. 2010년 미국 기업들은 연방 이민법 집행을 가능하게 만들었던 지자체 공권력 집행 법안을 통과시켰다는 이유로 애리조나주를 보이콧하기 시작했다.[35] 조지아주가 낙태반대(pro-life)법을 통과시킨 직후, 할리우드 영화 제작사들은 앞으로 조지아주에서 절대 영화 촬영을 하지 않겠다는 입장을 발표했는데, 동시에 그들이 국가 차원의 인권 침해를 자행하는 중국 당국과는 긴밀히 협조하며 일하고 있다는 사실이 정말 아이러니했다.[36]

또 정치적 동기를 가진 미국 기업들은 평범한 시민들까지 공격 대상으로 삼고 있다. 2017년 8월, 비자(Visa)와 디스커버(Discover)는 앞으로 '혐오 그룹(hate group)'이 그들의 플랫폼에서 신용 카드 비용 지불을 할 수 없을 것이라고 발표했다. 페이팔(Paypal) 역시 혐오 그룹에 서비스 사용을 허가하지 않겠다는 입장문을 내놓았다. 반면, 마스터카드(MasterCard)는 "(이용자들이)우리와 다른 특정 견해를 지지하거나 내세운다고 하더라도" 서비스 사용을 금지하지 않을 것이라는 방침을 공식화했다.[37]

2018년 2월, 오마하제일국립은행(First National Bank of Omaha)은 "소비자들이 피드백을 보내줌에 따라 우리가 전미총기협회(NRA)

와 맺고 있는 파트너십을 재검토하게 되었다"라고 말하며 NRA 멤버십과 연관된 신용 카드의 서비스를 중지시켜 버렸다.[38] 바로 같은 시점, 아메리칸에어라인(American Airlines)과 유나이티드에어라인(United Airlines)은 앞으로 NRA 회원들에게 요금 할인 혜택을 제공하지 않겠다는 입장을 발표했다.[39]

2018년 시티 그룹은 소매상들의 총기류 판매를 제한하겠다고 발표했다. 뱅크오브아메리카는 민간인용 총기를 제조하는 업체들에 더 이상 대출해 주지 않겠다는 방침을 정했다. 좌파 시민단체들은 곧 다른 주요 은행들도 이와 같은 조치를 해 달라고 요구하고 나섰다. 미국교사연합(American Federation of Teachers)의 회장 랜디 와인가든(Randi Weingarten)은 미국 은행 웰스파고(Well's Fargo)가 총기 산업과 밀접한 관계가 있기 때문에 앞으로 노조 교사들에게 웰스파고의 주택담보대출 상품을 추천하지 않을 것이라고 말했다.[40] 2019년 5월, 체이스은행(Chase Bank)은 보수 단체 프라우드 보이스(Proud Boys)의 대표 엔리케 타리오(Enrique Tarrio)와 급진적 운동가인 로라 루머(Laura Loomer) 등 과격 인사 딱지가 붙은 고객들의 은행 계좌를 중지했다. 체이스은행의 CEO 제이미 다이몬(Jamoe Dimon)은 다음과 같이 말했다. "둘러대지 않고 말하자면, 우리는 정치적인 성향을 이유로 고객들의 은행 서비스 사용을 금지한 적이 없고, 현재도 금지하고 있지 않다."[41] 뭐(언제 어떻게 바뀔지 모르지만) 현재로선, 그런 것 같기도 하다.

이 같은 위협은 금융 서비스 산업을 넘어서는 영역에서도 관찰되고 있다. 유일한 존재 목적이 클라우드 서비스를 제공하는 것인 아마존 웹서비스(Amazon Web Services)가 팔러(Parler)*를 플랫폼에서 퇴출하기로 결정했을 때, 그 결정은 사회를 양극단으로 분열시켰다. 이메일 전달 업체 메일침프(MailChimp)가 보수 성향 단체인 노던 버지니아 티 파티(Northern Virginia Tea Party) 관련 업무 처리를 거부했을 때, 그 결정은 사회를 양극단으로 분열시켰다.[42] 페이팔이 플랫폼에서 특정 단체 퇴출을 결정하는 데 좌파 단체인 남부빈곤법센터(Southern Poverty Law Center)가 제정한 비속어 관련 기준사항들을 반영하겠다고 했을 때, 그 결정은 사회를 양극단으로 분열시켰다.[43] 2021년 1월 6일 이후 핀테크 기반 온라인 결제 업체 스트라이프(Stripe)가 더 이상 트럼프 관련 선거 캠페인 자금을 처리하지 않겠다고 발표했을 때, 그 결정은 사회를 양극단으로 분열시켰다.[44]

여기서 우리가 생각해 봐야 할 건 당신이 앞서 언급된 단체들을 개인적으로 좋아하느냐 싫어하느냐가 아니다. 문제의 핵심은 (정치적으로) 중립적인 업체들이 소비자들의 특정 정치적 관점을 이유로 들며 그들이 회사가 제공하는 서비스를 사용하지 못하도록 만들 수 있느냐는 것이다. 강경 좌파들은 (기독교) 종교를 가진 제빵사들이 종교적 신념을 위배하면서까지 동성결혼을 하는 커플들에게 웨딩 케이크를 만들어 줘야 한다고 생각한다. 그러면서도 이들은 입장을 바꾸어 신용 카드 회사들이 특정 고객들에게 (보수주의자들에

• 트위터가 보수 인사들을 지속적으로 검열하자, 표현의 자유 보호에 최우선의 가치를 둔 소셜 미디어 '팔러(Parler)'가 대항마로 만들어졌다. 하지만 2021년 1월 6일 이후 팔러의 서비스는 셧다운된다.

게) 서비스를 제공하지 않겠다고 발표하면 그 결정에 환호를 보낸다. 결사의 자유를 생각해 볼 때, 사기업들이 원치 않는 고객을 거부할 권리를 가질 수 있다는 주장에는 나름대로 일리가 있다.

하지만 오늘날 미국 법조계는 보수주의자들을 공격하는 상황이 아니라면, 결사의 자유가 언제든지 침해될 수 있다는 식의 주장을 받아들이고 있다. 미국 대부분 주에서 실시되는 차별금지법은 성별, 성적 지향, 성적 정체성, 종교, 인종, 신체적 장애, 결혼 여부, 성별을 표현하는 행동, 나이, 그 밖에 다른 범주들에 기반해 이뤄지는 각종 차별을 금지하고 있다.

하지만 정치적 성향에 따른 차별을 해선 안 된다는 조항은 존재하지 않는다. 좌파들은 특별히 소송을 좋아하기 때문에, 사업체들은 좌파 성향 사람들을 거부하는 문제를 결정할 때 각별한 주의를 기울인다. 하지만 우파 성향 사람들을 다룰 때 사업체들은 깨시민 권위주의자들에 의해 발생할 수 있는 후방으로부터의 공격을 방어하는 데 초점을 맞춰 행동해 왔다.

결국 미국의 상권은 두 영역으로 철저히 분리되고 말 것이다. 앞으로 우리는 정치적 입장이 다른 사람들과 같은 레스토랑에서 식사하지 않을 것이다. 같은 호텔과 공원을 사용하지 않을 것이고, 같은 영화관에서 시간을 보내지 않을 것이다. 우리는 정치적 입장이 다른 사람들과 같은 신용 카드 회사를 사용하지 않을 것이다. 이렇게 되면 미국인으로서 우리가 같은 나라를 함께 공유하는 건 매우 힘들어질 것이다.

소결: 거대한 단일 사회

이 책의 독자인 여러분들은 내가 지금까지 언급한 사실들을 이미 어느 정도 알고 있을 가능성이 크다. 왜냐하면 만약 당신이 회사에 다니고 있다면 당신은 권위주의적 단일사회(monolith)의 틀 안에 존재하는 거대 기업에서 일하고 있을 가능성이 높기 때문이다. 수십 년 전, 당신은 아마 직원이 100명 이하인 회사에서 일하고 있었을지 모른다. 하지만 오늘날 당신은 미국 사회에 만연한 좌파 권위주의적 철학을 대변하며 하향식의 위계질서가 강력한 거대 기업에서 일하고 있을 가능성이 크다. 〈월스트리트저널〉의 보도에 따르면, 오늘날 약 40%의 미국인들이 2,500명 이상 직원을 가진 기업에서 일하고 있으며, 약 65%의 미국인들이 100명 이상의 직원을 가진 사업체에서 일하고 있다고 한다.

또 대기업들은 더욱 성장하고 있다. 서비스, 금융, 소매상 거래 등 현재 대기업들이 성공을 누리는 대표적인 영역들은 미국 경제에서 가장 빠르게 성장하고 있는 섹터이기도 하다.[45] 놀랍지 않게도, 이 같은 섹터에서 일하는 직원들은 좌파가 될 확률이 가장 높고, 그게 아니라면 최소한 좌파적 사상을 반영할 가능성이 크다.

코로나19에 따른 팬데믹은 기존 대기업들이 가지고 있는 우위를 오히려 강화시켰다. 2020년 3월부터 9월 사이, 미국에서는 40만 개가 넘는 소상공인 사업장들이 문을 닫았다. 그 와중 대기업들은 더욱 거대해졌다. 경제학자인 어스탄 굴스비(Austan Goolsbee)가 〈뉴욕타임스〉에 기고했듯이, "대기업들이 세상을 집어

삼키고 있다."⁴⁶

일반적으로 소상공인 자영업자들은 지역사회 공동체와 밀접한 관련을 맺고 있다. 그들은 지역주민들을 알고, 지역주민들을 신뢰하며, 지역주민들과 함께 일한다. 반면 대기업들은 지역사회의 바운더리를 넘어서 활동한다. 왜냐하면 본질적으로 대기업은 전 국민을 대상으로 사업을 실시하기 때문이다. 이 말은 곧, 대기업들이 보다 작은 규모로 형성되는 지역사회의 다양성을 존중하며 이를 보존하려 하기보다는 순응의 문화(culture of compliance)를 만들어 나가는 데 훨씬 더 큰 관심이 있다는 뜻이기도 하다. 충분한 예산과 자금력이 있는 대기업들은 거대한 인사 부서(HR)를 가지고 있는데, 왜냐하면 그들은 언제든 좌파 단체에 의해 제기되는 법적 분쟁에 휘말릴 수 있기 때문이다. 대기업들은 입법부 정치인들과 접촉하는 별도의 팀이 있고, 이를 통해 정부 정책이 그들에게 미칠 영향을 미리 예측하며 대응해 나갈 수 있다. 또 대기업들은 '신흥 지배계급(New Ruling Class)'의 멤버로 활발하게 활동하는 CEO들을 보유하고 있다.

또 한 가지 우리가 알아야 할 부분이 있다. 기업가들은 자유가 소중하다는 사실을 믿는데, 왜냐하면 사업을 시작하려면 자유가 필요하기 때문이다. 하지만 그들이 창업한 사업장이 성장함에 따라, 또 경영자들이 그 사업장을 관리해 나감에 따라, 경영자들은 숨 막힐 정도로 경직된 톱다운 방식의 문화를 도입하는 경향이 있다. 경영자들은 혼란보다는 질서를 원하며, 융통성보다는 엄격함을 선호한다. 그리고 이 같은 경영자들은 권위주의 좌파 세력이 강요하는 엄격한 사회적 질서를 따르는 데 전혀 거리낌을 느끼지 못한다.

이 말인즉 기업들은 자유 시장을 위해 싸워 주는 우리의 동맹군이 아니라는 사실이다. 그들은 자유 시장의 핵심 이념인 전통적 자유주의(classical liberalism)의 든든한 후원자들이 아니다. 오늘날 기업인들은 순종을 강요하는 좌파 이념을 집행하는 또 하나의 도구로 전락해 버렸다. 그리고 만약 지갑을 더욱 두껍게 만들 수만 있다면, 기업인들은 그들이 좌파 이념의 도구로 사용될 수 있다는 현실을 기꺼이 받아들인다. 기업인들은 폭도에 의해 공격을 받기보다, 폭도들을 앞에서 이끌어 나가는 편이 더 낫다고 결론 내렸다. 하지만 이 사고방식에는 문제가 하나 있다. 머지않은 미래에 폭도들은 때가 되면 기업인들 역시 집어삼켜 버리고 말 것이기 때문이다.

엔터테인먼트 업계의 급진 좌경화

2020년 9월 조지 플로이드의 사망 후 인종차별을 '심판'하자는 분위기가 미국 전역을 휩쓸고 있을 때, 아카데미 협회는 작품 선정 기준을 변경하겠다고 발표했다. 영화의 품질은 더 이상 아카데미의 고려 사항이 아니었다. 그 대신 영화사들은 다음 네 가지 기준 중 하나를 반드시 충족시켜야 했다. 첫째로, 영화는 깨시민사상을 반영하는 다음 몇 가지 조건을 갖고 있어야 했다. 예를 들면 영화의 주연이나 핵심 조연으로 "역사적으로 외면받아 온 인종 또는 민족적" 배경이 있는 배우를 캐스팅하거나, 보조 역할 중 최소 30% 이상을 피해자 그룹 또는 여성, LGBTQ 성향, 장애를 가진 사람으로 채워 넣어야 했고, 그게 아니면 역사적으로 외면받아 온 집단이 영화 줄거리의 핵심이 돼야 했다. 둘째로, 영화 스태프진에는 소수 인종 또는 소외되어 왔던 집단 출신들이 포함돼 있어야 했다. 셋째로, 영화사는 앞서 언급된 것처럼 피해자 그룹에 속하는 사람들에게 트레이닝 또는 인턴십 기회를 제공해 줌으로써 아카데미의 기준을 충족시킬 수 있었다. 그리고 마지막으로, 영화의 마케팅 담당자 중 피해자 그룹에 속한 사람이 반드시 포함되어 있어야 했다. 이 같은 조건들에 대해 아카데미 협회 회장 데이비드 루빈(David Rubin)과 CEO 던 허드슨(Dawn Hudson)은 다음과 같이 설명했다. "우리는 포용을 강조하는 이 같은 기준들이 우리 업계 전반에서 오랜 기간 지속되어 온 필수적 변화의 촉매가 될 것이라고 생각합니다."[1]

사실 아카데미가 내세운 기준은 불필요했다. 왜냐하면 할리우드는 지금껏 오랫동안 예술영화는 좌파적 메시지를 담고 있어야하며, 상업영화는 대중의 비위를 맞춰야 한다는 단순한 명제에 충실하고 있었기 때문이다. 가끔 예술영화가 많은 관객을 동원하는 경우도 있다. 하지만 일반적으로 그런 일은 자주 일어나지 않는다. 슈퍼히어로 영화는 돈을 벌어다주고, 〈문라이트(Moonlight)〉 같은 영화는 비평가들의 찬사를 이끌어 낸다. 지난 4년 동안 아카데미 최우수 작품상을 받았던 네 편의 영화를 역순으로 배열해 보면 다음과 같다. 소득 불평등의 사악함에 대한 '도덕적' 문제를 다룬 〈기생충〉, 인종차별과 동성애 혐오에 대한 '도덕적' 이야기를 다룬 〈그린북(Green Book)〉, 군대의 사악함에 대한 '도덕' 이야기와 장애인, 흑인, 동성애자, 공산주의자, 물고기에 대한 차별의 문제를 다룬 〈셰이프 오브 워터: 사랑의 모양(The Shape of Water)〉, 그리고 인종차별과 동성애 혐오에 대한 '도덕' 이야기를 다룬 〈문라이트(Moonlight)〉. 여기서 내가 말하고자 하는 건 그 4편의 영화가 별로

라는 뜻이 아니다(물론 〈셰이프 오브 워터〉는 존재 그 자체로 영화 역사상 저질러진 최악의 범죄였다). 내가 진짜 얘기하고 싶은 건 아카데미 작품상을 선정하는 심사위원들이 대중문화를 즐기는 일반적 미국인들의 취향을 전혀 대변하지 않는다는 사실이다. 아카데미상 발표 전 특정 작품에 얼마나 많은 깨시민 성향 이야깃거리가 포함되는지를 카운트함으로써 해당 작품이 수상할 수 있을지를 손쉽게 점쳐볼 수 있을 정도다.

하지만 아카데미가 제정한 새로운 기준들은 (아카데미 협회의)심경적 변화를 반영하는 게 아니다. 그건 단지 비난을 피하기 위한 임시방편일 뿐이다. 2015년, 미주리주 퍼거슨시에서 흑인 소년 마이클 브라운(Michael Brown)이 백인 경찰관이 쏜 총에 맞고 사망했을 때, 또 볼티모어에서 프레디 그레이(Freddie Gray)에게 비슷한 일이 발생한 뒤, 미국 전역에서는 인종차별에 항의하는 대규모 시위가 발생했다. 그때 할리우드에서 일하는 깨시민들은 지금껏 할리우드가 흑인들을 소외시켜 왔다고 불평하기 시작했다. 참고로 2015년 아카데미는 단 한 명의 흑인도 수상 후보에 포함시키지 않았었다.

따라서 당연한 얘기였지만, 할리우드 깨시민들 불평의 요점은 앞으로 할리우드가 더욱 깨시민화돼야한다는 뜻이었다. 그렇게 소셜 미디어에서는 "#오스카는너무하얘(#OscarsSoWhite)" 해시태그가 탄생한다. 아카데미협회장을 지냈던 쉐릴 분 아이삭스(Cheryl Boone Isaacs)는 아카데미상 최종 후보 리스트에 오른 명단을 보며 "크게 낙담했다"라고 말했고, 영화배우 스파이크 리(Spike Lee)는

"흑인의 트위터가 흑인의 심기를 거스른다면, 그건 정말 심각한 상황이야"라고 말했다. 영화 〈셀마(Selma)〉의 감독이었던 에이바 두버네이(Ava DuVernay)는(참고로 〈셀마〉는 개봉 당해 최우수 작품상 후보로 선정됐었다) "(2015년 발생한 두 흑인 소년의 죽음은)지난 수십 년간 존재해 왔던 다양성과 포용의 부재에 대해 터놓고 대화할 수 있는 계기를 만들어 줬다"라고 말했다.

수십 년간이라니. 바로 직전 해인 2014년 〈노예 12년(12 Years a Slave)〉이 아카데미 최우수 작품상을 수상했으며, 〈노예 12년〉에서의 연기로 흑인 배우 치웨텔 에지오포(Chiwetel Ejiofor)가 남우주연상 후보에 올랐었고, 흑인 여배우 루피타 농오(Lupita Nyong'o)는 여우조연상을 수상했었다는 사실, 또 흑인 배우 바크하드 압디(Barkhad Abdi)는 〈캡틴 필립스(Captain Phillips)〉의 연기로 남우조연상 후보에 올랐었다는 사실을 군이 언급하진 않겠다. 또 에이바 두버네이가 감독한 〈셀마〉는 사실 평범한 수준의 영화였다는 걸 군이 여기서 말하지도 않겠다. 하지만 에이바 두버네이는 흑인들을 향한 인종차별 때문에 〈셀마〉가 시상식의 관심을 받지 못했다는 식으로 자신의 실패를 정당했다.

이런 주장에 대해 그 어떤 반론도 용납되지 않았다. 두버네이는 다음과 같이 말했다. "저는 이 모든 걸 다시 시작할 거예요. 만약 인종차별에 반대하는 우리의 명분과 길거리 시위, 또 거리의 외치는 소리를 포용하려는 우리의 태도를 당신이 존중하지 않는다면, 저는 당신으로부터 어떤 것도 기대하고 싶지 않습니다."

자연스러운 결과였지만, 그다음 해 아카데미 협회는 긴급회의를 열고 여성과 소수 인종을 포용하는 '소수자 우대정책(affirmative action)'을 적극 도입하며 아카데미의 멤버십을 급격하게 변화시키려고 노력했다. 아카데미 내부의 다른 멤버들이 '정치적 올바름'에 잠식되고 있는 협회의 태도를 비판할 때(예를 들면 아카데미 협회에서 공보 업무를 담당하는 데니스 라이스는 자신이 "예술을 인지하는 데 인종과 성별을 따지지 않는다"라고 말하며 "여러분들은 순진히, 또 객관적으로 예술적 성취만을 판단 기준으로 삼아야 한다"는 의견을 덧붙였다), 아카데미 회장 분 아이작스는 "장난하시나요? 우리는 모두 편견을 가지고 있어요. 다만 그 편견이 당신에게 별다른 영향을 주지 않는다면 그걸 보지 못할 뿐이죠"라고 말하며 라이스를 쏘아붙였다.

영화를 관람하는 대중들 사이에서는 인지도가 별로 없었지만, 각종 갱단이 들끓는 마이애미에서 성장하는 흑인 게이 남성의 이야기를 그렸던 영화 〈문라이트〉는 2017년 아카데미 최우수 작품상을 수상했다. 이에 대해 영화의 감독이었던 베리 젠킨스(Barry Jenkins)는 "만약 〈문라이트〉가 3년 전 개봉됐었다면, 얼마나 많은 사람들이 이 작품을 선택해 줬을지 잘 모르겠다"라고 언급했다.[2]

할리우드는 좌파 깨시민 정치를 그들 작품의 필수 요소로 포함했다. 또 깨시민주의를 영화 곳곳에 포함하는 행위가 철저히 퇴행적 발상이라는 증거가 난무함에도, 할리우드는 앞으로도 깨시민 어젠다를 끊임없이 선전하며 광고할 것이다.

그해 말, 할리우드 거물 프로듀서 하비 와인스타인(Harvey Weinstein)이 여러 여성들에게 성적 학대를 자행했다는 의혹이

다시금 주목받기 시작했다. 할리우드 셀럽들은 소셜 미디어에 '#MeToo'를 올리며 영화 산업계 전반에 만연한 여성에 대한 성적 학대를 비판하고 나섰다. 이들은 틀린 말을 하는 게 아니었다. 할리우드에서 '캐스팅 카우치(casting couch)'로 알려진 이 만행은 보다 나은 커리어를 제공하는 대가로 여성들이 권력이 있는 남성 할리우드 프로듀서들로부터 성적 학대 또는 폭력에 노출되고 주변 사람들은 이를 눈감아 주는 성차별적이고 역겨운 관행을 지칭했는데, 할리우드 초창기부터 이 관행은 영화계의 공공연한 비밀로 치부돼 왔다.

하지만 문제는 '미투 사태'가 불거지고 난 후 할리우드 영화계가 그 사건을 성찰의 계기로 삼은 게 아니라, 깨시민철학에 반감을 느낀 나머지 일반적 미국인들에게 화살을 돌리며 그들을 판단하기 시작했다는 것이다. '미투 사태' 발생에 동조했던 스스로의 행적을 돌아보는 대신, 할리우드 셀럽들은 미국 사회에 만연한 성차별주의에 대해 나머지 미국인들에게 설교를 늘어놓기 시작했다.

이에 따라 미투 운동의 초점은 성추행 및 성폭력을 근절시키자는 대다수 국민의 호응을 받았던 보편적 주장으로부터 좌파 중심 어젠다 전반으로 이동하게 된다. 예를 들면 성별 간의 임금 차이를 비판하거나, 이성애 규범성(heteronormativity)에 대해 미국인들에게 일장 연설을 늘어놓기 시작한 것이다. 오스카(아카데미) 시상식에서 사회를 봤던 지미 키멜(Jimmy Kimmel)은 (참고로 키멜은 비키니를 입은 여성들이 트램폴린 위에 올라가 방방 뛰는 코너를 담은 텔레비전 쇼 〈더맨쇼(The Man Show)〉를 진행했고, 〈코미디센트럴(Comedy Central)〉이라는 프로그램에서는 흑인 얼굴로 분장하기도 했다) 미국인들에게 다음과 같은 설교를 늘어놓았다. "제가 여러분들에게 말하고 싶은 진실은, 우리가 여기서 (할리우드에서) 성공한다면, 우리가 직장에서 일어나는 성적 학대를 근절하기 위해 함께 노력할 수 있다면, 우리가 만약 그 일을 할 수 있다면, 여성들은 성적 학대로 인한 걱정을 크게 덜어낼 수 있게 될 거라는 사실입니다." 놀랍게도, 어느새부턴가 할리우드는 도덕적 파탄지에서 도덕적 리더로 변신해 있었다.[3]

그렇기 때문에 흑인 MC 케빈 하트(Kevin Hart)가 깨시민철학을 위반했다는 이야기가 불거졌을 때, 오스카 협회가 그의 시상식 행사 진행을 취소해 버렸던 건 아이러니하게 놀라운 일이었다. 하트가 2019년 아카데미 시상식 진행자로 선정되고 난 후 온라인 깨시민들은 작업에 들어갔고, 그가 과거에 했던 질 나쁜 트윗들을 발굴해 내기 시작했다. 하트 같은 경우, 그가 2011년에 올린 다음의 트윗이 비판의 도마 위에 올랐다. "요, 만약 내 아들이 집에 와서 여동생이 사용하는 인형을 가지고 놀려 한다면, 나는 그 녀석의 머리 위에서 인형을 부숴 버리고 '멈춰, 그건 게이 같은 행동이야'라고 말할 거야." 또 2010년, 하트는 자신의 아들이 게이가 되지 않았으면 좋겠다는 말을 했던 걸로 드러났다. 논란이 일자 하트는 적절한 대응을 했다. "우리가 살아가는 세상은 미쳐 가고 있고, 저는 이 미친 세상에 굴복하지 않을 것입니다. (중략) 만약 나이가 들어감에 따라 인간은 변화하고 성장하며, 진화하지 않는다고 생각하신다면, 저는 여러분에게 달리 드릴 말씀이 없습니다."[4]

그로부터 며칠이 지난 뒤, 하트는 아카데미상 진행을 맡지 않겠다고 발표했다. 그리고 그는 폭도들에게 굴복하며 다음과 같이 말했다. "제가 사람들의 기분을 상하게 했다면 죄송합니다. 저는 진화하고 있고, 앞으로도 끊임없이 변화하고 싶습니다. 제 목표는 사람들을 갈라놓는 게 아니라 통합시키는 것입니다." 유명 MC 엘런 드제너러스(Ellen DeGeneres)가 하트에게 돌아와 달라고 말하며 1월에 자신의 쇼에 출연해 달라고 요청했을 때, 드제너러스 또한 깨시민 좌파들에게 엄청난 비난을 들어야 했다.[5]

이 모든 논란을 살펴보면, 아카데미 협회가 깨시민 스탠더드를 공식 입장으로 채택한 것이 그다지 놀랍지 않게 느껴지는데, 왜냐면 그건 큰 틀에서 깨시민 폭도들의 공격으로부터 시간을 벌기 위해 차선으로 선택한 예방책이었기 때문이다. 미국 대학가에서 그랬던 것처럼, 할리우드에서도 리버럴들은 급진 좌파에게 굴복해 버리고 말았다.

할리우드식 우쭐댐의 유구한 역사

보다 광범위한 의미에서, 좌파 정치를 공식화하려는 할리우드 내부 자발적 움직임은 좌파 사상을 선전하고, 미국 중서부 시골 지방들(flyover country)*을 조롱하며, 전통적 가치들을 훼손하고, 자신들의 의견에 동의하지 않는 사람들을 주류 사회로부터 잘라 내려는 할리우드의 노력이 정점에 이른 것에 불과했다. 지난 수십 년 동안 할리우드는 정치적 좌파들의 전유물로 기능해 왔다. 미국 예술계는 일반적으로 좌파 성향이었는데, 왜냐하면 좌파들은 예술 자체의 본질이라 할 수 있는 반체제적 속성(counterculturalism)을 다분히 포함하기 때문이다. 예술은 곧 한계를 시험하는 것이었고, 미국 사회에서 전통적 한계란 강력한 종교적 특징을 갖고 있었기 때문에, 미국 예술계는 역사적으로 전통적 가치의 흐름을 거스르려 노력해 왔다. 영화와 TV쇼의 경우, 예술 미디어 종사자들 대부분은 뉴욕과 할리우드라는 에코 체임버(echo chamber)**에 갇혀 있기 때문에, 그들이 내는 좌파적 목소리는 급진적으로 확대된다. 이같은 에코 체임버는 리버럴 엘리트들만이 도덕에 대한 독점권을 소유하고 있다는 자기중심적 사고방식을 늘상 대변한다. 〈메리 타일러 무어 쇼(The Mary Tyler Moore Show)〉의 공동제작자인 앨런 번스(Allan Burns)는 몇 년 전 나에게 다음과 같은 말을 해줬다. "과거 작가들은 사회적 양심이 있었습니다. 그건 놀랍지 않았죠. 저는 스스로를 지식인이라고 생각하지 않기 때문에 잘난 척하려고 이런 말을 하는 게 아닙니다. 하지만 저는 제가 공감 능력이 있으며, 현재 세상

- 미국 부유층과 엘리트들은 대부분 캘리포니아와 뉴욕, 워싱턴 D.C.같은 동서부 해안가에 거주함. 따라서 이들 엘리트들은 업무를 위해 비행기를 타고 동서부 횡단을 하며 중부내륙 지역들 위를 '날아다닌다(fly over).' 이같은 중부 내륙 지역에는 해안가 엘리트들의 관심에서 벗어나 소소하게 일상을 살아가는 다수 서민들이 거주하고 있기 때문에 켄터키, 와이오밍, 아이오와, 미주리, 네브라스카 등 중서부 주들을 '비행기 타고 지나가는 지역(flyover states)'이라 부르곤 한다.
- •• 번역상으로는 '반향실'이라고 하는데, 밀폐된 공간에서 자신이 내는 소리가 크게 확장되어 자신에게 다시 들리는 현상. 주로 특정 이념 및 주장을 공유하는 사람들이 타인의 비판을 거부한 채 확증편향적으로 그들의 생각을 강화해 나가는 태도를 뜻할 때 사용.

에서 일어나는 일들에 대해 고민하는 사람이라고 생각합니다."[6]

할리우드는 오랜 기간 그들이 일반 대중들보다 더 나은 존재라고 생각해 왔다. 하지만 할리우드와 현실 세계의 단절은 이미 오래전부터 두드러진 현상이었다. 예를 들어 1920년대 할리우드 영화는 너무나 선정적이었던 나머지 지자체 의원들은 영화를 검열하는 법안을 통과시켰다. 그러자 할리우드는 소위 '제작 코드(Production Code)'로 불리는 조치를 취해야 했는데, 일종의 제작 지침 역할을 했던 이 코드 안에는 당시 도덕적으로 금기시되었던 잡다한 요소들이 나열돼 있었다. 예를 들면 다음과 같다. "관람객들의 도덕적 기준을 저해하는 어떤 영화도 제작돼선 안 된다. 따라서 관객들은 절대 범죄, 잘못된 행동, 악행, 죄악을 동정하도록 유도되어선 안 된다. (중략) 자연법과 성문법을 불문하고, 법은 조롱돼선 안 되며, 범법 행위에 대해 동정심을 유발해선 안 된다."[7]

1960년대 들어 미국인들은 제작 코드를 위반한 영화들을 더 이상 보이콧하지 않았고, 그에 따라 영화계도 제작 코드를 더 이상 따르지 않게 되었다. 1960년대에는 텔레비전 방송계에서도 비슷한 현상이 나타났는데, PD들은 〈보난자(Bonanza)〉처럼 전통적 가치를 담고 있던 프로그램에서 〈올 인 더 패밀리(All in the Family)〉같이 정치적 성향을 담은 프로그램들을 만들어 내기 시작한다. 할리우드는 미국 대중들 사이에서 일반화되던 진보적 명분들을 영화에 반영하는 동시에 그 명분들을 적극 추구해 나가기 시작했다. 그리고 진보 사상이 업계 내부에서 굳건히 자리 잡게 되면서, 할리우드는 외부 목소리에 눈과 귀를 닫아 버렸다. 내가 『프라임타임 프로파간다(Primetime Propaganda)』라는 책을 쓰며 〈시카고 호프(Chicago Hope)〉와 〈피켓 펜시스(Picket Fences)〉를 제작한 마이클 낸킨(Michael Nankin)을 인터뷰했을 당시 그가 내게 말했던 것처럼, "일반적으로 사람들은 과거에 함께 일했던 이들, 또는 함께하기 편안한 사람들과 일하길 좋아한다. (중략) 그리고 바로 그 마음가짐(물론 이런 태도는 전혀 문제될 게 없다) 때문에 새로운 사람들이 (할리우드에) 들어와 적응하기가 무척 힘들다."[8]

과거 NBC와 ABC, CBS의 사장으로 일했던 프레드 실버만(Fred Silverman)은 10년쯤 전 내가 그와 이야기를 나눴을 때 이 현상에 대해 훨씬 더 퉁명스럽게 말했다. "오늘날 방송업계에는 오직 하나의 관점만 존재합니다. 그리고 그 관점은 매우 진보적인 관점입니다."[9]

할리우드는 좌파적 재정상화를 대표하는 공간이 되었고, 정치적 소수자들이 보다 광범위한 대중들에게 감정적 호소를 하도록 만들어 주는 문화의 장이 되었다. 방송계에서 최고로 평가받는 프로듀서이자 〈그레이스 아나토미(Grey's Anatomy)〉를 제작한 숀다 라임스(Shonda Rhimes)는 자신의 저서 『예스를 말한 일 년(Year of Yes)』에서 다음과 같이 주장했다.

"나는 방송 업계를 '정상화(NORMALIZING)'하고 있다. TV를 켰을 때 당신은 당신과 정체성이 같은 사람들을 눈으로 볼 수 있어야 한다. (중략) 만약 당신이 TV를 틀었을 때 바이섹슈얼로 커밍아웃한 캘리 토레스(Callie Torres)가 그녀의 아버지를 내려다보며 '기도한다고 게이가 안 되는 게 아니라고요!(You can't pray away the gay!)'라 외치는 모습을 보지 못한다면(참고로 이건 내가 가장 좋아하는 대사다),

만약 당신이 TV를 틀었을 때 닥터 베일리(Dr. Bailey)처럼 트랜스젠더인 캐릭터가 가정을 이루는 모습을 보지 못한다면, 만약 이런 사람들을 TV에서 만나 볼 수 없다면, 당신이 사회 구조 속에서 어떤 중요성을 가지는지를 어떻게 깨달을 수 있단 말인가? 이성애적 성향 사람들은 과연 무엇을 배울 수 있을까?"*10

　2017년 라임즈는 다음의 의견을 덧붙였다. "저는 경제적 어려움 가운데 있는 비유색인종들이 더욱 많은 관심을 필요로 했었다는 게 지난 2016년 미국 대선의 교훈이라는 주장을 들을 때면 화가 납니다. 저는 제가 만든 드라마를 시청하는 사람들 중 트럼프를 지지하는 사람은 없다고 생각합니다. 왜냐하면 저는 흑인이고, 플랜드 페어런트후드를 사랑하며, 리버럴 성향 페미니스트이기 때문입니다.11 이런 얘길 듣다 보면, 라임스는 같은 정체성을 가진 사람들이 그녀의 모든 의견에 절대적으로 동의할 때라야만 그녀가 만든 드라마를 볼 수 있다고 생각하는 것 같다. 그럴 경우 보수 성향 사람들은 〈자유의 댄스(Footloose)〉에서 엄격한 목사로 등장한 존 리스고(John Lithgo)처럼 드라마에서 리버럴한 도덕 문화를 만끽하며 환호와 기쁨을 누리고 있는 젊은이들을 화난 표정으로 노려보는 꽉 막힌 인간들로 묘사될 것이다.

　미국 영화계와 TV 업계는 오랜 기간 보수주의자들을 이 같은 방식으로 묘사해 왔다. 미국 드라마에서 보수주의자들은 관용적이며 마음이 열린 리버럴 캐릭터들을 돋보이게 만들기 위해 존재

●　　캘리 토레스와 닥터 베일리는 모두 〈그레이스아나토미〉에 나오는 캐릭터.

한다. 코미디 쇼에서 보수주의자들은 항상 틀린 판단만 내리는 무능력자로 묘사된다. 물론 아주 가끔 자유주의자들이 극 중 시니컬한 삶의 멘토로 표현되기도 한다(드라마 〈파크 앤 레크리에이션(Parks and Recreation)〉의 론 스완슨(Ron Swanson)이나 〈30 Rock〉의 잭 도나기(Jack Donaghy)의 경우를 보면 됨). 하지만 모든 미국 주류 드라마와 영화는 전통적 결혼을 꽉 막힌 행위로 바라보고 있으며, 낙태에 반대하는 여성은 변절자로 묘사하고 있다.

이것이 왜 중요할까? 우리가 이 현상에 관심을 두어야 하는 이유는, 내 오랜 멘토였던 앤드류 브레이트바르트(Andrew Breitbart)가 종종 말했던 것처럼, 문화는 정치의 상류이기 때문이다(정치는 문화로부터 영향을 받는다). 미국인들은 정치보다 문화를 훨씬 더 밀접하게 경험한다. 정치적 감정이란 사람들이 동정심과 정의에 대해, 또 옳고 그름에 대해 느끼는 내적 감정을 외부적으로 표현한 것에 불과하다. 그리고 이 감정들은 문화의 영향을 받는데, 우리는 문화라는 바다 안에서 함께 헤엄치고 있다.

넷플릭스(Netflix)는 전 세계적으로 1억 9,500만 명의 구독자를 가지고 있다. 디즈니플러스(Disney+)는 7천만이 넘는 구독자가 있다. 훌루(Hulu)를 구독하는 사람은 3,200만 명이며, HBO 맥스(HBO Max)의 구독자는 3천만이 넘는다. 애플TV(Apple TV)는 4,200만 명의 구독자를 갖고 있다. 아마존 프라임(Amazon Prime)은 1억 4천만이 넘는 멤버십을 보유하고 있다.[12] 세계적 리서치 회사 닐슨(Nielsen)의 조사에 따르면 18세 이상 미국인들은 매일 최소 4시간 이상 TV를 시청한다고 한다. 또 이들은 하루 평균 12시간씩

TV와 연관된 활동을 하며 시간을 보내는 것으로 나타났다.[13]

좌파 세력은 이 같은 문화의 바다를 철저히 점령하고 있다. 넷플릭스가 버락 오바마와 미셸 오바마에게 장기 계약 프로젝트를 선사해 준 데는 다 이유가 있다.[14] 오바마 정부에서 근무했고 현재 바이든의 참모로 근무하는 수잔 라이스(Susan Rice)가 넷플릭스 이사회에 몸담았던 데는 다 이유가 있다.[15] 넷플릭스 직원들이 2016년 정치 기부금을 냈을 때 그 돈의 98%가 민주당에게 흘러 들어갔으며, 2018년에는 그 비율이 99.6%로 높아진 데에는 다 이유가 있다.[16]

또 조지아주에서 낙태반대법이 통과됐을 때 넷플릭스는 그 법이 철회되지 않는다면 앞으로 조지아에서 영화를 제작하지 않을 것이라고 엄포를 놓은 데는 다 이유가 있는 것이다.[17] (물론 넷플릭스는 조지아주보다 훨씬 끔찍한 행위를 자행하는 중국으로 진출하는 데에는 별로 거리낌을 느끼지 않는다).[18] 조지아주 낙태반대법이 통과된 후 디즈니 역시 앞으로 조지아에서 사업하는 데 문제가 따를 것이라는 입장문을 내놓았다.[19] (참고로 디즈니는 중국 당국이 위구르족들을 강제수용소에 가둬 놓고 있는 신장(Xinjiang) 지구에서 〈뮬란〉을 촬영했다).[20] 2020년 여름 BLM 폭도들이 거리를 휘젓고 다닐 때, 아마존 프라임은 알고리즘을 통해 로그인하는 이용자들에게 좌편향적 영화와 TV 프로그램들을 추천했다. 할리우드는 철저히 좌편향적이다. 그리고 이 현상은 미국 문화계 머리끝부터 발끝까지 분명히 나타나고 있다. 영화와 드라마를 보며 이 편향성을 알아차리지 못하는 건 거의 불가능에 가깝다.

이에 따른 결과물은 명백하다. 더욱 많은 사람들이 좌파적으로 생각하게 된다는 것이다. USC 산하 노만 리어 센터(Norman Lear Center)가 실시한 연구에 따르면 보수 성향 미국인들은 '민주당 지지자들(blues)' 또는 '중도(purples)' 성향 사람들보다 훨씬 더 TV를 적게 보는 걸로 드러났고, "영화 또는 TV 방송을 통해 정치나 사회적 이슈들에 대한 정보를 얻을 가능성이 가장 낮은 걸로" 나타났다. 또 보수주의자들에 비해 민주당 지지층 또는 중도 성향들은 정치적 결정을 내릴 때 또는 특정 행동을 취할 때 연예인들의 영향을 쉽게 받는 걸로 나타났다. 우연의 일치라고 보기 힘들지만, 위 조사에 따르면 2008년부터 정치 성향의 변화를 경험했다고 답한 사람 중 72%는 자신이 과거보다 진보 성향을 갖게 됐다고 말했다. 자연스러운 결론일지 모르겠지만, 리어센터는 "TV 프로그램 제작자들은 차별에 대한 인식을 재고하고 차별이 사회에 심각한 영향을 주고 있다는 사실을 국민에게 알리기 위해 더욱 노력해야 한다"라고 말하며 연구를 마무리했다.[21]

하지만 할리우드의 진보주의만으로는 충분하지 않았다. 과거에는 충분했지만 오늘날은 그렇지 않기 때문이다. 권위주의 좌파 세력은 더욱 강력한 방법론을 추구하게 된다. 과거 할리우드 좌파들은 매카시즘(McCarthyism)을 비난했다. 하지만 오늘날 할리우드 좌파들은 매카시즘을 적극 실천하고 있다.

캔슬 컬처는 모두를 노리고 있다

캔슬 컬처는 오늘날 할리우드에서 가장 핫한 트렌드다. 또 당신이 꼭 보수주의자가 아니더라도 얼마든 캔슬 컬처의 대상이 될 수 있다. 과거에는 논란이 되는 언행이 아니었지만, 시간이 지남에 따라 권위주의 좌파 폭도들의 공격 대상 안으로 포함되는 경우도 다반사다. 과거 '고전(classic)' 대접을 받았던 작품 중 다수는 오늘날이었다면 애초에 제작조차 되지 않았을 것이라고 말하는 경우가 다반사다. 오늘날 기준이라면 〈에어플레인(Airplane!)〉 같은 영화나 〈올 인 더 패밀리〉 같은 드라마는 당연히 입구 컷이 됐을 것이다. 이건 과장을 조금도 보태지 않고 하는 말이다.

할리우드 스튜디오들은 반(反)명예훼손 게이 레즈비언 연맹(Gays and Lesbian Alliance Against Defamation, GLAAD) 같은 시민단체의 자문을 받아 작품에 대한 사전 검열을 한다. GLAAD는 그들의 미디어 담당 팀이 "LGBT 성향 사람들의 입장이 문화계에서 공평하고 정확하게 알려지도록 만들기 위해 TV 채널, 영화 스튜디오, 제작사, 총괄 PD, 시나리오 작가, 캐스팅 감독, 소속사, 대외업무 담당 회사 등과 긴밀하게 협력하고 있다"는 걸 자랑스럽게 늘어놓는다. GLAAD 담당자가 사용한 "공평하고 정확하다"는 단어는 아마 GLAAD의 어젠다를 충실히 반영한다는 뜻일 것이다.[22] 이런 상황에서 GLAAD가 사전 검열을 하면서 성적 지향에 대해 조금이라도 농담식의 대화를 하는 걸 가만히 보고 넘어갈 거라 생각한다면 순진한 발상일 것이다.

사실 오늘날 대부분의 농담은 금기 사항이 됐다. 인기 시트콤 〈더 오피스(The Office)〉는 과거의 에피소드 콘텐츠를 수정해야 했는데, 왜냐하면 시즌 9에서 극중 캐릭터 드와이트(Dwight)가 검은색 얼굴로 분장했기 때문이다(당시 에피소드에서 드와이트는 흑인 분장을 하는 게 얼마나 정신 나갔으며 부적절한 행동인지를 강조하기 위해 그런 행동을 했다는 사실은 잊어버리도록 하자). 〈더 오피스〉의 제작자였던 그렉 다니엘스(Greg Daniels)는 다음과 같이 말했다. "오늘 우리는 배우가 검은 얼굴로 분장한 장면을 에피소드에서 삭제했습니다. 당시 우리가 그 장면을 넣은 이유는 유럽에 존재하는 특정한 인종차별 행위를 비판하기 위해서였습니다. 흑인 얼굴로 분장하는 건 용납될 수 없는 행위이며, 그처럼 노골적으로 우리 주장을 나타내는 것은 사람들에게 상처를 주는 옳지 못한 행동이었습니다. 저희가 초래한 모든 고통에 대해 사과드립니다." 그 와중에 시트콤 〈커뮤니티(Community)〉의 제작진은 넷플릭스에 올라왔던 에피소드 하나를 통째로 삭제했는데, 왜냐하면 극 중 한 아시안 캐릭터가 얼굴에 검은색을 칠한 내용이 방송된 뒤 같은 시트콤에 출연 중이던 한 흑인 배우가 그 행동을 다음과 같이 비판했기 때문이다. "그럼, 이제 우리는 혐오 범죄를 눈감아 주는 거야?" 오늘날 엔터테인먼트 업계에서는 흑인 분장 행위를 '규탄하기' 위해 해당 장면을 극중에 삽입하는 것조차도 용납될 수 없는 행위로 받아들여진다. 비슷한 이유로 의료 시트콤 〈스크럽스(scrubs)〉나 〈30 Rock〉의 몇몇 에피소드들 역시 통째로 삭제됐다.[23]

거대 방송사들은 "맥락"을 제공한다는 핑계를 대며 과거의 영화들을 스트리밍 서비스에서 퇴출시키기 시작했는데, 가장 대표적인 예로 HBO Max는 〈바람과 함께 사라지다〉를 플랫폼에서 삭제했다. 이 결정에 대해 HBO Max는 〈바람과 함께 사라지다〉가 "그 당시도 옳지 않았고 오늘날 기준으로도 옳지 않은 인종적 편견들을 담고 있는 시대의 산물"이라 설명하며 자신들의 행동을 정당화했다.[24]

유모(Mammy) 역할을 통해 당시 사회에 만연하던 편견을 잘 표현했다는 비평을 받았던 여배우 해티 맥다니얼(Hattie McDaniel)이 〈바람과 함께 사라지다〉에서 보여 준 연기로 아카데미상을 수상한 최초의 흑인 여배우가 됐다는 사실은 철저히 잊도록 하자. 디즈니플러스는 과거에 제작된 영화들을 업데이트하며 다음의 경고문을 덧붙였다. "이 작품에는 사람 또는 특정 문화를 부정적으로 묘사하는 내용이 담겨 있을 수 있습니다. 이 같은 고정관념은 당시에도 옳지 않았고, 지금도 옳지 않습니다. 이 콘텐츠를 삭제하는 대신, 우리는 해당 콘텐츠가 가져왔던 나쁜 영향들을 인정하며, 그로부터 학습하고, 더욱 포용적인 미래를 함께 만들어 나가기 위해 필요한 대화의 물꼬를 트기 원합니다. 디즈니는 전 세계 사람들의 경험이 가져다주는 풍부한 다양성을 반영하는 영감 있고 미래 지향적인 주제들을 다루는 콘텐츠를 만드는 데 헌신하고 있습니다." 이같이 한심한 울먹거림을 포함하고 있는 영화로는 〈알라딘〉, 〈판타지아〉, 〈피터팬〉, 〈레이디와 트램프〉, 〈정글북〉, 〈스위스 패밀리 로빈슨〉 등이 있다.[25]

또 만약 콘텐츠 내용이 충분히 깨시민적이지 않은 걸로 평가되면(그게 아무리 정치와 무관하다 할지라도), 그 역시 캔슬 컬처의 숙청 대상이 될 수 있다. 2020년 BLM 시위와 거리의 폭동이 한창일 때, 영화 배급사 파라마운트 네트워크(Paramount Network)는 31년 동안 방영했던 경찰 리얼리티 시리즈 〈캅스(Cops)〉를 전격 폐지했는데, 왜냐하면 해당 프로그램을 통해 경찰들이 긍정적으로 비칠 수 있다는 비판이 제기됐기 때문이었다. 좌파 시민단체 컬러 오브 체인지(Color of Change)는 그 결정에 환호하며 다음과 같은 성명을 발표했다. "범죄를 다루는 TV 프로그램은 흑인들의 삶을 파괴하는 행동들을 옹호하는 동시에 대중들로 하여금 과도한 경찰 공권력 사용을 심리적으로 수용하게 만들며, 경찰 개혁에 반감을 가지게 한다. 〈캅스〉가 바로 그런 프로그램이었다. 다음 조치로서 우리는 방송 채널 A&E가 비슷한 리얼리티 프로그램인 〈라이브 PD(Live PD)〉를 종영하길 요청한다."[26] 이 성명서가 나온 후 며칠 뒤, 〈라이브 PD〉 역시 실제로 폐지되었다.[27]

이 현상은 단순히 TV 프로그램을 폐지하는 수준에 머무르는 게 아니다. 깨시민 폭도들이 정한 선을 넘는 아티스트들은 삶이 파괴될 걸 감수해야 한다. 2018년 7월, 스칼렛 조핸슨(Scarlett Johansson)은 트랜스젠더 남성의 삶을 다룬 영화 〈럽&터그(Rub and Tug)〉의 제작에서 하차해야 했다. 급진 좌파들은 오직 실제 트랜스젠더 남성만이 트랜스젠더 배역을 맡을 수 있다고 주장했다(이 논리에 따르면 자신을 남성으로 인지하지 않는 생물학적 여성은 그 배역을 맡을 수 없다는 뜻이었다). 이건 정말이지, 인류 역사상 가장 황당한 주장이었다. 왜냐하면 '연기자'들은 다른 이들의 삶을 '연기'하는 사람들이기 때문이다. 배우가 외관상으로 자신에게 맡겨진 배역과 비슷한가 아닌가는 별로 문제될 게 아니었다(또 조핸슨의 경우 깨시민 논리를 따져 봐도 딱히 문제될 것이 없는 게, 생물학적 여성 인간이 자신을 생물학적 남성이라고 믿는 생물학적 여성 인간을 연기하는 상황이었기 때문이다).

하지만 좌파 깨시민 커뮤니티는 할리우드 최고의 스타 중 한 명이 제작에 참여했음에도 불구하고, 트랜스젠더가 아닌 사람이 그 배역을 맡는 것보다는 차라리 영화 자체를 취소하는 게 낫다고 결정해 버렸다. 물론 조핸슨은 마땅히 해야 할 사죄를 공개적으로 표현하며 다음과 같이 말했다. "저는 이번 배역 관련 이슈가 다양성과 영화 산업에서 소수자들이 어떻게 대변돼야 하는지에 관해 폭넓은 대화를 촉발시키게 된 것 같아 감사하게 생각합니다."[28] 이 같은 비논리적 주장은 때때로 어색한 상황을 만들어 내기도 한다. 여배우 앨런 페이지(Ellen Page)가 트랜스젠더 남성으로 커밍아웃했을 당시, 그녀가 출연 중이었던 드라마 시리즈 〈엄브렐러 아카데미(Umbrella Academy)〉 제작진은 앨런 페이지가 트랜스젠더 커밍아웃을 하며 개명한 이름인 "엘리엇 페이지(Elliot Page)"라는 남성이 앨런 페이지가 기존에 맡고 있던 여성 배역을 그대로 맡아도 된다고 발표했다.

깨시민적 기준을 종교적으로 추종하는 태도는 사회에 통념적으로 받아들여지는 법칙들을 조롱함으로써 돈을 버는 코미디언들에게 특별히 심각한 위협을 주고 있다. 정말 재미있는 이야기지만, 이 같은 트렌드는 최고의 코미디언들이 깨시민 문화를 공격하도록 만들었다. 2007년 얼굴에 흑인 분장을 했다는 사실이 밝혀져 영화 배역 캐스팅에서 배제된 급진 좌파 사라 실버만(Sarah Silverman)은(다시 한 번 말하지만, 당시 실버만이 흑인 얼굴 분장을 했던 건 흑인들이 겪는 인종차별을 비판하기 위해서였다) 다음과 같이 말하며 깨시민들의 태도를 비판했다. "재기할 수 있는 기회를 박탈해 버린 채, 누군가의 소셜 미디어를 집중적으로 파고들어서, 그 사람이 7년 전 무심코 했던 트윗을 발견한 후, 그걸 대중들에게 까발리고 '이 사람은 더 이상 일을 하면 안 되고 업계에서 퇴출돼야 해'라고 말한다면, 이게 과연 변화를 바라는 이들의 태도라고 할 수 있을까? 그게 아니면 우리는 논란을 일으켰던 사람이 12년 전 인터넷에서 발견된 모습 그대로 화석화되어 남아 있길 바라는 것일까?"[29]

인기 스탠드업 코미디언인 데이브 샤펠(Dave Chappelle) 역시 캔슬 컬처가 "셀럽 사냥 시즌"이라고 말하며 그 문화를 비판했다. 코미디언 빌 버(Bill Burr)는 〈새터데이 나이트 라이브(Saturday Night Live, SNL)〉에 출연해 캔슬 컬처를 다음과 같이 비판했다.[30] "그러니깐, 누군가를 '캔슬'한다는 게 얼마나 멍청한 건지 알아? 이제는 캔슬할 사람들 자체가 바닥나고 있어. 그래서 죽은 사람들까지 다시 살려내서 캔슬하려는 거 아니야."[31] 미스터빈(Mr. Bean) 연기로 유명한 로완 앳킨슨(Rowan Atkinson)은 최근 캔슬 컬처를 "누군가를 찾아 불태워 버리려고 길거리를 서성거리는 중세 시대 폭도들의 현대판 버전"이라고 정확하게 묘사하며 다음의 의견을 덧붙였다. "결국 문제의 핵심은 우리(좌파 폭도)와 함께하느냐, 아니면 등을 지느냐에 관한 것이다. 만약 당신이 우리와 등을 진다면, 당신은 '취소(cancel)'돼야 마땅하다"는 게 그들의 논리다.[32]

할리우드는 어떻게 재정상화됐는가

이 모든 상황은 다음의 심각한 질문을 우리에게 던져준다. 만약 깨시민 문화가 매력적인 콘텐츠들을 탄압하고, 코미디를 파괴하며, 엔터테인먼트 전반을 악화시킨다면, 왜 그 흐름에 굴복해야 하는 걸까? 그냥 연예계 자체를 일반적인 미국인들의 취향에 맞도록 변화시킬 순 없는 것일까?

같은 얘기를 반복하지만, 이 질문에 대한 답을 찾다 보면 다시 재정상화의 문제로 돌아가게 된다. (좌파에게 넘어간)제도를 제정상화하기 위해 필요한 건 굳건한 태도로써 타협하지 않으며 코어 그룹을 이룰 수 있는 소수의 사람들을 조직하는 것이다. 대세에 순응하는 다수 대중을 놓치지 않으면서 동시에 이 변치 않는 코어 그룹의 취향을 저격할 수 있다면 완전한 방향 전환이 가능해진다. 바로 정확히 이게 지난 세월 동안 할리우드에서 발생한 일이었다. 과거 할리우드는 가장 광범위한 시청자들의 취향에 맞추기 위해 방송(broadcast)했던 반면(여기 'broadcast'라는 단어 안에는 '광범위하다(broad)'는 뜻이 포함돼 있다는 점을 주목하자), 오늘날 할리우드 PD들은 변치 않는 신념을 가진 좌파 깨시민들을 즐겁게 만드는 편협한 메시지를 전달하는(narrowcast) 데 혈안이 돼 있다. 현실에서 이 말은 곧 깨시민의 철학을 그대로 대변하는 문화 비평가들에게 영합한다는 뜻이며, 또 고집스러운 신념을 믿는 일부 깨시민들을 특별대접 하는 동시에, 나머지 전체 대중들이 그 흐름에 따라오도록 기대하는 것이기도 하다.

할리우드 영화 비평가들은 천편일률적으로 권위주의 좌파 철학에 찌들어 있다. 영화 비평계에는 좌파 권위주의 철학이 충격적일 만큼 깊숙이 침투해 있다. 만약 어떤 영화가 정치성을 띠면, 그 영화의 내용 및 작품성은 더 이상 중요하지 않은 요소로 판단된다. 대신 그 영화가 얼마나 많은 '깨시민 체크박스'에 해당되는지가 가장 중요해진다. 영화 관련 정보를 검색할 때 제일 먼저 찾게 되는 웹사이트 로튼토마토(Rotten Tomatoes)는 좌파 성향 영화를 정말 노골적으로 편애한다.[33] 또 로튼토마토에서 누적된 의견들은 그 사이트에서 활동하는 평론가들의 좌편애적 확증 편향을 더욱 강화시킨다. 왜냐하면 비평가들도 군중심리의 영향을 받기 때문이다.

미국 잡지 〈버라이어티(Variety)〉에서 영화 평론을 담당하는 오웬 글레이버만(Owen Gleiberman)은 "어딜 가나 (군중에게)순응하길 요구하는 압력이 가져다주는 따끔함을 절대 피할 수 없다"라고 말했다.[34] 〈버라이어티〉 잡지 소속 한 영화 평론가가 용기 내어 좌파 메시지를 담고 있던 영화 〈프로미싱 영 우먼(Promising Young Woman)〉에서 캐리 멀리건(Carey Mulligan)의 캐스팅은 잘못된 선택이었다는 소신 발언을 했을 때, 〈버라이어티〉는 자사에 소속된 평론가가 은밀한 여성 혐오주의자라고까지 말하며 그에게 망신을 주었고, 해당 평론가의 발언에 대해 회사 차원의 공식 사과문을 내놓았다.[35] 평론가 세계에는 권위주의 좌파의 하향식 검열이 난무하고 있다. 이들의 목적은 단순히 반대 의견을 묵살시키는 게 아니라, 공개 자백과 회개를 강요하는 데 있다.

평론가들이 황당할 정도로 일반 대중과 동떨어진 주장을 늘어놓는 데에는 다 이유가 있다. 대중들은 형편없는 영화들을 보면 확고한 거부 의사를 드러내지만, 평론가들은 그 영화에 담긴 정치적 코드들을 찬양하는 의견을 쏟아낸다. 예를 들면, 관객들은 빌 머레이(Bill Murray) 주연의 오리지널 영화를 여성 캐스트들 중심으로 각색해서 만든 2016년 〈고스트버스터즈(Ghostbusters)〉에 신통찮은 반응을 내놓았다. 로튼토마토에서 그 영화를 긍정적으로 평가한 관객은 50%밖에 되지 않았고, 제작사는 7천만 달러 손해를 봤다. 이유는 간단했다. 그건 어중간한 쓰레기 영화였기 때문이다.

하지만 평론가들에 따르면 그 영화는 매우 '중요'했는데, 왜냐하면 영화 속에서 여성들은 과거 남성 주연들이 맡았던 비중 있는 배역들을 꿰찼기 때문이다. 〈디 애틀랜틱〉 소속 평론가 메간 가버(Megan Garber)는 다음의 글을 기고했다. "잠깐이나마, 할리우드에서 활동하는 여성들의 미래가(또 페미니즘 그 자체의 미래가) 폴 페이그(Paul Feig), 아이반 라이트먼(Ivan Reitman), 멜리사 매카시(Melissa McCarthy), 또 몇몇 CG로 촬영된 고스트들의 어깨에 올라타 있는 것처럼 보였다." 그리고 놀라운 사실이지만! 가버는 2016년 〈고스트버스터즈〉가 "고스트, 총기, 개그, 걸파워" 등 주제들 사이에서 균형을 이룬 "꽤나 훌륭한" 영화였다고 평가했다.[36]

평론가들이 대중과 완전 괴리된 의견을 내놓을 때, 그런 행동을 하는 이유는 오직 하나로만 설명 가능하다. 평론가들은 미국 대중

• 폴 페이그는 〈고스트버스터즈 2016〉의 감독, 아이반 라이트먼은 작가, 멜리사 매카시는 주연 여배우.

을 꼴통 집단으로 바라보고 있다는 것이다. 따라서 자연스럽게 〈고스트버스터즈〉가 흥행에 실패했을 때 평론가들은 그게 미국인들이 능력 있는 여성들을 감당하지 못한다는 걸 입증하는 증거라고 주장하기 시작했다. 또 그 영화의 흥행 실패는 영화를 제대로 감상할 줄 모르는 미성숙한 남성들 때문이라고 말했다(하지만 〈고스트버스터즈〉는 중간쯤 수준의 영화였을 뿐이있다).

〈고스트버스터즈〉를 통해 불거진 현상은 왜 평론가들이 대중들이 좋아하지 않는 영화들을 띄우는 데 혈안이 돼 있는지를 설명할 때 종종 인용되곤 한다. 만약 영화 팬들이 〈스타워즈: 라스트 제다이〉는 줄거리가 뒤죽박죽이고 일관성 없는 작품이고, 오랫동안 사랑받아 왔던 상징적 캐릭터들을 무참히 파괴하고, 갑자기 동물 권리라는 연관성 없는 주제를 끼워 넣은 형편없는 영화라고 평가한다면, 평론가들은 팬들이 그런 감상평을 내는 이유가 그들이 옳기 때문이 아니라, '해롭기(toxic)' 때문이라고 주장했다. 특별히 만약 스타워즈 팬들이 로즈(켈리 마리 트랜분扮)가 줄거리상 불필요하며 따분한 캐릭터라고 말한다면(실제로 그랬다), 평론가들은 그런 반응을 내는 이유가 팬들의 성차별, 인종차별 때문이라고 화살을 돌렸다.

평론가들은 〈스타워즈: 라스트 제다이〉를 사랑했고(로튼토마토에서 90점의 평론가 평점), 관객들은 그 영화를 싫어했다(42점 평점). 비평가들 관점에서는 분명 관객들이 잘못된 생각을 가지고 있었다. 〈에스콰이어(Esquire)〉 잡지의 맷 밀러(Matt Miller)가 언급한 것처럼, "비극적이게도 2018년 스타워즈 팬들은 혐오, 편견, 재수없는 사람들의 동의어가 되었다. (중략) 〈라스트 제다이〉는 인터넷에 뿌리 내리고 있으며 현실 세계에까지 확장되고 있는 최악의 극우적 충동이 발생하도록 만들었다."[37] 평론가들은 대중이 그들과 다른 의견을 낼 때 팬들이 '유해한' 생각을 가지고 있다는 프레임을 지속적으로 사용하며 자신들의 입장을 정당화했다.

그러는 동안 평론가들은 충분히 깨시민적이지 않은 작품들을 '유해하다'고 낙인찍을 수 있다. 데이브 샤펠은 코미디쇼 〈스틱스 앤드 스톤스(Sticks and Stones)〉에서 캔슬 컬처와 깨시민주의를 강요하는 좌파들의 고압적 태도를 비판하며 그들에 맞섰다. 그 결과 평론가들은 샤펠의 쇼를 혹평하며 로튼토마토에서 35점 평점을 날렸고 샤펠에게 다음과 같은 불평을 늘어놓았다. "샤펠은 누구에게도 책임지지 않으면서 돈, 명예, 영향력 등 모든 걸 원하는 사람이 되었다."[38]

하지만 샤펠이 미국 사회에 존재하는 제도적 인종차별의 본질에 비판의 날을 세우며 풍자하자, 평론가들은 180도 입장을 바꿔 아부성 평론을 쏟아 냈다.[39] "혹시 코미디 쇼도 퓰리처상을 받을 수 있을까? 지구상에서 가장 강력한 극장. 별로 재미있지는 않았지만 (중략) 이 코미디언은 최고의 폼을 가지고 있었다."[40] (하지만 샤펠이 생존할 수 있었던 진짜 이유는 그의 코미디가 캔슬 컬처를 비판하는 방향으로 세팅됐고 대중들이 그걸 좋아했기 때문이다). J. D. 밴스의 책 『힐빌리의 노래』가 영화로 제작됐을 때, 평론가들은 영화의 평점을 박살 내 버렸다(로튼토마토에서 27점). 이유는 영화 자체의 퀄리티 때문이아니라, 2016년에서 2020년 사이, 가난한 백인 주인공들의 상황을 심각하게 고찰하거나 개인의 선택을 강조하는 태도가 '깨시민적이지 않은' 걸로 변해 버렸기 때문이다. 〈디 애틀랜틱〉의 평론가들은 영화 〈힐빌리의 노래〉가 "올해 개봉된 최악의 작품"이라 말했고, 수백만 권이 팔린 베스트셀러 원작 책은 "보다 깊은 시스템적 문제들을 다룰 의사가 별로 없어 보인다"고 평가절하했다.[41] 그 와중, 관객들은 〈힐빌리의 노래〉를 사랑했다. 로튼토마토에서 그 영화에 대한 관객 평점은 86점이나 됐으니 말이다.

평론가들은 정치적으로 동의하지 않는 작품들을 의도적으로 파괴하려 한다. 하지만 일상을 살아가는 평범한 미국인들 대부분은 평론가들이 뭐라고 말하든 별로 관심이 없다. 아이러니하게 보일지 모르지만, 할리우드에서 깨시민 세력에게 가장 큰 힘을 실어 주는 요소는 바로 시장 그 자체의 균열이다. 지난 수십 년 동안, 할리우드의 법칙은 가장 많은 수의 대중에게 어필하는 영화를 만드는 것, 다시 말해 '브로드(broad)'한 작품을 만들어서 대중들과 소통하는 것이었다('broad'cast). 제작사의 핵심 프로젝트가 되는 영화들은 여전히 이와 비슷한 기준을 채택하고 있다(마블 영화들을 한번 생각해 보자).

하지만 엔터테인먼트 업계에서 마케팅과 배급이 세분화되면서, 소수의 대중들에게 어필하거나, 가장 확고한 취향을 가진 대중들의 입맛에 맞는 영화를 만드는 것이 더 이치에 맞는 일이 되어 버렸다. 특정 대상에게만 어필할 수 있는 콘텐츠를 만드는 행위(narrowcasting)는 영화계 전체의 재정상화를 불러오게 됐다.

이 같은 할리우드식 전략이 통하려면 그들의 계산대로 보수주의자들 또는 중도적 사람들은 영화를 보다가 기분 나쁜 내용이

나오더라도 그걸 무시하고 넘어가야 한다(영화계 입장에서는 집토끼가 되어야 한다). 그 상태에서 불만 사항이 있을 때 목소리를 높이며 따질 가능성이 큰 사람들, 또는 특정 이념에 기반해 작품을 열성적으로 소비해 줄 수 있는 사람들을 특별 대접하면 된다. 그렇기 때문에 넷플릭스는 드라마 섹션 안에 별도로 'Black Lives Matter 컬렉션'을 만들어 놓았고, 'Black Lives Matter' 장르 영화들을 만들어 내기 전 "침묵하는 건 동조하는 것이다"라는 문구를 홈페이지에 걸어 놓았던 것이다.[42]

할리우드는 더 이상 과거처럼 가장 많은 대중들을 동원할 수 있는 블록버스터 영화를 만드는 데 관심이 없다. 대신 가장 시끄러운 사람들의 취향을 저격하며, 나머지 모든 사람들은 그 흐름에 복종하도록 만들고, 그 상황에서 이미 잡아 놓은 물고기들은 빠져나가지 않도록 희망하는 게 영화업계의 목표라고 할 수 있다. 대부분의 경우, 할리우드 관계자들의 희망은 현실이 된다. 일단, (할리우드 좌파 영화에 질려 버린)보수 성향 사람들이 대안으로 접할 수 있는 콘텐츠가 그렇게 많지 않기 때문이다. BLM 깨시민 어젠다를 노골적으로 드러내는 넷플릭스 콘텐츠를 보며 기분이 상한다고 해서, 당신이 훌루나 아마존 프라임으로 갈아탈 수 있는 게 아니다. 왜냐하면 나머지 회사들도 그들 나름의 방법으로 미국의 인종차별을 심판해야 한다는 프로파간다적 영화 카테고리를 유지하며 BLM 운동에 연대를 표현하고 있기 때문이다.[43] 반대 의견에 문이 닫힌 상태에서 진행되는 할리우드의 재정상화는 엔터테인먼트 업계의 이념적 단일화를 초래하게 되었다.

스포츠 업계의 깨시민화, 그리고 파산

엔터테인먼트 업계의 급진 좌경화는 무엇보다 스포츠 영역에서 가장 두드러지게 나타난다. 스포츠는 가장 광범위한 대중들을 상대로 해야 하는 사업이다. 따라서 스포츠는 모든 사람들에게 어필하는 방식으로 디자인돼 있다. 스포츠는 실력을 겨루는 장인 동시에, 승자와 패자가 분명히 갈리는 순수한 경쟁의 장이다. 스포츠는 경쟁을 기꺼이 받아들여, 역경을 뚫고 헤쳐 나가는 것이고, 팀 동료들과 함께 힘을 합치는 과정 그 자체라고 할 수 있다. 스포츠는 우리를 하나 되게 만든다.

아니, 적어도 지금까진 그래 왔다. 물론 정치가 스포츠에서 결정적인 역할을 하기도 했다. 당장 생각해 보자면 인종의 벽을 허물고 메이저리그 최초의 흑인 선수로 활약한 재키 로빈슨(Jackie Robinson)이나 베트남전 징집을 거부하며 미국 올림픽 복싱 대표 팀 발탁을 포기한 무하마드 알리(Muhammad Ali), 또 냉전 중 소련 아이스하키 팀을 물리쳤던 미국 아이스하키 대표 팀의 이야기 등이 떠오른다. 하지만 과거에는 일단 게임이 시작되면, 모든 외부적 갈등은 스포츠 게임 안으로 빨려 들어갔다. 미국인들은 자신이 응원하는 대상이 분명히 있었지만(그 대상은 종종 정치적 이유를 바탕으로 결정되기도 했다), 가장 중요한 관심사는 필드(운동장) 위에서 보여 주는 선수들의 실력이었다.

그동안 미국 프로 스포츠 리그들은 스포츠에서 정치색을 최대한 배제하려 노력했다. NBA 팀 덴버 너겟츠 소속 스타 플레이어 마무드 압둘 라우프(Mahmoud Abdul Rauf)가 1996년 한 경기 시작 전 국가 연주 시 기립을 거부했을 때, 당시 NBA 총재였던 데이비드 스턴(David Stern)은(참고로 스턴은 열성적인 좌파였다) 라우프에게 무보수 출장정지 징계를 내렸다. 당시 라우프는 선수 및 코치진들에게 미국 국가가 연주될 때 "자리에서 일어나 일렬로 맞춰 품위 있는 자세를 유지"하도록 권고한 NBA 규정을 위반했다.⁴⁴

전국적 관심을 받았던 1990년 노스캐롤라이나 상원 선거에서 왜 특정 후보를 지지하지 않느냐고 묻는 기자의 질문에 마이클 조던(Michael Jordan)은 "공화당원들도 (나이키)신발을 사잖아요 (Republicans buy sneakers, too)"라고 답했다.˙ 몇 년 후 언론과 했던 인터뷰에서 조던은 당시 상황을 다음과 같이 설명했다. "농구를 할 때 저는 정치인이 아니었습니다. 저는 제 기술에 집중했을 뿐입니다."⁴⁵

당시만 해도 이 같은 입장은 별로 논란이 되지 않는 의견으로 받아들여졌다. 하지만 뭔가 변화가 일어났다.

스포츠 세계 역시 인종과 정치적 입장에 따라 재정상화의 과정을 거치게 된 것이다.

지구상 최고의 스포츠 채널이라 할 수 있는 ESPN은 엄청나게

˙ 1990년 노스캐롤라이나주 상원 선거에서공화당 백인 후보 제시 헬름스(Jesse Helms)와 민주당 흑인 후보 하비 갠트(Harvey Gantt)가 맞붙었다. 당시 헬름스는 인종차별 여지가 있는 광고를 내보냈다. 그에 따라 해당 선거구는 전국적 관심 지역으로 떠오른다. 마이클 조던은 노스캐롤라이나에서 고등학교와 대학을 나왔기 때문에 언론은 선거에 대한 그의 의견을 물었고, 내심 조던이 민주당 흑인 후보를 지지하는 메시지를 내주길 기대하고 있었다. 하지만 나이키와 스폰서 계약을 맺고 있던 조던은 위 본문과 같은 영리한 답을 내놓았다.

돈을 잃기 시작했다. ESPN은 다음 두 가지를 하는 데 예산을 사용했다. 첫째는 광고였고(이건 시청자 의존적이다), 둘째는 통신망 사용료 지불이었다. ESPN 수입의 75%는 케이블 및 위성 TV를 시청하는 구독자들로부터 나온다. 케이블 위성 TV 업체들이 ESPN에 돈을 지불하고 통신망을 사용하도록 해 주는 것이다. 그 돈을 가지고 ESPN은 각종 프로 스포츠 리그들에 콘텐츠 사용권을 지불한다.

문제는 오늘날 굉장히 많은 사람들이 케이블 위성 TV에서 ESPN의 콘텐츠를 시청하지 않는다는 사실이다. 따라서 사람들이 케이블 TV 구독을 끊음에 따라 ESPN이 지급받는 통신망 사용료가 하락하게 되고, 케이블 TV에 새로운 스포츠 채널 경쟁자들이 유입되어 (구단에게 지불해야 하는)콘텐츠 사용료가 증가함에 따라, ESPN은 사업적으로 큰 타격을 입게 되었다. 이 현상을 스포츠 언론인인 클레이 트래비스(Clay Travis)는 다음과 같이 설명했다. "ESPN의 비지니스는 두 방면에서 위기를 맞게 됐다. 그들이 벌어들이는 구독료 수익이 급감하는 와중 스포츠 구단들에게 내야 하는 콘텐츠 사용료가 급증하게 된 것이다. (중략) 2011년 사업이 한참 전성기에 있을 때 ESPN은 약 1억 명의 구독자 베이스를 가지고 있었다. 하지만 2018년이 됐을 때 그들은 1,400만 명의 구독자를 잃게 됐다."[46]

ESPN은 선정적 토크 쇼, 저예산 방송, 시청자들의 어그로를 끌 수 있는 각종 프로그램들을 도입하며 위기를 극복하려 했다. 트래비스가 지적한 것처럼 ESPN은 "스포츠에 좌파 정치를 끌어들이는 출연진들을 적극적으로 밀기 시작했는데, 이 방침에 따라 지멜 힐(Jemele Hill), 맥스 켈러만(Max Kellerman), 사라 스페인(Sarah Spain), 보마니 존스(Bomani Jones), 미쉘 비들(Michelle Beadle), 파블로 토레(Pablo Torre) 같은 캐스터들이 프라임 타임 방송을 차지하게 됐다. 한마디로, ESPN에서는 좌파 성향이 강할수록, 더 많은 방송에 출연할 수 있었다."[47]

이 같은 태도는 스포츠 담당 언론인들이 생각하는 정치적 문화를 반영하는 동시에 철저히 좌편향되어 가던 고객들을 집중 타기팅을 하려는 언론사의 욕구를 반영하기도 했다. 미국에서 팬 구성의 인종적 분포는 스포츠별로 큰 차이를 보인다. 예를 들어 NBA는 압도적으로 흑인 팬들이 많다. 아이스하키리그 NHL은 압도적으로 백인 팬들이 많았다. 또 ESPN은 소수 인종들이 시청하는 스포츠 관련 방송을 하는 데 엄청난 공을 들이고 있다. 미국 인기 스포츠 블로그 데드스핀(Deadspin)의 조사에 따르면, 2012년 기준으로 ESPN의 프라임타임 방송 스포츠센터(Sportscenter)는 NFL 관련 이슈를 다루는 데 전체 방송 중 23.3%의 시간을, NBA 관련 이슈를 다루는 데 19.2%의 시간을 사용한 반면, 백인들이 팬층의 압도적 다수를 이루는 미국 레이싱 경기 NASCAR에는 오직 2.1%의 시간만을 편성했다. 하지만 2015년 해리스폴(The Harris Poll)이 실시한 여론조사에 따르면, 미국인들 중 가장 선호하는 스포츠로 농구를 꼽은 사람들의 비율은 불과 5%밖에 되지 않았고, 자동차 레이싱을 가장 좋아한다고 답한 응답자의 비율은 6%나 되었다.[48]

하지만 ESPN이 단순히 왜곡된 '다양성' 추구를 위해 이런 식의 편향된 방송 편성을 하는 건 아니다. ESPN이 이 같은 전략을 채택한 이유는 평균적으로 흑인들이 백인들에 비해 TV 시청을 더 많이 하기 때문이고,[49] 역사적으로 흑인들은 인구 대비로 신발, 의류, 자동차, 보석 등과 같이 "눈에 보이는 상품들"에 더 많은 돈을 지출하기 때문이다.[50]

좌파 성향이 강한 인구 집단을 특별대우하려면 그들이 가지고 있는 정치적 신념을 옹호해 줘야 하는데,* 때마침 ESPN의 지도부를 차지한 사람들 역시 좌파적 정치관을 가지고 있다. 전체 인구 중 소수에 해당하는 하위 그룹(특정 정치 성향이 강하면서 동시에 스포츠를 좋아하는 인구)에 영합함으로써, 스포츠 세계는 깨시민적 주장을 중심으로 재정상화되게 된다.

미국 각종 스포츠 리그들은 뚜렷한 정치 성향을 보이는 관중들에게 영합하기 시작했고, 그 과정에서 정치가 운동장으로 스며들었다. 2014년, 백인 경찰관이 검거 과정에서 18살 흑인 소년 마이클 브라운에게 총을 쐈고, 브라운은 사망했다. 검거가 진행될 당시 브라운은 경찰관을 공격했고, 그의 총을 빼앗았으며, 그 총으로 경찰차를 쏜 후, 경찰관에게 달려들었다. 하지만 주류 언론들은 브라운이 두 손을 든 채 경찰관에게 항복했다고 거짓말을 했다. "손을 들었으니, 쏘지 마세요(Hands Up, Don't Shoot)"는 브라운이 흑인이었기 때문에 백인 경찰관에게 억울하게 사살당했다는 주

---

* 미국 전체 인구의 13.4%(2020년 기준)를 차지하는 흑인들의 민주당 지지율은 80%에 이른다.

장을 표현하는 슬로건으로 사용됐고, 미국 사회 전반에서 공권력은 시스템적으로 흑인들을 표적 삼고 있다는 주장이 들판의 불길처럼 번져갔다. 그리고 스포츠 세계 역시 이 흐름에 편승했다. NFL 미식축구팀 세인트루이스 램즈(St. Louis Rams) 소속 선수 다섯 명은 경기 전 선수 입장 세리머니를 할 때 "Hands Up, Don't Shoot" 포즈를 취하며 경기장으로 걸어 들어왔다.[51]

NFL 측은 해당 행동에 별다른 징계를 부과하지 않을 것이라고 말했고, NFL의 부회장 브라이언 매카시(Brian McCarthy)는 다음과 같은 즉각적 성명을 발표했다. "우리는 최근 발생한 비극적 상황에 근심 어린 의견을 표현한 모든 사람들을 존중하고 이해합니다."[52]

하지만 매카시가 냈던 입장문은 우리의 생각과 달리 표현의 자유를 존중하는 태도를 바탕으로 만들어진 게 아니었다. 매카시는 깨시민들에게 영합하기 위해 그 같은 발언을 했기 때문이다. 2016년, BLM 시위 참가자가 5명의 경찰관들을 총으로 살해했을 때, NFL 지도부는 희생된 경찰관들에게 조의를 표하는 스티커를 부착하기 원했던 달라스 카우보이스(Dallas Cowboys) 선수들의 요청을 거부했었다.**[53]

그로부터 몇 년 동안, 깨시민 좌파 성향을 적극적으로 포용하는 스포츠 언론 및 리그 수뇌부의 입장은 오히려 더 강화되어 왔다.

•• 미국에서 경찰 공권력을 긍정하는 건 (굳이 평가하자면)보수적인 일이라고 인식된다. 최근 10년 사이 이 같은 흐름이 급격히 강화됐다. 과거에는 진보 보수 할 것 없이 경찰에 대한 초당파적 지지가 있었음.

마무드 압 둘라우프가 농구 시합 전 국기에 대한 경례를 거부했을 당시 NBA 총재 데이비드 스턴이 라우프의 행위를 징계했던 조치는 너무나 당연한 일이었다.

하지만 샌프란시스코 포티나이너스(San Francisco 49ers)에서 블래인 개버(Blaine Gabbart)에게 밀려 벤치 신세로 전락했던 쿼터백 콜린 캐퍼닉(Colin Kaepernick)이 무장 상태로 피해자에게 흉기를 휘둘렀다는 혐의를 받았던 마리오 우즈(Mario Woods)가 경찰관의 총에 맞아 사망한 사건에 항의하기 위해 NFL 경기 전 미국 국가가 연주될 때 무릎을 꿇었을 때,[54] 미국 언론은 캐퍼닉을 보호하기 위해 결사적으로 달려들었다. ESPN은 백만장자가 된 캐퍼닉을 영웅으로 취급했고, 심지어 그가 "(앞으로)흑인과 유색인종을 억압하는 나라의 국기에 대해서는 존중을 표현하지 않겠다"고 선언했음에도 불구하고, 벤치 신세인 서브용 쿼터백을 찬양하는 프로그램으로 온 방송을 도배했다.[55]

그 후 몇 년 동안이나 언론은 캐퍼닉을 민권운동의 아이콘으로 추앙했다. 한때 경찰관을 '쓰레기'라고 묘사한 양말을 신고 경기를 뛰었던 캐퍼닉은 결국 나이키로부터 수백만 달러에 달하는 광고 계약을 따내게 된다. 물론 나이키는 좌파 소비자들에게 운동화를 팔기 위해 캐퍼닉과 광고 계약을 맺었는데, 해당 광고의 슬로건은 "신념을 가지라. 비록 모든 걸 희생해야 할지라도"였다. 하지만 현실 속에서 캐퍼닉은 아무것도 희생하지 않았다. 국기에 대한 경례를 거부하는 시위를 했을 당시, 캐퍼닉은 이미 팀에서 벤치 신세였고, NFL 복귀에 필요한 모든 절차적 조건들을 거부했으며,

광고 수익으로는 수백만 달러를 벌어들이고 있었다.

그럼에도 불구하고 오늘날 스포츠계에서 캐퍼닉은 영웅 대접을 받는다. 2020년, NFL은 한 팀에게 리그 차원의 영향력을 행사해 캐퍼닉이 특정 팀에서 자리 잡을 수 있도록 노력했다. 여기에 더해 게임사 EA스포츠는 캐퍼닉이 지난 몇 년 동안 선수 생활을 하지 않았고, 마지막 선수 생활을 할 당시에도 별로 뛰어난 퍼포먼스를 보여 주지 못했음에도 불구하고, 캐퍼닉을 자사 비디오 게임 매든 NFL 21 (Madden NFL 21)에서 "스타팅 멤버 수준의 전력"으로 분류해 주었다.[56]

스포츠가 정치화되자 관객 수는 처참하게 하락했다. 이미 하락 상태에 있던 경기에 대한 평가 역시 급강하하기 시작했다. 2017년 한 해 동안 미국 최고 프로스포츠 리그인 NFL의 경기 평점은 10%나 하락했다.[57]

ESPN의 시청률이 얼마나 많이 떨어졌는지, ESPN의 사장 존 스키퍼(John Skipper)는(참고로 스키퍼는 ESPN의 정치화를 불러온 장본인이다) 2016년 후반 다음의 사실을 시인했다. "ESPN 역시 지난 한 해 동안 미국 전체를 달궜던 정치적 문제로부터 완전히 자유롭지 못했다. 내부적으로, 보수와 진보를 아우르는 많은 스태프들 사이에서는 ESPN의 좌경화가 회사 내부 대화 분위기를 억압하는 효과를 가져왔으며, 이 현상이 우리가 소비자들에게 제공하는 상품에까지 영향을 주었다는 공감대가 있었다.

소비자들 역시 ESPN의 좌편향을 어느 정도 느낀 것 같고, 그로 인해 몇몇 분들은 소비를 중단하기도 했다." 스키퍼의 발언에 대해 ESPN에서 활동하는 좌파 성향 방송인 지멜 힐(Jemele Hill)은 다음과 같이 맞받아쳤다. "저는 (ESPN 내부에서)억압받는다고 말하는 사람들에게 동의할 수 없습니다. 당신은 반발을 두려워합니까? 아니면 무엇이 옳고 무엇이 그른지 말하는 걸 두려워합니까?"[58]

2018년, 스키퍼는 당시 ESPN에서 소비자 상품을 담당하고 있던 지미 피타로(Jimmy Pitaro)에게 사장 자리를 내주었다. 사장으로 취임하자마자 피타로는 ESPN이 한동안 "스포츠를 통해 사람들을 통합시킨다"는 핵심 가치로부터 벗어났다는 사실을 시인하며 다음과 같이 말했다. "우리는 ESPN이 스포츠 팬들을 위해 존재한다는 사실을 이해해야 합니다. 모든 스포츠 팬들을 위해 존재한다는 사실을 말이죠." ESPN의 내부 감사에 따르면 보수와 진보를 막론하고 스포츠 팬들은 ESPN에서 정치 이야기를 듣고 싶어 하지 않는 걸로 나타났다.[59]

하지만 문제는 스포츠 방송사들과 각종 프로 리그들이 이미 재정상화되어 버렸다는 사실이다. 그 소용돌이에서 벗어나기에는 너무 늦은 듯한 느낌이 든다. 2020년 경찰 검문 과정에서 조지 플로이드가 사망한 후 시위가 미국 전역을 뒤덮었을 때, 사실상 모든 프로 리그들은 팬들에게 깨시민주의를 강요하고 나섰다.

NBA 당국은 미국 사회가 구제 불능일 정도로 흑인들에게 시스템적 차별을 하고 있으며 인종적 편견에 사로잡혀 있다는 다중적 의미를 담고 있는 문구 "BLACK LIVES MATTER"를 코트 양쪽 사이드라인에 새겨 놓았다. 선수들 80%가 흑인으로 구성돼 있으며[60] 선수 평균 연봉이 770만 달러에 달하는[61] 프로 리그에서 이런 반응을 내어 놓는다는 사실이 정말 충격적이었다. 또 NBA 당국은 선수들 유니폼에 깨시민 구호를 새겨 넣을 수 있도록 허락해 주었다. 선수들이 유니폼에 새겨 넣은 문구는 다음과 같았다.

"Black Lives Matter (흑인의 생명은 소중하다), Say Their Names (그들의 이름을 말하라), Vote (투표하라), I Can't Breathe (숨을 쉴 수 없어), Justice (정의), Peace (평화), Equality (평등), Freedom (자유), Enough (이제 그만), Power to the People (국민에게 권력을), Justice Now (지금 정의가 필요해), Say Her Name (그녀의 이름을 말하라), Si Se Puede (네, 우리는 할 수 있어요), Liberation (해방), See Us (우리를 돌아봐), Hear Us (우리 목소리를 들어 줘), Respect Us (우리를 존중해 줘), Love Us (우리를 사랑해 줘), Listen (경청하라), Listen to Us (우리 얘기를 들어 줘), Stand Up (일어나자), Ally (연대하라), Anti-Racist (반인종차별), I Am a Man (나는 사람입니다), Speak Up (목소리를 높이라), How Many More (얼마나 더 많은 희생자가 나와야), Group Economics (집단 경제), Education Reform (교육 개혁), Mentor (멘토)."

상황이 이렇게 되자, 시청자들은 NBA를 보면서 '집단 경제'가 '정의'에게 블로킹을 하며, '숨을 쉴 수 없어요'가 '이제 그만'에게 앨리웁을 던지는 걸 심심찮게 볼 수 있었다.[62]

이 모든 문구들이 스포츠와 도대체 무슨 관련이 있는지 이성적으로 설명할 수 있는 사람은 한 명도 없었다. (물론 NBA에서 새롭게 생겨난 정치적 열정은 미국 사회 시스템이 구조적으로 인종차별을 조장하고 있다는 주장을 옹호하는 선에서만 한정됐는데, 중국 정부가 한때 자유로웠던 도시 홍콩을 완전히 집어삼켜 버리는 모습을 바라보며 휴스턴 로켓츠(Houston Rockets)의 단장 대릴 모레이(Daryl Morey)는 "홍콩에 자유를(Free Hong Kong)"이라는 트윗을 올렸다가 NBA의 경고를 받고 공개 사과를 해야 했다. 정치적 목소리를 내는 데 미국에서 가장 각광받는 운동선수인 르브론 제임스(LeBron James)는 모레이가 "사실관계를 잘못 파악하고 있다(misinformed)"고 핀잔을 주었다. 물론 르브론과 나이키, NBA는 중국 시장에서 엄청난 돈을 쓸어 담고 있다.)**63**

메이저리그는 개막 경기에서 투수의 피칭 마운드 위에 "BLM"이라는 문구를 새겨 넣었고, 미국 국가를 제창할 때 모든 선수단들이 한쪽 무릎을 꿇도록 지침을 내렸으며, 개막식 행사가 진행되는 와중 "평등은 그저 하나의 단어가 아닙니다. 평등은 우리의 권리입니다"고 녹음된 모건 프리먼(Morgan Freeman)의 목소리를 방송으로 내보냈다. 메이저리그 구단 템파베이 레이스(Tampa Bay Rays)는 트위터 공식 계정에 "오늘은 개막일입니다. 다시 말해, 브리아나 테일러(Breonna Taylor)를 죽인 사람들을 체포하기 좋은 날이란 뜻이죠"라는 트윗을 올렸다**64**(참고로 브리아나 테일러 사망 사건을 간략히 언급하자면, 경찰관들이 긴급가택 수색영장*을 발부받은 상황에서 테일러 집을 가택 수색하려고 했을 때, 테일러의 남자친구는 문 앞에 서 있는 경찰관들을 향해 총을 쐈다. 이에 경찰들은 반격 사격을 실시했고, 그 과정에서 뜻하지 않게 테일러가 사망했다). NLF 역시 이 흐름에 편승해 권위주의 좌파들에게 영합하기 시작했다. NFL의 총재 로저 구델(Roger Goodell)은 2016년 당시 그가 캐퍼닉의 편을 확실히 들어 주지 않았던 게 "잘못됐었다"고 인정했고,**65** 리그 경기가 진행될 때 터치다운 사이드라인에 "우

• 사전 통보나 노크 등을 하지 않고 불시에 가택 수색을 시행할 수 있는 영장.

리 모두가 힘을 합쳐야 합니다,” “인종차별을 끝냅시다” 같은 방 구석 키보드 워리어들이 쓸 법한 문구들을 잔뜩 새겨 놓았다.[66]

우리가 익히 알고 있는 것처럼, 이런 행동들은 인종차별을 줄이 는 데 별다른 영향을 주지 못했다. 하지만 적어도 프로 리그들은 가장 열성적인 고객들에게 큰 만족감을 줄 수 있었다.

하지만 불행하게도 그들이 달래려 했던 소비자보다 훨씬 많은 사람들이 프로 스포츠 자체를 외면해 버리는 결과가 발생하게 된 다. 2020년 NFL의 시청률은 10%나 줄어들었고,[67] NBA 결승전 시 청률 역시 전년 대비 51%나 감소했다.[68] 메이저리그 월드시리즈는 역대 최악의 시청률이라는 오명을 썼다.[69] 물론 나는 이 모든 시청 률 감소가 스포츠의 정치화 때문에 초래됐다고 말하는 건 아니다. 팬데믹 때문에 스포츠 관람률 전체가 감소했다는 현실 역시 어느 정도 감안해야 한다. 하지만 2020년, 미국인들을 하나 되게 만드 는 매개체로서 스포츠가 의미하는 상징성은 그 어느 때보다 큰 타 격을 입게 됐다.

소결

많은 미국인들은 스포츠와 문화 등 엔터테인먼트 업계가 정치 화되는 현상에 그냥 눈을 감으려 한다. TV 자체를 꺼 버리기보다 는, 엔터테인먼트 자체는 즐기지만 정치는 생각하지 않으려고 노 력하기 때문이다. 그 결과 사람들은 검열 친화적이고 권위주의적인 좌파 신흥지배계급의 사상과 깨시민주의로 세뇌당하게 됐다.

오늘날 미국인들은 영화나 텔레비전 드라마를 볼 때, 또 스트리밍 플랫폼과 스포츠 경기들을 관람할 때, 쓰나미처럼 밀려오는 문화적 좌파 사상의 물결 위에서 표류하고 있다. 그리고 이 모든 사건들은 우리에게 직접적인 영향을 미친다. 문화적 좌경화 현상은 우리가 함께 공유하는 공감대를 제거하는 동시에, 그 공감대를 분열의 원천으로 뒤바꿔 놓는다. 또 그 현상에 따라 한때 사회적 공감대를 형성하는 장소였던 회사 휴게실 같은 중립적 공간들은 날선 언어로 서로를 비방하는 싸움터로 변질되고 있다.

신흥지배계급은 권위주의적 문화에 대해 걱정하는 우리에게 그와 같은 걱정은 종교적 엄숙주의(puritanism)의 발현일 뿐이라고 말하며 우리를 나무란다. 그 와중에 신흥지배계급들은 마녀사냥을 일삼고, 깨시민들이 정한 특정 기준을 충족시키지 않는 이들을 이단으로 몰아가며, 문화를 도구로 사용해 그들이 가진 특정 이념과 철학으로 사람들을 세뇌시킴으로써, 우리가 누리는 엔터테인먼트 업계를 재정상화시키고, 궁극적으로는 이 과정을 통해 우리 자신들을 재정상화시키려 하고 있다. 우리가 즐기는 엔터테인먼트는 우리의 가치관을 반영하기도 하지만, 동시에 우리 가치관에 영향을 주기도 한다. 권력을 가진 사람들은 이 점을 분명히 파악하고 있다. 그리고 그들은 이 상황을 한껏 즐기는 중이다.

만약 우리는 엔터테인먼트를 통해 바쁜 일상 가운데 잠깐이나마 숨을 돌리기 원하는데, 권위주의 좌파들은 그 방 안의 공기를 모두 다 빨아들이려고 한다면, 결국 우리는 서서히 질식할 수밖에 없다. 지금 미국은 질식하고 있다. 그리고 우리의 엔터테인먼트 업계가 더욱 더 천편일률화되고, 관용을 잃으며, 부담스러운 존재가 되어 갈수록, 우리는 더욱 재미없고 흥미 없으며, 관용적이지 않은 사람들로 변화하게 된다.

CHAPTER 7

가짜 뉴스

권위주의 좌파들은 혁명적 공격성을 가지고 있다. 그들은 톱다운 방식의 검열을 요구한다. 또 새로운 도덕적 기준들을 설립한다. 문제는 그들이 새로운 도덕적 기준을 설립한 후 기존 서구 사회에서 통용돼 왔던 도덕들이 본질적으로 비도덕한 것이라고 규정해 버린다는 데 있다.

이 같은 권위주의 좌파식 막무가내 정책을 가장 선명하게 드러내는 집단을 딱 하나만 꼽자면, 바로 주류 언론이 그런 집단이 아닐까 싶다. 미국 주류 언론은 권위주의 좌파식 혁명적 공격성에 열광하며, 다른 의견을 내는 사람들을 검열하고, 강력한 권력을 동원해 그들의 검열 행위를 공고화하고 있다. 또 이들은 미국 정치권 안에 오직 하나의 진실된 목소리만 존재한다는 프레임을 시청자들에게 전달하는 데 혈안이 돼 있다.

이 사실은 지난 2020년 여름 너무도 선명하게 드러났다.

경찰 검거 과정에서 조지 플로이드가 사망한 사건을 규탄하기 위해 엄청난 규모의 시위가 미국 전역을 휩쓸었고 수백만 명의 미국인들이 그 시위에 참여했다. 하나 짚고 넘어가야 할 건, 조지 플로이드의 죽음을 둘러싼 정황들에 다소 의심스러운 요소들이 꽤 많았다는 걸 기억하는 사람들이 많지 않다는 사실이다. 참고로 당시 상황을 팩트대로 설명하자면 다음과 같다. 당시 조지 플로이드는 위조 지폐를 사용해 상점 물건을 구매하려 했고, 이를 수상하게 여긴 상점 주인은 경찰에 신고했다. 사건 발생 당일 플로이드는 펜타닐 과다 복용 상태였고, 체포에 저항했으며, 경찰차에 탑승하길 거부했고, 여러 상황을 종합해 볼 때 (마약 복용에 따른)심각한 합병증적 증상을 보유하고 있었다.[1]

조지 플로이드 관련 사건 그 자체에 인종차별의 여지를 나타내는 증거는 전혀 존재하지 않았다는 점은 일단 논외로 하자. 당시 미국 전역에서 발생한 시위는 거짓된 내러티브에 기초하고 있었다. 집회를 주동한 이들은 다음과 같은 내러티브를 주장했다. 미국은 백인 우월주의에 기반해 세워진 나라이고, 미국 사회의 모든 제도는 구조적 인종차별로 점철돼 있으며, 미국 흑인들은 끊임없이 경찰관들에 의해 죽임을 당할 위협에 노출되어 있다는 것이 그 주장의 핵심이었다(참고로 〈워싱턴포스트〉 보도에 따른 팩트를 말하자면 약 3,700만 명쯤 되는 미국 흑인들 중 비무장 상태에서 경찰의 총에 맞아 사망한 사람의 숫자는 단지 15명에 불과했다).[2]

미국 언론은 마이클 브라운의 사망에서부터(당시 언론은 브라운이 "손을 들었으니 쏘지 마세요"라고 말하며 투항할 때 경찰관이 그를 쐈다고 보도

했는데, 이는 명백한 거짓말이다), 제이콥 블레이크(Jacob Blake)의 죽음에 이르기까지(당시 블레이크는 칼로 무장하고 있었지만 언론은 그가 비무장 상태였다고 보도했다), 지난 수년간 이 내러티브를 떠들어 왔다.

이와 같은 내러티브는 단순히 길거리 시위만을 초래한 게 아니다. 그 내러티브로 인해 미국 전역에서는 폭력과 폭동, 약탈이 발생했다. 나의 고향인 LA에서 약탈이 발생하자 시 당국은 베버리힐스에 위치한 관광 명소 로데오 드라이브(Rodeo Drive)를 오후 1시에 폐쇄시켜 버렸다.[3]

쇼핑몰들이 들어선 멜로즈 거리(Melrose Avenue) 역시 조직적인 약탈을 피해 갈 수 없었고, 폭도들은 경찰차에 불을 지르고 그 위에 "ACAB"라는 문구를(참고로 ACAB는 All Cops Are Bastards (모든 경찰은 개x끼)의 약자) 페인트칠했다.[4] 쇼핑몰을 약탈하는 폭도들은 내 집에서 밑으로 조금만 내려가면 있는 월그린(Wallgreen)에 침입해 들어가려 했다. 또 폭도들은 내 집 바로 위쪽에 위치한 스포츠웨어 전문점 풋라커(Foot Locker)를 털었다. 팬데믹 가운데 여러 날 동안, LA시 당국은 법을 준수하는 평범한 시민들에게 오후 6시까지 집으로 귀가하라는 공문을 발송했다. 산타모니카(Santa Monica)시와 롱비치(Long Beach)시 역시 약탈을 피해 갈 수 없었다. 그 와중 LA의 일간지 〈로스엔젤레스타임스〉는 이 같은 사건들이 "대체로 평화로웠다(largely peaceful)"고 평가했다.[5]

비슷한 상황은 워싱턴 D.C와 시카고, 뉴욕 등에서도 펼쳐졌는데, 〈뉴욕타임스〉의 표현을 빌리자면, 며칠간 지속된 폭동은 불타는 파편이 만들어 낸 거슬리는 장면들과 (사람들이)우르르 몰려와 약탈당한 상점 입구들을 남겨 놓게 되었다. 경찰관들은 부상당했고, 수백 명이 체포됐다. 하지만 〈뉴욕타임스〉는 해당 사건들이 "대체로 평온했다(largely peaceful)"고 평가했다.[6]

미국 주요 일간지 〈워싱턴포스트〉 역시 비슷한 반응을 내어 놓았는데, 〈워싱턴포스트〉는 미국 전역에서 발생한 약탈과 방화, 폭동이 "이따금 발생한 경찰과의 충돌을 동반한 대체로 평화로운 모습"을 연출했다는 우스꽝스러운 표현을 사용했다.[7]

시위 기간 동안 발생한 폭력을 대수롭지 않게 취급하려는 언론의 태도는 코미디 수준에 이르렀는데, 언론사의 기자들은 연이어 해당 시위가 "대체로 평화로웠다(mostly peaceful)"고 보도했다. 좌파 성향 방송국 MSNBC의 기자 알리 벨시(Ali Velshi)는 불타는 건물 앞에 서서 다음과 같이 보도를 이어 갔다. "이건 대체로 시위에 가까웠지만, 굳이 이야기하자면 무질서한 상황은 아닙니다. 하지만 방화가 시작됐습니다."[8]

이 모든 우스꽝스러운 행태는 2020년 8월 위스콘신주 케노샤(Kenosha)에서 발생한 폭동을 보도할 때 정점을 이뤘다. 당시 폭동을 보도하던 CNN 기자의 배경은 화염으로 뒤덮여 있었는데, 자막에는 "경찰관 총기 사용 후 발생한 집회는 불길로 휩싸여 있지만 대체로 평온(fiery but mostly peaceful)"이라는 문구가 써 있었다.[9]

전반적으로 봤을 때, 당시 발생했던 집회가 직접적인 폭력 사태로 번지지 않았다는 점에 있어서는, 그 집회가 "대체로 평화로웠다"라고 말할 수도 있을 것이다. 하지만 BLM 운동과 연관돼 미국 전역에서는 약 20억 달러의 재산 피해가 발생했고, 이는 미국 역사상 폭동과 민권 저항에 따라 발생한 피해 가운데 가장 큰 규모였다.[10] 약 140개 도시가 폭동의 피해를 입었다.[11] BLM 시위와 관련해 최소 14명의 미국인들이 폭력으로 사망했다.[12] 700명이 넘는 경찰관들이 부상을 입었고, 150개가 넘는 연방 건물들이 훼손됐다.[13]

언론에 종사하는 사람들은 단순히 폭력을 대수롭지 않게 여기는 것 이상으로 집회와 시위를 미화했다. 미국 주류 언론은 집회를 응원하고 정당화했으며, 집회에 대한 각종 핑계를 내놓았다. 미국 언론은 자신들의 혁명적 충동을 BLM 집회에 그대로 투사했다. 그들이 가지고 있는 좌파 권위주의 사상에 내재된 혁명적 공격성을 이제는 마음껏 기념하며 즐길 때가 됐다고 판단한 것이었다.

〈뉴욕타임스〉의 기자 니콜 해나 존스는 "다시 지어질 수 있는 건물을 파괴하는 건 폭력이 아니라"고 설명했다.[14] 여기에 덧붙여, 해나 존슨은 몇몇 이들이 그녀가 유사 역사학적 방식을 동원해 만든 〈1619 프로젝트〉의 이름을 따 길거리 폭동을 "1619 폭동"이라고 부른다는 사실을 자랑스럽게 늘어놓았다.[15] CNN의 앵커 돈 레몬(Don Lemon)은 다음과 같이 말했다. "누구도 건물 또는 그와 같은 것들을 파괴해선 안 되지만, 저는 시위대가 표출하는 분노를 이해합니다. 하지만 우리나라는 보스턴 차 사건(The Boston Tea Party), 다시 말해 폭동으로부터 출발했습니다. 따라서 사건을 왜곡하고 '이건 역사상 한 번도 일어나지 않았던 일이고, 정말 끔찍하며 야만적인 일이야'라고 생각하지 말았으면 합니다."[16] CNN에서 레몬의 동료 앵커로 일했던 크리스 쿠오모(Chris Cuomo)는 다음과 같이 말했다. "사실, 너무나 많은 사람들이 시위가 문제라고 생각하고 있습니다. 하지만 그렇지 않습니다. 진짜 문제는 동료 시민들을 거리로 나오게 만든 바로 그 일들, 다시 말해 미국 사회에서 끊임없이 발생하고 있는 악독한 불공평과 불공정의 문제입니다. 그러니 시위대가 공손하고 평화로워야 한다고 말하지 마시기 바랍니다. 왜냐하면 분노한 시민들이야말로 오늘날 미국을 미국답게 만들어 온 세력이기 때문입니다."[17]

〈타임〉지와 했던 인터뷰에서 하버드대 부교수인 엘리자베스 힌톤(Elizabeth Hinton)은 '폭동(rioting)'이란 단어가 사건의 핵심을 정확히 전달하기에 충분하지 않다고 말했다. 그 대신 힌톤은 폭도들에 의한 폭력이 '봉기(uprising)'로 표기돼야 한다고 말했는데, 왜냐하면 "이 사건이 진행되면서 발생하는 폭력이 무의미하지 않고, 폭도들은 정치적인 표현을 하고 있으며, 특정 요구 사항을 폭력이란 형태를 통해 전달하고 있기 때문"이라고 설명했다. 〈USA 투데이〉는 다음과 같은 극단적 기사를 내보내기도 했다. "'폭동', '폭력', '약탈': 전문가들은 인종과 불안을 논할 때 단어 선택이 중요하다고 언급함."[18] 미국 공영방송 NPR은 거리 폭동을 '저항 행위(acts of rebellion)'라고 언급한 템플대학 교수 마크 라몬 힐(Marc Lamont Hill)의 평론을 기사화했다.[19]

언론은 그저 레토릭만을 만들어 낸 게 아니었다. 미국은 뼛속부터 사악하며 미국 경찰은 제도적으로 흑인에 대한 인종차별을 가하고 있다는 내러티브는 미국 전역에서 실질적인 결과를 가지고 왔다. 경찰 관련 각종 예산이 삭감됐으며, 언론은 그 결정에 열광했다. 정확한 체포 매뉴얼에 따라 공무를 집행한다고 하더라도,

백인 경찰관이 흑인 혐의자에게 공권력을 사용했을 경우 언론에 의해 엄청난 비판과 공격을 받을 수 있었기 때문에, 경찰관들은 소극적으로 경찰 업무에 임하게 된다.

그 결과, 2019년이었다면 사망하지 않았어도 될 수천 명의 미국인들이 죽음을 맞이하였다. 〈맨해튼 연구소〉 헤더 맥 도널드(Heather Mac Donald)가 〈월스트리트저널〉에 기고한 글에서 언급한 것처럼, "2020년 미국에서는 역사상 가장 높은 살인 증가율이 발생했다. 예비적 추산에 따르면, 2019년 대비 2020년에는 2천 명이 넘는 사람들이 살해됐고, 사망자 중 대다수는 흑인들이었다."[20]

BLM 운동을 합법적이며 비폭력적인 운동으로 보도하기 원했던 언론의 결사적 노력은 결국 거짓과 폭력을 정당화하는 결과를 불러오게 된다. 그렇기 때문에 언론이 (틀린 말은 아니었지만)2021년 1월 6일 의사당 난입 사태에 대해 격분에 가까운 감정을 표현했을 때, 금붕어보다 괜찮은 기억력을 가진 미국인들은 언론이 위선적인 이중 잣대로 상황을 평가하고 있다는 걸 너무나 쉽게 간파할 수 있었다. 왜냐하면 언론은 폭력이 특정 방향으로(좌파가 우파를 공격하는 방식으로) 표출됐을 때는 그 폭력 행위를 너무나 대수롭지 않은 것처럼 취급하고 있었기 때문이다.

폭동에 열광하던 입장에서(BLM 시위 옹호) 폭동을 꾸짖는 사람들로(1·6일 시위 비판) 갑자기 입장을 뒤바꿔 버린 상황에 대해 질문 받았을 때, 언론인들은 발끈하며 분노했다. BLM 시위에 대해서는 엄청난 관용을 보이고, (BLM 시위와 마찬가지로)동일한 폭력성을 동반했던 2021년 1월 6일 의사당 난입 사태에 대해서는 분노를 표출하는 이중적 태도를 지적당했을 때, 미국 주류 언론인들은 그런 지적을 하는 것 자체가 지적인 위선(intellectual hypocrisy)이라고 말하며 오히려 상대방을 쏘아붙였다. 언론인들은 그들의 이중 잣대를 지적하는 사람들에게 "그럼 다른 문제는 어떻고?(whataboutism)"*라는 식으로 화제를 돌리며 주장을 맞받아쳤다. 하지만 이 말은 논리적으로 성립될 수 없었는데, 왜냐하면 언론인들이 이중 잣대를 갖고 있다는 말에 대한 핵심 근거는 바로 좌우를 막론하고 폭력을 사용하는 사람들을 규탄해야 한다는 합당한 주장에 기반하고 있었기 때문이다. 하지만 언론은 좌우 모든 진영의 폭력을 공정하게 규탄하길 거부했다.

주류 언론이 보여 준 이중 잣대의 구체적 예를 들어 보자면, CNN의 앵커인 돈 레몬은 분노를 감추지 못하며 다음과 같이 말했다. "저는 비교를 들먹이는 사람들에게 진절머리가 납니다. 여러분은 이번 여름에 있었던 BLM 시위와 최근 의사당에서 벌어진 일을 비교해선 안 됩니다. 그 둘은 전혀 다른 사건입니다. 그중 한 사건은(여름에 있었던 BLM 폭동은) 국민에 의한 운동이었고, 인종 정의, 사법 정의와 권리, 개혁, 국민을 마구잡이로 때리지 않는 경찰을 만들기 위한 노력에 바탕하고 있습니다. 유색인종들도 백인과 같은 대접을 받는 사회를 만들기 위한 노력의 일환이었다는 뜻입니다.

---

* 'whataboutism'은 'what about (~의 경우는 어떠냐)'에 '~주의'를 나타내는 '~ism' 접미사를 붙여 만들어진 단어이다. 누군가 A라는 문제를 지적할 때, 상대방이 가진 B라는 전혀 다른 문제를 되레 지적하며 공격을 맞받아치는 수사법이다.

알겠어요? BLM 시위가 주장했던 내용들은 거짓말이 아니었습니다. 그들의 주장은 팩트입니다. 한번 내용을 직접 찾아보시죠."[21]

하지만 레몬은 이런 주장을 하며 어떠한 팩트도 제시하지 않았다. 그의 발언 가운데는 그저 자신의 주장이 '선하다(good)'는 종교적 믿음만이 난무할 뿐이었다. 또 레몬은 언론인으로서 스스로가 '진화했다'고 주장하며 다음과 같이 말했다.

"한 사람의 흑인 남성으로서 제 입장은 이렇습니다. 이건 다음과 같이 말할 수도 있다고 생각합니다. 흑인으로 태어난 게이 남성으로서, 또 남부 출신 미국인으로서, 저는 세상을 바라보는 저만의 렌즈를 가지고 있습니다. 하지만 그게 꼭 편견이라 생각하진 않습니다. 그건 (편견이 아니라) 저의 경험이죠. (중략) 만약 제가 저의 관점을 제시할 수 없다면, 또 이 땅에서 지난 50년간 살아오면서 제가 쌓아 온 경험을 바탕으로 이야기할 수 없다면, 또 CNN 앵커라는 플랫폼을 가지고 있는 사람으로서 제 의견을 말할 수 없다면, 도대체 언제 제 의견을 말할 수 있다는 말일까요? 만약 제가 정직한 마음으로 그와 같은 이슈들에 대해 의견을 내놓지 않는다면, 그건 언론인으로서 직무 유기를 하는 것이고, 또 미국인으로서 직무 유기를 하는 것이라고 생각합니다. (중략) 지금 이 시점에서, 저는 언론인들이 일어나 목소리를 내야 한다는 사실을 깨닫고 있다고 저는 생각하며, 그들이 객관성의 여부와 관계없이 모든 거짓말과 개소리(BS)들을 지적해야 한다는 사실을 인지하고 있다고 생각합니다.[22]

위와 같은 레몬의 발언은 미국 언론이 가진 숨 막힐 정도로 끔찍한 부정직함을 날것 그대로 보여 주고 있다. 한편으로, 언론계 종사자들은 그들의 정치적 관점을 언론이란 매개체를 통해 자유롭게 표현하길 원하는데, 그건 소위 '객관적 보도'를 자처하는 그들의 대외 방침과 철저히 어긋나는 일이다. 하지만 또 한편으로, 언론인들은 객관성이라는 미세한 가면을 덮어쓴 채, 노골적으로 정치 성향을 드러내며 활동하는 상대 진영 평론가들을 향해 도덕적 우월감을 표출하길 좋아한다. 그렇다면 오늘날 유사 언론인들은(나는 이들의 행동을 '입맛대로의 저널리즘(Journalisming™)'이라고 부른다) 어떻게 이처럼 불가능해 보이는 일을 가능하게 만드는 걸까? 돈 레몬의 발언에 해답이 있다.

미국 언론인들은 레몬이 하는 걸 하고 있을 뿐이다. 언론인들은 자신의 의견이 사실을 반영하고 있다고 주장하면서, 동시에 자신에게 동의하지 않는 사람들은 정직하지 않은 이들이라고 낙인찍는다. 또 객관성을 유지하기 위해 청취자들은 다른 뉴스 또는 정보를 찾아볼 필요가 없다고 주장한다. 다시 말해 언론인들은 자신이 곧 이야기 그 자체라고 말한다는 뜻인데, 만약 여기에 대해 조금이라도 의문을 제기한다면, 당신은 곧 반(反)진실적이며 반(反)언론적인 인물이 되는 것이다.

언론이 왜곡됨에 따라, 왜곡된 이야기를 있는 그대로 전달하는 사람들은 문자 그대로 가짜뉴스 전파자들이 되었다. 이들은 겉으로는 언론인인 척하지만 실제로는 편파적인 정치활동가들일 뿐이다. 〈뉴욕타임스〉 소속 기자들 중 도널드 트럼프에게 투표한 사람을 단 한 명이라도 찾는 건 매우 힘든 일일 것이다. 〈워싱턴포스트〉 역시 마찬가지다. CNN, MSNBC, ABC 뉴스, CBS 뉴스, 〈로스엔젤레스타임스〉, AP통신 등 미국 주요 언론 중 공화당 성향 기자들이 주류를 이루는 매체는 단 하나도 존재하지 않는다.

〈비지니스인사이더〉가 2020년 실시한 조사에 따르면, 정치 자금 기부에 관련해, 주류 언론에 종사하는 사람들 중 90%가 민주당 후보에게 기부한 것으로 나타났다(참고로 해당 조사 대상에는 다소 보수적이라고 여겨지는 폭스뉴스와 〈뉴욕포스트〉 등도 포함돼 있었다).[23]

2013년 언론인들을 대상으로 한 조사에 따르면 그들 중 약 7%만이 공화당 성향인 걸로 드러났다. 또 미국 시사전문 잡지 〈폴리티코〉가 실시한 조사에 따르면, "출판계에 종사하는 사람들 중 절반 이상은 힐러리 클린턴이 트럼프를 30% 이상 차이로 이긴 지역구에서 근무하고 있었고," 출판계 종사자 중 오직 27%만이 공화당 강세 지역에서 일하는 것으로 나타났다.

〈폴리티코〉 소속 잭 쉐이퍼(Jack Shafer)와 터커 도허티(Tucker Doherty)가 인정한 것처럼, "낙태, 동성애자 인권, 총기 규제, 환경 규제 등 관련 이슈에 대해 〈뉴욕타임스〉의 보도는 뉴욕주의 (또는 미국 동부 지역의)성향을 잘 대변하고 있다. (중략) 힐러리 클린턴이 강세를 보였던 미국 동서부 해안가 지역에 위치한 주요 전국구 언론사 대부분은 〈뉴욕타임스〉의 보도 정신과 비슷한 특징들은 공유하고 있다." '입맛대로의 언론질'로 재미를 보고 있는 우리의 우월한 언론인들은 단순히 그들만의 버블(bubble) 속에 살아가는 게 아니다. 그들은 개인용 산소탱크(isolation tank) 안에서 거주하고 있다.[24]

미국인들은 바보가 아니다. 미국인들이 언론을 불신하는 데에는 다 이유가 있다. 주류 언론은 미국 사회에 만연한 언론에 대한 불신의 화살을 트럼프에게 돌리며 그에게 책임이 있다고 말한다. 하지만 주류 언론은 미국인들이, 특별히 정치적 우파에 해당하는 사람들이, 트럼프가 정치권 전면에 등장하기 한참 전부터 주류 언론에 대해 뿌리 깊은 불신을 가졌었다는 사실을 애써 외면하고 있다. 예를 들어, 2013년 여론조사만 보더라도, 미국인들 가운데 오직 52%만이 전통적 언론을 신뢰한다고 답했다. 오늘날 그 수치는 46%로 떨어졌다. 바이든 지지자들의 언론 신뢰도가 57%인 반면, 트럼프 지지자들 중에는 오직 18%만이 언론을 신뢰한다고 말했다. 미국인 10명 중 6명은 "미국 대다수의 언론이 대중들에게 객관적 정보를 제공하는 것보다 그들이 추구하는 특정 정치적 입장이나 이념을 관철시키는 데 더 큰 관심을 두고 있다"고 믿고 있는 걸로 드러났다.[25]

미국인들은 정확한 평가를 내리고 있다. 우리가 진짜 따져봐야 할 질문은, 이런 상황 가운데서도 어떻게 10명 중 4명이나 되는 미국인들이 아직도 언론이 진실되다 믿고 있느냐는 것이다. 정치적 대화를 할 때 미국인들 한쪽 진영 전체를 대놓고 경멸하며, 심지어 공격 대상으로 삼고 있는 그런 언론 집단을 말이다.

중립적 언론의 흥망

건국 초기부터 미국 언론은 논쟁적인 집단이었다. 그들은 서로 주도권을 갖기 위해 필사적으로 노력하며, 각자 자신이 생각하는 옳고 그름에 대해 열정적으로 독자들을 설득해 나갔다. 미국 건국의 아버지들은 오늘날 흔히 사용되는 '정치적 중립'이란 개념을 이상하게 받아들였을 가능성이 크다. 일례로 토마스 제퍼슨(Thomas Jefferson)은 제임스 캘린더(James Callendar)라는 기자를 사적으로 고용해 정적들의 사생활을 캤고, 자신이 추구하는 정치적 입장에 관한 기사를 쓰도록 만들었다.[26]

미국 건국 이후 거의 한 세기 동안 신문사들은 지지하는 특정 정당 또는 후보를 공개적으로 발표해 왔다. 황색언론(yellow journalism)의 시대에는 더욱이 정치적 객관성에 대한 우려가 존재하지 않았다. 1차 세계대전이 끝날 무렵쯤, 소위 지식인들은 민주주의 자체를 더 이상 좋아하지 않게 됐고, 그에 따라 미국 언론은 스스로를 '객관적'이라고 포장하기 시작한다. 그 후부터 언론은 자신들이 정치적 토론의 영역을 초월해 독자들에게 정보 제공이라는 고유의 팩트 확인 과정을 지켜 내는 수호자라는 이미지를 만들어 내게 된다.

언론이 '객관적'이라는 이미지를 만드는 데 선도적 역할을 했던 인물은 〈뉴리퍼블릭(New Republic)〉의 편집장 월터 리프먼(Walter Lippmann)이었다. 리프먼은 좌파 운동가이자 정치 평론가로 커리어를 시작했는데, 그는 "무정부주의적 자유방임주의 성향을 가진 구(舊) 개인주의"를 비판했고, "국가의 집단적 의지를 관철해 나가는" 위대한 지도자들을 옹호했다. 리프먼의 표현을 그대로 빌리자면, 그는 "조지아주 백인들, 가난에 찌든 흑인들, 대도시에 살아가는 노숙자들과 낙오자들"을 혐오했고, 미국에도 '지배 계급(governing class)'이 존재해야 한다고 공공연하게 주장했다.

리프먼은 자신과 의견이 다른 사람들이 밖을 돌아다니며 생각을 전파하는 것에 대해 초조함을 느꼈는데, 왜냐하면 그들이 대중을 잘못된 방향으로 끌고 갈 수 있다고 믿었기 때문이다. 리프먼은 다음과 같이 말했다. "프로파간다가 퍼지는 걸 막지 않는다면, 증거를 제시해야 한다는 기준이 존재하지 않는다면, 무엇을 강조해야 할지에 대한 기준이 존재하지 않는다면, 모든 대중적 결정의 살아 있는 본질은 편견과 무한한 착취에 노출된다."

리프먼은 표현의 자유를 억압하면 이 모든 문제가 해결될 수 있다고 판단했다. 그렇게 함으로써 실수나 환상, 또는 오해가 없는 사회를 만들 수 있다는 것이었다. 이 목적을 이루기 위해 리프먼은 언론의 중립성을 주장했고, 언론인들은 성직자 계급처럼 행동해야 한다고 말했다. 리프먼의 관점에 따르면, 신문사는 '민주주의의 바이블(the bible of democracy)'이었던 것이다.[27]

이와 같은 중립성을 달성하려면 언론인에 대한 이미지를 근본적으로 바꿔 놔야 했다. 대중들의 인식 속에서 중절모를 뒤집어쓴 채 길거리를 헤집고 다니며 냉소적으로 줄담배를 피워 대는 기자들의 이미지는 이제 지워 버려야 했다. 리프먼의 주장은 힘을 얻었고, 그에 따라 언론인들의 이미지는 과학적 사고방식을 통해 최신 트렌드를 따라가며, 대중들이 관심 갖는 하찮은 이야기들과는 어느 정도 거리를 두는, 그런 전문가 집단으로 변화한다.

그 결과 언론업에 종사하는 많은 사람들은 자신을 특수 계급으로 인식하기 시작했다. 또 언론인들은 미국 헌법이 보장하는 언론의 자유가 평범한 미국인들이 토론이나 보도에 참여할 권리를 정부 차원에서 침해할 수 없다는 뜻으로 이해하는 게 아니라, 해당 조항은 특정 그룹에 속한 특정한 사람들을 위해 존재하는 특정한 보호막, 다시 말해 명성 있는 언론사에서 일하며 명함 아래 '기자' 라는 타이틀을 달고 있는 사람들을 위해서만 존재하는 보호막이라고 왜곡해 해석하기 시작한다.

물론 언론 보도 과정에 일관성을 불어넣자는 리프먼의 제안은 그 자체로 나쁘지 않았다. 객관적 사실은 분명 존재하며, 그 사실을 이해하기 위해선 이성적이고 과학적인 방법을 사용해야 하기 때문이다. 하지만 언론인들이 이 방법을 적극적으로 받아들이면서도 '객관성'이라는 미명하에 그들이 가진 편견을 오히려 강화해 나갈 수 있다는 점을 리프먼은 미처 예상하지 못했다.

하지만 미국 언론계에는 바로 그 현상이 발생하게 된다. 주류 언론은 그들이 객관적이라고 선언했고, 따라서 신뢰할 만한 기관이라고 광고하기 시작했다. 하지만 현실은 전혀 그와 달랐다. 당파성을 가진 형편없는 기자가 진실을 보도할 때도 있었고, 대중의 존경을 받는, 자칭 '객관적'이라고 하는 주류 언론사가 거짓을 보도할 때도 있었기 때문이다. '객관적인' 언론인들은 다음과 같은 보도 행태(꼼수)를 통해 거짓말을 할 수 있다.

예를 들면 특정 내용을 생략한다거나, (불필요한)맥락을 추가해 원하는 정치 세력 편을 든다거나, 또는 자신이 지지하는 정치인이 좋아할 만한 내용을 집중적으로 보도하며 진실을 가리는 것이다. 쉽게 말해, 현실에서 편견은 저널리즘과 떼려야 뗄 수 없는 관계에 있다. 물론 다른 일반적인 기자들보다 조금 더 능숙하게 자신의 편견을 제거할 수 있는 언론인들이 몇몇 있긴 하다.

하지만 거의 모든 언론인들은 자신의 편견을 완전히 내려놓지 못한다. 그리고 지난 수년 동안 이와 같은 흐름은 정말 심각할 정도로 강화되어 왔다. 미국 주류 언론은 버락 오바마에게 비굴하다 싶을 정도로 아첨을 떨었고, 도널드 트럼프는 미친 듯이 비판하며 그에게 날을 세웠으며, 조 바이든에게는 다시 괴상하게 알랑거리며 아첨을 떨었는데, 이를 통해 사람들은 가면 뒤 숨겨진 언론의 진짜 모습을 보게 됐다.

강력한 엘리트 의식을 갖고 있었음에도 불구하고, 리프먼은 적어도 다음 한 부분만큼은 당파성을 배제하는 모습을 보여 줬다. 리프먼은 다음과 같이 말했다. "단언컨대, 언론인은 자신이 생각하는 대의가 아무리 선해 보인다고 할지라도 그 대의를 좇으면 안 된다. 직업적 언론인이라면 (자신의 보도에 따라)누가 손해 보는지를 고민해선 안 된다. (중략) 변화의 조짐을 관찰하는 사람으로서, 한 기자의 가치는 그가 변화의 조짐을 선택하는 데 얼마나 탁월한 선견자적 차별을 하는지에 달려 있다."[28]

하지만 신흥지배계급에 소속된 우리 언론인들은 이런 말에 전혀 신경 쓰지 않는다. 오늘날 언론인들은 논란 있는 상황에 대해 다양한 관점들을 전달하려 애쓰는 사람들보다 (주관적 편견을 갖고 기사를 쓰는)그들이 실제 더 나은 언론인이라 생각하는 자기 확신에 차 있다. 그들은 진짜 언론인들이 '가짜 균형'을 추구하지 않는다고 말하는데, 여기서 그들이 말하는 '가짜 균형'이란 다른 입장에 대해 존중하는 태도를 의미한다. 이들은 '진짜' 언론인은 자신의 경험을 보도 과정에 녹여 내는 사람이라고 주장한다. 또 이들은 수동적 관찰자보다는 능동적 활동가(crusader)가 언론인의 참모습에 가깝다고 생각한다.

　신흥지배계급에 소속된 기자들은 '진짜' 언론인이 되려면 필연적으로 활동가가 돼야 한다고 생각한다. 또 좌파 사상이라는 프리즘을 통해 굴절된 사실들을 충성스럽게 보도하는 것이야말로 '진짜' 객관성이라고 생각한다.

　가면은 벗겨졌다. 2014년, 18살 흑인 남자아이 마이클 브라운이 대런 윌슨(Darren Wilson)이라는 백인 경찰관이 쏜 총에 맞아 사망한 후, 미주리주 퍼거슨(Ferguson)시에서 폭동이 발생했을 때, 〈워싱턴 포스트〉의 기자 웨슬리 로워리(Wesley Lowery)는 맥도날드에서 식사하다 경찰에게 체포됐다. 로워리는 경찰관의 만행 때문에 자신이 피해를 입었다고 주장했다. 하지만 퍼거슨시 경찰 당국은 로워리 기자가 사유지를 무단으로 침범했고, 해당 지역에서 퇴거해야 한다는 경찰의 명령에 따르지 않았다고 설명했다.[29]

　로워리는 미국 사회 인종차별에 대해 자신만의 분명한 관점을 갖고 있었다. 그 후, 퍼거슨시에서 발생했던 사건에 대해 글을 쓰며 로워리는 총기 사건의 디테일과 맥락을 보도하는 건 자신이 쓰는 기사와 별 관련이 없다고 말하기도 했다. 그 대신 로워리는 언론인들이 보다 포괄적인 내러티브에 초점을 맞춰야 한다고 주장하며, 퍼거슨시에서 있었던 폭동과 폭력 사건을 미국 역사에 만연했던 인종 차별과 연관시켜 맥락화할 수 있어야 한다고 말했다.[30]

　로워리는 그만의 분명한 주관적 관점을 가진 기자였다. 그는 트위터에서 자신을 비판하는 사람들을 적대하는 글을 종종 올리곤 했다. 사실, 이 같은 로워리의 태도를 지켜보다 못한 〈워싱턴포스트〉의 편집장 마티 배런(Marty Baron)은 로워리를 해고할 수도 있다는 입장을 내놓았다. 예를 들면 로워리는 다음과 같은 트윗을 올린 적이 있다. "본질적으로, 공화당 내부 티파티(Tea Party) 현상은 흑인 남성이 대통령에 당선됐다는 사실에 대해 히스테리적 반응을 보이는 풀뿌리적 적대감에 기반한 짜증이라 할 수 있다."

로워리에 대해 배런은 만약 그가 이처럼 개인 의견을 담은 칼럼을 쓰기 원한다면 시민 단체에서 일자리를 알아봐야 한다고 말했다. 결국 로워리는 다음의 불만을 늘어놓으며 〈워싱턴포스트〉에 사직서를 제출했다. "분명한 사실을 하나 말해야겠다. 메인스트림 언론이 인종 문제를 맥락화하고 적절하게 보도하지 못하는 문제점을 공개적으로 지적했다고 해서 유색인종 기자가 직장을 잃을 수도 있다는 위협을 받아선 안 된다. 다양한 경험과 목소리들을 보도국 안에 들여오는 목적이 무엇인가? 들여놓고 난 후 입마개를 씌우기 위해서?"[31] 해당 사건 이후 로워리는 또 다른 메이저 방송사인 CBS 뉴스에 취직했다.

로워리가 보여 준 행동은 오늘날 주류 언론의 미래로 추앙받고 있다. 2020년 6월, 〈뉴욕타임스〉의 기자 벤 스미스(Ben Smith)는 다음과 같은 글을 기고했다. "로워리 씨가 나에게 말했던 것처럼, 언론사의 '핵심 가치는 객관성의 인식이 아니라 진실 그 자체가 되어야 한다'는 그의 주장은 언론계에서 큰 힘을 얻어 가고 있으며, 특별히 인종 관련 이슈를 보도할 때 많은 기자들이 공감을 표하고 있다. (중략) 보다 사적인 이야기에 기반한 보도 행위를 긍정하는 사람들과 (그런 보도 스타일을)보수주의자들이 싫어할 수도 있다는 것에 대해 크게 개의치 않는 기자들이 주도하고 있는 미국 주류 언론 내부의 변화는 이제는 돌이킬 수 없는 시점까지 진행된 것 같다는 느낌을 받는다." 로워리는 다음과 같이 말했다. "(맥락 없이)불쑥 던져진 듯한 미국 사회에 대한 시각, '객관성'에 집착하는, 양쪽 이야기를 모두 다 다루는 언론 보도 방침은 실패한 실험이다. 우리는 언론계 전반을 도덕적 명료함의 원리가 작동하는 곳으로 탈바꿈시켜야 한다."[32]

물론, 여기서 '도덕적 명료함'을 나타낸다는 건 개인의 의견이 개입된다는 뜻이다. 만약 당신의 의견이 팩트라고 주장하는 동시에, 당신 자신이 그 의견을 바탕해 만들어진 객관적 뉴스 소스 그 자체라고 말한다면, 당신은 그냥 거짓말쟁이에 불과할 뿐이다. 문제는, 너무나 많은 경우, 우리의 언론인들이 거짓말쟁이라는 데 있다.

깨시민철학으로 재정상화되고 있는 언론들

종교적 신념에 가까운 깨시민사상은 뉴스룸에서 날마다 영향력을 강화해 나가고 있다. 언론인들이 말한 '도덕적 명료함'은 사실 스페인 종교재판(Spanish Inquisition)과 매우 흡사하다. 누구도 이런 상황을 기대하진 않았다. 하지만 이제 사태는 엎질러진 물이 되어버렸으니 모든 사람들은 여기에 관심을 가져야 한다.

오늘날 미국 뉴스룸에서 발생하고 있는 싸움은 보수주의자와 리버럴 간의 다툼이 아니다. 우리가 봐 왔던 것처럼, 대부분 주류 언론 보도국에는 보수주의자가 아예 존재하지 않기 때문이다. 현실에서 벌어지고 있는 진짜 싸움은 권위주의 독재적 성향을 가진 좌파와 리버럴 사이에서 발생하고 있다. 다시 말해 정책적 선호에 대해선 대체로 동의하지만, 활발한 토론이 허락되어야 하는가에 대해선 서로 다른 의견을 가지고 있는 두 집단이 싸움을 벌이고 있다는 뜻이다. 권위주의적 좌파는 활발한 토론이 발생되어선 안 된다고 생각한다.

반면 리버럴들은 활발한 토론에 찬성한다. 시간이 지날수록, 권위주의 좌파들은 리버럴들의 영향력을 성공적으로 축소시켜 나가고 있다(그게 아니라면, 리버럴들이 초당파적인 흉내조차 내지 못하도록 그들에게 효과적인 압력을 가하고 있다). 권위주의 좌파는 리버럴 매체에 가끔 글을 기고하는 보수주의자들을 제압하는 데는 솔직히 별로 관심이 없다. 그들의 진짜 목적은 리버럴 언론인들이 선제적으로 보수주의자들과 거리를 두게 만듦으로써, 철저한 언론 독점을 구축한 후, 남겨진 리버럴들은 깨시민세력 집단 안으로 동화시키거나, 또는 이에 거부하는 자들은 축출해 버리는 것이다.

아칸소주 공화당 상원의원 탐 카튼(Tom Cotton)의 기고문을 〈뉴욕타임스〉 지면에 싣기로 결정했을 때, 편집위원 제임스 베넷(James Bennet)은 값비싼 대가를 지불하며 이 뼈아픈 사실을 깨닫게 되었다. BLM 폭동이 한창일 때 〈뉴욕타임스〉에 기고한 글에서, 카튼 의원은 주정부가 폭동을 진압하지 못하면 트럼프 대통령은 반란

진압법(Insurrection Act)을 발동해 주방위군(National Guard)을 동원하고 폭력을 진압해야 한다고 말했다.

이와 같은 주장은 매우 타당했지만(훗날 좌파들은 카튼 의원이 말한 논리를 그대로 사용해 2021년 1월 6일 워싱턴 D.C. 의사당 난입 사태를 진압하기 위해 반란진압법을 발동해야 한다고 주장했다), 해당 기고문이 나갔을 당시 카튼 의원의 발언은 단순히 무모한 정도가 아니라 '위험한' 주장으로 받아들여졌다. 우리가 익히 아는 것처럼, 역사적으로 정치적 동기가 있는 사람들은 상대방에게 '위험하다'는 프레임을 씌워가며 반대 입장을 억압하곤 했다. 만약 당신의 말이 나에게 '위험'을 가져다준다면, 그 말은 금지되어야 했기 때문이다.

〈뉴욕타임스〉 기자들은 카튼 의원의 칼럼에 반대하며 바로 이 논리를 사용했다. 그들은 카튼의 기고문 때문에 자신들이 실존적 위협을 맞이하게 됐다고 주장했다. 이건 정말 어처구니없는 얘기였는데, 왜냐면 〈뉴욕타임스〉 기자들 중 누구도 당시 폭동에 가담하고 있지 않았기 때문이다. 하지만 공권력을 동원해 폭력 행위를 단속해야 한다는 카튼 의원의 단순명료한 주장은 깨시민 기자들로 하여금 발작 상태에 빠져들게 만들기에 충분했다.

제나 워덤(Jenna Wortham), 태피 브로데서-아크너(Taffy Brodesser-Akner), 콰미 오팸(Kwame Opam) 등 〈뉴욕타임스〉 신입 기자들은 모두 합심해 다음의 글을 트위터에 올렸다. "카튼 의원의 칼럼을 〈뉴욕타임스〉에 실어 주는 건 이곳에서 일하는 흑인 기자들을 위험에 빠뜨리는 행위입니다." 〈뉴욕타임스〉의 기자 아스테드 헌던(Astead Herndon) 역시 동료들, "특별히 흑인 동료 기자들"에 대한 지지 의사를 표현했다. 칼럼니스트 찰리 와즐(Charlie Warzel)은 다음과 같은 트윗을 올렸다. "이 말을 꼭 해야겠네요, 저는 카튼 의원이 기고한 글에 철저히 반대하며, 그 기고문은 저의 가치관을 반영하고 있지 않습니다." 〈뉴욕타임스〉 사내 통신망에는 카튼 의원 글을 기고하기로 결정한 편집부에게 징징거리는 글들로 넘쳐 났다.

사건이 발생했을 당시, 원래 베넷은 자신의 기존 입장을 그대로 유지했다. 트위터에 올린 글에서 베넷은 〈뉴욕타임스〉에 기고하는 평론가들과 편집부는 BLM 시위를 지지해 왔고, "그 시위를 발생하도록 만든 사회 내부 시스템의 야만성에 대항하기 위해 수년간 노력을 지속해 왔다"고 강조하는 한편, 그럼에도 불구하고 신문사는 "독자들에게 반대 진영의 입장, 특별히 정책 결정을 담당하는 사람들의 의견을 들려줄 필요가 있다"고 설명했다.[33]

해당 발언을 하고 3일 후, 베넷은 사직서를 제출했다. 이 사건에 대해 〈뉴욕타임스〉의 발행인 A. G. 설츠버거(A. G. Sulzberger)는 카튼 의원이 기고한 글이 어떤 부분에서 구체적으로 어떻게 문제가 되는지를 전혀 지적하지 않은 채 〈뉴욕타임스〉의 "편집 과정에 심각한 문제가 발생했었다"라고 뭉뚱그려 말하며 베넷에게 책임을 돌렸다. 물론 베넷은 그저 순조롭게 일을 관둔 게 아니었다. 그는 공산당 자아비판을 연상시키는 방법으로 〈뉴욕타임스〉 기자들에게 공개 사과를 해야 했다. 그 후 〈뉴욕타임스〉는 카튼 의원 칼럼에 대해 편집부의 추가적 의견을 전달하는 기사를 썼는데, 거기서 그들은 해당 칼럼이 "불필요할 정도로 강경한 톤"을 가지고 있었

다고 주장했다.[34]

하지만 폴 크루그먼(Paul Krugman)을 비롯해 찰스 블로우(Charles Blow), 자멜 부이(Jamelle Bouie)처럼 악독하고, 표독스러우며, 각종 깨시민 단어들을 너저분하게 토해 놓은 것 같은 칼럼을 쓰는 사람들에게 정기적으로 플랫폼을 허락하는 언론사에서 이런 반응이 나왔다는 사실은 정말이지 이상하다는 생각이 들었다. 권력에 대한 혁명적 공격, 톱다운 방식의 검열, 도덕적 우월감 등등, 이 모든 일련의 과정을 통해 나타난 일들은 권위주의 좌파의 전형적인 모습을 보여 주고 있었다.

베넷이 〈뉴욕타임스〉 편집부에서 퇴출된 사건은 전통적 리버럴 성향 기자들을 핵심적인 자리에서 축출해 내려는, 또는 그들을 침묵하게 만들려는 전쟁의 최신 현상에 불과했다. 2018년 3월, 〈디애틀랜틱〉은 통념을 깨뜨리는 파격적 글을 써 왔던 〈내셔널리뷰(National Review)〉의 칼럼니스트 케빈 윌리엄슨(Kevin Williamson)을 전격 고용했다. 〈디 애틀랜틱〉의 편집부장이었던 제프리 골드버그(Jeffrey Goldberg)가 윌리엄슨을 채용했을 때, 그는 윌리엄슨의 편에서 주겠다고 약속했었다. 심지어 골드버그는 "특정 인물이 온라인상에 남겼던 최악의 트윗 하나만 가지고 그 사람을 판단하지 않는다"라고 말하며 공개적으로 윌리엄슨을 변호하기도 했다.

하지만 이런 입장은 불과 며칠밖에 지속되지 않았다. 〈디 애틀랜틱〉의 기자들이 낙태 문제와 관련해 농담조로 얘기했던 윌리엄슨의 과거 팟캐스트* 발언을 듣고 큰 위협감을 느꼈다고 말했을 때, 골드버그는 윌리엄슨에 대한 과거 입장을 철회하며 다음과 같이 말했다. "해당 팟캐스트에서 사용된 언어는 냉담하고 폭력적이었습니다. 저는 〈디 애틀랜틱〉이 윌리엄슨이 일하기 좋은 장소가 아니라는 결론을 내렸고, 그에 따라 우리는 갈라서게 됐습니다."[35] 리버럴 성향으로 알려진 골드버그는 권위주의 좌파에게 저항하지 않았다. 그 결과 그는 좌파들의 장난감으로 전락했고, 심지어 〈디 애틀랜틱〉 편집에 관한 전반적 권한을 잃을 위기에 처했다.

정치 전문 잡지 〈폴리티코〉에서도 비슷한 일이 발생했다. 2020년 12월, 나는 〈폴리티코〉로부터 해당 잡지의 핫 코너인 '플레이북(Playbook)' 섹션의 객원 편집위원(guest editor)이 되어 달라는 요청을 받았다. 그 요청을 하며 담당자는 과거 MSNBC의 크리스 헤이스(Chris Hayes), PBS의 야미시 알센도르(Yamiche Alcindor), CNN의 돈 레몬(Don Lemon) 등 저명한 언론인들이 '플레이북'의 객원 편집위원으로 일했다는 사실을 나에게 설명해 주었다. 나는 그 일이 꽤 재미있을 거라 생각했다. 하지만, 언제나 그래왔듯, 나는 〈폴리티코〉의 편집위원에게 내가 그들의 매체에 글을 쓰면 후폭풍이 엄청날 것이라는 걸 사전에 경고해 줬다.

어찌하다 보니 나는 트럼프가 미국 연방하원에서 두 번째로 탄핵당한 날 '플레이북' 글을 쓰게 됐다. 해당 칼럼에서 나는 왜 공화당 하원들이 일반적으로 그 탄핵안에 찬성하지 않을 가능성이 큰지를 설명했고, 보수주의자들은 민주당이 탄핵안을 통해 일반

- 2014년 어느 한 팟캐스트에서 윌리엄슨은 낙태하는 여성들을 교수형에 처해야 한다고 농담함.

적인 트럼프 지지자들과 1·6일 의사당에 난입한 폭도들을 한 뭉텅이로 묶어 비판하려고 생각하기 때문에, 공화당 하원의원들은 해당 탄핵에 협조하지 않을 것이라고 설명했다. 실제로 보수주의자들은 탄핵을 빌미로 반대 진영 사람들을 후려치려고 했던 좌파 권위주의자들의 정치적 의도를 정확하게 파악하고 있었다.

예상한 바와 같이 후폭풍은 엄청났다. 내 글이 올라온 지 몇 분 만에 〈폴리티코〉는 트위터 실검 순위에 오르내리기 시작했다. 그로부터 몇 시간 뒤, 〈폴리티코〉의 지도부는 내 이름이 신성한 '플레이북' 섹션을 더럽혔다고 아우성치는 225명의 격분한 기자들을 달래기 위해 컨퍼런스콜을 열어야 했다.[36] 컨퍼런스콜에 참석한 몇몇 기자들은 나를 극단적 음모론 신봉가인 알렉스 존스(Alex Jones)나 극우 백인우월주의자 데이비드 듀크 등에 빗대며, 내 글을 〈폴리티코〉에 싣는 것이 언론인으로서 그들의 사명에 어긋난다고 주장했다. 이 모든 건 내 입을 닫게 만들기 위해서였다. 〈폴리티코〉의 한 기자는 다음과 같이 말하며 씩씩거렸다. "저는 오늘 하루 종일 사람들을 만나 우리는 그들을 위해 일하고 있다는 걸 설득하기 위해 애썼습니다. 또 벤 샤피로가 하는 일과 알렉스 존스가 하는 일, 〈폴리티코〉가 하는 일이 다르다는 사실을 분명히 하기 위해 노력했습니다." 그는 말을 이어 갔다. "〈폴리티코〉에서도 벤 샤피로의 글을 실어 주는데, 이제 저는 제가 어떻게 사람들에게 벤 샤피로의 방송을 듣지 말라고 말할 수 있을지 모르겠습니다."[37] 2주가 지난 뒤에도 그 기자는 여전히 씩씩거리고 있었다. 〈폴리티코〉에서 일하는 100명이 넘는 기자들이 이사회에 편지를 썼고, 그들

은 어떻게 내가 '플레이북'에 글을 쓸 권한을 부여받았는지에 대해 해명해 달라고 요구했다.[38]

대부분 주류 언론들은 이 같은 반응에 동조했다. 〈워싱턴포스트〉 기자 에릭 웸플(Erik Wemple)은 다음과 같이 말하며 나를 조롱했다. "있잖아, 만약 당신이 벤 샤피로의 의견을 듣고 싶다면 방문해야 할 웹사이트가 따로 있는 거야."[39]

또 다른 〈워싱턴포스트〉 기자 캐런 어티아(Karen Attiah)는 내가 〈폴리티코〉에 칼럼을 쓰도록 해 주는 건 백인우월주의에 정당성을 부여해 주는 것이라고 말하며, 〈폴리티코〉의 결정을 "의도적인 도덕적 과실"이라 칭했다. 〈워싱턴포스트〉에 기고한 글에서 어티아는 다음과 같이 말했다. "나는 한때 이 나라에서 백인들이 함께 모여 집단 린치 당하는 흑인들을 구경했다는 사실을 떠올리게 된다. 심지어 그 사건을 기념하는 엽서가 제작되기도 했다.

또 나는 미국에서 소수 인종을 차별하는 백인들의 태도는 그들에게 불이익을 주는 게 아니라 오히려 흥미를 돋우고 있다고 생각하는데, 왜냐하면 이곳에서 인종차별은 돈이 되는 산업이기 때문이다."[40] 이런 글을 쓰기 3개월도 채 되기 전, 어티아는 트위터에서 나와 함께 언제 술 한잔하며 새로운 공통분모를 찾아보자는 친근한 농담을 주고받았었다.

그녀의 행동을 통해 어티아는 기존에 내가 해 왔던 주장이 옳다는 걸 분명히 입증하고 있었다. 사실 이제 이런 왁자지껄한 상황들은 나에게 별다른 충격을 가져다주지 않는다. 나는 나만의 매체를 가지고 있으며(TheDailyWire), 그 매체는 엄청난 트래픽을 자랑한다. 하지만 위에서 언급한 내 경험에서 나타난 것처럼, 대중 앞에서 특정 인물에게 공개적으로 망신을 주는 행위가 난무할수록, 당돌하고 저돌적인 편집위원들이 보수주의자들과 대화하려는 시도 자체는 원천적으로 차단돼 버린다. 바로 정확히 그것이 최근 미국 사회에서 발생하는 일이기도 하다.

〈폴리티코〉로부터 그런 일을 겪고 난 후, 나는 주류 보수주의자인 가이 벤슨(Guy Benson)과 매리 캐서린 햄(Mary Katherine Ham)이 〈폴리티코〉의 플레이북 객원 편집위원으로 일해 달라는 요청을 받았다가, 최종 단계에서 퇴짜를 맞았다는 사실을 알게 됐다. 쉽게 말해, 그들은 좌파 권위주의자들에 의해 선제적으로 '캔슬' 당한 것이다.

미국 언론계 전반에서 리버럴들은 퇴출당하거나 복종을 강요받고 있다. 바로 같은 주간, 카튼 의원의 오피니언 글을 실었던 〈뉴욕타임스〉 편집위원 제임스 베넷은 사직서를 제출했다. 또 스탠 위쇼노우스키(Stan Wischnowski)는 BLM 약탈과 방화가 한창이던 2020년 여름, "빌딩도 중요하다(Buildings Matter Too)"라는 글을 썼다는 '중대 범죄'의 책임을 묻기 위해 필라델피아 지역 언론 〈필라델피아 인콰이어러(The Philadelphia Inquirer)〉 편집장 지위를 내려놓아야 했다. 위쇼노우스키의 글에 대해 〈필라델피아 인콰이어러〉 편집위원들은 울먹거리며 다음과 같은 비굴한 사과문을 내놓았다. "죄송합니다. 우리는 그와 같은 글을 지면에 실었던 걸 후회합니다. 또 우리는 사과만으로는 충분하지 않다는 걸 잘 알고 있습니다." 해당 사과문이 발표된 후 〈필라델피아 인콰이어러〉 기자들은 보도국에 항의하기 위해 병가를 냈고, 다음과 같이 오버스러운 성명서를 발표했다. "우리는 회사가 어떤 부분에서 진보했는지, 또 우리가 염려를 표현했을 때 '다양성과 포용'을 증진하기 위해 얼마나 노력했는지에 대해 사측의 입장을 듣는 데 질려 버렸습니다. (중략) 또 우리는 이제 사건의 양면을 들여다봐야 한다는 주장에 진절머리가 납니다. (인종 이슈에 대해서는)양면이란 게 존재하지 않습니다."[41]

그로부터 한 달 후, BLM 시위 관련 숙청의 여파가 여전히 진행되고 있을 때, 전통적인 리버럴 성향 칼럼니스트이자 〈뉴욕타임스〉 편집위원으로 일하고 있던 배리 와이스(Bari Weiss)가 〈뉴욕타임스〉에 사직서를 제출했다. 〈뉴욕타임스〉를 떠나며 와이스가 남겼던 사직의 변은 화염병이 되어 편집부를 강타했다. 와이스는 자신이 다양한 의견을 소개하기 위해 〈뉴욕타임스〉에 채용됐지만, 〈뉴욕타임스〉는 깨시민 기자들에게 굴복해 버렸다고 말했다. 〈뉴욕타임스〉에 재직하고 있을 때 와이스는 다음과 같은 기사를 쓴 적이 있다. "(오늘날 〈뉴욕타임스〉에서 통용되는)진리는 집단적 발견의 과정이 아니라, 스스로를 정통이라 자부하는 계몽된 소수가 이미 알고 있는 진리를 타인에게 가르치려 드는 행위로 전락했다."

와이스는 트위터 여론이 〈뉴욕타임스〉의 최종 편집장으로 기능하고 있다고 꼬집으며 동료들을 질책했다(참고로 와이스의 동료들은 그녀가 나치이자 인종차별주의자라 말했고, 심지어 그들 중 일부는 와이스가 꼴통이라고 공개적으로 비아냥 댔다). 와이스는 글을 이어 갔다. "〈뉴욕타임스〉에서는 지적 호기심을 가지는 것 자체가 골칫거리처럼 인식된다. (중략) 오늘날 이 신문사에서 근무하며 원칙을 지킨다고 해도 그 행동은 별다른 호응을 얻어내지 못할 것이다. 왜냐하면 그건 당신의 등에 '공격대상'이라는 표식을 새겨 넣을 뿐이기 때문이다." 와이스는 다음과 같이 결론 내렸다. "시간이 지날수록, 미국 정론지들은 머나먼 은하계 속에 살아가는 사람들의 이야기가 되어 가고 있고, 그들의 관심사는 일상을 살아가는 대부분 미국인들의 관심사와는 심각한 괴리를 이루고 있다."[42]

배리 와이스에 대해 보였던 〈뉴욕타임스〉의 시큰둥한 태도는 깨시민 성향 좌파 이론가이자 '1619 프로젝트'를 주도한 니콜 해나 존스를 유별나게 보호해 줬던 보도국의 지침과 극명한 대조를 이뤘다. 참고로 니콜 해나 존스는 1619 프로젝트를 통해 미국 역사를 완전히 다시 고쳐 쓸 생각을 하고 있었는데, 1619 프로젝트에서 그녀는 미국이 1776년 건국된 게 아니라 아프리카 노예들이 미국 땅에 최초로 발을 들여놓았던 1619년 건국됐다고 주장했다. 하지만 그건 황당한 거짓말이었다. 왜냐하면 미국은 독립선언서(The Declaration of Independence)의 정신을 바탕으로 건국된 나라이기 때문이다. 노예 사유재산화를 허용했던 미국 초기 제도에 심각한 문제가 있었다는 건 부인할 수 없는 사실이지만(참고로 당시에는 미국뿐아니라 전 세계에서 노예제라는 악행이 만연해 있었다), 노예제가 미국 건국의 핵심 철학이었던 건 아니었다.

하지만 1619 프로젝트에서 니콜 해나 존스는 노예제가 미국 건국 철학의 핵심을 구성했으며, 그 후 미국 사회 모든 제도 속으로 노예제의 여파가 침투해 들어갔다고 주장했다. 또 존스는 그와 같은 거짓 역사를 전달하기 위해 노골적인 거짓말들을 추가적으로 덧붙여 갔다. 1619 프로젝트에서 니콜 해나 존스는 여러 종류의 에세이들을 종합해 가며 교통 패턴에서부터 직원 근무 시간 측정을 위해 엑셀 스프레드시트를 활용하는 기업 문화에 이르기까지, 오늘날 존재하는 모든 문제들이 노예제와 미국 사회에 만연한 백인우월주의에 뿌리를 두고 있다는 황당한 주장을 늘어놓았다.

1619 프로젝트에는 명백한 오류들이 포함돼 있었지만, 〈뉴욕타임스〉는 그 모든 오류를 무시하거나 쉴드를 쳐 주었다. 이를 보다 못한 역사학자들은 1619 프로젝트의 문제점을 지적하는 서한을 〈뉴욕타임스〉에 보내게 된다. 미국 역사 연구로 퓰리처상을 받았던 프린스턴대 교수 제임스 맥피어슨(James McPherson)과 밴크로프트상 수상자 션 윌렌츠(Sean Wilentz), 저명한 미국 건국사 전문가 고든 우드(Gordon S. Wood) 등은 〈뉴욕타임스〉에 서한을 보내 1619 프로젝트가 수많은 문제점을 가지고 있음을 지적했고, 특별히 미국 건국에 대한 잘못된 묘사, 흑인 평등에 관한 링컨의 관점을 왜곡한 부분, 미국 백인들이 흑인 인권에 관심을 주지 않았다는 주장 등을 담은 1619 프로젝트 내용들을 조목조목 비판했다. 역사학자들은 1619 프로젝트가 일선 학교 교과과정에 포함되기 전 〈뉴욕타임스〉 차원에서 오류들을 정정해 줄 것을 요청했다.[43]

그러자 해나 존스는 맥피어슨 교수의 인종을 조롱하는 듯 들먹이며(참고로 맥피어슨 교수는 백인) 비판을 수용할 수 없다고 말했다. 〈뉴욕타임스〉 매거진 파트를 담당하는 제이크 실버스타인(Jake Silverstein)은 "우리가 역사학자인 건 아니다"라고 말하며 1619 프로젝트에 오류가 있다는 점을 인정했지만, 동시에 해나 존스가 "대부분의 경우 미국 역사는 백인 역사가들에 의해 쓰였다는 사실을 강조하기 원했다"라고 말하며 그녀를 두둔했다.[44] 위에서 언급한 학자들과 마찬가지로, 노스웨스턴대 역사학 교수 레슬리 해리스 (Leslie Harris) 역시(참고로 레슬리 해리스는 흑인 여성) 미국 국부들이 노예 제를 유지하기 위해 독립혁명에 참여했다는 니콜 해나 존스의 주장이 허위라고 지적했지만, 〈뉴욕타임스〉와 해나 존스는 해리스 교수의 의견을 묵살해 버렸다.[45]

결국 〈뉴욕타임스〉가 1619 프로젝트를 대중화하기 위해 수백만 달러를 사용해 버리자, 퓰리처상 협회는 니콜 해나 존스가 주도한 유사 역사 프로젝트에 최고 영예에 해당하는 상을 수여해 버렸다. 〈뉴욕타임스〉가 주장한 내러티브는 대중적 인정을 받았고, 그 프로젝트에 반대한 사람들은 호된 질책을 받았다.

2020년 10월 〈뉴욕타임스〉 칼럼니스트 브렛 스티븐슨(Bret Stephens)이 1619 프로젝트를 비판하는 글을 기고했을 때, 〈뉴욕타임스〉의 발행인은 1619 프로젝트가 "우리나라와 역사, 현재를 바라보는 수백만 미국인들의 관점을 변화시켜 준 언론의 승리"라고 언급하며 해나 존스 편을 들어주었고, 해당 프로젝트는 〈뉴욕타임스〉 역사상 "가장 자랑스러운 업적 가운데 하나"라고 말하며 극찬했다. 실제 〈뉴욕타임스〉 기자들은 스티븐슨에게 인격적인 공격을 하며 다음과 같이 비아냥 댔다. "(스티븐슨의)행동, 다시 말해 그의 기사에서는, 구린내가 나."[46] 최근 해나 존스는 오프라 윈프리(Oprah Winfrey)와 엔터테인먼트 주식회사 라이언스게이트 (LionsGate) 등과 이야기를 나누며 1619 프로젝트를 영화, 드라마, 다큐 등으로 제작하기 위한 계약을 추진하고 있다.[47]

표현의 자유에 반대하는 언론인들

권위주의 좌파들은 종종 '캔슬 컬처'가 존재하지 않는다고 주장한다. 사람들을 프로그램이나 플랫폼에서 추방하는 게 별로 문제될 게 없다는 입장인데, 왜냐하면 보수주의자나 리버럴들은 그들의 생각을 다른 플랫폼에서 펼치면 된다고 생각하기 때문이다. 하지만 그와 같은 주장은 순전히 가스라이팅(gaslighting)에 지나지 않는다. 또 그 주장은 겉보기에도 가짜라는 게 분명히 드러난다. 왜냐하면 반대 의견을 냈다는 이유 하나만으로 사람들이 가장 많이 읽고 보는 매체로부터 의견 개진할 권한을 박탈당하는 건 문자 그대로 '캔슬'이기 때문이다.

하지만 보수주의자와 전통적 리버럴들을 비주류 매체로 추방시킴으로써 좌파 권위주의자들은 예상치 못한 불행을 경험하기도 한다. 보수주의자와 전통적 리버럴 성향 사람들이 비전통적 매체들로 엄청나게 빠져나가기 때문이다. 과거 정보 분배에 관해 주류 언론이 독점적 지위를 가지고 있었을 때(뉴스 방송국은 ABC, NBC, CBS 세 채널만 존재했고, 전국적인 이슈를 커버하는 신문사는 손에 꼽을 정도로 적었을 때), 해당 플랫폼에서 보수주의자들을 퇴출시키면 그들은 달리 대안으로 갈 곳이 없었다.

하지만 인터넷과 팟캐스트, 케이블 뉴스 등이 발달함에 따라, 보수주의자들은 그들만의 언론 공간을 건설할 수 있었다. 내가 운영하는 데일리와이어 같은 웹사이트들은 엄청난 트래픽을 가지고 있는데, '왜냐하면' 주류 언론이 보수주의자들을 플랫폼에서 모두 퇴출시켰기 때문이다.

그렇기 때문에 권위주의 좌파들은 여기서 한 발짝 더 나아가야 했다. 이제 그들은 '전통적 언론 밖에서 활동하는' 보수주의자들과 리버럴 성향 사람들을 공격하기 시작한다. 권위주의 좌파들은 그들이 싫어하는 사람들을 먼저 이념적 게토(ideological ghettos) 안으로 몰아넣는다. 그리고 게토가 게토 나름대로 번성하는 자체적 생태계를 만들어 나가면, 그 집단을 공격하기 시작한다.

이 목적을 달성하기 위해 언론계에 종사하는 신흥지배계급은 (언론인으로서 본분을 내려놓고)노골적인 시민단체 활동가들로 전락해 버렸다. 뉴스를 보도하는 대신, 언론인들은 시민단체와 연대해 광고주, 중립적 서비스 제공자, 소셜 미디어 플랫폼 등에 압력을 행사하고, 이를 통해 그들과 반대되는 의견을 전파하는 매체들의 트래픽을 줄이거나, 그들을 아예 퇴출시키려 하고 있다. 좌파 언론인들은 보수적 가치관이 공론의 장에서 존재한다는 사실 그 자체가 폭력 발생의 가능성을 끌어올린다고 주장한다. 그렇기 때문에 이들은 깨시민적이지 않은 입장을 전달하거나, 그런 조짐을 조금이라도 내비치는 매체들이 플랫폼을 가질 수 있도록 도움을 주는 광고주, 중립적 서비스 제공자, 또 소셜 미디어 회사들에게 사태의 책임을 돌린다. 이렇게 해서도 보수 매체들에 타격을 주지 못한다면, 좌파 언론인들은 정부에 압력을 넣어 표현의 자유를 규제하는 노골적 법안을 통과시켜 달라고 요구한다. 오늘날 미국에서 표현의 자유를 제약하는 데 가장 혈안이 되어 있는 집단이 다름 아닌 언론인들이라는 사실을 알게 된다면, 건국의 아버지들은 아마 까무러치게 놀라 자빠질 것이다.

권위주의 좌파 활동가적 기질을 가지고 있는 언론인들은 공격 타깃을 설정하는 데 꽤나 탁월한 재능을 가지고 있다. 먼저 그들은 광고주들을 협박한다. 정서불안적 사기꾼인 데이비드 브록과 힐러리 클린턴의 언론 팀에 의해 시작된 한심한 단체 〈미디어 매터스〉는 지난 20년 동안 광고주들을 협박할 핑계를 얻어내기 위해 눈만 뜨면 보수주의자들이 운영하는 채널들을 염탐해 왔다. 대체로 그들은 보수 성향 패널이 하는 발언을 맥락을 툭 잘라 악의적으로 편집한 뒤, 그 짧은 영상을 좌파 언론에 흘려보내 논란을 일으켰는데, 그런 작업을 진행한 후, 분노한 것처럼 쇼를 하며 광고주들에게 접근해서(광고주들은 주로 귀찮고 번거로운 논란에 얽매이지 않으려 한다), 보수주의자들에 대한 광고를 철회하도록 만드는 게 그들의 목적이었다.

이 같은 전략은 러시 림보(Rush Limbaugh)와 션 해너티(Sean Hannity)를 비롯해 터커 칼슨에 이르기까지, 몇몇 보수 평론가들에게 어느 정도 타격을 입히는 데 성공했고, 시간이 지날수록 다른 단체들이 〈미디어 매터스〉와 같은 활동에 합류하는 모습을 보여 줬다. 미국 주류 언론들은 뉴스를 보도할 때 〈미디어 매터스〉가 제작한 영상들을 일상적으로 사용한다.[48] 2012년 2월, 한때 〈미디어 매터스〉에서 일했던 전직 직원은 〈미디어 매터스〉가 주류 진보 방송국 MSNBC의 프라임타임 뉴스 대본을 "사실상 대신 써 주고 있다"고 너스레를 떨었고, 〈미디어 매터스〉가 〈워싱턴포스트〉의 기자 그렉 사전트(Greg Sargent), 〈로스엔젤레스타임스〉, 〈허핑턴포스트〉,

〈폴리티코〉 등 많은 신문사 기자들과 긴밀하게 협조하며 일을 진행했다고 이야기했다(또 〈미디어 매터스〉는 과거 오바마 정부의 커뮤니케이션 디렉터로 일했으며 현재 바이든 정부의 수석 대변인으로 일하고 있는 젠 사키(Jen Psaki)와 매주 전략 회의를 가졌던 것으로 알려졌다).[49]

언론계에 종사하는 사람들은 〈미디어 매터스〉가 맥락을 무시하고 짜깁기로 만들어 낸 영상 소스를 단순히 얻어 쓰는 데 그치는 게 아니다. 언론인들은 광고주들을 표적 삼아 압박을 가하고, 왜 그들이 보수주의자들이 운영하는 매체에 돈을 쓰고 있는지를 끈질기게 추궁한다. 당연한 말이지만 언론인들은 어떠한 답을 얻기 위해 광고주들을 추궁하는 게 아니다. 왜냐하면 진짜 목적은 광고 계약을 캔슬시키는 것이기 때문이다. 그리고 광고주들이 보수 매체 광고를 취소하게 됐다는 소식이 들리면, 주류 언론들은 노골적으로 환호하며 열광한다. 표정 관리가 안 될 정도로 말이다.

주류 언론에서 활동하는 기자들은 이 같은 전략을 사랑한다. 사실 그들은 여기서 한 발짝 더 나아간다. 주류 언론인들은 각종 플랫폼에 압력을 넣어 깨시민적이지 않은 정보를 전달하는 매체들을 퇴출시키려 하고 있다. 그들은 케이블 TV 회사 컴캐스트(Comcast)에 외압을 넣어 보수 성향 방송사인 뉴스맥스(Newsmax), 원 아메리카 뉴스(One America News), 폭스 뉴스(Fox News) 등에 서비스를 제공하지 말 것을 요구하고 있다.

〈뉴욕타임스〉의 기자 니콜라스 크리스토프(Nicholas Kristof)는 최근 기고한 칼럼에서 공화당의 극단주의를 저지하기 위해 "광고주들은 거짓과 혐오를 퍼뜨리는 방송국들을 지원하지 말아야 하며,

케이블 회사들은 그 같은 성향을 가진 방송국들에게 더 이상 서비스를 제공하지 말아야 한다"라고 말했다. 또 크리스토프는 "이와 같은 운동을 시작하는 차원에서, 폭스 뉴스를 케이블 TV 기본 패키지에서 제외해야 한다"고 주장했다. 물론, 크리스토프는 이 같은 방식이 미끄러진 비탈길(slippery slope) 효과를 가져올 수 있다는 점을 인정했다.

하지만 크리스토프는 미끄러진 비탈길이 초래할 수 있는 부정적 효과가 정치적으로 그와 생각이 다른 매체들이 사업을 유지하는 것보다 괜찮을 거라 생각했다.[50] 〈워싱턴포스트〉의 기자 마가렛 설리반(Margaret Sullivan) 역시 크리스토프의 의견에 동조했다. 그녀는 폭스 뉴스가 "우리 민주주의에 해악을 끼치고 있다"고 주장하며, "폭스뉴스에 광고를 실어 주는 기업들은 결정을 철회해야 하며, 진실을 소중히 여기는 시민들은 기업을 압박해 폭스 뉴스에 대한 광고 계약을 해지하도록 만들어야 한다"라고 말했다.[51]

〈워싱턴포스트〉의 기자 맥스 부트(Max Boot)는 "메이저 케이블 업체들이 힘을 합쳐 폭스뉴스를 퇴출시켜야 한다"고 주장했다.[52]

CNN의 올리버 다르시(Oliver Darcy)도 이 흐름에 편승해 다음과 같이 말했다. "폭스 뉴스 같은 업체에 플랫폼을 제공해 주는 케이블 회사들은 엄격한 감사를 받아야 할 것이다. 이제 거짓 정보(disinformation)와 음모론에 편승해 이익을 추구하는 부정직한 언론사들이 플랫폼을 사용할 수 있도록 허가해 주는 케이블 TV 업체들은 현실을 직시할 때가 되었다." 심지어 다르시는 케이블 TV 업체 측에 보수 성향 채널에 압력을 가하라는 주문을 하기까지 했다.[53]

좌파 권위주의자들은 망상에 사로잡혀 있다. 보수 성향 사람들이 폭스뉴스를 시청하지 못하게 된다면, 그들은 비슷한 메시지를 내는 또 다른 보수 매체를 찾아 나서게 될 것이다. 하지만 그와 같은 망상은 권위주의 좌파들의 진짜 목표와 일맥상통하고 있다는 점을 기억해야 한다. 그들의 진짜 목적은 '공정보도조항(Fairness Doctrine)'*이 폐지되기 전, 또 러시 림보가 라디오 방송을 점령하기 이전, 그들이 보유하던 언론에 대한 완전한 독점권을 다시 차지하는 것이다. 러시 림보가 사망했을 때 권위주의 좌파 진영의 많은 사람들은 그가 "양극화적인" 인물이었다고 말하며 그의 죽음에 열광했다.

하지만 실상 미국 사회의 양극화를 초래하는 진짜 주범은 바로 주류 언론인들이었으며, 그들은 양극화를 바탕으로 언론 권력에

• 미국 연방통신위원회(Federal Communications Commission, FCC)는 '공정보도조항(Fairness Doctrine)'을 설립하고 라디오 채널이 정치적 방송을 할 때 반드시 좌파와 우파의 관점을 '공정하게(fair)' 보도하도록 했다. 문제는, 이 조항이 정치적 성향에 따라 자유롭게 방송을 진행하는 데(특별히 보수주의자들에게) 상당한 걸림돌로 작용했다는 사실이다. 이런 이유 때문에 미국에서는 1980년대 초반까지만 하더라도 CBS, NBC, ABC 등 메이저 방송국 3사가 정치 보도에 관한 영역을 완전히 독점하고 있었다(이들은 대부분 중도 좌파 성향이었다). 하지만 대통령으로 당선된 레이건은 1987년 '공정보도조항'을 폐지했고, 그에 따라 미국 라디오 방송에서 보수 평론가들은 날개를 달고 비상하게 된다. 그 흐름에 올라탄 대표적 인물이 '라디오 정치 평론의 아버지'라 할 수 있는 러시 림보였다. 보수적 색채가 뚜렷했던 림보의 방송이 엄청난 인기를 끌게 되자, 보수 시청자들의 잠재적 수요가 폭발적이라는 사실이 알려졌다. 그 후 1996년 폭스뉴스가 생겨났고, 션 해너티, 터커 칼슨같은 보수 평론가들이 림보 뒤를 이어 성공적으로 커리어를 꾸려 나가게 된다. 오늘날 미국에서 가장 인기 있는 보수 라디오 방송을 진행하는 벤 샤피로 역시 러시 림보가 없었다면 자신의 커리어가 존재하지 않았을 것이라고 말한다.

대한 독점적 권한을 유지해 나가고 있었다. 림보는 단지 그 독점 권력을 깨뜨렸을 뿐이었다. 오늘날 좌파 권위주의자들은 어떤 수를 써서라도 그 권력을 다시 되찾아 오려 한다.

이런 전체적 맥락을 파악하면 왜 좌파 언론인들이 소셜 미디어를 통해 보수적 가치관이 확산되는 걸 견디지 못해 하는지를 이해할 수 있다. 언론 권력을 다시 되찾기 위해 얼마나 많은 좌파 언론인들이 소셜 미디어 기업들을 압박하며 위협하고 있는지를 알게 된다면 당신은 큰 충격을 받을 것이다. 소셜 미디어 기업가들에게 폭력 사태에 대한 책임을 묻는 건 표현의 자유 때문에 나치가 탄생하게 됐다고 주장하는 것과 비슷한 논리라고 할 수 있다. 물론, 나쁜 사람들이 중립적 플랫폼의 허점을 이용해 나쁜 행동을 할 수는 있다. 하지만 그렇다 해서 플랫폼 자체가 규제되어야 하는 건 아니다. 하지만 MSNBC 소속 조 스카보로 같은 유사 언론인들은 폭력 사태가 발생했을 때 소셜 미디어 플랫폼들이 1차적 책임을 져야 한다고 주장하며 다음과 같이 말한다. "페이스북이 없었더라면, 트위터가 없었더라면, 이 같은 폭동은 발생하지 않았을 것입니다. (중략) 애초에 페이스북 알고리즘은 이 같은 극단주의를 폭발시키도록 세팅되었습니다."[54]

표현의 자유가 가져올 수 있는 몇몇 위험한 결과들을 강조함으로써, 주류 언론은 신흥지배계급 바깥에 위치한 사람들에게 정보가 전달되는 통로들을 폐쇄시켜 버릴 수 있다. 주류 언론에 종사하는 사람들은 그들과 다른 세계관을 가진 사람이라면 누구든 금지돼야 할 적으로 간주한다. 주류 언론 종사자들은 합리적인 보수 인사들을 극단적 과격주의자들과 한데 엮어 프레임 짜길 좋아한다. 그리고 이제 소셜 미디어 기업들은 힘을 합쳐 악의 무리들을 퇴출시켜야 하는 것이다.

〈뉴욕타임스〉 기자 캐라 스위셔(Kara Swisher)는 날이면 날마다 지면을 할애해 표현의 자유 원칙을 무시한 채 페이스북 CEO 마크 저커버그에게 콘텐츠 규제 조치를 취해 달라고 압력을 넣는다. 2020년 6월 기고한 글에서 스위셔는 다음과 같이 말했다. "저커버그 씨는, 자신이 인지하든 그렇지 않든, 수십억 명에게 영향을 미치는 디지털 커뮤니케이션에 대해 엄청난 영향력을 가지고 있기 때문에, 그는 디지털 세계에서 슈퍼차징을 가능하게 하는 장치 같은 역할을 감당하게 됐다."

스위셔는 저커버그가 표현의 자유에 대해 고민하지 않아도 된다고 말하며 글을 이어 갔다. 스위셔의 주장에 따르면 표현의 자유를 보장한 수정헌법 제1조에는 "페이스북이나 기타 기업들"에 관한 구체적 문구가 포함돼 있지 않기 때문이었다. 또 수정헌법 1조에는 회사가 마련한 규정을 위반하는 표현을 규제할 권한을 갖고 있는 마크 저커버그에 대한 어떠한 언급도 존재하지 않는다는 것이 스위셔의 논리였다. 좌파 언론인들은 표현의 자유 그 자체가 문제라고 생각한다. 따라서 그들은 문제를 해결하기 위해 기업들이 적극적으로 검열을 실시해야 한다고 믿는다.[55]

그렇다면 좌파들은 어떤 유형의 발언이 규제돼야 한다고 생각할까? 여기에 대해 테크 관련 취재를 하는 기자들은 분명한 답을 갖고 있다. 중도에서 조금이라도 오른쪽으로 기울어진 사상들은 모두 검열해야 한다는 것이다. 그렇기 때문에 〈뉴욕타임스〉 기자 케빈 루스(Kevin Roose)는 보수 성향 웹사이트 명단을 연신 트위터에 올려 대며 페이스북이 알고리즘 조정을 통해 해당 웹사이트 트래픽을 줄여야 한다는 무언의 압력을 넣고 있는 것이다.

이런 맥락을 이해하면 왜 루스가 2019년 6월 "유튜브 극단주의자들의 탄생(The Making of a YouTube Radical)"이란 기사에서 조던 피터슨(Jordan Peterson)을 비롯해 조 로건(Joe Rogan), 나, 음모론 신봉자인 알렉스 존스(Alex Jones), 백인우월주의자인 재러드 테일러(Jared Taylor) 등을 한데 싸잡아 묶어 비난했는지를 정확하게 파악할 수 있다. 해당 기사에서 루스는 다음과 같이 탄식했다. "의도치 않게 유튜브는 극단주의로 가는 위험한 진입 차선을 만들어 내게 됐다."[56] 이들의 목적은 분명하다. 중도에서 약간이라도 오른쪽에 있는 사람들은 모두 플랫폼에서 퇴출시켜야 한다는 것이다. 또 이 목적을 달성하기 위해 좌파 언론인들은 플랫폼 회사들을 협박하고 있다.

하지만 문제는 여기서 그치지 않을 것이다. 트럼프 시대가 마무리된 지금, 언론인들은 수정헌법 제1조를 통해 약속된 표현의 자유 조항 그 자체를 고쳐 쓰기로 마음먹었다. 〈폴리티코〉에 글을 쓰는 짐 밴더하이(Jim VandeHei)는 민주당이 정국을 주도하게 되면 "정치와 표현의 자유, 진실의 정의, 거짓의 대가" 등의 개념을 전면적으로 재정립할 것이라고 공언했다.[57]

권위주의 좌파들은 수정헌법 1조가 반드시 재고돼야 한다고 생각한다. 바이든이 당선됐을 때 인수위원회에서 국제 언론 담당 위원장으로 활동했던 리차드 스텐겔(Richard Stengel)은 2019년 한 언론과 했던 인터뷰에서 미국도 혐오표현 방지법(hate speech law)을 도입해야 한다고 주장했다. 스텐겔이 그와 같은 생각을 했던 이유는 표현의 자유라는 명목으로 "하나의 집단이 또 다른 집단에 대해 폭력을 행사하도록 만드는 혐오표현"을 허용해선 안 되기 때문이었다.

MSNBC에서 활동하는 패널이자 뉴욕 대학(NYU)에서 언론학을 가르치는 아난 기리드하라다스(Anand Giridharadas)는 다음과 같은 질문을 던진다. "폭스 뉴스가 존재하도록 허락해 줘야 하는가?" 컬럼비아 대학 언론 대학원 학장인 스티브 콜(Steve Coll)은 언론계에 종사하는 사람들이 "우리가 신성시 여기는 표현의 자유의 원칙이 저널리즘의 원칙 그 자체를 공격하는 도구로 사용되고 있다는 점을 이해해야 한다"라고 말했다. 엄청나게 편파적인 방식으로 소위 '팩트체크'를 하는 웹사이트 폴리티팩트(PolitiFact)의 설립자 빌 에이더(Bill Adair)는 정부가 "규제와 새로운 법안들"을 통해 "거짓 정보라는 문제"와 싸워야 한다고 믿고 있다.[58]

표현의 자유를 제약하는 건 주류 언론에게 다음 두 가지 혜택을 안겨 준다. 첫째, 그렇게 하면 주류 언론의 경쟁자들이 사라지게 되고, 둘째로, 표현의 자유가 없어지면 공론의 장에서 그들이 싫어하는 의견들을 숙청해 버릴 수 있다. 따라서 주류 언론에게는 표현의 자유를 제약하는 게 원원이라 할 수 있다. 그들이 진정으로 원하는 건 독재적인 방식으로 이념에 대해 통제권을 행사하는 것이다.

소결

2019년 1월 18일, 낙태 반대를 위한 미국 최대 규모 연례 행사인 '생명을 위한 행진(March for Life)'이 진행되고 있을 때, 뭔가 심각한 일이 발생했다. MAGA˙모자를 쓴 고등학생들이 아무 죄 없는 아메리칸 원주민 남성 주위를 둘러싸고 그를 조롱하며, 웃고 춤을 췄기 때문이다. 언론은 해당 남성 외에 4명의 흑인들이 그 학생들로부터 피해를 입었다고 보도했다. 언론 인터뷰에 응한 아메리칸 원주민 남성은 고등학생들이 "벽을 건설해!(Build the Wall!)"˙˙라고 소리치며 그의 앞을 가로막았다고 증언했다.

그에 따라 주류 언론들은 그들이 할 수 있는 최선의 언론활동을 동원하며 사건을 보도하기 위해 총력을 기울였다. 캐라 스위셔는 다음과 같은 트윗을 올렸다. "끔찍한 고등학생들과 히죽거리며 웃는 그들의 구역질 나는 미소가 아무 죄 없는 어르신을 희롱한 사건. 엿이나 처먹으라고 해." MSNBC의 조 스캐보로는 다음과 같은 트윗을 올렸다. "저 아이들의 부모는 어디 있는 거지? 저들의 선생님, 저들의 담당 목사님들은?" 〈뉴욕타임스〉는 다음과 같은 헤드라인을 뽑았다. "'미국을 다시 위대하게(MAGA)' 모자를 쓴 남학생들이 패거리를 지어 토착민들의 행진에 참여한 원주민 남성을 공격하다." CNN은 해당 사건을 두고 "논란이 되는 비통한 영

- Make America Great Again (미국을 다시 위대하게). 트럼프 대통령의 슬로건.
- 미국과 멕시코 국경선에 장벽을 짓겠다는 트럼프의 핵심 공략.

상"이라고 말했다.[59]

하지만 문제가 하나 있었다. 이 모든 보도는 전혀 사실이 아니었기 때문이다. 당시 있었던 일을 팩트 그대로 이야기하자면 다음과 같다. 코빙턴 가톨릭 고등학교(Covington Catholic) 학생이었던 닉 샌드먼(Nick Sandmann)이(MAGA 모자를 쓰고 있던 바로 그 남자아이) 언급했던 것처럼, 당시 급진 과격 단체 '검은 히브리 이스라엘인들(Black Hebrew Israelites)'에 소속된 4명의 흑인 남성들이 사실 백인 학생들에게 먼저 접근해 왔었다. 백인 학생들 가까이 다가온 이들은 학생들에게 "인종차별주의자", "꼴통", "게이 같은 놈", "근친상간으로 태어난 새끼들" 등과 같이 입에 담기 힘든 저속한 말을 퍼부으며 그들을 조롱했다. 그 와중 논란이 됐던 원주민 남성이 학생들에게 다가왔는데, 그 남성은 학생들 사이를 서성거리며 그들의 얼굴에 북을 바짝 갖다 대고 시끄럽게 두드려 대기 시작했다. 샌드먼은 그 앞에 가만히 서서 어색한 웃음을 짓고 있었을 뿐이었다. 해당 사건에 대해 샌드먼은 다음과 같이 말했다.

"저는 시위하고 있는 분(아메리칸 원주민 남성)에게 의도적으로 그런 표정을 지은 게 아니었어요. 잠깐 웃음을 짓긴 했는데, 그렇게 했던 이유는 제가 화가 나지 않았으며, 위협감을 느끼지 않으며, 그 상황이 심각한 충돌로 이어지지 않을 것이란 사실을 남성분에게 알리기 위해서였죠. 저는 가톨릭 교리를 실천하는 신앙심 있는 크리스천이고, 제가 신앙에서 배운 이상에 부응하는 삶을 살아가기 위해 항상 노력합니다. 다른 사람들을 존중하고, 갈등이나 폭력을 초래할 수 있는 행동은 일절 하지 않는 그런 삶 말이죠."[60]

샌드먼은 진실을 말하고 있었다. 그 말인즉, 해당 사건에 대해 주류 언론이 했던 보도 거의 전체가 거짓말이었다는 뜻이다. 〈디 애틀랜틱〉에 글을 기고하는 케이틀린 플래내건(Caitlin Flanagan)은 "엘리트 언론이 그 이야기를 얼마나 잘못 보도했는지, 그들은 해당 사건에 대해 발언할 권리 자체를 상실해 버렸다"라고 말했다. 여기서 한발 더 나아가 플래내건은 〈뉴욕타임스〉를 강력하게 비판하며 다음과 같이 말했다. "당신들은 일정 부분 트럼프의 당선에 도움을 주었습니다. 왜냐하면 〈뉴욕타임스〉가 미국에서 가장 영향력 있는 언론임에도 불구하고, 당신들은 공정하고 공평한 방식으로 사건을 보도하지 않았기 때문입니다.

수백만의 미국인들은 〈뉴욕타임스〉가 그들을 혐오한다고 믿고 있으며, 기자들은 양심에 어떤 가책도 느끼지 않은 채 태연하게 그들을 해칠 수 있다고 생각하고 있습니다."**61** 아무것도 변하지 않았다. 만약 변한 게 있다면, 문제가 더욱 심각해졌다는 사실 하나뿐일 것이다. 미국 주류 언론은 지난 4년간(트럼프 재임 기간) 자신들이 보여 준 행동이 영웅적이라고 자신을 치켜세웠다. 가장 용감하고, 가장 고상한 민주주의의 수호자로서 일해 왔다는 주장이었다.

하지만 그들은 과거에도 민주주의의 수호자가 아니었고, 지금 역시 그렇지 않다. 평범한 사람들로부터 왕들에 이르기까지, 언론인들은 목적을 달성할 수만 있다면 누구든 공격할 준비가 돼 있는 사람들이다. 만약 그들을 의심한다면, 그들은 당신을 내쳐 버릴 것이다. 만약 그들과 경쟁하려 한다면, 그들은 당신을 묵살시키려 할 것이다.

조 바이든이 백악관에 입성하고 난 뒤 며칠 되지 않아서, '입맛대로의 저널리즘'을 신봉하는 우리 전문가들은 엄격한 감시자(watchdogs)에서 순한 애완견(lapdogs)으로 돌변했다. CNN의 앵커 데이나 배쉬(Dana Bash)는 황홀경에 빠진 듯한 표정을 지으며 다음과 같은 멘트를 날렸다. "어른들이 백악관에 돌아왔습니다."[62] CNN 백악관 담당 기자 짐 어코스타(Jim Acosta)는 NBC 뉴스 기자 피터 앨리그샌더(Peter Alexander)와 함께 찍은 사진을 트위터에 올리며 다음과 같이 말했다. "트럼프 행정부 막바지에 백악관 관련 일을 보도한 몇몇 사람들의 사진. 예전에 우리가 기약했던 술자리를 이제는 가질 수 있겠지?"[63]

아이러니하게도 '신뢰할 수 있는 소스(Reliable Source)'라는 제목의 코너를 진행하는 CNN 앵커 브라이언 스텔터(Brian Stelter)는 오직 진실만을 말하겠다는 백악관 대변인 젠 사키(참고로 사키는 CNN에 고정 출연하는 패널이기도 했다)의 발언을 반짝반짝 빛나는 자막 처리를 해서 방송으로 내보냈다. 당시 CNN이 사용했던 자막은 "'정확한 정보'만을 공유하기로 사키가 약속하다(얼마나 상쾌한가!)" 였다.[64] 〈워싱턴포스트〉 기자 마가렛 설리반은 "정상으로 회귀한 바이든의 백악관"을 찬양하며, 새롭게 탄생한 바이든 정부에 너무 '가혹'해선 안 된다며 언론인들에게 경고했다.[65] 그래도 아무 문제 없었다. 언론인들을 그냥 믿기만 하면 되는 거니깐.

하지만 이건 정말 위험한 현상이라고 생각한다. 왜냐하면 민주주의를 수호해야 할 언론들이 민주주의의 수호자가 아니라 각자 추구하는 프로파간다에 충실한 활동가처럼 일하고 있기 때문이다. 정말 심각한 문제는 오늘날 언론인들이 자신과 다른 의견을 내는 사람들을 억압하고 있으며, 그들이 가진 플랫폼 권력을 활용해 다른 진영 사람들을 파괴시키려 하고 있다는 사실이다. 활발하게 작동하는 '사상의 자유시장(marketplace of ideas)'이 존재하려면 자유시장 그 자체에 대한 존중이 전제돼야 한다. 하지만 이념에 경도된 우리 사회 권위주의 좌파들은 사상의 자유시장을 파괴하고 독점 체제를 구축하려 하고 있다. 매일매일, 그들은 목적 달성에 더욱 가까이 나아가고 있다.

CHAPTER 8

친구관계를 끊고 있는 미국인들

2020년 대선 한 달 전, 〈뉴욕포스트〉는 선거의 향방을 완전히 뒤바꿀 수 있는 충격적 기사를 보도했다. 기사에는 당시 민주당 대선후보였던 조 바이든의 아들 헌터 바이든(Hunter Biden)에 관한 이야기가 담겨 있었다.

〈뉴욕포스트〉 기사에 따르면 그들이 입수한 이메일에는 다음과 같은 내용이 있었다. "오바마 정부에서 부통령으로 재직 중이던 조 바이든이 우크라이나 정부에게 압력을 넣어 그(조 바이든)와 유착 의혹을 받는 우크라이나 에너지 회사 관련 사건을 조사하는 검사에 대해 파면 요청을 한 지 채 1년도 되지 않아, 헌터 바이든은 아버지 조 바이든을 해당 에너지 업체 사장에게 연결시켜 줬던 것으로 드러났다." 헌터 바이든이 한때 이사회 멤버로 재직했던 우크라이나 에너지 업체 부리스마(Burisma)의 이사진은 헌터가 그들과 조 바이든 사이 다리를 놓아준 것에 감사하는 내용을 담은 편지를 헌터 바이든에게 보냈다.

〈뉴욕포스트〉의 기사는 아들의 해외 비지니스에 대해선 일절 알지 못하며, 헌터 바이든의 비지니스에는 아무런 법적 하자가 없다고 일관되게 주장해 왔던 바이든의 과거 발언과는 완전 모순되는 일이었다. 심지어 〈뉴욕포스트〉는 그들이 입수한 이메일의 출처까지도 명확하게 밝혔다. 2019년, 헌터 바이든은 노트북을 수리하기 위해 컴퓨터 수리점을 방문해 자신의 노트북을 맡겼는데, 그 노트북을 찾아가지 않고 그대로 수리점에 방치해 놨던 것이었다. 여기서 한발 더 나아가 〈뉴욕포스트〉는 같은 해 12월, 수리점 주인이 헌터 바이든의 노트북을 갖고 있다고 경찰에 신고하고 난 뒤, FBI가 해당 노트북과 그 안에 들어 있는 하드 드라이브를 입수했다고 보도했다.[1]

헌터가 아버지 바이든의 이름을 팔아 돈을 벌어 왔다는 사실은 전혀 놀랍지 않았다. 왜냐하면 바이든의 가족들은 그 같은 관행을 지난 수년간 지속해 왔기 때문이다. 2019년 〈폴리티코〉는 "바이든의 아들과 동생이 바이든의 이름을 이용해 사적 이득을 취한 무수한 전력이 있기 때문에 '국민을 위해 일하는 정직한 사람'이라는 바이든의 이미지가 가려지고 있다"고 보도했다.[2] 심지어 2019년 10월 헌터 바이든 스스로도 자신의 성(last name)이 '바이든'이 아니었다면 우크라이나 에너지 기업 브리즈마의 이사회 멤버가 되지 못했을 것이라고 고백하기도 했다. 왜냐하면 헌터 바이든은 자기 파괴적 기행들을 보여 준 전례가 있었고, 우크라이나와 관련된 어떤 경험도 쌓지 않았으며, 천연가스나 기름 같은 에너지 분야에서 전문성을 전혀 갖고 있지 않았기 때문이다. 헌터 바이든과 했던 인터뷰에서 ABC 뉴스 앵커 에이미 로바크(Amy Robach)는 다음과 같이 질문했다. "만약 당신의 성(last name)이 바이든이 아니었다 하더라도, 여전히 브리즈마의 이사진에 이름을 올릴 수 있었을 거라고 생각하나요?" 헌터는 다음과 같이 답했다. "잘 모르겠어요. 솔직히 잘 모르겠어요. 돌이켜 생각해 보면, 아마 아니겠죠. 하지만 있잖아요, 제 아버지가 조 바이든이 아니었다면 아마 제가 경험하고 있는 많은 것들을 애초에 경험할 수 없었을 거예요. 왜냐하면 저의 아버지는 미국 부통령이시니깐 말이죠. 저의 젊은 시절과 제가 성인이 된 후 모든 시간 동안 제 아버지께서 어떤 방식으로든 저에게 영향을 주지 않은 영역을 찾기가 오히려 훨씬 힘들 거예요."[3] 이에 대해 조 바이든은 헌터가 (우크라이나 에너지 회사로부터의 제안을) 수락하지 않는 건 생각할 수 없는 일이었고, 해당 업체가 조 바이든에게 접근하기 위해 헌터를 이사진에 포함시켰다는 건 황당한 주장이라고 말했다.[4]

아버지의 이름을 이용해 큰돈을 벌려 했던 헌터 바이든* 스캔들이 불거졌을 당시, 우크라이나 정부의 비리와 부정부패를 의심했던 당시 대통령 도널드 트럼프는 우크라이나 대통령 볼로디미르 젤렌스키(Volodymyr Zelensky)와 논란될 만한 통화를 한다. 젤렌스키와 통화하며 트럼프는 다음과 같이 말했다. "바이든의 아들

---

* 〈뉴욕포스트〉 보도에 따르면 헌터 바이든은 브리즈마의 비상근 이사로 재직하며 연간 약 1백만 달러의 봉급을 받았다고 한다.

에 대한 이야기가 많이 논의되고 있습니다. 바이든이 (헌터 바이든에 대한 우크라이나 정부의)검찰 기소에 외압을 행사했다는 것인데, 그에 대해 많은 사람들이 궁금해하고 있습니다. 혹시 (수사를 담당하는)귀국 검찰총장에게 무슨 조치든 할 수 있으시다면 좋겠습니다. (헌터 바이든 관련 스캔들은)정말 끔찍해 보이는군요." 트럼프 반대 진영에 있는 사람들은 그가 해외 원조 자금으로 외국 정상을 협박해 바이든과 관련된 부정부패 혐의를 캐내려 한다고 비판했다. 젤렌스키와의 통화는 트럼프가 하원에서 첫 번째로 탄핵당하게 되는 단초를 제공했다.[5]

그리고 1년이 지난 후, 〈뉴욕포스트〉는 우크라이나에서 활동하는 바이든 동업자가 조 바이든과 미팅을 약속받았다는 사실을 보도했다. 〈뉴욕포스트〉 후속 기사에는 우크라이나에서 헌터가 벌였던 모든 사업 행위를 바이든이 이미 인지하고 있었다고 폭로한 헌터 바이든의 전직 비즈니스 파트너 토니 보불린스키(Tony Bobulinski)의 증언이 담겨 있었다. 해당 기사에서 보불린스키는 다음과 같이 주장했다. "저는 최근 조 바이든이 헌터의 사업에 대해 일절 알지 못한다고 말하는 걸 들었습니다. 그건 거짓말입니다. 저는 이 사안에 대해 직접적인 경험을 갖고 있는데, 왜냐하면 저는 조 바이든을 포함한 바이든 가족원들을 직접 상대했기 때문입니다."[6]

바이든 선거본부와 언론 연합군은 즉각적으로 그 주장이 "러시아발 거짓 정보(Russian disinformation)"라고 규정하며 이를 반박했다.[7]

하지만 헌터 바이든 관련 〈뉴욕포스트〉 보도는 러시아발 거짓 정보가 아니었다. 일단 그게 거짓 정보라는 증거부터가 존재하지 않았다. 사실 선거 종료 후 한 달쯤이 지나고 나서야, 언론은 헌터 바이든이 연방 검찰에 의해 수사를 받고 있다는 사실을 공개했다. CNN은 해당 수사가 2018년부터 진행되었지만 그 사건이 바이든의 대선에 악영향을 줄 수 있었기 때문에 수면 아래 가라앉아 있었다고 보도했다.[8]

헌터 바이든 스캔들은 대중의 의식 속에 강력하게 각인되지 못했다. 여론조사 전문 기관 맥로플린&어소시에이츠(McLaughlin & Associates)에 따르면, 민주당 지지자들 중 38%는 선거 전까지 헌터 바이든 스캔들이 존재했다는 사실을 전혀 인지하지 못한 걸로 나타났다. 반면 공화당 지지자들 가운데는 무려 83%가 그 스캔들을 파악하고 있었다.[9] 여기에는 다 이유가 있었다. 트위터와 페이스북 같은 소셜 미디어 기업들이 알고리즘을 통해 헌터 바이든 스캔들을 묻어 버렸기 때문이다.

〈뉴욕포스트〉 언론사 공식 계정이 헌터 스캔들 기사를 트위터에 올렸을 때, 트위터는 〈뉴욕포스트〉의 계정을 정지시켜 버렸다. 심지어 트위터는 헌터 바이든 이야기가 담긴 〈뉴욕포스트〉 기사를 트윗하는 모든 유저들을 검열하기까지 했다. 이에 대해 트위터 담당자들은 트위터가 해킹된 정보를 플랫폼에 유통시키지 않는다는 것이 검열의 원칙이라고 설명했다(하지만 〈뉴욕포스트〉 기사는 해킹된 정보를 바탕으로 작성된 게 아니었다). 만약 트위터가 일관성 있는 정책을 유지했다면 지난 수십 년간 트위터에서 활발하게 유통됐던 거의 대부분 스캔들은 애초에 진작 검열됐어야 했다.

그리고 며칠 뒤, 〈뉴욕포스트〉의 후속 기사에 대해 트위터는 동일한 조치를 취했다. 트위터는 헌터 바이든 기사를 트윗하는 이용자들에게 다음과 같은 메시지를 전달했다. "해당 링크는 트위터 또는 트위터 파트너들에 의해 잠재적으로 위협적인 정보로 분류됐기 때문에 이 요청을 실행할 수 없습니다."

그 사건이 있고 난 후, 트위터 CEO 잭 도르시(Jack Dorsey)는 "해당 업무와 관련한 우리의 일 처리가 매끄럽지 않았다"는 사실을 인정했다. 하지만 어떻게든 검열을 둘러대며 정당화하려는 모든 시도는 원래 매끄럽게 처리될 수 없는 법이다.[10]

그 와중, 현재 페이스북에서 커뮤니케이션 정책을 담당하고 있으며, 과거 민주당 하원 선거자금 모금 단체에서 일했고, 민주당 소속 캘리포니아 상원의원 바바라 박서(Barbara Boxer)의 언론 비서관을 역임했고, 민주당의회선거위원회(Democratic Congressional Campaign Committee)에서 공보 담당직을 맡았던 앤디 스톤(Andy Stone)은[11] 다음과 같은 트윗을 올렸다. "의도적으로 제가 〈뉴욕포스트〉 사건을 연결시키려 하진 않겠지만, (헌터 바이든 관련 기사가 페이스북에서 검열되는)일은 페이스북과 함께 일하고 있는 제3자 팩트체커들에 의해 팩트체킹을 받아야 할 사안으로 보입니다. 그동안 우리는 페이스북 플랫폼에서 해당 기사의 트래픽에 제한을 걸어 둘 예정입니다."[12] 스톤은 발언을 이어 갔다. "이건 잘못된 정보가 퍼지는 걸 막기 위해 저희가 사용하고 있는 표준적 프로세스입니다. 우리는 팩트체커들의 리뷰가 완료될 때까지 트래픽을 감소시켜 놓고 있습니다."[13] 이 말을 달리 표현하면, 페이스북은 팩트체커들의 검사 작업이 끝나기 전부터, 〈뉴욕포스트〉 기사의 트래픽을 제한해 놓았다는 걸 인정하고 있다는 뜻이었다. 헌터 바이든 스캔들이 거짓 정보라는 증거는 어디에도 없었다. 시간이 지난 후 알려지게 됐지만, 〈뉴욕포스트〉의 보도는 전적으로 팩트에 기반하고 있었다. 하지만 그것과 관계없이 페이스북은 〈뉴욕포스트〉 기사의 트래픽을 눌러놓았던 것이다.

나중에 밝혀진 사실이지만 페이스북 직원들은 〈뉴욕포스트〉 기사를 검열하기 위해 '수동적인 방법으로 개입했던' 것으로 드러났다. 이에 대해 한 페이스북 직원은 다음과 같은 점을 인정했다. "FBI 정보부 요원들이 해킹 및 정보유출이 발생해 잘못된 정보가 퍼질 수 있다는 경고를 우리에게 미리 해 줬었기 때문에, 우리는 평소보다 격상된 경계 태세를 갖추고 있었습니다.

그와 같은 위기 상황과 우리가 평소 알고 있는 정책 및 절차들에 기반해, 우리는 팩트체커들이 리뷰를 진행하는 동안 해당 기사 콘텐츠가 전파되는 걸 일시적으로 제한할 필요가 있다고 생각했습니다. 해킹과 정보유출에 대한 위협이 사라졌을 때, 우리는 콘텐츠 제한 조치를 해제했습니다."[14]

당시 대선 정국에서 바이든은 순항을 거듭하고 있었으니, 정말 절묘한 타이밍이 아닐 수 없었다.

한때 오픈되고 자유로웠던 공간

헌터 바이든 사건의 핵심은 사실 헌터 바이든에 관한 게 아니었다. 그 사건의 진짜 본질은 역사상 전례 없는 방식으로 정보에 대한 접근을 제한하려는 독과점 세력의 권력과 의지였다. 소셜 미디어 기업들은 사람들이 표현과 정보를 보다 광범위하게 접할 수 있도록 만들기 위해 태어났다. 원래 이들의 존재 목적은 '생각의 자유시장(marketplace of ideas)'을 보장하는 것이었다. 쉽게 말해 소셜 미디어 기업들은 새로운 도시 광장(town square)을 만들어 내는 조직이었다.

하지만 오늘날 소셜 미디어는 오픈된 공간이 아니라, 점점 1720년대 뉴잉글랜드 청교도들이 운영했던 엄격한 도시 광장의 모습을 닮아 가고 있다. 자유로운 생각의 교환은 억압되고 있고, 폭도의 출몰과 마녀사냥은 날이 갈수록 빈번하게 발생하고 있다.

소셜 미디어 플랫폼과 관련된 핵심 이슈는 결국 많은 이들이 비판 또는 오해하고 있는 1996년 제정된 통신품위법 230조항(Section 230 of the Communications Decency Act)에 대한 문제로 귀결된다. 해당 법안은 어떤 경우 온라인 플랫폼이 플랫폼 내에서 발생한 콘텐츠에 대해 법적 책임을 져야 하는지, 또 어떤 경우는 책임지지 않아도 되는지를 구분하기 위해 만들어졌다. 통신품위법 230조항의 핵심 문구는 다음과 같다. "상호 대화에 기반한 컴퓨터 서비스를 제공 또는 사용하는 이들은 정보 콘텐츠를 제공하는 사람들에 의해 제공된 어떠한 종류의 정보에 대해서도 출판인(publisher) 또는 발화인(speaker)으로 인식되어선 안 된다." 이 말을 쉽게 풀어 설명하자면 다음과 같다. 예를 들어 자사 웹사이트 기사란에 올라온 내용에 대해 〈뉴욕타임스〉는 '출판인'으로서 법적 책임을 물을 수 있다. 하지만 해당 기사에 딸린 댓글들에 대해선 〈뉴욕타임스〉가 법적 책임을 지지 않는다. 만약 특정 이용자가 〈뉴욕타임스〉 댓글난에 명예훼손성 글을 쓴다고 해도, 〈뉴욕타임스〉는 거기에 대해 책임지지 않아도 된다는 뜻이다.

통신품위법 230조가 만들어진 목적은 온라인 플랫폼들에게 제3자가 포스팅하는 내용에 대한 법적 책임을 면제해 줌으로써 자유로운 대화를 촉진시키기 위함이었다. 실제 230조항에는 다음과 같은 문구가 포함돼 있다. 해당 조항의 목적은 "정치적 담론의 진정한 다양성과 문화 발전을 만드는 특별한 기회, 또 지적 활동을 위한 다양한 길들을 제공해 주는 포럼"으로서 인터넷을 육성해 나가는 것이었다.[15] 인터넷과 관련된 법적, 사회적 문제들을 다루는 전자 프론티어 재단(Electronic Frontier Foundation)은 230조항이 가져온 효과를 다음과 같이 설명한다. "법적 및 정책적 기반이 마련됨에 따라, 유튜브와 비메오(Vimeo) 등을 이용하는 사람들은 동영상을 인터넷에 올릴 수 있게 됐고, 아마존과 옐프는 수많은 사용자 리뷰를 만들어 내었으며, 온라인 중고거래소 크레이그리스트(Craiglist)는 항목별 광고를 올릴 수 있었고, 페이스북과 트위터는 수억 명의 인터넷 유저들에게 소셜 네트워킹을 제공해 줄 수 있게 됐다."[16]

하지만 여기에는 문제가 하나 있었다. 플랫폼 기업들이 제3자의 포스팅을 검열하게 되면서, 제3자들이 사용하는 '플랫폼

(platform)'과 어떤 콘텐츠를 올릴지를 자체적으로 결정하는 '발행인(publisher)' 사이의 경계가 모호해져 버린 것이다. 따라서, 예를 들어, 뉴욕지방법원은 1995년 인터넷 공공게시판을 보유하고 있는 웹서비스 회사 프로디지(Prodigy)가 "타인에게 불쾌함을 가져다줄 수 있는 '나쁜 취향(bad taste)'"이 담긴 포스팅을 했다는 이유로 게시판에서 특정 사용자의 콘텐츠를 검열했을 때, 해당 업체가 '발행인'이 되었다고 판결했다.[17]

그 판결 이후, 230조항에 예외 조항이 첨부되었고, 인터넷 기업들은 타인을 기분 나쁘게 만들 수 있는 콘텐츠를 검열할 수 있게 된다. 민주당과 공화당 의원들은 초당적 목소리를 냈고, 이들은 온라인 기업이 지저분하거나 타인의 감정을 상하게 만들 수 있는 내용을 검열한다고 하더라도 법적 책임을 묻지 않는 방향으로 기업들을 보호하기 원했다. 이렇게 탄생한 230조항에 따르면, 어떤 온라인 기업도 "플랫폼 제공자 또는 이용자가 판단하기에, 해당 표현이 헌법에 따라 보호받는지 그렇지 않은지와 관계없이, 외설적이거나, 선정적이거나, 음란하고, 더럽거나, 지나치게 폭력적이거나, 타인을 괴롭게 만들거나, 기타 불쾌감을 유발할 수 있는 자료에 대해 플랫폼 차원에서 선의로써 자발적으로 해당 콘텐츠에 대한 접근을 막는 행위, 또는 그러한 콘텐츠를 플랫폼상에서 이용하지 못하도록 만드는 조치를 취한다고 하더라도, 플랫폼 제공자는 그에 따른 법적 책임을 묻지 않는다."[18]

소셜 미디어가 처음 생겨났을 때, 미국 기업들은 230조항에 담긴 진짜 의도를 정확히 이해하고 있었다. 사실 소셜 미디어 기업들은 그 조항에 열렬한 환호를 보냈다. 기업 초창기 10년간 페이스북의 미션 선언문에는 "세상을 더욱 오픈되고 연결된 공간으로 만드는 것"이 그들의 목적이라는 문구가 쓰여 있었다.[19] 트위터는 그들의 존재 목적이 "모든 이들이 장벽 없이 생각과 정보를 끊임없이 생산하고 공유할 수 있도록 만드는 것"이라고 명시했었다.[20] 구글의 모토는 간단했다. "사악하진 말자(Don't be evil)."*

한동안 세상은 이렇게 돌아갔다. 본질적으로 소셜 미디어 거인들은 규제와 검열에 큰 관심을 두지 않는 오픈 플랫폼들이었다. 그리고 2016년 대선이 치러지게 된다.

2016년 트럼프 당선이 안겨다 준 충격은 소셜 미디어 플랫폼들이 작동하는 방식을 근본적으로 바꿔 놓았다. 왜냐하면 트럼프의 당선 전까지 소셜 미디어 기업 경영진들과 직원들은(이들은 압도적인 비율로 리버럴한 성향이 있음) 기업 활동을 통해 자신들이 선호하는 정치적 성향과 동일한 정치적 결과물을 만들어 내고 있었기 때문이다. 하지만 트럼프가 승리한 뒤 상황은 완전히 뒤바뀌게 된다. 언론계 종사자들과 민주당은 트럼프 당선에 대한 책임을 돌릴 희생양을 찾아 나서기 시작했기 때문이다. 그들이 발견한 희생양은 바로 소셜 미디어였다. 이들의 논리는, 만약 신흥지배계급이 전달하는 관점과 정보만을 접했더라면, 미국인들은 트럼프가 아니라 힐러리를 대통령으로 뽑았을 것이라는 주장이었다. 이들의 관점에

• 초기 구글 직원들은 사악하지 않고도 얼마든지 큰돈을 벌 수 있다는 걸 증명하기 원했다.

서는 정보의 전파 그 자체가 문제였던 것이다.

언론 엘리트들과 민주당 지도부는 이 같은 주장을 노골적으로 펼칠 수 없었다. 왜냐하면 그 주장은 한눈에 봐도 너무나 독재적이었기 때문이다. 그래서 언론 엘리트와 민주당은 자신들의 논리를 '가짜 뉴스'라는 개념으로 포장했다. 이들이 말하는 '가짜 뉴스'란 미국인들이 속아 넘어가고 있는 거짓된 뉴스를 뜻했다. 2016년 선거가 끝난 후, '가짜 뉴스'라는 단어는 급속도로 언론 지면을 장식하기 시작했고, 좌파 웹사이트 폴리티팩트(PolitiFact)는 해당 개념을 다음과 같이 설명했다. "2016년, 양극화적인 두 대선후보와 그들을 지지자들이 '정치적 팩트'라는 개념을 남용함에 따라, 가짜 뉴스에 대해 유례가 없을 정도로 면죄부가 부여됐다." 당연히 예측 가능한 일이었지만, 폴리티팩트는 가짜 뉴스 확산의 주범으로 페이스북과 구글을 꼽았다.[21]

선거가 끝난 뒤, 버락 오바마 대통령은(참고로 오바마 역시 가짜 뉴스 전파에 대한 책임에서 자유로울 수 없었는데, 특별히 오바마를 아첨에 가깝게 비호해 줬던 언론이 바로 그의 공범이었다) 소셜 미디어의 발전으로 인해 "잘못된 정보와 황당한 음모론이 더욱 자유롭게 전파되고 있다"라고 말하며, 구체적인 근거는 들지 않은 채 상대 진영에 부정적 프레임을 씌워 버렸다. 또 오바마는 가짜 뉴스의 전파로 인해 유권자들은 첨예하게 대립하게 됐고, 공통의 관심사를 바탕으로 한 대화를 이어 나가기 힘들게 됐다고 말했다.[22] 2017년 11월, 캘리포니아 민주당 상원의원 다이앤 파인스타인(Dianne Feinstein)은 분노에 찬 목소리로 다음과 같이 말하며 소셜 미디어 기업들을 공개적으로 협박했다. "당신들이 이런 플랫폼을 만들었습니다. (중략) 그 플랫폼들은 오용되고 있고요, 그렇다면 이 문제를 해결하기 위해 당신들은 뭔가 조치를 취해야 합니다. 당신들이 조치를 취하지 않는다면, 우리(의원)들이 나설 수밖에 없습니다. (중략) 우리는 이 상황을 좌시하지 않을 것입니다. (중략) 왜냐하면 여러분들이 이 사태에 책임지고 있기 때문이죠."[23]

원래 페이스북은 그들이 만든 플랫폼이 트럼프의 당선에 결정적 영향을 주었다는 주장을 받아들이지 않았다. 또 소셜 미디어 기업들은 플랫폼에 올라오는 콘텐츠에 자신들은 책임이 없다고 생각하고 있었다. 물론 그것이 230조항의 기본적 의미이기도 했다. 왜냐하면 해당 조항은 "제3자가 올린 내용에 대해 플랫폼들은 법적 책임을 지지 않는다"고 명시하기 때문이다. 콘텐츠를 검열해야 한다는 비판에 대해 페이스북 CEO 저커버그는 다음과 같은 올바른 답변을 내놓았다. "유권자들이 그렇게(트럼프가 당선되는 방향으로) 투표했던 유일한 이유는 그들이 소셜 미디어에서 가짜 뉴스를 접했기 때문이라고 말한다면, 그런 주장은 타인에 대한 공감이 결여한 판단이라고 생각합니다. 만약 그런 주장을 진짜 믿고 있다면, 여러분들은 트럼프 지지자들이 이번 선거를 통해 전달하려 했던 의사를 충분히 내면화하지 못했다고 생각합니다."[24]

하지만 소셜 미디어를 향한 분노의 쓰나미는 지속됐다.

그리고 이 현상이 기업 내부 직원들의 동요, 언론의 정보 조작, 민주당 차원의 협박 등과 맞물리면서, 소셜 미디어 기업들은 대외적 입장을 바꾸기 시작한다. 오픈되고 자유로운 담론을 지켜 나가는 수호자로서의 역할을 내던져 버린 채, 소셜 미디어 기업들은 정보 검열관으로서 그들에게 부여된 새로운 역할을 받아들이게 됐다.

2017년 2월, 트럼프가 대통령으로 취임하기 바로 몇 주 전, 저커버그는 페이스북의 미션을 재정의했다. 새롭게 변경된 미션 선언문에 따르면, 페이스북의 존재 목적은 "우리가 모두 참여하는 글로벌 커뮤니티를 만들어 나갈 수 있도록 사람들에게 권한을 부여하는 소셜 인프라를 형성하는 것"이었다. 이 같은 생각은 페이스북 기업 설립 초기의 미션보다 훨씬 집단주의적 색채를 띠고 있었다. 페이스북은 그들이 제시한 유토피아적 목표를 달성하기 위해 필요한 새로운 콘텐츠 가이드라인을 내놓았다. 해당 가이드라인의 목적은 "기술 및 소셜 미디어가 분열과 고립을 초래할 수 있는 영역들을 완화시켜 나가는 것"이었다.[25]

더 이상 페이스북은 관중석에 머무르지 않았다. 페이스북은 운동장 안으로 들어와 심판 완장을 차고 직접 경기를 조율해 나가기 시작한다. 2018년 4월 열렸던 의회 청문회에서 심지어 저커버그는 페이스북이 플랫폼에 올라오는 "콘텐츠들에 대해 책임져야 한다"라고 말했는데, 그건 통신품위법 230조항에 정면으로 위배되는 발언이었다.

개인적인 차원에서, 저커버그는 표현의 자유를 지지한다는 자신의 원칙을 유지했다. 2018년 4월 청문회에서 저커버그는 다음과 같이 말했다. "저는 페이스북이 모든 생각들을 논의할 수 있는 장이 되도록 만들기 위해 매우 열심히 노력하고 있습니다. (중략)

우리는 사람들이 저희 플랫폼에서 각기 다른 생각과 담론들을 공유한다는 점을 자랑스럽게 생각합니다. 그리고 제가 페이스북의 CEO로 있는 한, 페이스북이 그와 같은 플랫폼으로 남아 있을 수 있도록 최선의 노력을 다할 것입니다."**26**

2019년 조지타운 대학에서 했던 연설에서 저커버그는 다음과 같은 입장을 유지했다. "(세상에 자기 목소리를 내기 위해)사람들은 더 이상 정치 제도권의 문지기들이나 전통적 언론에 의지할 필요가 없습니다. 그리고 이 같은 사실은 중요한 의미가 있습니다. 테크 기업들에 권한이 집중되어 있다는 비판을 저는 이해합니다. 하지만 저는 이 같은 기업들이 사람들의 손에 권한을 직접 맡겨 놓음으로써, 얼마나 많은 탈중앙화를 이뤄 냈는지를 이해하는 게 더 중요하다고 생각합니다." 저커버그는 다음과 같은 부분을 정확히 말하며 연설을 이어 갔다. "표현의 자유가 번거로운 상황을 만들어 내더라도 우리는 표현의 자유라는 원칙을 여전히 지지할 수 있습니다. 하지만 보다 위대한 진보를 만들어 내려면 우리에게 고민 거리를 안겨 주는 비판적인 생각들을 용납해야 합니다. 그렇지 않으면 우리는 (진보의)비용이 너무 지나치다고 생각할 수도 있습니다. 제가 오늘 이 자리에 서 있는 이유는 우리가 표현의 자유를 위해 함께 싸워 나가야 한다고 믿기 때문입니다."**27**

하지만 다른 테크 기업 CEO들은 저커버그만큼 표현의 자유를 신뢰하지 않았다(물론 기업을 처음 창업했을 그들은 모두 저커버그와 같은 생각이 있었다). 테크 기업 CEO들은 그들 기업을 존재하게 만들어 준 기반을(자유로운 발언을 할 수 있도록 권한을 부여해 주는 플랫폼을) 뒤집어

놓으려 했다. 이들 기업들은 더 이상 표현의 자유를 옹호하지 않았다. 그 대신 신흥지배계급 멤버들에 의해 허용된 표현만을 자유롭게 할 수 있다는 새로운 원칙을 내놓았다. 신흥 미디어 권력의 황태자라 할 수 있는 트위터 CEO 잭 도르시는 저커버그가 내세운 전통적 자유주의 성향을 가차없이 비판하며 다음과 같이 말했다. "표현과 발언에 대해 많은 이야기가 오가고 있지만, 우리들은 그 표현이 어떤 여파를 만들어 내는지, 또 얼마나 큰 확장성을 가지는지에 대해선 별로 이야기하지 않는다." 도르시는 테크 기업들이 어떤 발언이 증폭될 가치가 있는지를 능동적으로 판단해야 한다고 주장했다.[28] (참고로 도르시는 권위주의적 깨시민철학을 절대 비판하지 않는다. 왜냐하면 도르시는 그 철학을 신봉하기 때문이다. 2020년, 도르시는 이브람 X. 켄디가 운영하는 "인종주의반대연구센터(Center for Antiracism Research)"에 1,000만 달러를 기부했는데,[29] 해당 연구센터는 오늘날에 이르기까지 어떠한 실증적 연구 결과물도 내놓은 적이 없다. 켄디의 웹사이트에는 다음과 같은 설명이 올라와 있다. "우리 센터와 마찬가지로, 우리 연구는 현재 개발되는 과정 중에 있습니다.")

표현의 자유를 제한 없이 허용해선 안 된다는 이 같은 관점은 오늘날 주류 언론의 새로운 기준으로 자리 잡았다. 타이틀상 〈뉴욕타임스〉테크 분야 기자로 가장하고 있지만 실제로는 시민단체 활동가로 일하고 있는 캐라 스위셔는 다음과 같이 말한다. "의회는 법률을 만들 수 없다(Congress shall make no law).' 여기에는 페이스북이나 기타 다른 회사들의 이름이 명시돼 있지 않다."[30] 스위셔는 그런 말을 쉽게 내뱉을 수 있었는데, 왜냐하면 그녀는 (표현의 자유와 테크 기업들을)비판하는 글을 주야장천 쓰면서 소셜 미디어 기업들로부터 우호적 대우를 받는 주류 언론이 주는 월급을 받고 있기 때문이다.

이 같은 관점은 오늘날 민주당의 태도를 정확하게 반영하고 있는데, 그건 결코 우연의 일치라고 볼 수 없다. 민주당은 테크 기업들이 보수 성향 유저들의 표현을 강력하게 규제해야 한다고 생각한다. 뉴욕주 민주당 하원의원 알렉산드리아 오카시오-코르테즈는 저커버그가 보수 인사들과 미팅을 가졌다는 것 자체를 물고 넘어지며 그에게 협박을 일삼았는데, 그녀는 저커버그가 만났던 사람들에게 '극우' 딱지를 붙였고, 보수 언론사 데일리콜러(The Daily Caller)를 '백인우월주의'적 단체라고 폄하하며 막말을 해댔다. 캘리포니아주 민주당 하원의원 맥신 워터스(Maxine Waters)는 열린 대화를 옹호한 저커버그의 조지타운 대학 연설을 강력히 비판하며 저커버그는 "자신이 원하는 걸 얻기 위해 그의 경쟁자들, 여성들, 유색인종들, 페이스북 유저들, 심지어 민주주의 그 자체도 짓밟고 지나갈 준비가 돼 있는 사람"이라고 폄하했다.[31] 2020년 6월, 바이든은 저커버그를 특정해 비판하며 다음과 같이 말했다. "저는 한 번도 저커버그를 좋아한 적이 없습니다. 저는 그가 문제라고 생각합니다." 2020년 6월, 저커버그에게 보낸 공개서한에서 바이든 선거 캠프는 다음과 같은 요청 사안을 전달했다. "2016년 대선 당시

• 표현의 자유를 보장한 수정헌법 제1조의 문구. "의회는 표현의 자유를 제한하는 그 어떠한 법률도 만들 수 없다."

불거졌으며, 오늘날도 끊임없이 우리 민주주의를 위협하고 있는 허위 정보 전파에 따른 문제점을 해결하기 위해, 페이스북 플랫폼에는 실질적인 변화가 있어야 하고, 그 변화들이 어떻게 집행될 것인지에 관해 분명한 청사진이 존재해야 합니다."³²

시간이 지날수록 소셜 미디어 기업들은 이 같은 요구에 화답하고 있다.

또 소셜 미디어들은 지난 몇 년간 "허위 정보와의 싸움(fighting disinformation)"에서 "잘못된 정보와의 싸움(fighting misinformation)"으로 서서히 입장을 변화시켜 왔다.˙ 미국 대선이 치러진 2016년 이후, 좌파들은 러시아발 허위 정보(disinformation)가 소셜 미디어를 오염시켰다고 주장하며, 당시 민주당 후보였던 힐러리 클린턴에게 해가 될 만한 모든 진실들을 적극적으로 훼손시켜 버렸다.

물론 실제 페이스북상에서 러시아가 만들어 유통시킨 '허위 정보'가 어느 정도 있었던 건 사실이다. 하지만 온라인을 통한 러시

˙ 영어에서 'disinformation'과 'misinformation'은 다른 개념. misinformation은 단순히 잘못된 정보를 뜻하는 반면, disinformation은 교란, 혼란, 세뇌 등 정치적 목적을 달성하기 위해 국가 체제를 위협하는 특정 세력(주로 적국)에서 정교하게 가공돼 만들어진 허위 정보를 의미함. 예를 들어 북한이 대한민국에 자행하는 거짓 대남공작, 선전선동이 'disinformation'의 대표적 사례라 할 수 있다. 따라서 미국 소셜미디어 기업들이 'disinformation'과의 싸움에서 'misinformation'과의 싸움으로 입장을 바꿨다는 건, 단순히 체제 위협 세력과 해외 국가들로부터 전파된 정보 교란, 사이버 공격 등에 대응하는 합당한 조치를 취하는 범위를 넘어서, 표현의 자유를 훨씬 폭넓게 규제하게 됐다는 뜻이다. 그리고 많은 경우, 'misinformation'의 기준은 좌파 권위주의자들에 의해 작위적으로(보수 인사들을 탄압하는 방식으로) 결정 된다.

아의 미국 대선 개입은 선거 전체 판세를 뒤바꿀 만큼 유의미한 영향을 만들진 못했다. 예를 들어, 미국 상원의 2018년 조사 자료에 따르면, 2016년 대선 기간 중 페이스북에서는 도널드 트럼프와 관련해 약 11억 개쯤 되는 '좋아요,' 포스팅, 댓글 등이 생성된 반면, 힐러리 클린턴과 관련해서는 약 9억 3,400만 개쯤 되는 '좋아요'와 포스팅 댓글들이 생성됐었다.[33]

정보 통신 리서치를 전문으로 하는 회사 뉴놀리지(New Knowledge)가 작성한 보고서에 따르면, 2015년부터 2017년까지 러시아가 만들어 낸 6만 1,500개의 포스팅들은 온라인상에서 약 7,650만 개의 유저 반응을 이끌어 낸 걸로 나타났다. 숫자 모두를 전체적으로 집계해서, 2년이라는 기간 동안 말이다. 한마디로 포스팅 하나당 1,243개 정도의 유저 반응을 이끌어 냈다는 뜻인데, 그건 정말 엄청나게 낮은 수치였다.[34]

하지만 러시아발 정보 교란 작전이 성공적이었는지, 그렇지 않았는지에 대한 논란은 일단 뒤로 제쳐 두기로 하자. 우리는 러시아발 허위 정보를(여기서 허위 정보란 해외 정보 당국이 국내 여론을 호도하기 위해 만들어 낸 노골적으로 거짓된 정보를 뜻한다) 검열해야 한다는 데에는 모두 동의할 것이다. 하지만 민주당과 주류 언론들은 러시아발 허위 정보 검열에서 "잘못된 정보" 검열로 완전히 입장을 뒤바꾸게 되었는데, 여기서 "잘못된 정보"라는 단어는 실제 잘못된 정보에서부터 좌파 권위주의자들이 싫어하는 내러티브까지를 모두 포괄하고 있었다. 과거에는 뭔가를 '잘못된 정보'라고 규정하려면 최소한 해당 정보가 거짓이라는 점을 증명해야 했다.

하지만 더 이상 그럴 필요가 없게 됐다. 2019년 12월 〈타임〉지 보도에 따르면, 저커버그는 '잘못된 정보'의 확산에 맞서기 위해 자택에서 9명의 민권운동 지도자들과 미팅을 했다고 한다. 민권과 인권에 관한 리더십 컨퍼런스(The Leadership Conference on Civil and Human Rights)의 CEO였고, 현재 바이든 정부에서 법무부 차관으로 근무하는 배니타 굽타(Vanita Gupta)는 〈타임〉지와 인터뷰에서 사내 정보 관리 기준을 변경하도록 자신이 페이스북에 압력을 넣었다는 사실을 자랑스럽게 이야기했다. 〈타임〉지와 인터뷰에서 굽타는 다음과 같이 말했다. "현재 우리가 경험하는 보다 엄격한 규칙과 정책 집행을 현실화하기 위해 우리는 (페이스북에)압력을 넣고 재촉해야 했으며, 그들과 대화하고, 브레인스토밍하는 등 가능한 한 모든 노력을 기울여야 했습니다.[35]

그 결과는? 오늘날 민주당과 주류 언론의 비호를 받은 소셜 미디어 기업들은 표현의 자유라는 원칙을 철저히 무시한 채 과거 정부 자신만의 힘으론 할 수 없었던 일들을 척척 진행하고 있다. 소셜 미디어 기업들은 일관성 있는 정책을 따르지 않는다. 다만 날이면 날마다 변화하는 '적절한 표현'의 기준에 따라 충동적이고 야합적인 방식으로 그들 마음에 들지 않는 발언들을 집단적으로 규제하고 있을 뿐이다. 헌터 바이든 스캔들 관련 포스팅을 금지시켰던 소셜 미디어들의 집단적 움직임이 바로 이 같은 도미노 효과의 전형적 예였다.

원래 표현의 자유라는 나무를 훼손하지 않는 선에서 법적 테두리를 제공함으로써 소셜 미디어 기업들이 자유로운 활동을 할 수 있도록 제도적 장치를 마련해 주기 위해 만들어졌던 통신품위법 230조항은 완전히 뒤집어진다. 정부가 제공하는 특혜를 부여받은 소셜 미디어들은 정부와 기득권 언론 동맹군의 명령을 받들어 표현의 자유라는 나무를 도끼로 찍어 버렸다. 정보 통제를 관할하는 철의 삼각형은 강력한 위력을 발휘하게 된다. 그 삼각형은 다음으로 구성돼 있다. 정보에 대한 독점권을 유지하려는 주류 언론은 소셜 미디어들을 위협해 그들이 원하는 정보만이 유통되도록 만든다. 미국인들이 오직 주류 언론을 통해서만 정보를 얻기 원하는 민주당은(참고로 민주당과 언론은 동맹 관계다) 소셜 미디어를 협박해 민주당이 원하는 정보만 유통되도록 만든다. 그리고 많은 경우 언론인들, 민주당과 같은 정치적 성향을 갖고 있는 소셜 미디어 기업 CEO들은 이 같은 위협에 침묵하며 동조한다.

검열을 감추는 방법

그렇다면 이 같은 플랫폼에서(원래 자유로운 의견 교환을 촉진시키기 위해 만들어졌던 플랫폼에서) 콘텐츠는 어떤 방식으로 제거될까? 일단 대체로 보면, 소셜 미디어 알고리즘은 특정 콘텐츠들이 올라왔을 때 이를 파악할 수 있도록 디자인돼 있다. 물론 플랫폼에서 규제되는 몇몇 콘텐츠들은 누가 보더라도 논란의 여지 없을 만큼 잘못된 콘텐츠들을 담고 있다. 예를 들면 노골적으로 폭력을 선동한다든지, 포르노물이 올라온다든지, 아니면 실제 러시아발 거짓 정보가 올라올 수도 있다. 하지만 많은 경우(이 흐름은 점점 가속화되고 있음), 소셜 미디어 기업들은 단순히 표현의 자유라는 바운더리를 미세 조정하는 역할에 그치는 게 아니라, 알고리즘을 통해 평소 같았으면 사람들이 클릭하지 않았을 동영상을 클릭해서 확인해 보게 만든다든지, 아니면 '잘못된 정보'의 확산을 막기 위해 소위 '긍정적 대화(positive conversation)'를 촉진시키는 게 그들이 해야 할 일이라고 생각하는 지경에 이르게 됐다.

전자의 경우(사람들이 평소 같았으면 클릭하지 않았을 동영상을 보게 만드는 경우), 소셜 미디어 기업들은 알고리즘을 변경시킴으로써 원하는 목적을 달성할 수 있었다.

그 같은 변화는 대체로 주류 언론이 기존의 정보 독점권을 다시 되찾을 수 있게 만드는 방향으로 진행됐다. 앞서 언급한 것처럼, 인터넷의 탄생은 주류 언론의 사업 모델을 박살내 버렸다. 케이블 TV가 지상파 방송을 곤경에 빠뜨린 것처럼(시청률을 떨어뜨림으로써), 인터넷은 케이블 TV와 인쇄판 신문들을 곤경에 빠뜨렸다. 원래 소비자들은 언론사의 웹사이트에 직접 찾아 들어가 뉴스를 확인했다. 예를 들면 사람들은 드루지 리포트(Drudge Report)나 폭스 뉴스(Foxnews.com) 같은 웹사이트를 즐겨찾기에 추가해 원할 때마다 방문하며 정보를 얻었다. 하지만 소셜 미디어가 수십억 사람들의 관심을 독점하기 시작하면서, 사람들은 뉴스에 대한 정보를 얻을 때 소셜 미디어 한곳으로 몰려가게 됐다. 2019년 실시된 퓨리서치센터 조사에 따르면, 55%의 응답자들은 뉴스를 확인할 때 "때때로," 또는 "자주" 소셜 미디어에 들어가는 걸로 나타났는데, 특별

히 연령층이 젊을수록 이 같은 경향은 더욱 두드러지게 나타났다.[36]

주류 언론은 여기서 일종의 기회를 봤다. 정보 분배 수단을 목표물로 삼음으로써(소셜 미디어에 압력을 가해 그들이 알고리즘을 통해 대안 매체들의 트래픽을 낮추도록 함으로써), 주류 언론은 그들이 한때 잃었던 정보 권력에 대한 독점권을 다시금 회복할 수 있게 됐다.

주류 언론의 노력은 여기서 그치지 않았다. 우리가 앞서 논의한 것처럼, 주류 언론에서 일하는 언론인들 중 소셜 미디어에서 정보의 확산이 보다 오픈된 방식으로 이뤄져야 한다고 생각하는 사람을 찾는 건 매우 힘든 일이 되어 버렸다.

소셜 미디어 기업들은 이런 분위기에 고분고분 따라갔다. 예를 들어, 2019년 유튜브 영상이 몇몇 폭력적 행동들이 발생하는 데 원인을 제공했다는 언론 보도가 나온 뒤, 언론들은 여기서 한 걸음 더 나아갔다. 그들은 엄청난 추측에 근거해 심지어 폭력적이며 극단적이지 않은 비디오들도 더욱 극단적인 콘텐츠로 흘러 들어가는 '파이프라인(pipeline)'을 만들어 낼 수 있다고 주장했는데,[37] 이 같은 언론의 반응이 나온 뒤 유튜브는 그들의 알고리즘을 대폭 수정했다. CBS 뉴스에서 보도한 것처럼, "논란이 될 만한 비디오를 훨씬 적게 추천하고, 그 같은 콘텐츠를 찾고 있는 이용자들을 보다 권위 있는 뉴스 소스로 추천할 수 있게 하기 위해 유튜브는 미국에서 그들의 알고리즘 프로그램을 다시 정비하기 시작했다."[38]

페이스북 역시 비슷한 정책을 내놓았는데, 그들은 '선정적이고 선동적인 콘텐츠'를 유통하는 '경계선적 콘텐츠'를 플랫폼에서 강등시키겠다고 발표했다. 해당 정책의 목적은 이용자들이 클릭을 많이 받을 만한 콘텐츠들에 접근하기 어렵도록 의도적으로 세팅함으로써 사람들이 페이스북상에서 무엇을 클릭할 수 있는지를 조작하는 것이었다.[39]

2020년 11월 선거가 끝난 바로 다음 달, 부정 선거와 투표 패턴의 불규칙성에 대해 의혹을 제시하는 보수주의자들의 주장을 억누르기 위해, 페이스북은 알고리즘을 통해 자체 제작한 '뉴스 생태계 퀄리티' 점수상 높은 점수를 받는 뉴스매체들에게 이용자 트래픽의 우선권을 부여했다.

그렇다면 '뉴스 생태계 퀄리티'상에서 높은 점수를 받았던 소위 '권위적인 뉴스 소스들'은 과연 무엇일까? 왜 소셜 미디어 기업들에게 압력을 넣어 경쟁 매체들을 검열하도록 만들었던 주류 언론들이 이 '권위적인 뉴스 소스들'에 대거 포함되어 있었던 것일까?

이에 대해 〈뉴욕타임스〉는 다음과 같이 보도한다. "그와 같은 변화는 엄청난 논란을 낳았던 대선 이후 페이스북이 수개월간 고민하며 만들어 낸 비상 계획의 일환이었다. 페이스북의 변화된 정책에 따라, CNN, 〈뉴욕타임스〉, NPR 같은 거대 주류 언론들의 접속률은 향상됐고, 기존에 많은 사람들의 관심을 끌었던 편파적 페이지들은 소셜 미디어상에서 트래픽 하락을 경험하게 됐다." 또 매우 권위 있는 언론사 〈뉴욕타임스〉는 그 같은 모든 변화가 "더욱 차분하면서도 사회를 덜 분열시키게 만들 페이스북의 미래상"을 담아내고 있다고 평가했다.

또 〈뉴욕타임스〉는 페이스북에서 일하는 "이상주의적" 성향 직원들은 페이스북이 현재 시스템을 유지하길 원한다고 보도했는데, 그 기사에 따르면 페이스북 내에서 정보 전파와 관련해 열린 기준을(표현의 자유를 적극 수용하는 기준을) 받아들이길 원하는 사람들은 소위 부패하고 탐욕적인 "실용주의적" 직원들뿐이었다. 이에 대해 〈뉴욕타임스〉는 실용주의자들이 끊임없이 자신들의 의지를 관철시켜 나간다면, 페이스북 내부의 '직원 사기'는 지속적으로 떨어지게 될 것이라고 예측하며 한탄했다.[40]

과연 어떤 소스들을 '신뢰'할 수 있느냐에 대해, 소셜 미디어들은 좌파 성향 팩트체커들에게 판단을 외주해 버렸다. 2016년 12월, 페이스북은 어떤 정보 소스가 신뢰할 만한지를 결정하기 위해 다수의 팩트체커들과 파트너십을 맺고 협업해 나갈 것이라는 방침을 발표했다. 온라인 미디어 〈버즈피드(BuzzFeed)〉에 따르면, 페이스북은 누가 해당 프로젝트에 "파트너로 참여할지"를 결정하고, 페이스북과 함께 일하게 되는 파트너 업체들은 "페이스북이 팩트체크할 필요가 있다고 판단하는 다수의 온라인 링크와 포스팅에 접근할 특별 권한"을 부여받았다. 그렇다면 링크와 포스팅들은 어떤 과정을 거쳐 심의 대상에 포함되는 걸까?

페이스북 사용자들이 신고하거나, 해당 링크가 온라인상에서 많은 관심을 받으면 그 포스팅은 자동적으로 심의 대상에 올라가는 구조였다. 이런 시스템이 얼마나 쉽게 조작될 수 있는지를 파악하는 건 어렵지 않다. 행동대응 팀을 하나 만들어서, 특정 영상에 문제가 있다고 페이스북에 신고한 후, 좌파 단체들이 보수 콘텐츠들에 대해 팩트체크를 하기만 하면 모든 과정은 손쉽게 조작될 수 있었다.

그리고 이건 오늘날 팩트체킹 그룹들이 실제 일하는 방식이기도 하다. 페이스북과 최초 '파트너십'을 맺었던 업체들은 〈AP통신〉, 〈폴리티팩트〉, FactCheck.org, Snopes.com, 〈워싱턴포스트〉, ABC 뉴스 등이었다. 이 구성을 살펴보면 주류 언론이 세 개, 그리고 좌파 성향 팩트체킹 단체가 세 개 포함돼 있다는 걸 알 수 있다. 이렇게 선발된 유사 팩트체커들은 '잘못된 정보'를 잡아내는 데 대부분 업무 시간을 소비했는데, 여기서 "잘못된 정보를 잡아낸다"는 건 많은 경우 특정 주장이 명백히 사실이라 할지라도, '맥락 부족'을 이유로 들며 해당 주장이 거짓이라고 낙인찍어 버리는 행위를 포함하고 있다.

예를 들어 〈폴리티팩트〉는 만약 원한다면 기존에 있던 개인보험을 유지할 수 있을 거라는 오바마 대통령의 거짓말에 대해 두 번씩이나 "절반은 사실(half-true)"이라는 팩트체킹 결과를 부여해 주었다(결국 미루고 미루다가 그들은 오바마의 주장이 "올해의 거짓말"이었다고 선언하게 된다).[41]

좌파 팩트체킹 단체 Snopes.com은 민주당 뉴욕주 하원의원 알렉산드리아 오카시오–코르테즈가 "2021년 1월 6일 의사당 난입 사태 당시, 자신이 처했던 위험의 수준을 과장해 언론에 말했고, 심지어 그녀는 당시 의사당 건물 안에 있지도 않았던"사건을 평가하며 오카시오–코르테즈의 주장이 "대부분 거짓(mostly false)"이라고 말했다. 놀라운 일이었지만, Snopes.com은 오카시오–코르테즈가 당시 의사당 건물 안에 있지도 않았었다는 사실을 인정하며 그 내용을 팩트체크 안에 포함시켰다. 하지만 여전히 오카시오–

코르테즈의 주장은 "(새빨간 거짓말이 아니라)대부분 거짓"이라고 옹호해 줬다.[42]

팩트체커들은 분명 특정한 편견을 갖고 있다. 코넬대학 교수인 스티븐 세시(Stephen Ceci)는 다음과 같이 말한다. "복잡한 이슈들에 대해 당파적 팩트체킹을 하는 걸 이야기하자면(현재 정치 관련 뉴스는 이런 식으로 이뤄진다), 팩트체커들이 진실이라고 내놓는 대부분 내용들은 정치적 관점을 공유하는 사람들이 내놓은 주관적 의견에 불과하다."[43] 소셜 미디어 기업들은 이 점을 인지하고 있다. 다만 그들은 팩트체킹에 대한 책임을 외주하고 있는 팩트체커들과 비슷한 정치적 성향을 공유하고 있을 뿐이다.

알고리즘에 기반한 검열은 여기서 그치지 않는다. 〈워싱턴포스트〉가 2020년 12월 보도한 내용에 따르면, 페이스북은 흑인 혐오 발언과 백인 혐오 발언을 서로 각기 다른 방식으로 대응하겠다는 내부 지침을 확립했다고 한다. 인종적 편견에 기반하지 않은 객관적 기준은 내팽개쳐졌지만, 백인을 대상으로 이뤄지는 혐오 표현은 알고리즘상에서 검열되지 않고 그대로 남겨지게 됐다. 〈워싱턴포스트〉가 입수한 문건에 따르면 페이스북 알고리즘은 "최악 중의 최악"의 케이스들만 자동 삭제한다고 한다.

예를 들면 흑인과 무슬림, 혼혈인 사람들, LGBTQ 커뮤니티, 유대인 등에 대해 직접적으로 이뤄지는 노골적 비방들 말이다. 반면 백인과 남성, 또 미국인들에 대해 이뤄지는 비방은 "우선순위에서 밀려나게(deprioritized)" 된다. 해당 정책의 목적은 사람들이 악의적 언어를 사용해 "시스템에 기반한 인종차별에 맞서 *싸우도록*" 허락하는 것이었다.

오늘날 페이스북은 "자체적으로 인식된 해로움에 기반해" 알고리즘 기준을 사건별로 다르게 적용하고 있다. 따라서 우리가 사용하는 언어에 기반한 객관적 기준보다 교차성적 피해자 의식에 기반한 깨시민 기준들이 사용될 가능성이 크다. 페이스북 대변인 샐리 올더스(Sally Aldous)는 다음과 같이 설명한다. "우리는 우리 사회에서 조명받지 못하는 집단에 향하는 혐오 표현이 가장 해롭다는 사실을 알고 있습니다. 그렇기 때문에 우리는 이용자 및 전문가들이 가장 심각한 문제라고 입을 모아 지적하는 혐오 표현을 찾아내기 위해 우리가 가진 기술 역량을 집중했던 것입니다."[44] 페이스북은 모든 혐오 표현이 나쁘다고 생각하고 있다. 물론 전문가들이 별로 피해를 주지 않을 것이라고 말하는 특정 혐오 표현을 제외하고 말이다.

테크 기업들이 제시하는 소위 '커뮤니티 가이드라인'도 이와 동일한 양상을 보인다. 원래 커뮤니티 가이드라인은 더 많은 표현을 보호하기 위해 만들어졌지만, 시간이 지날수록 가이드라인의 지침은 더욱 엄격해져, 결국 반대 의견을 완전히 금지할 재량을 기업들에게 부여해 버렸다. 유튜브 CEO 수산 워지스키(Susan Wojcicki)는 2019년 6월 다음과 같이 설명했다. "우리는 끊임없이 정책을 엄격하게 변화시키고 있습니다."[45] 하지만 그 엄격함의 방향이 한쪽으로만 적용된다는 게 문제다.

많은 경우 테크 기업들이 말하는 기준은 모호하고 상호 모순적이다. 예를 들어 페이스북이 갖고 있는 혐오 표현(hate speech) 관련 지침은 인종, 민족, 국적, 장애, 종교, 계급, 성적 지향, 성별, 젠더 정체성, 심각한 질병 등에 대해 '직접적 공격'을 가하는 모든 표현들을 규제하는 걸 골자로 한다. 하지만 정확하게 무엇이 '공격'에 해당하는 걸까? 지금까지 페이스북이 보여 준 전례에 따르면, '상대방을 일축시키는 표현'이나, '해로운 고정관념' 등이 여기에 해당된다고 한다.[46]

그렇다면 페이스북은 이용자들이 생물학적 남성은 남성이라는 사실에 기반한 주장을 펼칠 때도 이를 제재할까? 일반적으로 여성들은 남성들에 비해 야구공을 강하게 던질 수 없다는 사실에 기반한 주장은 또 어떨까? 이 같은 발언들은 페이스북이 말하는 '고정관념'일까, 아니면 생물학적 진실일까? 종교 또는 성적 이슈에 대해 언급하고 있는 성경 구절을 소셜 미디어에서 인용하는 건 괜찮은 걸까? 이 같은 문제들에 대해 페이스북은 침묵을 지키고 있다.

바로 이게 핵심이다. 테크 기업들이 이 같은 지침들을 만든 건 명료함을 제공하기 위해서가 아니라, 실제 규정을 위반하지 않은 이용자들을 플랫폼에서 퇴출시키는 명분을 만들기 위해서라고 할 수 있다. 그렇기 때문에 거대 테크 기업들의 정책을 비판하는 사람들은 '커뮤니티 가이드라인'이 일관성 있게 적용되지 않고 있다는 걸 너무나 쉽게 지적할 수 있다. 이런 배경을 파악하면 왜 우파 음모론 신봉자인 알렉스 존스(Alex Jones)는 소셜 미디어에서 진작 퇴출됐지만, 좌파 음모론 신봉자인 루이스 패러칸(Louis Farrakhan)은 여전히 트위터, 페이스북 등에서 환영받으며 활동하고 있고, 왜 트럼프 대통령은 소셜 미디어에서 퇴출됐지만, 이란의 극단주의적 종교 지도자 아야톨라 카메이니(Ayatollah Khamenei)는 여전히 왕성하게 온라인 활동을 하고 있는지를 이해할 수 있다.

2021년 1월 6일 사건의 여파로 트럼프 대통령이 트위터와 페이스북, 인스타그램, 유튜브에서 퇴출당했을 때, 트럼프가 어떤 지침을 위반했는지를 분명히 설명할 수 있는 기업은 단 하나도 없었다. 저커버그는 간단하게 다음과 같이 언급했을 뿐이었다. "우리는 지금 같은 시점에서 트럼프 대통령이 지속적으로 우리 플랫폼을 사용하도록 허락하는 것에 동반되는 리스크가 너무 크다고 생각합니다."[47]

트위터는 트럼프가 "추가적인 폭력 선동을 할 수 있기 때문에" 그의 계정을 정지시켰다고 말했다. 소위 폭력 선동의 위험을 만들어 냈다는 트럼프의 트윗은 다음과 같았다. "미국 우선주의(America First)와 미국을 다시 위대하게 만들기(Make America Great Again) 위해 저에게 투표해 주었던 7,500만 명의 미국인들은 다가오는 미래에 엄청난 목소리를 가질 수 있게 될 것입니다. 그들은 어떤 형태로도 무시당하지 않을 것이며, 불공정한 대우를 받지 않을 것입니다!" 또 트럼프는 다음과 같은 트윗을 올렸다. "질문해 주신 모든 분들께 답변드리자면, 저는 (바이든이 취임하는)1월 20일 취임식에 참석하지 않을 예정입니다." 다소 평범하게 보이는 위의 두 트윗이 어떻게 추가적인 폭력을 선동할 수 있는지에 대해 트위터는 시원한 답을 제공하지 못했다. 테크 기업들의 변명은 여전히 설득력이 떨어져 보인다.[48]

하지만 좌파 권위주의자들은 이마저도 부족한 처사라고 아우성친다. 좌파 권위주의자들의 목적은 소셜 미디어 기업들의 사업

대상자 자체를 근본적으로 바꿔 놓는 것이고, 이를 통해 그들이 원하는 방식으로 알고리즘을 완전히 새롭게 세팅하는 것이다. 컴퓨터계의 노벨상이라 불리는 튜링상(Turing Award)의 수상자이며 페이스북에서 수석 AI 엔지니어로 일하는 얀 리쿤(Yann LeCun)은 머신 러닝 시스템이 왜곡되는 유일한 방법은 왜곡된 인풋이 들어오는 경우라고 언급하며, 제대로 된 인풋이 들어오도록 인풋 시스템은 얼마든지 교정될 수 있다고 주장했다. 이에 대해 권위주의적 깨시민 철학을 가진 사람들은 강하게 반박했는데, 구글에서 AI 윤리팀을 공동으로 이끌고 있는 팀닛 게브루(Timnet Gebru)는 리쿤이 "사회적 소외"를 옹호하고 있다고 비판하며 테크 기업들이 나서서 "사회 및 구조적 문제들"을 해결해야 한다고 목소리를 높였다. 게브루가 제시한 처방은 머신 러닝에 사용되는 잘못된 데이터들을 교정하는 게 아니라 소외된 집단에 소속돼 있는 사람들을 실리콘밸리 기업의 직원으로 채용하는 것이었다.[49]

혁명을 크라우드소싱(crowdsourcing)* 하기

대부분 미국인들에게 뉴스 검열 그 자체는 소셜 미디어가 초래하는 진짜 위험이 아니다. 미국인들이 경험하는 진짜 위험은 바로 소셜 미디어를 통해 활개 치고 다니는 온라인 폭도들이다. 슬

• 　대중적 참여를 통해 문제 해결책을 얻는 방법.

픈 진실은 끊임없이 권위주의적 통제를 추구해 나가던 언론들이 소셜 미디어를 그들의 참모이자 행동대원으로 사용하기 시작했다는 것이다. 언론인들은 그들이 경멸하는 사람들의 소셜 미디어 행적들을 직접 파헤치거나, 나쁜 동기를 가지고 행동하는 사람들로부터 보수 또는 리버럴 진영 인사들이 "과거 올렸던 나쁜 트윗들(bad old tweets)"에 대한 언질을 받고, 이 정보를 폭도들에게 슬쩍 던져 줌으로써 폭도들이 광란에 휩싸이도록 만든다. 그런 뒤 언론인들은 그렇게 발생한 광란을 적극적으로 보도한다. 거짓 정보와 온라인 왕따 행위에 대해 반대하며 열변을 토했던 바로 그 동일한 언론들은 소셜 미디어의 도움으로 아무 관련 없는 시민들을 선동해 폭도로 돌변시키는, 그들이 경멸했던 바로 그 행동들을 이어나가고 있다.

2020년 12월, 이제 막 고등학교를 졸업한 미미 그로브스(Mimi Groves)는 자신이 〈뉴욕타임스〉 시리즈 저격 기사의 공격 대상이 됐다는 걸 알아차렸다. 2016년 당시 그로브스는 임시 면허증(learner's permit)을 발급받아 운전을 했을 뿐이었다. 미미는 자신의 운전 영상을 찍어 스냅챗에 올렸는데, 영상에는 그녀가 "나는 운전할 수 있다고, 깜*이들아!"라고 외쳐 대는 모습이 담겨 있었다. 〈뉴욕타임스〉가 보도한 것처럼, 그 영상은 훗날 미미가 다녔던 해리티지 고등학교 몇몇 학생들 사이에서 알려지게 됐는데, 2016년 당시는 그게 특별한 논란을 초래하지 않았었다. 왜냐하면 그로브스는 랩 가사의 특정 부분을 흉내 내고 있던 15살 소녀에 불과했기 때문이다.

하지만 이 와중 지미 갤리건(Jimmy Galligan)이라는 야비한 어그로 꾼은 미미가 찍은 영상을 외부로 터뜨릴 타이밍을 재고 있었다. 흑인인 갤리건은 "적절한 타이밍에 미미의 영상을 공개적으로 소셜 미디어에 포스팅할" 결심을 했다. 2020년 바로 그 시점이 찾아왔는데, 당시 그로브스는 고등학교 4학년 졸업반이었고, 녹스빌에 있는 테네시 대학(University of Tennessee, Knoxville)에 입학해 치어리더 팀에서 활동할 예정이었다. BLM 시위가 전국적으로 번져 나가고 있을 때, 그로브스는 BLM 시위를 '공개 지지하는' 치명적인 실수를 저지르고 만다. 미미 그로브스는 좌파 전우들을 독려하기 위해 "저항하고, 기부하고, 서명을 받고, 시위하고, 뭔가 행동합시다"라는 메시지를 인스타그램에 올렸다.

바로 그때 갤리건이 미미를 공격하기 시작했다. 갤리건은 미미가 과거 찍었던 영상을 스냅챗과 틱톡, 트위터에 올렸다. 미미는 대학교 치어리더 팀에서 제명됐고, 소셜 미디어에서 그녀를 향한 광기가 걷잡을 수 없이 번져 나가자 결국 대학에서 자퇴했다. 테네시 대학 입학처 담당관은 "분노한 동문, 학생들, 그리고 대중들로부터 수백 통에 달하는 이메일과 전화가 쏟아져 들어왔다"라고 말했다.

〈뉴욕타임스〉는 해당 사건을 한 여학생의 인생을 송두리째 파괴해 버린 사악한 관종의 이야기로 보도하지 않았다. 그 대신 미미의 이야기가 "모든 연령대 사람들에게 (행동에 대한)책임을 묻는 소셜 미디어의 강력한 힘"을 입증하고 있다고 언급했다. 〈뉴욕타임스〉 기사는 갤리건을 미국 사회에 만연한 백인우월주의에 저항하는 위대한 영웅으로 묘사했다.[50]

이 사건은 다음 두 문제들에 관해 생각하게 만든다. 그 두 대상은 바로 소셜 미디어와 언론이다. 먼저, 어쩌다가 소셜 미디어는 감정적인 분노를 자극하는 재앙 같은 매체가 되어 버린 것일까? 둘째로, 어쩌다가 주류 언론은 한 여학생 개인의 사소한 이야기를 전국적 뉴스로 부풀려 대대적으로 보도하는 참혹한 지경으로 전락하게 된 걸까?

소셜 미디어에 관한 문제를 먼저 다뤄 보자면, 그건 소셜 미디어의 전파력과 관련이 있다고 생각한다. 소셜 미디어 기업들은 대중들에게 반향을 일으킬 만한 영상들을 적극 밀어 준다. 왜냐하면 그들은 바이럴한 영상을 접속자 수와 뉴스에 대한 접근을 늘리는 매개체로 사용하기 때문이다. 트위터에 오르내리는 실시간 검색어들을 살펴보면 사소한 이슈들이 어떤 과정을 거쳐 커다란 이슈로 급부상하는지를 알 수 있다. 이는 마치 눈 굴리기를 하는 것과 같다. 트위터는 가장 논란이 되는 뉴스 기사를 실검 순위에 올려놓음으로써 사소한 사건이 전국적 관심도를 얻도록 만든다. 이들에게 중요한 건 관심의 집중도가 아니라 대중들이 얼마나 빨리 관심을 가지느냐다.

그렇기 때문에, 예를 들어, 날마다 수없이 많은 트윗들을 만들어 내는 사건들은 실검 순위에 올라오지 않는다. 그 대신 밑바닥부터 관심을 끌어모을 수 있는 사건들이 곧바로 실검 순위에 등극된다. 쉽게 말하면, 공원에서 인종차별적 여지가 있는 발언을 한 평범한 여성의 영상이 수천 개의 트윗을 만들어 내면, 그 영상이 그날에 한해서는 바이든 대통령에 관한 트윗보다 더 큰 주목을 받을 수 있다는 뜻이다. 영상이 실검에 올라오기만 하면, 2천 개의 반응을 이끌어낸 트윗이 2만 개로 확장되는 건 그리 어려운 일이 아니다. 소셜 미디어는 큰 목소리 내는 사람들을 보상하고, 침묵을 평가절하한다. 소셜 미디어상에서 실검 순위에 오르내리는 사건에 대해 한 수 거들며 언급하지 않는 건 해당 사건에 대해 무관심하거나, 심지어 동의하는 것으로 치부되기도 한다.

폭도 무리를 만들어 내는 것 역시 별로 어렵지 않다. 소셜 미디어에서는 적극적 자가면역이 발생하는 속도로 날마다 폭도 무리가 만들어진다. 과거 군중이라 부를 수 있는 집단을 모으려면 공통된 관심사를 찾아내야 했다. 하지만 오늘날 소셜 미디어에서는 폭도들이 어슬렁거리고 있는데, 이들은 언제든 폭도 무리로 동원될 채비를 갖추고 있다. 명분이 꼭 정당하지 않아도 괜찮다. 폭도들은 몇천 명의 사람들이 퇴근 후 저녁에 즐길 수 있는 오락거리를 만들어 내고, 다음 날 아침 언론이 사용할 소스를 제공해 주기만 하면 된다. 온라인 미디어 기업 IAC의 커뮤니케이션 부서에서 시니어 디렉터로 일하던 30살 여성 저스틴 사코(Justine Sacco)는 170명 되는 자신의 트위터 팔로워들에게 아프리카에서 발생하는 에이즈 문제에 대해 농담했다는 이유로 삶이 완전히 박살 나 버렸다. 그녀가 올렸던 트윗은 다음과 같았다. "아프리카로 가요, 에이즈에 안 걸렸으면 좋겠네요. 농담이에요, 저는 백인이거든요!" 그 트윗에서 사코는 아프리카에서 서구 사회의 도움이 부족하다는 점을 농담 섞인 어조로 꼬집으려 했다. 하지만 아프리카로 가는 11시간의 비행을 끝마치고 공항에 도착했을 때, 그녀가 올렸던 트윗은 "수만 개의 트윗들"의 공격 대상이 되어 온라인 조리돌림을 당하고 있었다. 사코는 직장을 잃었다. 그녀는 외상 후 스트레스장애(PTSD)와 우울증, 그리고 불면증을 앓았다.

이 사건은 앞서 언급됐던 두 번째 문제에 대해 생각하게 만든다. 왜 언론은 이런 사건들을 보도하는 걸까?

여기에 대해 답하자면, 그 이유는 바로 언론계에 종사하는 사람들이 대체적으로 권위주의 좌파적 성향을 갖고 있기 때문이다. 또 그들은 언론사 온라인 접속량을 늘리는 도구로 소셜 미디어를 사용하며, 소셜 미디어를 기삿거리를 찾는 데 도움을 주는 편리한 수단으로 취급하기 때문이다.

사코의 트윗이 전 세계적인 관심을 받았던 이유는 한 트위터 유저가 그녀의 트윗을 〈고커 미디어(Gawker Media)〉라는 온라인 언론사에서 일하는 샘 비들(Sam Biddle)에게 제보했기 때문이다. 비들은 재빨리 사코의 글을 리트윗했다. 해당 사건에 대해 비들은 다음과 같이 설명했다. "'좋았어, IAC에서 일하는 직원이 쓴 인종차별 트윗에 대가가 따르도록 만들자'라고 말할 수 있다는 건 매우 흡족한 일입니다."[51] 언론계에 종사하는 너무나 많은 사람들이 이 같은 사고방식을 가지고 있다. 트위터가 생겨남에 따라 우리 사회 언론 기득권 세력들은 리트윗 하나만으로 운동가와 기자의 직분을 겸할 수 있게 됐다. 그렇기 때문에 트위터에서 오르내리는 최신 실검 주제가 무엇이든 간에, 결론적으로는 언론인이 최고의 트윗을 날리는 권한을 가지게 되는 것이다.

언론인들은 소셜 미디어에 오르내리는 단일 사건들을 통해서도 내러티브를 조작할 수 있다. 미국 언론들 중 압도적 다수는 미국 사회에 구조적 인종차별이 만연하다는 주장을 신봉한다. 하지만 그런 주장을 입증하는 데이터는 매우 찾아보기 어렵다. 미국 사회에서 사회적 통제를 얻어내려는 권위주의 좌파 세력으로부터 발생하는 인종차별에 대한 수요는 실제 미국에서 생성되는 인종차별에 관한 공급을 훨씬 상회한다. 따라서 그 막대한 수요를 충족시키기 위해서, 언론인들은 개인 수준에서 발생하는 지엽적 이야기들(anecdotes)을 찾아낸 다음, 해당 이야기들이 미국 사회 전반의 트렌드를 반영하고 있다고 주장하는데, 이런 내러티브를 만드는 과정에서 그들은 소셜 미디어에서 일어나는 열광적 반응을 주장을 정당화하는 근거로 사용한다.

과거 우리의 실생활에서 트위터 실검에 오르내리는 주제들은 별로 중요하지 않았다. 하지만 소셜 미디어가 우리가 함께 공유하는 새로운 공간으로 부상함에 따라, 또 언론들이 소셜 미디어상에서 발생하는 일들이 마치 우리 일상에서 발생하는 일과 동일한 일이라고 치부함에 따라, 소셜 미디어 폭도들은 무서운 기세로 현실 세계 속의 폭도로 돌변해 가고 있다.

새로운 정보 독과점

광적인 언론과 무지성적 비판을 자행하는 민주당에게 협박당하고, 포섭되었으며, 조종받고 있는 소셜 미디어 독점 기업들은 현재 권위주의적 사회 분위기를 만들어 내고 있다. 자유시장경제 속에서, 이런 문제를 교과서적으로 해결하자면 정답은 대안 매체를 만드는 것이다.

소셜 미디어 그룹 팔러는 그와 같은 일을 시도했다.

트위터 경영진의 들쑥날쑥한 검열 정책에 화가 난 사람들은 팔러를 대안 매체로 만들어 냈다. 2020년 대선을 앞두고, 거대 테크 기업들이 선거에서 노골적인 영향력을 행사하게 되자 팔러는 서서히 이용자들을 끌어들였다. 2020년 7월 말, 한 주 동안 팔러에는 약 1백만 명이나 되는 사람들이 신규 회원으로 가입했다. 2020년 대선이 끝난 후 거대 테크 기업들이 대안 매체들을 탄압하자 보수주의자들은 페이스북, 트위터 등을 버리고 팔러로 갈아탔다. 애플 앱스토어에서 팔러는 다운로드 수 1위를 기록했고, 대선 후 한 주 동안 450만 명 이상의 회원을 보유하기에 이르렀다. 당시 팔러의 CEO였던 존 메이츠(John Matze)에 따르면, 이용자들을 끌어들이기 위해 팔러가 사용한 핵심 메시지는 다음과 같았다. "우리는 광장 커뮤니티이고, 오픈된 광장 커뮤니티입니다. 팔러에는 검열이 없습니다. 여러분이 뉴욕시 한가운데서 어떤 발언을 할 수 있다면, 팔러에서도 그 발언을 할 수 있습니다."[52]

그 말을 할 수 없게 되는 바로 그 순간까지 말이다.

2021년 1월 6일 폭동 이후, 의사당에 난입한 폭도들이 팔러를 이용해 참가자들을 모집했다는 주장에 근거해(이 주장을 뒷받침하는 분명한 증거는 존재하지 않았다) 애플, 아마존, 구글은 모두 자신들의 플랫폼에서 팔러를 퇴출시켰다. 애플은 팔러의 알고리즘이 "위험하고 불법적인 콘텐츠 확산을 막는 데 불충분했다"라고 말하며 앱스토어에서 팔러를 퇴출시켰다. 클라우드 시장에서 30% 이상의 점유율을 갖고 있는 아마존 웹서비스는 인터넷상에서 팔러 플랫폼을 완전히 퇴출시켰고, 팔러가 자사 클라우드 서비스를 사용하지 못하도록 만들었다. 아마존의 변명은 팔러가 "명백하게 폭력을 독려 또는 유발하는 포스트들이 플랫폼에 올라오도록 허용했으며," 팔러가 "아마존 웹서비스의 서비스 조항에 부응하는 효과적인 콘텐츠 처리 과정을" 보유하고 있지 않다는 것이었다.[53]

거대 테크 기업 중 어떤 업체도 그들이 제시하는 최소한의 기준이 정확히 무엇인지에 대해 분명한 설명을 내놓지 못했다. 또 테크 기업 중 누구도 팔러보다 훨씬 거대한 규모로 운영되는 페이스북과 트위터 등이 팔러보다 덜 위험한 매체인지로 평가받는지를 명쾌히 설명하지 못했다. 특별히 언론인 제이슨 킹(Jason King)이 보도한 것처럼, 1월 6일 폭동 참가자 중 거의 100명가량이 의사당에 진입하는 과정에서 페이스북 또는 인스타그램을 사용했고, 28명은 유튜브를 사용했으며, 불과 8명만이 팔러 서비스를 이용하고 있었다는 점을 고려한다면, 아마존 웹서비스의 대처가 얼마나 불공정한지를 십분 이해할 수 있었다.[54]

우리는 실시간으로 정보 독점이 구축되는 세상을 살아가고 있다. 또 이 세계에서 그들이 가진 기준만이 절대적 기준이라는 강력한 확신에 차 있는 소셜 미디어 기업들과 그 기준을 함께 공유하면 기득권을 지킬 수 있다는 사실을 인지하는 주류 언론, 또 그 기준에 따라 엄청난 혜택을 받고 있는 민주당 지지자들은 대안 매체들을 적극적으로 탄압하고 있다. 팔러를 끝장내고 난 후, 언론계에 종사하는 사람들은 암호화된 메시지 서비스를 제공하는 텔레그램(Telegram)과 시그널(Signal) 등으로 눈을 돌렸다. 왜냐하면 세상에 존재하는 모든 반대 진영 의견들은(또는 통제되지 않는 정보의 흐름은) 반드시 말살돼야 했기 때문이다.[55]

아마 현 상황에서 좋은 소식이라 할 수 있는 걸 하나 꼽자면, 대부분 미국인들은 소셜 미디어 기업들이 언론의 문지기 역할을 자처함으로써 여론을 조작하고 있다는 사실을 인지하고 있다는 점이다. 퓨리서치 조사에 따르면, 무려 82%나 되는 미국 성인들은 소셜 미디어가 자신들의 입맛에 맞게 특정 언론사들에 편향된 혜택을 제공하고 있다고 생각하고 있었고, 53%의 응답자들은 소셜 미디어의 편향된 뉴스 배열이 "매우 큰 문제"라고 인식하고 있었다. 또 35%의 미국인들은 소셜 미디어에서 이뤄지는 "뉴스에 대한 검열"에 우려를 표명하고 있었다. 같은 조사에서 공화당 성향 미국인들 가운데 64%는 소셜 미디어 피드에 뜨는 뉴스들이 좌편향돼 있다고 응답한 반면, 민주당 성향 미국인들 중 같은 질문에 대해 비슷한 응답을 내놓은 사람은 불과 37%밖에 되지 않았다.[56]

나쁜 소식도 하나 언급하자면, 지금처럼 사람들이 소셜 미디어로 몰려가 정보를 접한다면, 그들은 앞으로도 뉴스 보도에 대해 가장 영향력 있는 매체로서의 지위를 유지할 것이라는 사실이다. 그 와중에 대안 매체들이 지속적으로 검열받게 되면, 소셜 미디어의 영향력은 더욱 확고해지게 된다. 페이스북을 이용하는 월간 사용자는 28억 명에 육박한다.[57] 지구상 모든 정보 검색의 90% 이상은 구글 또는 구글의 자회사 유튜브에서 이뤄진다.[58] 온라인 전체 광고비의 무려 70%는 구글, 페이스북, 아마존이 가져간다.[59] 이런 독과점 체제 속에서 경쟁 시스템을 만들어 내는 건 결코 쉽지 않다.

게다가 이 같은 독과점 체제를 유지하는 게 우리 정부를 운영하는 엘리트들의 이해타산에 부합하기도 한다. 왜냐하면 몇몇 핵심 업체들을 통제함으로써 전체 시장을 손쉽게 통제할 수 있기 때문이다. 주류 언론 역시 이러한 독과점을 유지하는 것으로부터 각종 혜택을 누린다. 왜냐하면 테크 기업들은 언론인들과 같은 생각을 가진 동맹군이며, 테크 기업 경영진들 그들 스스로가 깨시민 권위주의 철학의 신봉자이거나, 조금만 압박을 받으면 그 같은 입장을 지지하는 방향으로 변화될 수 있기 때문이다.

그리고 현재 우리가 목도하고 있는 것처럼, 이와 같은 생각을 가진 건 비단 테크 기업들뿐만이 아니다.

우리 앞에 놓인 선택지

2021년 2월 초, 여배우 지나 커라노(Gina Carano)는 자신의 운명을 뒤바꿀 수 있는 결정을 내렸다. 인스타그램에 밈(meme)*을 올려버린 것이다.

디즈니플러스의 히트작 드라마 시리즈 〈만달로리안(The Mandalorian)〉에서 주연을 맡으며 스타가 됐던 커라노는 수개월 동안 커리어가 끝장날 수 있다는 위협에 시달렸다. 이유는 그녀가 보수적인 정치 성향을 가지고 있기 때문이었다. 커라노는 대명사 문화에 익숙하지 않은 사람들에게까지 그걸 강요하는 깨시민 권위주의자들을 조롱하기 위해 자신을 '빕/붑/밥(beep/boop/bob)'이라는 대명사로 호칭해 달라고 말하며 트위터 프로필을 수정했다. 2020년 선거의 여파가 아직 지속되고 있을 때(부정선거 논란이 지속되고 있을 때), 커라노는 다음과 같은 글을 트위터에 올렸다. "오늘 우리가 느끼는 기분을 다시 경험하지 않으려면 우리는 선거 과정을

---

* 짧은 동영상, 이미지 파일 등을 지칭하는 인터넷 짤방.

싹 갈아엎어야 해요.” 또 커라노는 코로나와 관해 엘리트들이 이 구동성으로 말하는 레퍼토리를 반박하기 위해 미국인들이 눈에도 마스크를 쓰고 있는 우스꽝스러운 밈을 트위터에 올리기도 했다.[1]

이 모든 행동 때문에 커라노는 디즈니플러스와 루카스필름에서 요주의 인물로 낙인찍히게 된다. 내부자 증언을 인용한 〈할리우드 리포터(The Hollywood Reporter)〉에 따르면, 디즈니플러스와 루카스필름은 약 두 달 동안 커라노를 해고할 명분을 찾기 위해 호시탐탐 기회를 노리고 있었다고 한다. 디즈니플러스와 루카스필름은 커라노 주연으로 12월 공개 예정이었던 〈스타워즈(Star Wars)〉 스핀오프 시리즈에 대한 계획을 모두 철회했다.[2]

커라노가 저지른 치명적 실수는 홀로코스트와 관련된 내용이 담긴 밈을 포스팅한 것이었다.

한 유대인 여성이 독일인들로 보이는 군중으로부터 도망치는 장면을 담은 그 밈에는 다음과 같은 문구가 담겨 있었다. “길거리에서 유대인들을 때렸던 건 나치가 아니라, 그들의 이웃 주민들이었다. (중략) 심지어 어린이들도 이 폭도 무리에 가담했다. 역사는 편의에 따라 각색되기 때문에 오늘날 대부분 사람들은 나치 군인들이 수천 명의 유대인들을 손쉽게 한곳에 모아 둘 수 있는 지경에까지 이르기까지, 독일 정부는 먼저 독일인들이 그들 주변 이웃들을 유대인이라는 이유 하나만으로 미워하도록 만들었다는 사실을 깨닫지 못한다. 이게 정치적인 생각이 다르다고 누군가를 미워하는 것과 어떻게 다를 수 있을까?”[3]

물론 특정 사건을 홀로코스트에 빗대는 건 대체적으로 부적절한 일인 게 사실이다. 하지만 분명히 말하지만, 커라노가 올린 포스팅은 반유대주의적(anti-Semitic)이지 않았다(지구상에 생존하는 그 누구보다 반유대주의 혐오 공격을 많이 받아온 나는, 조금이라도 반유대주의적 낌새가 나면 먼발치에서도 그걸 곧바로 알아차릴 수 있다). 커라노가 포스팅을 통해 말하고자 했던 요점은 타인에 대한 억압이 폭력으로부터 시작되는 게 아니라는 사실이었다. 타인에 대한 억압은 타인의 인간성을 말살하는 것에서부터 출발한다. 따라서 사건이 발생한 후 커라노 자신이 인정하기도 했듯, 애초에 홀로코스트를 언급하지 않았으면 좋았겠지만, 그녀의 포스팅은 나름대로 일리 있었고 별로 문제될 만한 내용이 아니었다.

하지만 즉각적인 후폭풍이 몰려왔고, 그 후폭풍은 그녀의 커리어를 끝장냈다.

디즈니플러스와 루카스필름은 즉각 커라노를 해고했다.[4] 그들은 커라노가 "문화 및 종교적 정체성을 이유로 사람들을 비하했다"고 잘못된 주장을 펼쳤다. 디즈니플러스와 루카스필름 경영진은 구체적으로 어떤 방식으로 커라노가 사람들을 비하했는지, 특별히 유대인들을 비하했는지를 언급하지 않았다. 하지만 권위주의적 좌파들에게는 캔슬을 위한 핑계만이 필요할 뿐, 그들의 입장을 정당하게 만들어 주는 논리는 전혀 필요하지 않았다.

어떤 이들은 이번 사건을 통해 디즈니가 소셜 미디어에서 부적절하게 홀로코스트를 언급하는 행태를 앞으로 예방하기 위해 일종의 새로운 기준을 정립했다고 생각할지 모른다. 하지만 그건 전혀 사실이 아니었다. 지나 커라노와 함께 〈만달로리안〉의 주연을 맡았던 페드로 파스칼(Pedro Pascal)은 2018년 트럼프의 국경 정책을 어린이를 수용소에 가뒀던 나치 정책에 빗대어 조롱하는 트윗을 올렸다. 하지만 그 뒤 아무 일도 일어나지 않았다.[5]

일반적으로, 오늘날 우리가 살아가는 권위주의 문화 속에서, 이야기는 이렇게 (비극적으로)끝이 난다.

하지만 현실에서 이야기는 그렇게 끝나지 않았다. 커라노가 당한 일을 듣게 된 직후(나는 커라노를 한 번도 직접 만나본 적이 없었다), 나는 그녀에게 개인적으로 연락했다. 내 비즈니스 파트너 제레미 보링은 커라노의 매니저에게 연락을 취했다. 그리고 우리는 지나에게 함께 일하자고 제안했다. 할리우드에서 횡행하는 황당한 캔슬 컬처에 맞서 싸우기 위해 우리는 지나를 주연으로 하는 영화를 함께 제작하기로 결의했다. 지나는 그 상황을 다음과 같이 설명한다.

"〈데일리와이어〉는 제 꿈이 이뤄지는 걸 돕고 있어요. 제가 직접 영화를 만들고 제작하는 그 꿈 말이죠. 저는 부르짖었고, 기도는 응답되었습니다. 저는 권위주의적 폭도들에 의해 캔슬 당할까 봐 두려움에 떨고 있는 모든 사람들에게 희망의 메시지를 전하기 원합니다. 저는 과거 그 어느 때보다 자유로워진 제 목소리를 사용하기 시작했고, 이 목소리를 듣고 다른 사람들도 동일한 영감을 얻을 수 있기를 소원합니다. 우리가 허락하지 않는다면, 그들은 우리를 캔슬시킬 수 없습니다.[6]"

우리가 허락하지 않는다면, 그들은 우리를 캔슬시킬 수 없다. 바로 이것이 우리가 소리 높여 외치는 목소리가 되어야 한다. 왜냐하면 우리가(리버럴과 중도들, 그리고 보수주의자들 모두가) 그 사실을 함께 이야기한다면, 권위주의적 좌파는 반드시 패배할 것이기 때문이다. 스스로 자신들이 권력의 고삐를 잡고 있기 합당하다고 생각하는 엘리트들은 우리 사회의 제도권을 권위주의 좌파 사상이란 틀로 새롭게 빚어내 버렸다. 하지만 우리는 권력을 움켜쥐려는 그와 같은 움직임을 절대 잠자코 보고만 있지 않을 것이다.

우리는 '아니야(no)'라고 말할 수 있다. 우리가 지나와 함께 영화를 제작한다는 소식을 발표하고 난 후, 수만 명의 미국인들이 〈데일리와이어〉의 신규 유료 구독자로 가입했다. 나는 수백 명의 사람들로부터 어떻게 하면 나를 도울 수 있는지를 물어보는 이메일을 받았고, 할리우드에서 일하는 수백 명 이상의 스태프와 관계자들은 나에게 이메일을 보내 그들이 할리우드라는 시스템을 떠날 수 있는지를 물어봤다. 미국인들은 우리가 할리우드가 정한 규범 그 자체에 대해 도전하고 있다는 사실뿐만 아니라, 유의미한 변화를 만들어 내기 위해선 우리는 모두 함께 연대해 일어나야 한다는 사실을 깨닫게 됐다. 비록 우리가 이념적으로는 개인주의적 철학을 갖고 있다고 하더라도, 권위주의자들에게 강력한 반격을 하려면 반드시 끈끈하게 힘을 합쳐 행동해야 한다는 그 진실 말이다.

그렇다면 미국을 재정상화하는 데 혈안이 돼 있는 권위주의 좌파 집단으로부터 우리 사회 제도권과 조직 및 기관들에 대한 통제를 다시 되찾아 오려면 정확히 무엇을 해야 하는 것일까? 무엇보다 우리는 교육에 대한 사명을 정립하는 것에서부터 출발해야 한다. 그 일을 끝낸 뒤 우리는 실질적인 일들을 처리해 나갈 수 있다.

미국인들을 다시 교육합시다

권위주의 좌파 세력은 교육 사업을 성공적으로 추진해 왔다. 미국인들에게 사상을 주입하여 미국의 건국 철학과 제도, 또 미국인들 스스로에 대해 부끄러워하도록 만든 것이다. 미국 사회는 구조적으로 인종차별을 조장하고 있고, 미국의 제도는 근본적으로 망가졌다고 주장하는 권위주의 좌파의 논리는 정서적인 측면에서 미국 사회의 주류 논리로 자리 잡게 된 지 오래다. 이제는 이 주장을 반박하는 행위 그 자체마저도 사악한 것인 양 치부된다. 하지만 좌파들의 논리는 근본적으로 틀렸다.

미국은 시스템적인 인종차별을 하는 나라가 아니다. 물론 미국 사회에서 인종차별이 존재하긴 한다. 노예제는 인류 역사상 가장 참혹한 죄악 중 하나였고, 과거의 역사는 분명 오늘날 우리 삶에 영향을 끼친다. 미국 사회에서 성공이란 측면에 있어서 여전히 백인과 흑인 사이 차이가 존재한다는 건 끔찍하고도 슬픈 일이다. 이 모든 건 부인할 수 없는 진실이다. 하지만 이 문제들을 해결하기 위해 현존하는 미국 사회 모든 시스템들을 뒤집는 건 결코 진정한 해결책이 될 수 없다. 사실 권위주의 좌파들이 그토록 사랑해 마지않는 '반인종차별적' 정책들은 역사적으로 모두 시도된 적이 있었다. 그리고 예외 없이 그 정책들은 처참한 실패로 귀결됐다. 하지만 이런 사실을 지적한다 해도 권위주의 좌파들은 끊임없이 당신을 인종차별주의자라고 부르며 낙인을 찍으려 할 것이다.

그렇다면 이 모든 문제를 해결하는 방법은 무엇일까? 해결책은 1776년에 사용됐던 방식으로 돌아가는 것이다. 우리에게는 '정부 탄생 이전부터 존재했던 시민들의 권리(the preexisting rights of the citizens)'를 보호하기 위해 설립된 정부와, 선(virtue)과 이성(reason)을 성실히 추구하는 시민들이 필요하다. 미국은 1619년에 건국되지 않았다.• 미국은 1776년 건국됐다. 미국적 자유에 관한 원칙들은 (the principles of American liberty) 영구적으로 진실된 가치를 담고 있다. 역사적으로 미국이 항상 그 원칙에 부합했던 건 아니라는 사실이 미국의 원칙 그 자체를 심판하는 근거로 작용하진 못한다. 미국의 위대함은(미국적 가치에 기반한 개인의 자유, 미국의 경제, 또 도덕적 시민들을 통해 발현되는 그 위대함은) 바로 그러한 원칙들이 고유한 형태로 성장하여 발현된 모습을 잘 웅변해 주고 있다.

야만성과 편견, 폭력, 탐욕, 욕망, 인간성의 말살 등을 특징으로 했던 1619년의 죄악은 지난 역사 동안 거의 모든 인류 문명 가운데 만연했던 끔찍한 죄악이었다. 인간은 죄성을 가지고 있다. 또 나약하다. 하지만 우리는 거기서 그치는 게 아니다. 지난 역사 가운데 미국이 인간의 자유와 번영을 이끌어 온 선도적 국가였다는 사실은 결코 우연이 아니다. 우리 시대에 만연한 가장 큰 거짓말은 (이건 아마 역사상 가장 큰 거짓말일지 모른다) 인간이 자연 상태에서 그 같

• 〈뉴욕타임스〉 편집인 니콜 해나 존스에 따르면 1619년은 아프리카 흑인 노예들이 최초로 아메리카 신대륙에 발을 디딘 해이다. 존스는 거기서 영감을 얻어 '1619 프로젝트'를 만들었다. 현재 미국 사회는 미국이 1776년 건국됐다고 믿는 사람들과 1619년 건국됐다 믿는 사람들로 양분돼 첨예하게 대립하고 있다.

은 자유와 번영을 누렸으며, 미국의 시스템은 바로 이 자연 상태의 번영과 자유를 가로막는 장애물로 작용하고 있다는 주장이다. 하지만 진실은 정확히 그 반대다.

그렇다면, 우리 새로운 저항군들은 어떻게 사회 각 분야에서 제도권을 장악하고 있는 권위주의 좌파 세력과 맞서 싸울 수 있을까? 어떻게 우리는 혁명적 공격성과 하향식 검열, 반전통주의에 경도된 권위주의 좌파 세력을 막아 세울 수 있을까?

우리는 권위주의 좌파 세력들이 아주 오래전 시작해온 과정을 정반대로 뒤집어야 한다. 좌파 세력이 더 이상 우리를 침묵시키지 못하도록 만들고, 우리 사회 조직과 제도권의 재정상화를 종식시켜야 하며, 그 모든 조직과 제도들을 다시 정상 상태로 되돌려 놓아야 한다. 또 우리는 그들이 용접하듯 폐쇄시켜 버린 문들을 다시 열어젖혀야 한다.

거절은 우리의 무기

우리 사회 각종 조직 및 기관에 만연한 권위주의 좌파 문제를 해결하는 첫걸음은 그들이 정한 룰을 따르길 거부하는 것이다. 권위주의 좌파들은 다음 세 가지 단계를 통해 미국인들을 위협해 자신들이 원하는 어젠다를 지지하도록 만들었다. 첫째, 권위주의 좌파는 '정중함의 원칙'을 적극 이용했는데, 여기서 '정중함의 원칙'이란 미국인들은 정중해야 하며, 타인의 기분을 상하게 만들어선 안 된다는 원칙이었다. 미국인들이 이 원칙에 취약하다는 사실을 파악하고 있었던 좌파들은 '정중함'을 내세우면 미국인들이 신흥지배계급의 주도하에 형성된 사회적 대세를 대놓고 반대하지 못할 것이라고 생각했다. 다음으로, 권위주의 좌파는 신흥지배계급에 대해 비판의 목소리를 내는 것이 곧 폭력의 한 형태라고 주장했다. 마지막으로, 그들은 신흥지배계급의 입장을 앵무새처럼 대변하지 않는 행위 그 자체가 곧 타인에게 피해를 주는 행위라고 주장했다(바로 여기서 "침묵은 곧 폭력이다(silence is violence)"라는 문구가 등장한 것이다).

　우리는 이 세 가지 단계들을 모두 단호히 거부해야 하며, 이를 정반대로 뒤집어야 한다. 먼저 우리는 "침묵은 곧 폭력"이라는 멍청한 주장을 전면적으로 거부해야 한다. 침묵은 폭력이 아니다. 너무나 많은 경우, 침묵은 곧 사리 분별이라 할 수 있다. 어린아이들이(급진 좌파들은 꼭 어린아이들의 행동을 닮았다) 나쁜 행동을 할 때는 그에 상응하는 심플한 대응을 해 주면 된다. 바로 그들을 무시하는 것이다. 부모의 입장에서 이 원칙을 지키는 건 결코 쉽지 않다(나 역시도 아이들을 키우면서 이 원칙을 지키기 위해 노력해 왔기 때문에, 이게 쉽지 않다는 걸 잘 알고 있다). 극단적 행동을 경험했을 때 우리가 자연적으로 내보이는 반응은 그 상황에 적극 '개입(engage)'하는 것이다. 하지만 극단적 행동을 하는 사람들이 원하는 건 바로 우리의 관심이란 사실을 잊어선 안 된다. 주류 언론의 선동 아래 매우 중요한 것처럼 보이는(실제론 그렇지 않지만) 이슈를 위해 뭉쳐진 폭도들에게 즉각 반응하며 온 정신을 쏟는 대신, 그냥 어깨를 한번 으쓱하고선 그들의 행동을 무시한다고 생각해 보자. 단지 반대 의견을 말했을 뿐인데 다음에 누가 그 의견 때문에 피해를 입었다고 주장한다고 해도, 우리는 그냥 그 일을 웃어넘기고 우리 할 일에 집중한다고 한번 생각해 보자. 우리는 꼭 모든 상황에 반응해야 하는 게 아니다. 또 우리는 좌파 권위주의자들의 징징거림에 일일이 공감하며 그들의 주장을 앵무새처럼 따라 할 필요가 전혀 없다.

둘째로, 우리는 "표현이 곧 폭력(speech is violence)"이라는 주장을 단호히 배격해야 한다. 반대 의견을 말하는 건 폭력이 아니다. 동의하지 않는 건 타인에게 피해를 끼치는 행위가 아니다. 왜냐하면 정치는 '정체성이 아니기' 때문이다. 누군가의 의견에 동의하지 않는다고 해서, 곧 그 사람의 정체성을 부정하는 건 아니다. 사실 우리는 이걸 우리 일상 가운데 날마다 경험하고 있다. 이건 자주 발생하는 현상인데, 우리는 우리가 사랑하는 사람이 하는 말에 동의하지 않을 때가 많다. 그렇다고 해도 상대방은 우리가 "그들의 인간성을 부인하고 있다"거나, "그들에게 폭력을 행사하고 있다"고 느끼지 않는다.

우리 인간관계 속에서 친밀한 관계를 맺고 있는 사람들은 스스로가 어른으로 대접받기 원한다면, 그들의 의견이 타인에 의해 판단될 수 있다는 사실을(때로는 엄격하게도) 잘 알고 있다. 혹시 "표현은 곧 폭력"이라고 말하는 이가 있다면, 즉시 그 사람은 좀 심각한 사람으로 취급받아야 한다.

마지막으로(그리고 가장 신중히 말하는 부분이기도 한데), 우리는 '정중함의 원칙'에 내포돼 있는 '정중함(cordiality)'과 '타인의 기분을 상하게 하지 않는 것(inoffensiveness)' 둘을 혼동하는 태도를 단연코 배격해야 한다. 정중한 사람이 된다고 해서 항상 다른 사람의 비위를 맞춰 줘야 하는 건 아니다. 내가 평소 즐겨하는 말처럼, 팩트는 우리의 기분을 신경 쓰지 않는다(Facts don't care about our feelings). 그렇다고 해서 의도적으로 타인에게 무례하게 대하라는 뜻은 아니다. 다만 내가 말하고 싶은 건, 다른 이들이 특정 사안에 대한 주관적 판단이 우리의 생각을 좌지우지하도록 만들어선 안 된다는 것이다.

우리는 타인이 우리의 생각에 대해 감정적 비토권(veto)을 행사하도록 내버려 둬선 안 된다. 예를 들어, 동성결혼 합법화에 반대한다는 의견을 내는 것 자체가 타인의 감정을 상하게 만드는 행동으로 치부돼선 안 된다는 뜻이다. 사람들은 동성애자들을 조롱하지 않으면서도 얼마든지 전통적인 결혼이 동성 결혼보다 사회적으로 많은 장점들을 가진다는 주장을 논리적으로 제시할 수 있다. 누군가의 기분을 상하게 만들 수 있다는 이유 때문에 사회적으로 중요한 이슈들에 침묵을 지키는 건 (기회가 찾아왔을 때)재빠르게 공세를 취할 생각에 골몰해 있는 사람들에게 무제한적인 권력을 부여해 주는 것과 같다. 그렇게 되면 감정에 기반한 협박(emotional blackmail)이 발생하기 십상이다.

정중함의 원칙을 거부할 때, 우리는 명백한 의도를 갖고 그 원칙을 깨뜨리는 사람들을 쉴드쳐 주지 않아도 된다. 정치적으로 올바르지 않은 사람이 된다는 건 타인의 기분을 상하게 만들지도 모르는 진실을 말한다는 뜻이지, 싸가지 없는 진상이 돼도 괜찮다는 뜻이 아니다. 동성결혼 합법화에 대해 반대 의견을 당당히 말하는 것과 동성애자들을 비하하는 것 사이에는 큰 차이가 있다. 사실 이 둘을 혼동하는 (보수우파들의)태도는 권위주의 좌파에게 엄청난 공격의 빌미를 제공해 준다. 좌파들은 보수진영 일부 사람들이 보이는 이러한 태도를 핑계 삼아 끔찍한 행동을 미리 예방하려면 리버럴하지 않은 견해 전체를 묵살시켜야 한다고 주장한다. 정치적 올바름의 문화에 맞서 싸우려면 우리에게는 진실을 기꺼이 말할 용기, 또 그 진실을 객관적으로 품격 있는 언어를 사용해 논리적이고 명료하게 표현할 수 있는 두뇌가 필요하다.

이런 전략으로 전쟁에 임하면 우리는 승리할 수 있다. 우리가 승리할 수 있는 이유는, 용기 있는 행동은 사람들의 마음을 움직이기 때문이다. 우리가 승리할 수 있는 이유는, 사악한 행동을 배제한 정직함이 사람들의 마음을 감화시키기 때문이다. 다시 한 번 강조하지만, 이건 좌파 대 우파의 싸움이 아니다. 이건 다원주의적 민주국가가 유지되기 위해 필요한 핵심 가치들을 지지하느냐에 그렇지 않느냐에 관한 싸움이기 때문이다. 이 가치들은 정치적 스펙트럼을 초월해 모든 사람들이 공유하는 가치이며, 권위주의 좌파들이 가지고 있는 생각에 정면으로 위배되는 가치이기도 하다.

우리 사회를 재정상화한다는 것

지금까지 이 책에서 내가 줄곧 언급했던 것처럼, 우리 사회는 다수자들에 비해 상대적으로 '소외됐다'고 인식되어 온 여러 그룹들 사이 공통 분모를 찾아 이를 하나의 정치 세력으로 규합한 고집스러운 소수집단(intransigent minority)에 의해 서서히 재정상화되고 있다. 하지만 이 과정은 얼마든지 '뒤집어' 질 수 있다. 이제는 다시 정상으로 돌아감으로써, 우리 사회를 재정상화할 때가 됐다.

우리 사회를 재정상화하려면 고집스러운 소수 집단이 필요하다. 너무나 많은 미국인들이 권위주의 좌파에게 위협을 받은 나머지 침묵하거나 동조하고 있기 때문에, 여기서 핵심은 바로 '용기'를 내는 것이다. 미국인들은 분연히 일어나 목소리를 높여야 하고, 좌파 권위주의자들이 만들어 놓은 권력 위계질서에 따르길 거부해야 한다.

예를 들어, 〈뉴욕타임스〉에서 과학 전문 기자로 활동했던 도널드 맥닐 주니어(Donald McNeil Jr.)의 경우를 한번 살펴보자. 2021년 2월, 맥닐은 회사에서 쫓겨났다. 자초지종을 확인해 보니 2년 전이었던 2019년, 맥닐은 〈뉴욕타임스〉 학생 캠프에서 주관한 페루 여행에 전문가 가이드(expert guide)로 동행했다. 여행이 한창 진행 중일 때, 한 학생은 맥닐에게 12살짜리가 '깜둥이(n-word)'라는 단어를 쓰면 미국 사회에서 캔슬돼야 하는지를 물어봤다. 상황적 맥락에 맞게 그 단어를 사용하는 방법을 설명하는 과정에서, 맥닐은 절대 발설해선 안 되는 악명 높은 바로 그 비속어를 입으로 말하는 중차대한 범죄를 저질렀다.

몇몇 학생들은 불만을 제기했다. 그리고 〈뉴욕타임스〉에서 일하는 몇몇 깨시민 기자들은 회사 차원의 행동을 요구하고 나섰다. 깨시민 기자들은 편집 데스크에 징징거리는 듯한 탄원서를 전달해 보냈고, 회사 차원의 징계를 요구했다. 〈뉴욕타임스〉 편집부는 즉시 깨시민 기자들의 요구에 순응했다. 왜냐하면 야만적인 권위주의 좌파 무리들이 진정될 것이라고 생각했기 때문이다. 그렇게 맥닐은 직업을 잃었다.[7] 〈뉴욕타임스〉의 주필인 딘 베케이(Dean Baquet)는 심지어 "우리는 어떤 의도로 그 단어가 사용됐느냐와 관계없이 인종차별적 단어를 관용하지 않습니다"라고 말했는데, 이 기준은 정신 나갔다고 보일 정도로 권위주의적이어서 훗날 베케이 스스로도 자신의 발언을 철회해야 했다.[8]

하지만 우리는 다음의 사실을 주목해야 한다. 실제로 〈뉴욕타임스〉에서 일하는 많은 기자들은 맥닐이 그 일 때문에 직업을 잃진 않았어야 한다고 생각했다는 사실이다. 맥닐은 〈뉴욕타임스〉 기자 1,200명이 소속되어 있는 뉴스길드(NewsGuild) 노조의 회원이었다. 〈배니티페어(Vanity Fair)〉가 보도했듯이, "〈뉴욕타임스〉 안팎에서 맥닐을 지지하는 목소리가 없었던 건 아니었다. 일부 사람들은 맥닐이 현재 미국 사회에서 횡횡하는 캔슬 컬처로부터 가장 최근에 화를 당한 피해자라고 생각하는데, 왜냐하면 그는 대중 여론의 압박에 밀려 회사를 퇴사해야 했기 때문이다."[9]

그렇다면 다음과 같은 부분을 생각해 봐야 한다. 맥닐이 여론에서 조리돌림을 당하고 있을 때, '(맥닐의 해고에 반대했던)그 사람들은

도대체 어디 있었던 걸까?'

만약 〈뉴욕타임스〉 직원들이 니콜 해나 존스처럼 지적 권위주의로 가득 찬 인간이 강력한 권한을 행사하도록 방치하지 않고, 맥닐을 위해 연대해 한목소리를 냈다면 어떤 일이 발생했을까? 〈뉴욕타임스〉에는 1,200명이나 되는 직원들이 있다. 맥닐의 해고를 요구하며 탄원서에 서명한 깨시민 기자들은 불과 150명밖에 되지 않았다.

만약 400명쯤 정도의 직원들이 반대 내용의 서명을 받았다면 상황은 어떻게 전개됐을까? 고집스러운 소수 집단에게 항복하는 대신, 〈뉴욕타임스〉 내에서 맥닐의 입장을 지지하는 직원들이 그들 나름대로의 고집스러운 소수 집단을, 또는 고집스러운 다수 집단을 형성했다면 어땠을까? 이런 생각을 가진 다수의 직원들이 〈뉴욕타임스〉 지도부에게 '표현의 자유와 비권위주의', 그리고 '상대적으로 적은 숫자의 불만분자들' 둘 중 하나를 선택하라고 압박했다면 상황은 어떻게 바뀌었을까?

동일한 논리는 미국인들의 일상 가운데도 똑같이 적용될 수 있다. 만약 직장에서 일하는 직원들이 하나로 뭉쳐서 캔슬 컬처에 동조하지 않고, "다양성 트레이닝"이나 중국 마오쩌둥 공산당식 자아비판에 참여하길 거부한다면 어떤 일이 발생하게 될까? 거의 모든 사회단체 및 조직에서 다수를 차지하는 종교를 가진 미국인들이 그들을 묵살하려는 시도들을 잠자코 보고만 있지 않겠다고 말하며 연대한다면 어떤 일이 발생하게 될까?

역사는 위와 같은 질문들에 대해 충분한 답을 제공해 왔다. 권위주의 좌파들은 고집스러운 다수(intransigent majority)를 맞이하면 고개를 숙이고 뒷걸음친다는 사실을 말이다. 애초 그렇기 때문에 좌파들이 권위주의자가 되는 것이다. 만약 논리로 타인을 설득할 수 있었다면, 그들은 반대 의견을 말하는 사람들에게 사회적 낙인을 찍지 않았을 것이고, 권력을 도구화해서 반대자들을 억압하지도 않았을 것이다.

2020년 12월, 워싱턴 대학 컴퓨터 공학과 명예 교수인 페드로 도밍고스(Pedro Domingos)는 세계 최대 인공지능(AI) 학회인 신경정보처리시스템학회(Neural Information Processing Systems, NeurIPS)에서 사용되는 논문 채택 기준에 자신의 의견을 담은 글을 한 매체에 기고했다. 뉴립스(NeurIPS) 학회 지침에는 다음과 같은 내용이 담겨 있었다. "과학적 기여 또는 연구의 질과 관계없이, 불공정한 편견을 만들어 내거나 이를 강화시키는 데 활용될 수 있는 데이터, 실생활 적용, 연구 방법론 등을 포함하는 윤리적 고려 사항들에 따라 제출하신 논문은 거부될 수 있습니다." 이 말은 곧 특정 연구가 현존하는 좌파적 입장을 반박하는 경우, 그 연구가 아무리 탁월하다 할지라도 뉴립스 학회에서는 채택되지 않을 수도 있다는 뜻이었다.

도밍고스 교수는 뉴립스의 지침이 끔찍한 생각이라고 공개 비판했다. 자연스럽게도, 도밍고스의 주장은 엄청난 반발을 불러왔고, 권위주의 좌파 세력은 도밍고스 교수가 인종차별주의자라고 몰아세웠다. 도밍고스 교수가 기고문에서 밝혔던 것처럼, 그가 소속됐던 워싱턴 대학 컴퓨터공학과 역시 도밍고스 교수와 거리를 두려 했다. 당시 교수 사회에서는 도밍고스 교수의 논문을 인용하기만 하면, 그 사람은 곧 도밍고스와 같은 인종차별주의자로 간주될 것이라는 분위기가 만연해 있었다.

하지만 다시 한 번 말하지만, 이건 이야기의 끝이 아니었다. 기고문에서 도밍고스 교수는 사건이 어떻게 전개됐는지를 밝힌다. "시간이 지남에 따라, 누가 진정으로 과격분자인지가 명확히 드러났고, 뭔가 굉장히 흥미로운 일이 펼쳐졌다. 교수 커뮤니티에서 평소에 (사회적 이슈에 대해)별로 말수가 없었던 중도적인 사람들이 목소리를 냈고, 이들은 나와 내 입장을 지지하는 동료들이 겪었던 혼란스럽고 잔혹한 방식을 규탄하기 시작했다. 결국 나는 직무상으로 어떠한 불이익도 받지 않았다(적어도 공식적으로는 말이다). 심지어 내 커리어를 끝장내려 했던 집단의 우두머리는 공식 사과문을 발표하고, 앞으로 그녀의 접근방식에 변화를 줄 것이라고 약속하기도 했다."

대체 무슨 일이 발생한 것일까? 도밍고스 교수에 따르면, 연대의식이 작동하기 시작했던 것이다. 같은 마음을 가진 사람들이 네트워크를 형성해 목소리가 필요한 사안 앞에서 연대해 함께 분연히 일어섰던 것이다. 여러분은 자신이 단단한 기반 위에 서 있는지를 확인한 후, 권위주의 좌파라는 골리앗을 KO시킬 수 있는 그런 싸움을 선택해서 그 싸움을 싸우면 된다. 그리고 단순히 권위주의 좌파들에게만 저항감을 표출하지 말고, 제도권을 장악하고 있는 사람들에게도 동일한 저항 정신을 보여 줘야 한다. 도밍고스 교수가 기고문에서 썼던 것처럼, "사회 정의에 큰 관심을 갖고 있는 지역에서 활동하고 있는 기업들마저도 실제로는 폭도를 이끄는 사람들이 보여 주는 그런 부끄러운 행동들과 별로 엮이고 싶지 않아한다."

고집스러운 소수자들로 똘똘 뭉친 집단이 만들어지면 재정상화가 다시 시작될 수 있다. 중도에 있는 사람들은 대부분 권위주의 좌파들을 좋아하지 않는다. 다만 그들은 공개적으로 좌파에 대해 목소리를 낼 용기를 갖고 있지 않을 뿐이다. 따라서 답은 간단하다. 여러분과 같은 가치를 공유하는 고집스러운 사람들로 이뤄진 코어 그룹을 형성하라. 그리고 움직임을 만들어 나가라.[10]

제도권의 문 열어 젖히기

이 모든 건 누구나 차지할 수 있는 제도권 조직들을 탈환하는 방법으로 사용될 수 있을지 모른다. 하지만 만약 이런 조직들을 담당하고 있는 책임자가 그저 좋으면 좋은 게 좋다는 식, 또는 바람이 부는 방향으로 눕는 그런 사람이 아니라면 어떻게 되는 걸까? 기관을 장악하고 있는 책임자가 권위주의 좌파 철학에 실제로 심취해 있는 사람이라면 어떻게 되는 걸까? 제도권 담당자가 고집스러운 소수자들의 영향을 받지 않으며, 반대자들을 억압할 수만 있다면 그가 가진 모든 권한을 적극 사용할 준비가 되어 있는 사람이라 할지라도 위에서 언급한 전략이 여전히 적용될 수 있는 걸까?

현시점에서, 미국인들은 다음 세 가지 옵션을 가지고 있다. 그리고 이 세 가지 옵션은 모두 사용돼야 한다(이들은 상호 배타적이지 않다).

먼저, 법률적 방법이다. 권위주의 좌파는 끔찍할 정도로 소송을 좋아한다. 대중 여론의 법정에서 이길 수 없다고 판단될 때, 좌파들은 법정에서 승리를 쟁취하려 한다. 사실 권위주의 좌파들은 권력을 가진 이들을 원하는 방식으로 길들이기 위해 소송을 할 것이라는 위협을 종종 늘어놓는다. 반면 평범한 미국인들이 회사로부터 원하는 걸 얻어내기 위해 소송을 시도하는 경우는 매우 드물다.

평범한 미국인들이 갖고 있는 그 같은 본능은, 대체적으로 옳은 판단이라 할 수 있다. 하지만 권위주의 좌파들과 싸울 때는 그런 접근을 취하면 안 된다. 예를 들어, 인종에 기반한 차별을 오히려 조장하는 "다양성 트레이닝" 같은 교육을 사내 전체 사원들에게 강요하는 권위주의 좌파에게 맞서야 할 때, 법적 소송을 제기하는 건 매우 효과적인 방법론이 될 수 있다. 만약 회사에서 직원들이 인종별로 분리된 워크숍에 참여해야 한다고 강요를 받거나, 백인 직원들에게 그들이 태어날 때부터 특권 같은 걸 부여받았다고 교육한다면(따라서 그 특권을 내려놓아야 한다고 말한다면), 백인 직원들은 법적 조치를 동원해 문제를 바로잡아야 한다. 소위 반인종차별 교육이라고 하는 프로그램들은 인종에 기반한 차별을 조장함으로써 1965년 제정된 민권법안 조항들을 노골적으로 위반하고 있다. 당신이 당하고 있는 차별에 대해 회사가 값을 지불하도록 만들라. 아니면 최소 회사가 그와 같은 위반을 지속할 경우 법적 조치를 취하겠다고 경고할 수 있어야 한다.

권위주의 좌파들에 맞서 싸우려는 사람들이 사용할 수 있는 또 다른 접근법은 정치적 방법을 선택하는 것이다. 이는 차별금지법을 공식적으로 확대 적용시켜, 해당 법안이 정치적인 문제까지 포함하도록 만드는 접근을 뜻한다. 미국의 많은 주들은 성별, 성적지향, 젠더 정체성, 인종, 종교, 나이, 장애, 그 밖에 기타 기준들에 따른 차별을 법적으로 금지하고 있다. 하지만 아직 미국 어떤 주에서도 정치적 관점 때문에 받는 차별을 금지하는 법은 존재하지 않는다.

만약 좌파 권위주의자들이 전가의 보도처럼 사용하는 기준을 그들에게 맞대응해 적용하기 원한다면, 결사의 자유를 제한함으로써 "차별"을 방지하는 법안을 방패막이처럼 사용하기 원한다면, 굳이 권위주의 좌파들만 차별금지법이라는 방패를 독점적으로 사용하도록 만들어 줄 이유가 있을까? 권위주의 좌파들이 반대 진영을 탄압하기 위해 사용해 왔던 동일한 법적 도구들을 사용해 그들에게 항복을 받아 내는 건 어떨까?

만약 당신이 전통에 기반한 종교적 가치관이 있고, 동성결혼을 하는 커플의 결혼식에 사용되는 웨딩 케이크를 만들길 거부한다고 했을 때, 해당 사건이 소송전으로 가게 되면 당신은 원치 않는 결과를 받아들일 가능성이 크다. 반면에 당신이 정치적인 이유로 공화당 행사에 저녁 식사 서비스를 제공하지 않은 좌파 식당 주인이라 할지라도, 당신은 별다른 법적 불이익을 받지 않을 가능성이 크다. 이처럼 비대칭적인 상황은 변화돼야 한다.

물론 나도 이게 별로 유쾌하지 않은 방법이란 걸 잘 알고 있다.

특별히 결사의 자유 같은 자유의 대원칙에 확고한 신념을 가지고 있는 사람들에게는 더욱 그렇게 느껴질 것이다. 나는 사람들에게 자신이 원하는 직원을 고용하고 해고할 자유가 있어야 한다고 생각한다. 하지만 권위주의 좌파는 여기에 동의하지 않는다. 이들은 여기에 동의하지 않을 뿐 아니라, 사법 시스템을 완전히 장악해 한쪽 정치적 성향을 가지고 있을 때에만(당신이 보수 성향일 때에만) 법적 불이익을 받도록 제도를 완전히 왜곡시켜 놓았다.

상황이 이렇게 됨에 따라, 우리는 더욱 광범위한 전략적 옵션을 고려할 수 있게 됐다. 상호확증파괴(mutually assured destruction)의 전략이 바로 그것이다. 데일리와이어를 창립하기 전, 나는 트루스리볼트(Truth Revolt)라는 조직을 만든 적이 있다. 트루스리볼트의 목적은 보수 진영의 〈미디어 매터스〉가 되는 것이었다. 다시 말해, 활동가들로 구성된 팀을 만들어 좌파 매체에 광고를 넣으면 당사가 판매하는 제품을 보이콧하겠다고 광고주들을 위협하는 그런 활동 말이다.

트루스리볼트를 처음 시작했을 때, 우리는 우리가 앞으로 사용하게 될 전략을 별로 좋아하지 않는다고 공개적으로 시인했다. 사실, 내 비즈니스 파트너인 제레미 보링이 언급했던 것처럼,* 만약 〈미디어 매터스〉가 해체된다면 우리도 기쁜 마음으로 트루스리볼트를 해체시키겠다고 생각하고 있었다. 하지만 만약 권위주의 좌파들

---

* 보링은 데일리와이어뿐만 아니라 트루스리볼트를 설립할 때도 벤 샤피로의 비즈니스 파트너로 함께 일했다.

이 지저분한 방법을 사용해 제도권 조직들을 굴복하도록 만든다면, 우리 우파들도 그와 같은 전략을 얼마든지 사용할 수 있다는 점을 확실히 할 필요가 있다고 생각한다. 그렇게 되면 미국 사회 각종 조직 및 기관들은 좌파, 우파 양쪽 집단 모두를 그냥 무시하든지(이게 가장 바람직한 결과물일 것이다), 아니면 정치적인 일에 대해 관심을 끄고 그들이 하는 사업과 일 자체에 집중하게 될 것이다. 우리 관점에서, 권위주의 좌파로부터 오는 위협에 맞대응하는 것보다 나쁜 최악의 선택지는 딱 하나다. 그냥 일방적으로 우리 쪽만 무장해제를 해 버리는 것.

미국인들은 우리 사회 제도권 조직들에 대해 좌파와 동일한 전략을 사용해 맞대응할 수 있다. 우리는 얼마든지 할리우드 영화를 보이콧할 수 있고, 깨시민 철학을 신봉하는 기업으로부터 물건을 사지 않을 수 있으며, 권위주의 좌파들이 운영하는 대학에 기부금 납부를 중단할 수 있다. 우리는 각종 매체 구독을 끊을 수 있으며, 광고주들에게 압력을 넣어 좌편향적 언론에 광고를 넣지 않도록 요구할 수 있다. 그렇게 되면 제도권은 이 모든 정신 나간 일들에서 완전히 벗어나게 되든지(이게 가장 바람직하다고 생각한다), 아니면 정치권에 대한 관심을 끄고 본업에만 집중하게 될 것이다.

그리고 우리가 최후로 사용할 수 있는 옵션이 하나 남아 있다. 바로 새로운 제도권을 만들어 내는 것이다.

데일리와이어에서 우리는 스스로를 대안 매체(alternative media)라고 부른다. 왜냐하면 그것이 바로 우리가 지향하는 정체성이기 때문이다. 데일리와이어에서 우리가 하는 일은 제도권 매체들로부터무시당한 사람들이 원하는 정보를 얻을 수 있도록 해 주는 것이다. 깨시민적이지 않은 정치관을 갖고 있다는 죄악 때문에, 영화와 드라마를 볼 때마다 일장 훈시를 듣는 데 신물이 난 미국인들의 필요를 충족시키기 위해 우리는 엔터테인먼트 분야에까지 비즈니스를 확장해 가고 있다.

이런 접근법은 꼭 필요한데, 왜냐하면 권위주의 좌파들은 단순히 우리 제도권 대부분 영역을 장악하고 있을 뿐만 아니라, 그렇게 장악한 제도권 안으로 다른 사람들이 들어올 수 없도록 완전히 문을 걸어 잠가 버렸기 때문이다. 〈뉴욕타임스〉나 〈디 애틀랜틱〉 같은 매체에 보수주의자들이 꾸준히 칼럼을 기고할 수 있으면 정말 좋은 일이겠지만, 그걸 바라는 건 몽상에 가깝다. 배척은 우리 시대의 풍조가 되었다.

우리 사회에서 가장 강력한 힘을 가진 제도권 기관들의 문을 닫아 버림으로써, 권위주의 좌파는 제도권 밖에서 참여의 기회를 박탈당한 사람들에게 하나의 선택지만을 남겨 두게 됐다. 우리 스스로 새로운 제도권을 만들어야 한다는 것을 말이다.

안타깝게도 그렇게 되면 우리는 철저하게 분열된 미국을 맞이하게 될 것이다. 우리는 정치성향에 따라 각기 다른 커피 브랜드를 이용하게 될 것이고, 다른 브랜드 운동화를 신으며, 각기 다른 OTT 매체들을 구독하게 될 것이다. 우리가 함께 공유하는 영역들은 사라지게 될지 모른다. 그건 우리가 선호하는 결과물이 아니다. 하지만 그게 가장 현실적인 결과물이 될 가능성이 크다. 정치적 관점에 따라 완전히 둘로 나뉜 미국 말이다.

내가 앞서 언급한 선택지들은 서로 배타적이지 않다. 사실 우리는 그 모든 선택지들을 동시에 추진해 나가야 한다. 우리 제도권은 다시 개방돼야 한다. 만약 그렇지 않다면 미국 사회는 분열을 이어 나갈 것이다.

우리 자녀들을 위하여

최근 미국 사회에 대해 생각할 때, 나는 뼛속 깊은 곳에서 우러나오는 두려움을 느낀다.

나는 다른 관점을 포용할 줄 아는 미국, 정치적인 차이를 관용할 줄 아는 미국에서 자라났다. 내가 어릴 때만 하더라도 미국에서는 누가 누구에게 투표했는지에 대해 걱정하지 않으며 함께 야구 경기를 관람하러 갈 수 있었고, 각기 다른 학교에서 교육을 받고 서로의 차이점을 인지하면서도 상대방에게 강압적으로 복종을 강요하지 않는 그런 분위기가 형성돼 있었다. 내가 어릴 적 경험했던 미국 사회에서는 상대방을 기분 나쁘게 만드는 농담을 가끔 던진다 해도(그리고 당연히 사과했다) 그 농담 때문에 생계를 잃을 걱정을 하진 않아도 됐다. 왜냐하면 우리는 결국 모두 인간이라는 사실을 잘 이해하고 있었기 때문이다. 무엇보다, 내가 어릴 적 경험했던 미국은 진리를 탐구하는 행위 그 자체가 사회생활의 파탄으로 귀결될 수 있다는 걱정을 하지 않으면서 얼마든지 진리를 추구할 수 있는 그런 나라였다. 그런 미국은 이제 사라지고 있다. 그리고 이 사실을 떠올리며 내 자녀들을 생각할 때, 나는 두려움에 사로잡히게 된다.

내 아이들이 성인이 됐을 때쯤, 나는 그들이 자유의 부재를 너무나 당연히 받아들이지는 않을까 두렵다. 나는 내 자녀들이 개인적인 의견을 소신껏 이야기했을 때 주변 다른 사람들이 어떤 고초를 겪어 왔는지를 너무나 똑똑히 지켜봤기 때문에 자신의 의견을 소신껏 말하지 못할까 봐 두렵다. 흥미롭고 다양한 생각들을 탐구하는 건 곧 사회적 추방이나 커리어를 끝장내는 행동이라는 풍조가 너무나 만연한 나머지, 나의 자녀들이 그런 다양한 생각들을 탐구하지 않게 될까 봐 나는 두렵다.

아버지로서 내가 할 일은 이 같은 독재적 문화로부터 내 아이들을 보호하는 것이다. 하지만 미국 제도권을 장악한 세력이 당신과 나 같은 생각을 하는 가정을 파괴하기 위해 그들이 가진 힘을 동원한다면, 우리는 선택지를 잃게 된다. 만약 내 자녀들이 내 가치관들을 배척해야만(아버지와 어머니, 또 그들이 교육받은 전통을 멸시해야만) 우리 사회에서 인정받을 수 있게 된다면? 혹시 내 자녀들이 세상의 본질에 관한 진리를 말해선 안 된다고 교육받는다면, 또 그런 상황에서 내가 거짓과 맞서 싸우게 된다면? 권위주의 좌파 폭도들이 나를 목표물 삼아 공격해서 내가 당장 내일 일자리를 잃게 된다면? 수백만의 미국인들은 스스로에게 이 같은 질문을 던지고 있다. 아니, 수천만의 미국인들이. 우리 중 대부분의 사람들이. 문제는 바로 그것이다. 하지만 동시에 바로 거기 해결책이 있기도 하다.

권위주의적 순간(the authoritarian moment)은 침묵하는 다수의 묵인을 먹고 자란다. 우리는 더 이상 침묵해선 안 된다. 고집스러운 소수 미국인들이 주도하는 제도권 권력에 맞서 분연히 일어날 때, 우리가 가진 가치관들은 중요하다는 사실을 당당히 고백할 때, 우리 정치의 다양성을 인정하면서도 자유가 가진 힘에 대한 공통된 신념을 바탕으로 함께 목소리를 높일 때, 권위주의적 순간은 막을 내리게 된다. 그리고 자유의 새로운 탄생이 시작된다.

감사의 말

모든 책들은 저자 한 명이 아니라, 수십 명이 함께 하는 작업을 통해 세상의 빛을 보게 된다. 이 책 역시 그 같은 과정을 거쳐 만들어졌다. 그런 점에서, 하퍼콜린스(HarperCollins) 출판사에서 이 책의 편집을 담당해 준 에릭 넬슨(Eric Nelson) 씨에게 감사의 말씀을 전한다. 넬슨 씨의 유머와 용기, 섬세한 사고는 내 생각과 글을 연마하는 데 큰 도움이 되었다.

내 비즈니스 파트너인 제레미 보링(Jeremy Boreign)과 케일럽 로빈슨(Caleb Robinson)에게 고맙다는 말을 전하고 싶다. 이들은 모두 탁월한 사업가들이며, 내 진정한 친구인 동시에, 전장으로 걸어 나갈 때 언제나 함께 동행하고 싶은 사람들이기도 하다. 데일리와이어에서 일하는 모든 스태프들에게 고마움을 표하고 싶다. 이들이 없다면 우리가 추진하는 모든 일들은 힘을 잃게 될 것이다. 데일리와이어 스태프들의 고된 수고는 나의 수고를 가치 있게 만들어 주며, 이들의 장난기는 매일 일상에 끊임없는 활력을 불어넣어 주는데, 이로 인해 나는 문화전쟁도 얼마든지 재미있을 수 있다는 사실을 날마다 깨닫고 있다. 웨스트우드 원(Westwood One)에서 나와 함께 일하는 분들께도 감사의 인사를 드린다. 이분들은 단순히 일이 돌아가도록 수고해 주실 뿐 아니라 힘든 시기에서도 항상 우리의 든든한 후원자가 되어 준다. 오랜 기간 나와 함께 협업하고 있는 크리에이터스 신디케이트(Creators Syndicate) 담당자 분들께 감사의 말씀을 드린다. 이분들은 20년 전 나의 재능을 발견한 이래로, 나와 함께 일하기로 한 그 특이하고도 놀라운 결정을 아직까지도 유지하고 계신다.

우리 가족과 나의 방패막이가 되어 주시고, 내가 뭔가 말씀드리면 언제나 "우리가 어떻게 도울 수 있겠니?"라고 답해 주시는 나의 부모님께 감사하다는 말씀을 드리고 싶다. 부모님께서는 내가 나의 자녀들에게 물려주고 싶어 하는 바로 그 가치들을 내 속에 불어넣어 주셨다. 그리고 이 지면을 빌어 아이들에게도 고맙다는 말을 전한다. 내 기쁨이자 영감의 원천, 또 내 수면 부족의 원인인 녀석들. 아이들의 유쾌함, 독창성, 상상력은 언제나 나를 놀라게 한다.

마지막으로, 세상에서 가장 멋진 엄마일 뿐만 아니라, 이 세상에서 내가 일생의 모험을 함께 헤쳐 나가고 싶은 단 한 명의 사람인 나의 아내에게도 고맙다는 말을 전하고 싶다. 당신에게 청혼했었다는 사실에 대해 감사해요. 그리고 당신이 내 청혼을 받아 줬다는 사실에 대해 나는 날마다 더 큰 황홀함을 느낍니다.

추천사

"벤 샤피로는 그의 메시지에 담긴 힘을 이해하는 사람이다. 샤피로는 자리에서 일어나 오랜 세월에 걸쳐 검증된 가치관들을 말하며 자신의 신념을 위한 싸움을 이어가고 있다."

_니키 헤일리 (전 UN주재 미국 대사)

"각오하고 책을 펼쳐라. 이 책을 읽게 되는 이상 다시는 이전처럼 살아갈 수 없을 것이다. 체계적이고 논리적이고 진실되기에 더 충격적이다. 이 책은 어느 주류 매체에서도 보여주지 않는 오늘날 미국의 끔찍한 실체를 적나라하게 보여준다. 숨이 턱 막힐 지경이다. 마음 깊은 곳에서부터 두려움이 올라오는 책이다. 한국인이 이 책을 반드시 읽어야 하는 이유는 미국의 현실이 한국의 예견된 미래이기 때문이다. 아마 많은 장면이 오버랩 될 것이다. 아는 만큼 보인다. 배워야 지킨다. 이 시대 오피니언 리더들이 반드시 읽어야 할 책이다. '정중함의 원칙'이라는 함정에서 빠져나와 신흥지배계급의 전체주의 독재 앞에 당당히 맞서라. 용기 내어 표현하라. 이 책의 진가를 알아보는 당신의 통찰력과 실행력이 우리 사회를 밝게 비출 것이다."

_책읽는사자 (작가. 사자그라운드 대표)

"C.S.루이스가 통찰했듯이, 가장 포악한 폭정은 추상적 관념과 그릇된 '선의'로 충만한 친절한 관료들에 의해 자행된다. 유교적 의식이 여전히 팽배한 '신양반사회' 한국에서는 그 권위주의적 기운이 더욱 짙다. '평등'과 '차별금지'란 명목의 억압이 드리우려는 대한민국에 매우 시기적절한 책이다. 이 책을 통해, 자유를 사랑하는 한국의 고집스러운 소수 개인들이 용기를 얻어 저항하길 기대한다. 자유는 언제나 그렇게 악착같이 행사될 때 보존된다."

_조평세 (북한학 박사. 트루스포럼 연구위원)

"벤 샤피로는 불편한 진실을 외치며 캔슬 컬처에 맞선 싸움을 최전선에서 이끌어 나가고 있다."

_지나 커라노 (디즈니 「만달로리안」 주연 여배우)

원주

들어가는 글

1 Jonathan Chait, "Trump Authoritarianism Denial Is Over Now," NYMag.com, January 12, 2021, https://nymag.com/intelligencer/article/trump-authoritarianism-capitol-insurrection-mob-coup.html.

2 Paul Krugman, "This Putsch Was Decades in the Making," NYTimes.com, January 11, 2021, https://www.nytimes.com/2021/01/11/opinion/republicans-democracy.html.

3 Greg Sargent, "Trump's GOP has an ugly authoritarian core. A new poll exposes it," WashingtonPost.com, January 15, 2021, https://www.washingtonpost.com/opinions/2021/01/15/new-poll-trump-gop-approval-authoritarian/.

4 Lisa McGirr, "Trump Is the Republican Party's Past and Its Future," NYTimes .com, January 13, 2021, https://www.nytimes.com/2021/01/13/opinion/gop-trump .html.

5 CNN, January 14, 2021, https://twitter.com/tomselliott/status/134967264445 5575554.

6 Charles M. Blow, "Trump's Lackeys Must Also Be Punished," NYTimes .com, January 10, 2021, https://www.nytimes.com/2021/01/10/opinion/trump-republicans.html.

7 Joseph Wulfsohn, "MSNBC's Joy Reid suggests GOP needs a 'de-Baathification' to rid support for Trump," FoxNews.com, January 15, 2021, https://www.foxnews.com/media/msnbcs-joy-reid-suggests-gop-needs-a-de-baathification-to-rid-support-for-trump.

8 1 Samuel 8:7-20.

9 James Madison, *Federalist No. 10* (November 22, 1787).

10 John Adams, *The Political Writings of John Adams* (Washington, DC: Regnery, 2000), 13.

11 Theodor Adorno, Else Frenkel-Brenswik, Daniel J. Levinson, and R. Nevitt Sanford, *The Authoritarian Personality* (London: Verso, 2019).

12 Bob Altemeyer, *The Authoritarian Specter* (Cambridge, MA: Harvard University Press, 1996), 13-15.

13 Ibid., 216.

14 Ibid., 220-21.

15 Ronald Bailey, "Tracking Down the Elusive Left-Wing Authoritarian," Reason.com, March 8, 2018, https://reason.com/2018/03/08/tracking-down-the-elusive-leftwing-autho/.

16 Thomas H. Costello, Shauna M. Bowes, Sean T. Stevens, Irwin D. Waldman, Arber Tasimi, and Scott O. Lilienfeld, "Clarifying the Structure and Nature of LeftWing Authoritarianism," ResearchGate, May 11, 2020, https://www.researchgate.net/publication/341306723_Clarifying_the_Structure_and_Nature_of_Left-Wing_Authoritarianism.

17 Herbert Marcuse, "Repressive Tolerance" (1965), https://www.marcuse.org/herbert/pubs/60spubs/65repressivetolerance.htm.

18 Theodor Adorno and Herbert Marcuse, *Correspondence on the German Student Movement*, February 14, 1969, to August 6, 1969, https://hutnyk.files.wordpress.com/2013/06/adornomarcuse_germannewleft.pdf.

19 https://twitter.com/Mike_Pence/status/1346879811151605762.

20 Elliott C. McLaughlin, "Violence at Capitol and beyond reignites a debate over America's long-held defense of extremist speech," CNN.com, January 19, 2021, https://www.cnn.com/2021/01/19/us/capitol-riots-speech-hate-extremist-first-amendment/index.html?utm_content=2021-01-19T14%3A35%3A03&utm_source=twCNN&utm_term=link&utm_medium=social.

21 https://twitter.com/nhannahjones/status/1348382948005982208.

22 Max Boot, "Trump couldn't have incited sedition without the help of Fox News," WashingtonPost.com, January 18, 2021, https://www.washingtonpost.com/opinions/2021/01/18/trump-couldnt-have-incited-sedition-without-help-fox-news/.

23 Judd Legum and Tesnim Zekeria, "Major corporations say they will stop donating to members of Congress who tried to overturn the election," Popular.info, January 10,

2021, https://popular.info/p/three-major-corporations-say-they.

24 Elizabeth A. Harris and Alexandra Alter, "Simon & Schuster Cancels Plans for Senator Hawley's Book," NYTimes.com, January 7, 2021, https://www.nytimes.com/2021/01/07/books/simon-schuster-josh-hawley-book.html.

25 Jazz Shaw, "The Cancel Culture Comes for Elise Stefanik," HotAir.com, January 13, 2021, https://hotair.com/archives/jazz-shaw/2021/01/13/cancel-culture-comes-elise-stefanik/.

26 Jordan Davidson, "The Biggest Gun Forum on the Planet Was Just Kicked Off the Internet Without Explanation," TheFederalist.com, January 12, 2021, https://thefederalist.com/2021/01/12/the-biggest-gun-forum-on-the-planet-was-just-kicked-off-the-internet-without-explanation/.

27 Brian Fung, "Parler has now been booted by Amazon, Apple and Google," CNN.com, January 11, 2021, https://www.cnn.com/2021/01/09/tech/parler-suspended-apple-app-store/index.html.

28 https://twitter.com/tomselliott/status/1351140855478947844.

29 Robby Soave, "No, AOC, It's Not the Government's Job to 'Rein in Our Media,'" Reason.com, January 14, 2021, https://reason.com/2021/01/14/aoc-rein-in-our-media-literacy-trump-capitol-rots/.

30 https://twitter.com/coribush/status/1346985140912844805.

31 Senator Ron Wyden, "The Capitol riots prove we need to strengthen our democracy. That begins with voting rights," NBCNews.com, January 11, 2021, https://www.nbcnews.com/think/opinion/capitol-riots-prove-we-need-strengthen-our-democracy-begins-voting-ncna1253642.

32 Eric Lutz, "Clyburn compares GOP bowing to Trump to Nazi Germany," Vanity Fair.com, March 13, 2020, https://www.vanityfair.com/news/2020/03/clyburn-compares-gop-bowing-to-trump-to-nazi-nazi-germany.

33 "Representative Clyburn: Biden Should Use Executive Authority if the Other Side Refuses to Cooperate," Grabien.com, January 18, 2021, https://grabien.com/story.php?id=321515.

34 Emily Ekins, "Poll: 62% of Americans Say They Have Political Views They're Afraid to Share," CATO.org, July 22, 2020, https://www.cato.org/publications/survey-reports/poll-62-americans-say-they-have-political-views-theyre-afraid-share.

35 https：//twitter.com/MarkDuplass/status/1019946917176881152?ref_src=twsrc
%5Etfw%7Ctwcamp%5Etweetembed%7Ctwterm%5E1019946917176881152%7C
twgr %5E%7Ctwcon%5Es1_&ref_url=https%3A%2F%2Fwww.vox.com%2Fpolicy-
and-politics%2F2018%2F7%2F19%2F17593174%2Fmark-duplass-ben-shapiro-
apology.

36 Zack Beauchamp, "Actor Mark Duplass apologizes for praising conservative
pundit Ben Shapiro," Vox.com, July 19, 2018, https：//www.vox.com/policy-and-
politics/2018/7/19/17593174/mark-duplass-ben-shapiro-apology.

37 Alexis de Tocqueville, *Democracy in America* (Chicago： University of Chicago Press,
2000), 244-45, trans. Harvey C. Mansfield and Delba Winthrop.

38 Jim VandeHei, "Our new reality： Three Americas," Axios.com, January 10, 2021,
https：//www.axios.com/capitol-siege-misinformation-trump-d9c9738b-0852-
408d-a24f-81c95938b41b.html?stream=top.

CHAPTER 1: 다수를 침묵시키는 방법

1 Eric Kaufman, "Who are the real Shy Trumpers?," Unherd.com, November 6, 2020,
https：//unherd.com/2020/11/meet-the-shy-trumpers/.

2 Thomas Piketty, "Thomas Piketty on Trump： 'The main lesson for Europe and the
world is clear,'" BusinessInsider.com, November 16, 2016, https：//www.business
insider.com/thomas-piketty-on-trump-the-main-lesson-for-europe-and-the-
world -is-clear-2016-11.

3 Nate Cohn, "The Election's Big Twist： The Racial Gap Is Shrinking," NYTime com,
October 28, 2020, https：//www.nytimes.com/2020/10/28/upshot/election-polling-
racial-gap.html.

4 Russell Kirk, "Ten Conservative Principles," KirkCenter.org, https：//kirkcenter.org/
conservatism/ten-conservative-principles/.

5 Leviticus 19：17.

6 Roger Scruton, *The West and the Rest： Globalization and the Terrorist Threat*
(Newburyport, MA： Intercollegiate Studies Institute, 2014).

7 Joel Feinberg, *Offense to Others： The Moral Limits of the Criminal Law* (New York：
Oxford University Press, 1985).

8 https：//twitter.com/marcatracy/status/1357804321421881348.

9 Nassem Nicholas Taleb, Skin in the Game: *Hidden Asymmetries in Daily Life* (New York: Random House, 2018), 75-77.

10 Rachel Brazil, "The physics of public opinion," Physicsworld.com, January 14, 2020, https://physicsworld.com/a/the-physics-of-public-opinion/.

11 Christina Zhao, "Coca-Cola, Facing Backlash, Says 'Be Less White' Learning Plan Was About Workplace Inclusion," Newsweek.com, February 21, 2021, https://www.newsweek.com/coca-cola-facing-backlash-says-less-white-learning-plan-was-about-workplace-inclusion-1570875.

12 "ACLU Case Selection Guidelines: Conflicts Between Competing Values or Priorities," WSJ.com, June 21, 2018, http://online.wsj.com/public/resources/documents/20180621ACLU.pdf?mod=article_inline.

13 "A Letter on Justice and Open Debate," *Harper's Weekly*, July 7, 2020, https://harpers.org/a-letter-on-justice-and-open-debate/.

14 Conor Friedersdorf, "Why Matthew Yglesias Left Vox," TheAtlantic.com, November 13, 2020, https://www.theatlantic.com/ideas/archive/2020/11/substack-and-medias-groupthink-problem/617102/.

15 "Read Joe Biden's President-Elect Acceptance Speech: Full Transcript," NY Times.com, November 9, 2020, https://www.nytimes.com/article/biden-speech -transcript.html.

16 Ryan Saavedra, "Michelle Obama Demonizes 70 Million Americans Who Voted for Trump: Support 'Hate, Chaos, Division,'" DailyWire.com, November 7, 2020, https://www.dailywire.com/news/michelle-obama-demonizes-70-million-americans -who-voted-for-trump-support-hate-chaos-division.

17 Editorial Board, "Canceling Trump Alumni," WSJ.com, November 9, 2020, https://www.wsj.com/articles/canceling-trump-alumni-11604962923.

18 Harriet Alexander, "Lincoln Project urges 2.7m followers to bombard law first trying to overturn Pennsylvania election result," Independent.co.uk, November 10, 2020, https://www.independent.co.uk/news/world/americas/us-election-2020/lincoln-project-election-pennsylvania-law-firm-linkedin-b1720710.html.

19 Laura Barron-Lopez and Holly Otterbein, "Tlaib lashes out at centrist Dems over election debacle: 'I can't be silent,'" Politico.com, November 10, 2020, https://www.politico.com/news/2020/11/11/rashida-tlaib-progressives-election-435877.

20 Memo from New Deal Srategies, Justice Democrats, Sunrise Movement, Data for Progress re: What Went Wrong for Congressional Democrats in 2020, November 10, 2020, https://www.politico.com/f/?id=00000175-b4b4-dc7f-a3fd-bdf660490000.

CHAPTER 2: 좌파 권위주의자들은 어떻게 미국을 재정상화했는가

1 Josh Bivens, "Inadequate GDP growth continues in the third quarter," Economic Policy Institute, October 26, 2012, https://www.epi.org/publication/gdp-growth-picture-october-2012/.

2 "President Exit Polls," *New York Times*, https://www.nytimes.com/elections/2012/results/president/exit-polls.html.

3 Barack Obama, *The Audacity of Hope* (New York: Crown, 2006), 11.

4 Ronald J. Pestritto, ed., *Woodrow Wilson: The Essential Political Writings* (Lanham, MD: Rowman & Littlefield, 2005), 77-78.

5 John R. Shook and James A. Good, *John Dewey's Philosophy of Spirit, with the 1897 Lecture on Hegel* (New York: Fordham University Press, 2010), 29.

6 Erick Trickey, "When America's Most Prominent Socialist Was Jailed for Speaking Out Against World War I," Smithsonianmag.com, June 15, 2018, https://www.smithsonianmag.com/history/fiery-socialist-challenged-nations-role-wwi-180969386/.

7 *Buck v. Bell* (1927), 274 US 200.

8 Margaret Sanger, "My Way to Peace," January 17, 1932, https://www.nyu.edu/projects/sanger/webedition/app/documents/show.php?sangerDoc=12 9037.xml.

9 Calvin Coolidge, "Speech on the 150th Anniversary of the Declaration of Independence," July 5, 1926, https://teachingamericanhistory.org/library/document/speech-on-the-occasion-of-the-one-hundred-and-fiftieth-anniversary-of-the-dec laration-of-independence/.

10 Franklin D. Roosevelt, "Campaign Address," October 14, 1936, https://teachingamericanhistory.org/library/document/campaign-address/.

11 Franklin D. Roosevelt, "State of the Union Message to Congress," January 11, 1944, http://www.fdrlibrary.marist.edu/archives/address_text.html.

12 Jonah Goldberg, *Liberal Fascism: The Secret History of the American Left, from Mussolini to the Politics of Change* (New York: Broadway Books, 2007), 158-59.

13 Samuel Staley, "FDR Policies Doubled the Length of the Great Depression," Reason.

org, November 21, 2008, https://reason.org/commentary/fdr-policies-doubled-the-lengt/.

14　Amity Shlaes, *Great Society: A New History* (New York: Harper Perennial, 2019).

15　Alan Greenspan and Adrian Woolridge, *Capitalism in America: A History* (New York: Penguin, 2018), 306.

16　Alex J. Pollock, "Seven decades of inflation-adjusted Dow Jones industrial average," RStreet.org, April 18, 2018, https://www.rstreet.org/2018/04/18/seven-decades-of-the-inflation-adjusted-dow-jones-industrial-average/.

17　Jimmy Carter, "Energy and the National Goals," July 15, 1979, https://www.americanrhetoric.com/speeches/jimmycartercrisisofconfidence.htm.

18　First Inaugural Address of Ronald Reagan, January 20, 1981, https://avalon.law.yale.edu/20th_century/reagan1.asp.

19　President William Jefferson Clinton, State of the Union Address, January 23, 1996, https://clintonwhitehouse4.archives.gov/WH/New/other/sotu.html.

20　George W. Bush, "Full Text of Bush's Acceptance Speech," NYTimes.com, August 4, 2000, https://movies2.nytimes.com/library/politics/camp/080400wh-bush-speech.html.

21　"Barack Obama's Remarks to the Democratic National Convention," July 24, 2004, https://www.nytimes.com/2004/07/27/politics/campaign/barack-obamas-remarks-to-the-democratic-national.html.

22　Rolf Wiggershaus, *The Frankfurt School: Its History, Theories, and Political Significance* (Cambridge, MA: MIT Press, 1995), 135.

23　Erich Fromm, *Escape from Freedom* (New York: Henry Holt, 1941), 240.

24　Herbert Marcuse, "Repressive Tolerance" (1965), https://www.marcuse.org/herbert/pubs/60spubs/65repressivetolerance.htm.

25　Stokely Carmichael, "Toward Black Liberation," *Massachusetts Review, Autumn 1966*, http://nationalhumanitiescenter.org/pds/maai3/segregation/text8/carmichael.pdf.

26　Richard Delgado and Jean Stefancic, *Critical Race Theory: An Introduction* (New York: New York University Press, 2012), 7-8.

27　Derrick A. Bell Jr., "Racial Realism," in George Wright and Maria Stalzer Wyant Cuzzo, eds., *The Legal Studies Reader* (New York: Peter Lang, 2004), 247.

28　Fred A. Bernstein, "Derrick Bell, Law Professor and Rights Advocate, Dies at 80," *New*

York Times, October 6, 2011, https://www.nytimes.com/2011/10/06/us /derrick-bell-pioneering-harvard-law-professor-dies-at-80.html.

29 Christopher Caldwell, *The Age of Entitlement* (New York: Simon & Schuster, 2020), 6-7.

30 Ibid., 10.

31 Ibid., 34.

32 David Mills, "Sister Souljah's Call to Arms: The rapper says the riots were payback. Are you paying attention?," *Washington Post*, May 13, 1992, https://www.washingtonpost.com/wp-dyn/content/article/2010/03/31/AR2010033101709.html.

33 Thomas B. Edsall, "Clinton Stuns Rainbow Coalition," *Washington Post*, July 14, 1992, https://www.washingtonpost.com/archive/politics/1992/06/14/clinton-stuns-rainbow-coalition/02d7564f-5472-4081-b6b2-2fe5b849fa60/.

34 Rashawn Ray and William A. Galston, "Did the 1994 crime bill cause mass incarceration?," Brookings Institution, August 28, 2020, https://www.brookings.edu/blog/fixgov/2020/08/28/did-the-1994-crime-bill-cause-mass-incarceration/.

35 "Barack Obama's Remarks to the Democratic National Convention," July 24, 2004, https://www.nytimes.com/2004/07/27/politics/campaign/barack-obamas-remarks-to-the-democratic-national.html.

36 Jonathan V. Last, "Michelle's America," *Weekly Standard*, February 18, 2008, https://www.washingtonexaminer.com/weekly-standard/michelles-america.

37 Victor Davis Hanson, "Obama: Transforming America," RealClearPolitics.com, October 1, 2013, https://www.realclearpolitics.com/articles/2013/10/01/obama_transforming_america_120170.html.

38 Ed Pilkington, "Obama angers midwest voters with guns and religion remark," TheGuardian.com, April 14, 2008, https://www.theguardian.com/world/2008/apr/14/barackobama.uselections2008.

39 Mark Preston and Dana Bash, "McCain defends charge that Obama playing race card," CNN.com, July 31, 2008, https://www.cnn.com/2008/POLITICS/07/31/campaign.wrap/index.html.

40 Dan Merica, Kevin Liptak, Jeff Zeleny, David Wright, and Rebecca Buck, "Obama memoir confronts role his presidency played in Republican obstructionism and Trump's rise," CNN.com, November 15, 2020, https://www.cnn.com/2020/11/12/

politics/obama-memoir-promised-land/index.html.

41   Saul D. Alinsky, *Rules for Radicals: A Practical Primer for Revolution* (New York: Vintage Books, 1989), 184-86.

42   Kimberle Crenshaw, "Why intersectionality can't wait," *Washington Post*, September 24, 2015, https://www.washingtonpost.com/news/in-theory/wp/2015/09/24/why-intersectionality-cant-wait/?noredirect=on&utm_term=.179ecf062277.

43   Josh Earnest, "President Obama Supports Same-Sex Marriage," ObamaWhite House.Archives.gov, May 10, 2012, https://obamawhitehouse.archives.gov/blog/2012/05/10/obama-supports-same-sex-marriage.

44   Julia Preston and John H. Cushman Jr., "Obama to Permit Young Migrants to Remain in US," NYTimes.com, June 15, 2012, https://www.nytimes.com/2012/06/16/us/us-to-stop-deporting-some-illegal-immigrants.html.

45   Shannon Travis, "Is Obama taking black vote for granted?," CNN.com, July 13, 2012, https://www.cnn.com/2012/07/12/politics/obama-black-voters/index.html.

46   Rodney Hawkins, "Biden tells African-American audience GOP ticket would put them 'back in chains,'" CBSNews.com, August 14, 2012, https://www.cbsnews.com/news/biden-tells-african-american-audience-gop-ticket-would-put-them-back-in-chains/.

47   Ewen MacAskill, "Obama steps up criticism of Romney in battle for women voters," TheGuardian.com, October 17, 2012, https://www.cbsnews.com/news/biden -tells-african-american-audience-gop-ticket-would-put-them-back-in-chains/.

48   Dan Balz, "Obama's coalition, campaign deliver a second term," WashingtonPost.com, November 7, 2012, https://www.washingtonpost.com/politics/decision2012/obamas-coalition-campaign-deliver-a-second-term/2012/11/07/fb156970-2926-11e2-96b6-8e6a7524553f_story.html.

49   Ruy Texiera and John Hapin, "The Return of the Obama Coalition," Center for American Progress, November 8, 2012, https://www.americanprogress.org/issues/democracy/news/2012/11/08/44348/the-return-of-the-obama-coalition/.

50   Yoni Appelbaum, "How America Ends," *Atlantic*, December 2019, https://www.theatlantic.com/magazine/archive/2019/12/how-america-ends/600757/.

51   Domenico Montanaro, "How the Browning of America Is Upending Both Political Parties," NPR.org, October 12, 2016, https://www.npr.org/2016/10/12/497529936/

how-the-browning-of-america-is-upending-both-political-parties.

52 David Siders, Christopher Cadelago, and Laura Barron-Lopez, "To defeat Trump, Dems rethink the Obama coalition formula," Politico.com, November 26, 2019, https://www.politico.com/news/2019/11/25/race-identity-democrats-2020-electability-072959.

53 Matt Stevens, "Read Joe Biden's President-Elect Acceptance Speech: Full Text," NYTimes.com, November 9, 2020, https://www.nytimes.com/article/biden-speech-transcript.html.

54 Byron York, July 15, 2020, https://twitter.com/ByronYork/status/1283372 233730203651?ref_src=twsrc%5Etfw%7Ctwcamp%5Etweetembed%7Ctw term%5E1283372233730203651%7Ctwgr%5E%7Ctwcon%5Es1_&ref_ url=https%3A%2F%2F www.foxnews.com%2Fus%2Fdc-museum-graphic-whiteness-race.

55 Ben Weingarten, "Would a President Joe Biden Institute Systemic Racism in Our Legal System?," TheFederalist.com, October 22, 2020, https://thefederalist. com/2020/10/22/would-a-president-joe-biden-institute-systemic-racism-in-our-legal-system/.

56 Russell Vought, "Memorandum for the Heads of Executive Departments and Agencies," September 4, 2020, https://www.whitehouse.gov/wp-content/ uploads/2020/09/M-20-34.pdf.

57 Ibram X. Kendi, "Pass an Anti-Racist Constitutional Amendment," Politico.com, 2019, https://www.politico.com/interactives/2019/how-to-fix-politics-in-america/ inequality/pass-an-anti-racist-constitutional-amendment/.

58 Sheryll Cashin, "A Blueprint for Racial Healing in the Biden Era," *Politico Magazine*, November 21, 2020, https://www.politico.com/news/magazine/2020/11/21/biden-era-racial-healing-blueprint-438900.

59 Associated Press, "Spanberger to House Dems: Never 'use the word "socialist" or "socialism" again,'" November 6, 2020, https://wjla.com/news/local/house-democrats-blame-losses-on-polls-message-even-trump-11-06-2020.

60 Open Letter from New Deal Strategies, Justice Democrats, Sunrise Movement, Data for Progress, November 10, 2020, https://www.politico.com/f/?id=00000175-b4b4-dc7f-a3fd-bdf660490000.

CHAPTER 3: 신흥지배 계급의 탄생

1   Graham Kates, "Lori Loughlin and Felicity Huffman among dozens charged in college bribery scheme," CBSNews.com, March 12, 2019, https://www.cbsnews.com/news/college-admissions-scandal-bribery-cheating-today-felicity-huffman-arrested-fbi-2019-03-12/.

2   Kate Taylor, "By Turns Tearful and Stoic, Felicity Huffman Gets 14-Day Prison Sentence," NYTimes.com, September 13, 2019, https://www.nytimes.com/2019/09/13/us/felicity-huffman-sentencing.html.

3   Graham Kates, "Lori Loughlin and Felicity Huffman among dozens charged in college bribery scheme," CBSNews.com, March 12, 2019, https://www.cbsnew.com/news/college-admissions-scandal-bribery-cheating-today-felicity-huffman-arrested-fbi-2019-03-12/.

4   Kate Taylor, "By Turns Tearful and Stoic, Felicity Huffman Gets 14-Day Prison Sentence," NYTimes.com, September 13, 2019, https://www.nytimes.com/2019/09/13/us/felicity-huffman-sentencing.html.

5   Lisa Respers France, "Brands distance themselves from Lori Laughlin and daughter Olivia Jade," CNN.com, March 14, 2019, https://www.cnn.com/2019/03/14/entertainment/olivia-jade-cheating-scandal/index.html.

6   Kerry Justich, "Celebrity kid called 'spoiled' and 'privileged brat' after saying she's going to college for 'game days' and 'partying,'" Yahoo.com, August 17, 2018, https://www.yahoo.com/lifestyle/celebrity-kid-called-spoiled-privileged-brat-saying-shes-going-college-game-days-partying-190101738.html.

7   "Percentage of the US population who have completed four years of college or more from 1940 to 2019, by gender," Statista.com, March 2020, https://www.statista.com/statistics/184272/educational-attainment-of-college-diploma-or-higher-by-gender/.

8   Joseph B. Fuller and Manjari Raman, "Dismissed by Degrees," Harvard Business School, October 2017, https://www.hbs.edu/managing-the-future-of-work/Documents/dismissed-by-degrees.pdf.

9   "Number of People with Master's and Doctoral Degrees Doubles Since 2000," Census.gov, February 21, 2019, https://www.census.gov/library/stories/2019/02/number-of-people-with-masters-and-phd-degrees-double-since-2000.

html#:~:text=Since%202000%2C%20the%20number%20of,from%208.6%20 percent%20in%20 2000.

10 Connor Harris, "The Earning Curve: Variability and Overlap in LaborOutcomes by Education Level," Manhattan Institute, February 26, 2020, https://www.manhattan-institute.org/high-school-college-wage-gap?utm_source=press_release&utm_medium=email.

11 J. D. Vance, *Hillbilly Elegy: A Memoir of a Family and Culture in Crisis* (New York: HarperCollins, 2016).

12 Charles Murray, *Coming Apart* (New York: Crown Forum, 2012), 16-19.

13 Christopher Lasch, *The Revolt of the Elites and the Betrayal of Democracy* (New York: Norton, 1995), 6.

14 Joseph Epstein, "Is There a Doctor in the White House? Not if You Need an M.D.," WSJ.com, December 11, 2020, https://www.wsj.com/articles/is-there-a-doctor-in-the-white-house-not-if-you-need-an-m-d-11607727380.

15 Bryan Alexander, "Dr. Jill was blindsided by Wall Street Journal call to drop 'Dr.' title: 'It was really the tone of it,'" USAToday.com, December 17, 2020, https://www.usatoday.com/story/entertainment/tv/2020/12/17/jill-biden-speaks-out-wall-street-journal-column-drop-dr-title/3952529001/.

16 Paul A. Gigot, "The Biden Team Strikes Back," WSJ.com, December 13, 2020, https://www.wsj.com/articles/the-biden-team-strikes-back-11607900812.

17 Adam Harris, "America Is Divided by Education," *Atlantic*, November 7, 2018, https://www.theatlantic.com/education/archive/2018/11/education-gap-explains-american-politics/575113/.

18 Thomas Edsall, "Honestly, This Was a Weird Election," NYTimes.com, December 2, 2020, https://www.nytimes.com/2020/12/02/opinion/biden-trump-moderates-progressives.html.

19 Helen Pluckrose and James Lindsay, *Cynical Theories* ([Durham, NC]: Pitchstone, 2020), 57.

20 Ibram X. Kendi, *How to Be an Antiracist* (New York: One World, 2019), 84.

21 Robin DiAngelo, *White Fragility* (Boston: Beacon Press, 2018), 17.

22 Ibram X. Kendi, "Pass an Anti-Racist Constitutional Amendment," Politico.com, 2019, https://www.politico.com/interactives/2019/how-to-fix-politics-in-america/

inequality/pass–an–anti–racist–constitutional–amendment/.

23 Ibram X. Kendi, *How to Be an Antiracist* (One World, 2019), 19.

24 Ibram X. Kendi, "A Battle Between the Two Souls of America," TheAtlantic.com, November 11, 2020, https://www.theatlantic.com/ideas/archive/2020/11/americas–two–souls/617062/.

25 Helen Pluckrose and James Lindsay, *Cynical Theories* ([Durham, NC]: Pitchstone, 2020), 210-11. 26. Richard Sosis and Candace Alcorta, "Signaling, Solidarity, and the Sacred: The Evolution of Religious Behavior," *Evolutionary Anthropology* 12 (2003): 264-74, http://sites.oxy.edu/clint/evolution/articles/SignalingSolidarityandtheSacred The EvolutionofReligiousBehavior.pdf.

27 Christopher Lasch, *The Revolt of the Elites and the Betrayal of Democracy* (New York: Norton, 1995), 21.

28 Mike McRae, "A Massive Hoax Involving 20 Fake Culture Studies Papers Just Exploded in Academia," ScienceAlert.com, October 4, 2018, https://www.sciencealert.com/cultural–studies–sokal–squared–hoax–20–fake–papers.

29 Yascha Mounk, "What an Audacious Hoax Reveals About Academia," The Atlantic.com, October 5, 2018, https://www.theatlantic.com/ideas/archive/2018/10/new–sokal–hoax/572212/.

30 Christine Emba, "The 'Sokal Squared' hoax sums up American politics," Wash ingtonPost.com, October 10, 2018, https://www.washingtonpost.com/opinions/what–do–the–kavanaugh–confirmation–and–the–sokal–squared–hoax–have–in–common/2018/10/10/f7efabf8–ccc6–11e8–a3e6–44daa3d35ede_story.html.

31 Heather Mac Donald, *The Diversity Delusion* (New York: St. Martin's, 2018), 2.

32 David Randall, "Social Justice Education in America," NAS.org, November 29, 2019, https://www.nas.org/reports/social–justice–education–in–america/full–report #Preface&Acknowledgements.

33 O. Carter Snead, *What It Means to Be Human* (Cambridge, MA: Harvard University Press, 2020), 68-70. 34. Ibid., 84-85

34 Ibid., 84-85.

35 Helen Pluckrose and James Lindsay, *Cynical Theories* ([Durham, NC]: Pitchstone, 2020).

36 Roger Kimball, *The Long March* (New York: Encounter Books, 2000), 106-11.

37 Ibid., 112-18.

38 Shelby Steele, *White Guilt* (New York: HarperCollins, 2006).

39 Jon Street, "Less than 2 percent of Harvard faculty are conservative, survey finds," CampusReform.org, March 4, 2020, https://www.campusreform.org/?ID =14469.

40 Rachel Treisman and David Yaffe-Bellany, "Yale faculty skews liberal, survey shows," YaleDailyNews.com, September 14, 2017, https://yaledailynews.com/blog/2017/09/14/yale-faculty-skews-liberal-survey-shows/.

41 James Freeman, "Yale Prof Estimates Faculty Political Diversity at '0%,'" WSJ .com, December 9, 2019, https://yaledailynews.com/blog/2017/09/14/yale-faculty-skews-liberal-survey-shows/.

42 Jon Street, "STUDY: Profs donate to Dems over Republicans by 95:1 ratio," CampusReform.org, January 22, 2020, https://www.campusreform.org/?ID=14255.

43 Bradford Richardson, "Liberal professors outnumber conservatives nearly 12 to 1, study finds," WashingtonTimes.com, October 6, 2016, https://www.washingtontimes.com/news/2016/oct/6/liberal-professors-outnumber-conservatives-12-1/.

44 Jon A. Shields, "The Disappearing Conservative Professor," NationalAffairs.com, Fall 2018, https://www.nationalaffairs.com/publications/detail/the-disappearing-conservative-professor.

45 Nick Gillespie, "Would the ACLU Still Defend Nazis' Right to March in Skokie?," Reason.com, January 2021, https://reason.com/2020/12/20/would-the-aclu-still-defend-nazis-right-to-march-in-skokie/.

46 Scott Jaschik, "Who Defines What Is Racist?," InsideHigherEd.com, May 30, 2017, https://www.insidehighered.com/news/2017/05/30/escalating-debate-race-evergreen-state-students-demand-firing-professor.

47 Tom Knighton, "Leftists Storm Out of Lecture Over Claim Men, Women Have Different Bodies," PJMedia.com, March 16, 2018, https://pjmedia.com/news-and-politics/tom-knighton/2018/03/16/leftists-storm-lecture-claim-men-women-different-bodies-n56793.

48 Conor Friedersdorf, "The Perils of Writing a Provocative Email at Yale," The Atlantic. com, May 26, 2016, https://www.theatlantic.com/politics/archive/2016/05/the-peril-of-writing-a-provocative-email-at-yale/484418/.

49 Jon A. Shields, "The Disappearing Conservative Professor," NationalAffairs.com,

Fall 2018, https://www.nationalaffairs.com/publications/detail/the-disappearing-conservative-professor.

50   Norimitsu Onishi, "Will American Ideas Tear France Apart? Some of Its Leaders Think So," NYTimes.com, February 9, 2021, https://www.nytimes.com/2021/02/09/world/europe/france-threat-american-universities.html?action=click &module=Top%20 Stories&pgtype=Homepage.

51   Joseph B. Fuller and Manjari Raman, "Dismissed by Degrees," Harvard Business School, October 2017, https://www.hbs.edu/managing-the-future-of-work/Documents/dismissed-by-degrees.pdf.

CHAPTER 4: '입맛대로의 과학'은 어떻게 진짜 과학을 무너뜨렸을까?

1   Adam Gabbatt, "US anti-lockdown rallies could cause surge in Covid-19 cases, experts warn," TheGuardian.com, April 20, 2020, https://www.theguardian.com/us-news/2020/apr/20/us-protests-lockdown-coronavirus-cases-surge-warning.

2   Michael Juliano, "Some LA parks are closing until further notice after a busy weekend on the trails," Timeout.com, March 22, 2020, https://www.timeout.com/los-angeles/news/some-l-a-parks-are-closing-until-further-notice-after-a-busy-weekend-on-the-trails-032220.

3   Bruce Ritchie and Alexandra Glorioso, "Florida won't close its beaches. Here's exactly what DeSantis said about that," Politico.com, March 19, 2020, https://www.politico.com/states/florida/story/2020/03/19/florida-wont-close-its-beaches-heres-exactly-what-desantis-said-about-that-1268185.

4   Heather Mac Donald, "The Myth of Systemic Police Racism," WSJ.com, June 2, 2020, https://www.wsj.com/articles/the-myth-of-systemic-police-racism-11591119883.

5   Larry Buchanan, Quoctrung Bui, and Jugal K. Patel, "Black Lives Matter May Be the Largest Movement in US History," NYTimes.com, July 3, 2020, https://www.nytimes.com/interactive/2020/07/03/us/george-floyd-protests-crowd-size.html.

6   Craig Mauger and James David Dickson, "With little social distancing, Whitmer marches with protesters," DetroitNews.com, June 4, 2020, https://www.detroitnews.com/story/news/local/michigan/2020/06/04/whitmer-appears-break-social-distance-rules-highland-park-march/3146244001/.

7   Jaclyn Cosgrove, Tania Ganguli, Julia Wick, Hailey Branson-Potts, Matt Hamilton,

and Liam Dillon, "Mayor Garcetti takes a knee amid chants of 'Defund police!' at downtown LA protest," LATimes.com, June 2, 2020, https://www.latimes.com/california/story/2020-06-02/mayor-garcetti-takes-a-knee-amid-chants-of-defund -police-at-downtown-l-a-protest.

8   Vincent Barone, "NYC Black Lives Matter marches can continue despite largeevent ban, de Blasio says," NYPost.com, July 9, 2020, https://nypost.com/2020/07/09/nyc-allows-black-lives-matter-marches-despite-ban-on-large-events/.

9   Rachel Weiner, "Political and health leaders' embrace of Floyd protests fuels debate over coronavirus restrictions," WashingtonPost.com, June 11, 2020, https://www.washingtonpost.com/health/political-and-health-leaders-embrace-of-floyd-protests-fuels-debate-over-coronavirus-restrictions/2020/06/11/9c60bca-a761-11 ea-bb20-ebf0921f3bbd_story.html.

10   Julia Marcus and Gregg Gonsalves, "Public-Health Experts Are Not Hypocrites," TheAtlantic.com, June 11, 2020, https://www.theatlantic.com/ideas/archive/2020/06/public-health-experts-are-not-hypocrites/612853/.

11   Terrance Smith, "White coats and black lives: Health care workers say 'racism is a pandemic too,'" June 12, 2020, https://abcnews.go.com/Politics/white-coats-black-lives-health-care-workers-racism/story?id=71195580.

12   Michael Powell, "Are Protests Dangerous? What Experts Say May Depend on Who's Protesting What," NYTimes.com, July 6, 2020, https://www.nytimes.com/2020/07/06/us/Epidemiologists-coronavirus-protests-quarantine.html.

13   Joseph P. Williams, "Pandemic, Protests Cause Racism to Resonate as a Public Health Issue," USNews.com, July 8, 2020, https://www.usnews.com/news/healthiest-communities/articles/2020-07-08/racism-resonates-as-public-health-crisis-amid-pandemic-protests.

14   Isaac Scher, "NYC's contact tracers have been told not to ask people if they've attended a protest," BusinessInsider.com, June 15, 2020, https://www.businessinsider.com/nyc-contact-tracers-not-asking-people-attend-george-floyd-protest-2020-6.

15   "COVID-19 Hospitalization and Death by Age," CDC.gov, August 18, 2020, https://www.cdc.gov/coronavirus/2019-ncov/covid-data/investigations-discovery/hospitalization-death-by-age.html.

16   Yascha Mounk, "Why I'm Losing Trust in the Institutions," Persuasion.community,

December 23, 2020, https://www.persuasion.community/p/why-im-losing-trust-
in-the-institutions.

17 Abby Goodnough and Jan Hoffman, "The Elderly vs. Essential Workers: Who Should
Get the Coronavirus Vaccine First?," NYTimes.com, December 5, 2020, https://www.
nytimes.com/2020/12/05/health/covid-vaccine-first.html.

18 Yascha Mounk, "Why I'm Losing Trust in the Institutions," Persuasion.community,
December 23, 2020, https://www.persuasion.community/p/why-im-losing-trust-
in-the-institutions.

19 Stephen Pinker, *Enlightenment Now: The Case for Reason, Science, Humanism and
Progress* (New York: Viking, 2018), 4

20 M. Collins, R. Knutti, J. Arblaster, J.-L. Dufresne, T. Fichefet, P. Friedlingstein, X.
Gao, W. J. Gutowski, T. Johns, G. Krinner, M. Shongwe, C. Tebaldi, A. J. Weaver,
and M. Wehner, "2013: Long-term Climate Change: Projections, Commitments
and Irreversibility," in *Climate Change 2013: The Physical Science Basis. Contribution of
Working Group I to the Fifth Assessment Report of the Intergovernmental Panel on Climate
Change* (Cambridge and New York: Cambridge University Press, 2013), https://
www.ipcc.ch/site/assets/uploads/2018/02/WG1AR5_Chapter12_FINAL.pdf.

21 Alan Buis, "Making Sense of 'Climate Sensitivity,'" Climate.NASA.gov, September 8,
2020, https://climate.nasa.gov/blog/3017/making-sense-of-climate-sensitivity/.

22 "Economics Nobel goes to inventor of models used in UN 1.5C report,"
Climate ChangeNews.com, October 8, 2018, https://www.climatechangenews.
com/2018/10/08/economics-nobel-goes-inventor-models-used-un-1-5c-report/.

23. Paul Krugman, "The Depravity of Climate-Change Denial," NYTimes.com,
November 26, 2018, https://www.nytimes.com/2018/11/26/opinion/climate-
change-denial-republican.html.

24 Nicolas Loris, "Staying in Paris Agreement Would Have Cost Families $20K,"
Heritage.org, November 5, 2019, https://www.heritage.org/environment/commen
tary/staying-paris-agreement-would-have-cost-families-20k.

25 Michael Greshko, "Current Climate Pledges Aren't Enough to Stop Severe Warming,"
NationalGeographic.com, October 31, 2017, https://www.nationalgeographic.
com/news/2017/10/paris-agreement-climate-change-usa-nicaragua-policy-
environment/#close.

26 Kevin D. Dayaratna, PhD, and Nicolas D. Loris, "Assessing the Costs and Benefits of the Green New Deal's Energy Policies," Heritage.org, July 24, 2019, https://www.heritage.org/sites/default/files/2019-07/BG3427.pdf.

27 Helen Pluckrose and James Lindsay, *Cynical Theories* ([Durham, NC]: Pitchstone, 2020), 37.

28 Lawrence Krauss, "The Ideological Corruption of Science," WSJ.com, July 12, 2020, https://www.wsj.com/articles/the-ideological-corruption-of-science-1159457 2501?mod=article_inline.

29 Richard Haier, "No Voice at VOX: Sense and Nonsense about Discussing IQ and Race," Quillette.com, June 11, 2017, https://quillette.com/2017/06/11/no-voice-vox-sense-nonsense-discussing-iq-race/.

30 Lawrence H. Summers, "Remarks at NBER Conference on Diversifying the Science & Engineering Workforce," Office of the President of Harvard University, January 14, 2005, https://web.archive.org/web/20080130023006/http://www.president.harvard.edu/speeches/2005/nber.html.

31 Editorial Board, "Science Eats Its Own," WSJ.com, December 23, 2020, https://www.wsj.com/articles/science-eats-its-own-11608765409.

32 Ben Shapiro, "A Brown University Researcher Released a Study About Teens Imitating Their Peers by Turning Trans. The Left Went Insane. So Brown Caved," DailyWire.com, August 28, 2018, https://www.dailywire.com/news/brown-uni versity-researcher-released-study-about-ben-shapiro. 33. Abigail Shrier, "Amazon Enforces 'Trans' Orthodox," WSJ.com, June 22, 2020, https://www.wsj.com/articles/amazon-enforces-trans-orthodoxy-11592865818.

34 Abigail Shrier, "Does the ACLU Want to Ban My Book?," WSJ.com, November 15, 2020, https://www.wsj.com/articles/does-the-aclu-want-to-ban-my-book-11605475898.

35 Kathleen Doheny, "Boy or Girl? Fetal DNA Tests Often Spot On," WebMD.com, August 9, 2011, https://www.webmd.com/baby/news/20110809/will-it-be-a-boy-or-girl-fetal-dna-tests-often-spot-on#1.

36 "AMA Adopts New Policies at 2018 Interim Meeting," AMA-Assn.org, November 13, 2018, https://www.ama-assn.org/press-center/press-releases/ama-adopts-new-policies-2018-interim-meeting.

37 "AMA Adopts New Policies During First Day of Voting at Interim Meeting," American Medical Association, November 19, 2019, https://www.ama-assn.org /press-center/ press-releases/ama-adopts-new-policies-during-first-day-voting-interim-meeting.

38 Vadim M. Shteyler, M.D., Jessica A. Clarke, J.D., and Eli Y. Adashi, M.D., "Failed Assignments — Rethinking Sex Designations on Birth Certificates," NEJM .org, December 17, 2020, https://www.nejm.org/doi/full/10.1056/NEJMp2025974.

39 Lawrence Krauss, "The Ideological Corruption of Science," WSJ.com, July 12, 2020, https://www.wsj.com/articles/the-ideological-corruption-of-science-11594572501?mod=article_inline.

40 "An Open Letter to the Communications of the ACM," December 29, 2020, https://docs.google.com/document/d/1-KM6yc416Gh1wue92DHReoyZqheIaIM 23fkz0KwOpkw/edit.

41 "Yann LeCun Quits Twitter Amid Acrimonious Exchanges on AI Bias," Synced Review.com, June 30, 2020, https://syncedreview.com/2020/06/30/yann-lecun-quits-twitter-amid-acrimonious-exchanges-on-ai-bias/.

42 Bridget Balch, "Curing health care of racism: Nikole Hannah-Jones and Ibram X. Kendi, PhD, call on institutions to foster change," AAMC.org, November 17, 2020, https://www.aamc.org/news-insights/curing-health-care-racism-nikole-hannah-jones-and-ibram-x-kendi-phd-call-institutions-foster-change.

43 Heather Mac Donald, "How Identity Politics Is Harming the Sciences," City -Journal. org, Spring 2018, https://www.city-journal.org/html/how-identity-politics-harming-sciences-15826.html.

44 Philip Ball, "Prejudice persists," ChemistryWorld.com, June 9, 2020, https://www.chemistryworld.com/opinion/viewing-science-as-a-meritocracy-allows-prejudice-to-persist/4011923.article.

45 Katrina Kramer, "*Angewandte* essay calling diversity in chemistry harmful decried as 'abhorrent,' 'egregious,'" ChemistryWorld.com, June 9, 2020, https://www.chemistryworld.com/news/angewandte-essay-calling-diversity-in-chemistry-harmful-decried-as-abhorrent-and-egregious/4011926.article.

46 Editors, "*Scientific American* Endorses Joe Biden," *Scientific American*, October 1, 2020, https://www.scientificamerican.com/article/scientific-american-endorses-joe-biden1/.

47 Editorial, "Why Nature supports Joe Biden for US president," Nature.com, October 14, 2020, https://www.nature.com/articles/d41586-020-02852-x?utm_source=twitter&utm_medium=social&utm_content=organic&utm_campaign=NGMT_USG_JC01_GL_Nature.

48 Editors, "Dying in a Leadership Vacuum," *New England Journal of Medicine*, October 8, 2020, https://www.nejm.org/doi/full/10.1056/NEJMe2029812.

CHAPTER 5: 당신의 권위주의적인 직장상사

1 Alma Cohen, Moshe Hazan, Roberto Tallarita, and David Weiss, "The Politics of CEOs," National Bureau of Economic Research, May 2019, https://www.nber.org/system/files/working_papers/w25815/w25815.pdf.

2 Doug McMillon, "Advancing Our Work on Racial Equity," Walmart.com, June 12, 2020, https://corporate.walmart.com/newsroom/2020/06/12/advancing-our-work-on-racial-equity.

3 Rachel Lerman and Todd C. Frenkel, "Retailers and restaurants across the US close their doors amid protests," WashingtonPost.com, June 1, 2020, https://www.washingtonpost.com/technology/2020/06/01/retailers-restaurants-across-us-close-their-doors-amid-protests/.

4 Tim Cook, "Speaking up on racism," Apple.com, https://www.apple.com/speaking-up-on-racism/.

5 Mitchell Schnurman, "'Silence is not an option': What CEOs are saying about racial violence in America," DallasNews.com, June 7, 2020, https://www.dallasnews.com/business/commentary/2020/06/07/silence-is-not-an-option-what-ceos-are-saying-about-racial-violence-in-america/.

6 "Addressing racial injustice," Microsoft.com, June 23, 2020, https://blogs.microsoft.com/blog/2020/06/23/addressing-racial-injustice/.

7 Joseph Guzman, "Netflix pledges $100 million to support Black communities in the US," Thehill.com, June 30, 2020, https://thehill.com/changing-america/respect/equality/505229-netflix-pledges-100-million-to-support-black-communities-in.

8 Mitchell Schnurman, "'Silence is not an option': What CEOs are saying about racial violence in America," DallasNews.com, June 7, 2020, https://www.dallasnews.com/business/commentary/2020/06/07/silence-is-not-an-option-what-ceos-are-saying–about–racial–violence–in–america/.

9 https://twitter.com/gushers/status/1269110304086114304.

10 Katie Canales, "A 'handful' of Cisco employees were fired after posting offensive comments objecting to the company's support of the Black Lives Matter movement," BusinessInsider.com, July 17, 2020, https://www.businessinsider.com/cisco–employ ees–fired–racist–comments–black–lives–matter–2020–7.

11 Associated Press, "Sacramento Kings broadcaster Grant Napear fired after 'all lives matter' tweet," DetroitNews.com, June 3, 2020, https://www.detroitnews.com/story/ sports/nba/pistons/2020/06/03/sacramento–kings–broadcaster–grant–napear–out– after–all–lives–matter–tweet/3132629001/.

12 Vandana Rambaran, "Dean fired after saying 'BLACK LIVES MATTER, but also, EVERYONE'S LIFE MATTERS' in email," FoxNews.com, July 2, 2020, https:// www.foxnews.com/us/dean–fired–after–saying–black–lives–matter–but–also– everyones–life–matters–in–email.

13 Dunja Djudjic, "B&H Employee 'removed' after publicly opposing Black Lives Matter movement," DIYPhotography.net, June 11, 2020, https://www.diyphotography.net/ bh–employee–removed–after–publicly–opposing–black–lives–matter –movement/.

14 Jemimi McEvoy, "Every CEO and Leader That Stepped Down Since Black Lives Matter Protests Began," Forbes.com, July 1, 2020, https://www.forbes.com/sites / jemimamcevoy/2020/07/01/every–ceo–and–leader–that–stepped–down–since– black –lives–matter–protests–began/?sh=595688765593.

15 Brad Polumbo, 'Is Black Lives Matter Marxist? No and Yes," FEE.org, July 7, 2020, https://fee.org/articles/is–black–lives–matter–marxist–no–and–yes/.

16 Alyssa Newcomb, "How to delete old tweets before they come back to haunt you," NBCNews.com, August 3, 2018, https://www.nbcnews.com/tech/tech–news/how– delete–old–tweets–they–come–back–haunt–you–n896546.

17 Christopher Caldwell, *The Age of Entitlement* (New York: Simon & Schuster, 2020), 169.

18 "#BrandsGetReal: What consumers want from brands in a divided society," SproutSocial.com, November 2018, https://sproutsocial.com/insights/data/social– media–connection/.

19 James R. Bailey and Hillary Phillips, "How Do Consumers Feel When Companies

Get Political?," HBR.org, February 17, 2020, https://hbr.org/2020/02/how-do-consumers-feel-when-companies-get-political.

20 Alexander Osipovich and Akane Otani, "Nasdaq Seeks Board-Diversity Rule That Most Listed Firms Don't Meet," WSJ.com, December 1, 2020, https://www.wsj.com /articles/nasdaq-proposes-board-diversity-rule-for-listed-companies-11606829244.

21 Klaus Schwab, "A Better Economy Is Possible. But We Need to Reimagine Capitalism to Do It," Time.com, October 22, 2020, https://time.com/collection/great-reset/5900748/klaus-schwab-capitalism/.

22 Jesse Pound, "Biden says investors 'don't need me,' calls for end of 'era of shareholder capitalism,'" CNBC.com, July 9, 2020, https://www.cnbc.com/2020/07/09 /biden-says-investors-dont-need-me-calls-for-end-of-era-of-shareholder-capitalism.html.

23 Biz Carson, "Expensify's CEO emailed users to encourage them to 'vote for Biden,'" Protocol.com, October 22, 2020, https://www.protocol.com/bulletins /expensifys-ceo-emailed-all-of-his-users-to-encourage-them-to-protect-democracy -vote-for-biden.

24 Robin DiAngelo, *White Fragility* (Boston: Beacon Press, 2018).

25 Benjamin Zeisloft, "UConn agrees to pay 'White Fragility' author $20k for 3.5 hour anti-racism lecture," CampusReform.org, August 12, 2019, https://www.campus reform.org/?ID=15430.

26 Edward H. Chang et al., "Does Diversity Training Work the Way It's Supposed To?," *Harvard Business Review*, July 9, 2019, https://hbr.org/2019/07/does-diversity-training-work-the-way-its-supposed-to.

27 Frank Dobbin and Alexandra Kalev, "Why Diversity Programs Fail," *Harvard Business Review*, July-August 2016, https://hbr.org/2016/07/why-diversity -programs-fail.

28 Pamela Newkirk, "Diversity Has Become a Booming Business. So Where Are the Results?," Time.com, October 19, 2019, https://time.com/5696943/diversity-business/.

29 Emily Heil, "The Goya boycott could impact the brand, experts say — just not the way you think," WashingtonPost.com, July 28, 2020, https://www.washingtonpost.com/news/voraciously/wp/2020/07/28/the-goya-boycott-could-impact-the-brand-experts-say-just-not-the-way-you-think/.

30 Meera Jagannathan, "Equinox could experience lasting damage from the anti Trump boycott, despite other companies escaping unscathed," Marketwatch.com, August 14, 2019, https://www.marketwatch.com/story/equinox-could-experience-lasting-damage-from-the-anti-trump-boycott-while-other-companies-have-escaped-unscathed-2019-08-13.

31 Steven Overly and Laura Kayali, "The moment of reckoning for the Facebook advertiser boycott," Politico.com, July 29, 2020, https://www.politico.com /news/2020/07/29/facebook-advertiser-boycott-zuckerberg-385622.

32 "Do Boycotts Work?," Northwestern Institute for Policy Research, March 28, 2017, https://www.ipr.northwestern.edu/news/2017/king-corporate-boycotts.html.

33 Noorie Malik, "New Consumer Alert on Yelp Takes Firm Stance Against Racism," Yelp.com, October 8, 2020, https://blog.yelp.com/2020/10/new-consumer-alert-on-yelp-takes-firm-stance-against-racism.

34 Emery P. Dalesio and Jonathan Drew, "Exclusive: 'Bathroom bill' to cost North Carolina $3.75B," APNews.com, March 30, 2017, https://apnews.com/article/e6c7a 15d2e16452c8dcbc2756fd67b44. 35. Peter O'Dowd, "Cities, Businesses Boycott Arizona Over New Law," NPR.org, May 4, 2010, https://www.npr.org/templates/story/story.php?storyId=126486651.

36 Lisa Richwine, "Disney CEO says it will be 'difficult' to film in Georgia if abortion law takes effect," Reuters.com, May 29, 2019, https://www.reuters.com/article/us-usa-abortion-walt-disney-exclusive/disney-ceo-says-it-will-be-difficult-to-film-in-georgia-if-abortion-law-takes-effect-idUSKCN1T003X.

37 Kevin Dugan, "Credit cards are clamping down on payments to hate groups," NYPost.com, August 16, 2017, https://nypost.com/2017/08/16/credit-cards-are-clamping-down-on-payments-to-hate-groups/.

38 Associated Press, "First National Bank of Omaha drops NRA credit card," CBSNews.com, February 22, 2018, https://www.cbsnews.com/news/first-national-bank-of-omaha-drops-nra-credit-card/.

39 Chase Purdy, "Even America's worst airline couldn't stomach the National Rifle Association," QZ.com, February 24, 2018, https://qz.com/1215137/the-nra-loses-the -support-of-united-americas-most-hated-legacy-airline/.

40 Zachary Warmbrodt, "GOP split as banks take on gun industry," Politico.com, April

22, 2018, https://www.politico.com/story/2018/04/22/banks-guns-industry-gop-split-544739.

41 John Aidan Byrne, "JPMorgan Chase accused of purging accounts of conservative activists," NYPost.com, May 25, 2019, https://nypost.com/2019/05/25/jpmorgan-chase-accused-of-purging-accounts-of-conservative-activists/.

42 Dana Loesch,"Mailchimp Deplatforming a Local Tea Party Is a Hallmark of Fascism," Federalist.com, December 16, 2020, https://thefederalist.com/2020/11/16/mailchimp-deplatforming-a-local-tea-party-is-a-hallmark-of-fascism/.

43 Caleb Parke, "Conservatives call for PayPal boycott after CEO says Southern Poverty Law Center helps ban users," FoxNews.com, February 28, 2019, https://www.foxnews.com/tech/conservatives-call-for-paypal-boycott-after-ceo-admits-splc-helps-ban-users.

44 "US businesses cut Republican party donations in wake of riot," DW.com, https://www.dw.com/en/us-businesses-cut-republican-party-donations-in-wake-of-riot/a-56189263.

45 Theo Francis, "Why You Probably Work for a Giant Company, in 20 Charts," WSJ.com, April 6, 2017, https://www.wsj.com/graphics/big-companies-get-bigger/.

46 Austan Goolsbee, "Big Companies Are Starting to Swallow the World," NY Times.com, September 30, 2020, https://www.nytimes.com/2020/09/30/business/big-companies-are-starting-to-swallow-the-world.html.

CHAPTER 6: 엔터테인먼트 업계의 급진 좌경화

1 "Academy Establishes Representation and Inclusion Standards for Oscars Eligibility," Oscars.org, September 8, 2020, https://www.oscars.org/news/academy-establishes-representation-and-inclusion-standards-oscarsr-eligibility.

2 Reggie Ugwu, "The Hashtag That Changed the Oscars: An Oral History," NY Times.com, February 6, 2020, https://www.nytimes.com/2020/02/06/movies/oscarssowhite-history.html.

3 Anna North, "#MeToo at the 2018 Oscars: The good, the bad, and the in between," Vox.com, March 5, 2018, https://www.vox.com/2018/3/5/17079702/2018-oscars-me-too-times-up-frances-mcdormand-jimmy-kimmel.

4 Casey Newton, "How Kevin Hart tweeted himself out of a job hosting the Oscars," TheVerge.com, December 8, 2018, https://www.theverge.com/2018/12/8/18131221/kevin-hart-oscar-hosting-homophobia-twitter-tweets.

5   Stephen Daw, "A Complete Timeline of Kevin Hart's Oscar-Hosting Controversy, from Tweets to Apologies," Billboard.com, January 13, 2020, https://www.billboard.com/articles/events/oscars/8492982/kevin-hart-oscar-hosting-controversy-timeline.

6   Ben Shapiro, *Primetime Propaganda* (New York: HarperCollins, 2011), 71.

7   "The Motion Picture Production Code (as Published 31 March, 1930)," https://www.asu.edu/courses/fms200s/total-readings/MotionPictureProductionCode.pdf.

8   Ben Shapiro, *Primetime Propaganda* (New York: HarperCollins, 2011), 59.

9   Ibid., 62.

10 Shonda Rhimes, *Year of Yes: How to Dance It Out, Stand in the Sun, and Be Your Own Person* (New York: Simon & Schuster, 2015), 235-37.

11 Jim Rutenberg, "How to Write TV in the Age of Trump: Showrunners Reveal All," NYTimes.com, April 12, 2017, https://www.nytimes.com/2017/04/12/arts/television/political-tv-in-age-of-trump-shonda-rhimes-scandal-veep-madame-secretary-house-of-cards-hbo.html?_r=0].

12 Elaine Low, "Disney Plus Subscribers Surpass 73 Million as of October," Variety.com, November 12, 2020, https://variety.com/2020/tv/news/disney-plus-subscribers-surpass-73-million-subscribers-as-of-october-1234830555/.

13 "The Nielsen Total Audience Report: August 2020," Nielsen.com, August 13, 2020, https://www.nielsen.com/us/en/insights/report/2020/the-nielsen-total-audience-report-august-2020/.

14 John Koblin, "The Obamas and Netflix Just Revealed the Shows and Films They're Working On," NYTimes.com, April 30, 2019, https://www.nytimes.com/2019/04/30/business/media/obama-netflix-shows.html.

15 Todd Spangler, "Susan Rice Will Leave Netflix Board to Join Biden Administration," Variety.com, December 10, 2020, https://variety.com/2020/biz/news/susan-rice-exits-netflix-board-biden-administration-1234850756/.

16 Ari Levy, "The most liberal and conservative tech companies, ranked by employees' political donations," CNBC.com, July 2, 2020, https://www.cnbc.com/2020/07/02/most-liberal-tech-companies-ranked-by-employee-donations.html.

17 Megan Graham, "Netflix says it will rethink its investment in Georgia if 'heartbeat'

abortion law goes into effect," CNBC.com, May 28, 2019, https://www.cnbc.com/2019/05/28/netflix-would-rethink-investment-in-georgia-if-abortion-law-stands.html.

18 Sherisse Pham, "Netflix finally finds a way into China," CNN.com, May 3, 2017, https://money.cnn.com/2017/04/26/technology/netflix-china-baidu-iqiyi/.

19 Lisa Richwine, "Disney CEO says it will be 'difficult' to film in Georgia if abortion law takes effect," Reuters.com, May 29, 2019, https://www.reuters.com/article/us-usa-abortion-walt-disney-exclusive/disney-ceo-says-it-will-be-difficult-to-film-in-georgia-if-abortion-law-takes-effect-idUSKCN1T003X.

20 Amy Qin and Edward Wong, "Why Calls to Boycott 'Mulan' Over Concerns About China Are Growing," NYTimes.com, September 8, 2020, https://www.nytimes.com/2020/09/08/world/asia/china-mulan-xinjiang.html.

21 Johanna Blakley et al., "Are You What You Watch?," LearCenter.org, May 2019, https://learcenter.org/wp-content/uploads/2019/05/are_you_what_you_watch.pdf.

22 "GLAAD works with Hollywood to shape transgender stories and help cast trans actors," GLAAD.org, May 12, 2020, https://www.glaad.org/blog/glaad-works-hollywood-shape-transgender-stories-and-help-cast-trans-actors.

23 Dave Nemetz, "*The Office* Edits Out Blackface Scene, *Community* Pulls Entire Episode," TVLine.com, June 26, 2020, https://tvline.com/2020/06/26/the-office-community-blackface-cut-removed-streaming/.

24 "Gone with the Wind removed from HBO Max," BBC.com, June 10, 2020, https://www.bbc.com/news/entertainment-arts-52990714.

25 Samuel Gelman, "Disney+ Updates Offensive Content Disclaimer for Aladdin, Peter Pan and More," CBR.com, October 15, 2020, https://www.cbr.com/disney-plus-update-disclaimer-aladdin-peter-pan/.

26 "Cops TV series canceled after 31 years in wake of protests," EW.com, June 9, 2020, https://ew.com/tv/cops-canceled/.

27 Sarah Whitten, "'Live P.D.' canceled by A&E following report that the reality show filmed police custody death," CNBC.com, June 11, 2020, https://www.cnbc.com/2020/06/11/live-pd-canceled-over-report-that-show-filmed-police-custody-death.html.

28 "Scarlett Johansson quits trans role after LGBT backlash," BBC.com, July 13, 2018, https://www.bbc.com/news/entertainment-arts-44829766.

29 "You would say that wouldn't you! Sarah Silverman says progressives should allow cancel-culture victims a 'path to redemption' — after she was fired from film role for blackface," DailyMail.co.uk, October 26, 2020, https://www.dailymail.co.uk/news/article-8880547/Sarah-Silverman-slams-non-forgiving-cancel-culture-progressives-warns-digging-mistakes.html.

30 Nick Vadala, "Dave Chappelle defends Kevin Hart in controversial new Netflix comedy special 'Sticks & Stones,'" Inquirer.com, August 28, 2019, https://www.inquirer.com/entertainment/tv/dave-chappelle-netflix-comedy-kevin-hart-louis-ck-michael-jackson-20190828.html.

31 Christian Toto, "Bill Burr: Cancel Culture Made Me a Better Stand-up Comedian," HollywoodInToto.com, https://www.hollywoodintoto.com/bill-burr-cancel-culture-stand-up-comedian/.

32 Ben Cost, "'Mr. Bean' actor Rowan Atkinson equates cancel culture to 'medieval mob,'" NYPost.com, January 5, 2021, https://nypost.com/2021/01/05/mr-bean-rowan-atkinson-says-cancel-culture-to-medieval-mob/.

33 Center Is Sexy, "Graphing Rotten Tomatoes' Political Bias," Medium.com, September 18, 2019, https://medium.com/@centerissexy/graphing-rotten-tomatoes-political-bias-957e43986461.

34 Owen Gleiberman, "Healthy Tomatoes? The Danger of Film Critics Speaking as One," Variety.com, August 20, 2017, https://variety.com/2017/film/columns/rottentomatoes-the-danger-of-film-critics-speaking-as-one-1202533533/.

35 Peter Bradshaw, "Variety's apology to Carey Mulligan shows the film critic's ivory tower is toppling," TheGuardian.com, January 28, 2021, https://www.theguardian.com/film/2021/jan/28/variety-apology-carey-mulligan-film-critics.

36 Megan Garber, "Hey, Look, the New Ghostbusters Didn't Kill *Ghostbusters*," TheAtlantic.com, July 15, 2016, https://www.theatlantic.com/entertainment/archive/2016/07/hey-look-ghostbusters-didnt-kill-feminism/491414/.

37 Matt Miller, "The Year *Star Wars* Fans Finally Ruined *Star Wars*," Esquire.com, December 13, 2018, https://www.esquire.com/entertainment/movies/a25560063/how-fans-ruined-star-wars-the-last-jedi-2018/.

38 Hannah Giorgis, "The Fear in Chappelle's New Special," TheAtlantic.com, August 28,

2019, https://www.theatlantic.com/entertainment/archive/2019/08/dave-chappelle-doubles-down-sticks-and-stones/596947/.

39 Jordan Hoffman, "Dave Chappelle Releases a Passionate and Raw Comedy Set, Making George Floyd Protests Personal," VanityFair.com, June 12, 2020, https://www.vanityfair.com/hollywood/2020/06/dave-chappelle-releases-a-passionate-and-raw-comedy-set-making-george-floyd-protests-personal.

40 Lorraine Ali, "Review: Dave Chappelle's new special isn't stand-up. It's an anguished story of violence," June 12, 2020, https://www.latimes.com/entertainment-arts/tv/story/2020-06-12/dave-chappelle-846-youtube-netflix-george-floyd.

41 David Sims, *Hillybilly Elegy* Is One of the Worst Movies of the Year," TheAtlantic.com, November 23, 2020, https://www.theatlantic.com/culture/archive/2020/11/hillbilly-elegy/617189/.

42 Todd Spangler, "Netflix Launches 'Black Lives Matter' Collection of Movies, TV Shows, and Documentaries," Variety.com, June 10, 2020, https://variety.com/2020/digital/news/netflix-black-lives-matter-collection-1234630160/.

43 Kiersten Willis, "Netflix, Amazon and Hulu spotlight black stories with film collections," AJC.com, June 11, 2020, https://www.ajc.com/entertainment/netflix-amazon-and-hulu-spotlight-black-stories-with-film-collections/vMxIsfPV3ksp7x2W7AtlQM/.

44 John Mossman, "Abdul-Rauf Suspended Over National Anthem," Associated Press, March 13, 1996, https://apnews.com/article/0a244b7bf3d7c3882229d7f0e84587d6.

45 Tim Bontemps, "Michael Jordan stands firm on 'Republicans buy sneakers, too' quote, says it was made in jest," ESPN.com, May 4, 2020, https://www.espn.com/nba/story/_/id/29130478/michael-jordan-stands-firm-republicans-buy-sneakers-too-quote-says-was-made-jest.

46 Clay Travis, *Republicans Wear Sneakers, Too* (New York: HarperCollins, 2018), 41-49.

47 Ibid., 55.

48 "Pro Football Is Still America's Favorite Sport," TheHarrisPoll.com, January 26, 2016, https://theharrispoll.com/new-york-n-y-this-is-a-conflicting-time-for-football-fans-on-the-one-hand-with-the-big-game-50-no-less-fast-approaching-its-a-time -of-excitement-especial/.

49 "Average daily time spent watching TV per capita in the United States in 2009 and

2019, by ethnicity," Statista.com, https://www.statista.com/statistics/411806/average-
daily–time–watching–tv–us–ethnicity/.

50 Kerwin Kofi Charles, Erik Hurst, and Nikolai Roussanov, "Conspicuous Consumption
and Race," *Quarterly Journal of Economics* 124, no. 2 (2009): 425-67, https://
repository.upenn.edu/fnce_papers/413/.

51 "St. Louis police officers angered by Rams' 'hands up, don't shoot' pose," SI.com,
November 30, 2014, https://www.si.com/nfl/2014/11/30/st–louis–rams–ferguson–
protests.

52 "NFL won't discipline Rams players for 'hands up, don't shoot' gesture," SI.com,
December 1, 2014, https://www.si.com/nfl/2014/12/01/nfl–discipline–st–louis
–rams–players–hands–dont–shoot.

53 "NFL denies Cowboys' request to wear decal honoring fallen Dallas officers," Foxnews.
com, August 12, 2016, https://www.foxnews.com/sports/nfl–denies–cowboys–
request–to–wear–decal–honoring–fallen–dallas–officers.

54 David K. Li, "Colin Kaepernick reveals the specific police shooting that led him to
kneel," NBCNews.com, August 20, 2019, https://www.nbcnews.com/news/us–news/
colin–kaepernick–reveals–specific–police–shooting–led–him–kneel–n1044306.

55 Christopher Ingraham, "What Colin Kaepernick means for America's racial gap in
patriotism," WashingtonPost.com, September 23, 2016, https://www.washingtonpost.
com/news/wonk/wp/2016/09/23/what–colin–kaepernick–means–for–americas–
racial–gap–in–patriotism/.

56 Jenna West, "Colin Kaepernick Returns to 'Madden' for First Time Since 2016,"
SI.com, September 8, 2020, https://www.si.com/nfl/2020/09/08/colin–kaepernick–
returns–madden–nfl–ea–sports–2020.

57 Darren Rovell, "NFL television ratings down 9.7 percent during 2017 regular season,"
ESPN.com, January 4, 2018, https://www.espn.com/nfl/story/_/id/21960086/nfl–
television–ratings–97–percent–2017–regular–season.

58 Ben Shapiro, "ESPN Admits They Mistreat Conservatives, and It's Killing Their
Ratings," DailyWire.com, November 17, 2016, https://www.dailywire.com/news/
espn–admits–they–mistreat–conservatives–and–its–ben–shapiro.

59 Ben Strauss, "As ESPN tries to stick to sports, President Jimmy Pitaro must de–fine
what that means," WashingtonPost.com, July 26, 2019, https://www.washingtonpost.

com/sports/2019/07/26/jimmy-pitaro-espn-president-politics/.

60 Nikole Tower, "In an ethnic breakdown of sports, NBA takes lead for most diverse," GlobalSportMatters.com, December 12, 2018, https://globalsportmatters.com/culture/2018/12/12/in-an-ethnic-breakdown-of-sports-nba-takes-lead-for-most-diverse/.

61 Tom Huddleston, "These are the highest paid players in the NBA right now," CNBC.com, October 22, 2019, https://www.foxnews.com/sports/nfl-denies-cowboys-request-to-wear-decal-honoring-fallen-dallas-officers.

62 The Undefeated, "Social Justice Messages Each Player Is Wearing on His Jersey," TheUndefeated.com, July 31, 2020, https://theundefeated.com/features/social-justice-messages-each-nba-player-is-wearing-on-his-jersey/.

63 Dan Wolken, "Opinion: LeBron James undermines values he's espoused in most disgraceful moment of career," USAToday.com, October 15, 2019, https://www.usatoday.com/story/sports/columnist/dan-wolken/2019/10/14/lebron-james-daryl-morey-china-hong-kong-tweet/3982436002/.

64 Paul P. Murphy, "Baseball is making Black Lives Matter on Opening Day," CNN.com, July 24, 2020, https://www.cnn.com/2020/07/23/us/opening-day-baseball-mlb-black-lives-matter-trnd/index.html.

65 Associated Press, "Baltimore Ravens' Matthew Judon blasts NFL Commissioner Roger Goodell's 'Black Lives Matter' speech," USAToday.com, June 15, 2020, https://www.usatoday.com/story/sports/nfl/ravens/2020/06/15/roger-goodells-black-lives-matter-speech-blasted-matthew-judon/3196057001/.

66 Scott Polacek, "NFL Plans to Include Social Justice Messages in End Zone Borders for Week 1," BleacherReport.com, July 27, 2020, https://bleacherreport.com/articles/2901950-nfl-plans-to-include-social-justice-messages-in-end-zone-borders -for-week-1.

67 Rick Porter, "NFL Ratings Slip in 2020, Remain Dominant on Broadcast," HollywoodReporter.com, January 6, 2021, https://www.hollywoodreporter.com/live -feed/nfl-ratings-slip-in-2020-remain-dominant-on-broadcast#:~:text=The%20league%20drops%20about%2010,draw%20on%20ad%2Dsupported%20television.

68 "NBA Ratings Decline Points to Broader Trouble in TV Watching," Bloomberg.com, October 13, 2020, https://www.bloomberg.com/news/articles/2020-10-13/nba-ratings-decline-points-to-broader-trouble-in-tv-watching.

69 Chris Haney, "TV Ratings: MLB 2020 World Series Least-Watched of AllTime," Outsider.com, October 29, 2020, https://www.bloomberg.com/news/articles/2020-10-13/nba-ratings-decline-points-to-broader-trouble-in-tv-watching.

CHAPTER 7: 가짜 뉴스

1 Richard Read, "Attorney for Minneapolis police officer says he'll argue George Floyd died of an overdose and a heart condition," LATimes.com, August 20, 2020, https://www.latimes.com/world-nation/story/2020-08-20/george-floyd-derek-chauvin-defense.

2 "988 people have been shot and killed by police in the past year," WashingtonPost.com, Updated January 26, 2021, https://www.washingtonpost.com/graphics/investigations/police-shootings-database/?itid=lk_inline_manual_5.

3 "Groups March into Beverly Hills, Loot Stores on Rodeo Drive," CBSLocal.com, May 30, 2020, https://losangeles.cbslocal.com/2020/05/30/rodeo-drive-protest-looting-george-floyd/.

4 Jonathan Lloyd, "Dozens of Businesses Damaged at Flashpoint of Violence in the Fairfax District," NBCLosAngeles.com, May 31, 2020, https://www.nbclosangeles.com/news/local/fairfax-district-melrose-damaged-looting-grove-fire-natioal-guard-lapd/2371497/.

5 Alejandra Reyes-Velarde, Brittny Mejia, Joseph Serna, Ruben Vives, Melissa Etehad, Matthew Ormseth, and Hailey Branson-Potts, "Looting hits Long Beach, Santa Monica as countywide curfew goes into effect," LATimes.com, May 31, 2020, https://www.latimes.com/california/story/2020-05-31/looting-vandalism-leaves-downtown-l-a-stunned.

6 "NYC Protests Turn Violent," NYTimes.com, May 31, 2020, https://www.nytimes.com/2020/05/31/nyregion/nyc-protests-george-floyd.html.

7 Isaac Stanley-Becker, Colby Itkowitz, and Meryl Kornfield, "Protests mount and violence flares in cities across US, putting the nation on edge," WashingtonPost.com, May 30, 2020, https://www.washingtonpost.com/national/protests-gain-force-across-us/2020/05/30/fccf57ea-a2a8-11ea-81bb-c2f70f01034b_story.html.

8   Tim Hains, "MSNBC's Ali Velshi Downplays Riot in Front of Burning Building: 'Mostly a Protest,' 'Not Generally Speaking Unruly," RealClearPolitics.com, May 28, 2020, https://www.realclearpolitics.com/video/2020/05/28/msnbcs_ali_velshi_downplays_riot_in_front_of_burning_building_mostly_a_protest_not_generally_speaking_unruly.html.

9   Joe Concha, "CNN ridiculed for 'Fiery but Mostly Peaceful' caption with video of burning building in Kenosha," TheHill.com, August 27, 2020, https://thehill.com/homenews/media/513902-cnn-ridiculed-for-fiery-but-mostly-peaceful-caption-with-video-of-burning.

10   "Costliest US civil disorders," Axios.com, https://www.axios.com/riots-cost-property-damage-276c9bcc-a455-4067-b06a-66f9db4cea9c.html.

11   Ariel Zilber, "REVEALED: Widespread vandalism and looting during BLM protests will cost insurance $2 billion after violence erupted in 140 cities in the wake of George Floyd's death," DailyMail.co.uk, September 16, 2020, https://www.dailymail.co.uk/news/article-8740609/Rioting-140-cities-George-Floyds-death-cost-insurance-industry-2-BILLION.html.

12   Lois Beckett, "At least 25 Americans were killed during protests and political unrest in 2020," TheGuardian.com, October 31, 2020, https://www.theguardian.com/world/2020/oct/31/americans-killed-protests-political-unrest-acled.

13   Ebony Bowden, "More than 700 officers injured in George Floyd protests across US," NYPost.com, June 8, 2020, https://nypost.com/2020/06/08/more-than-700-officers-injured-in-george-floyd-protests-across-us/.

14   https://twitter.com/CBSNews/status/1267877443911778306.

15   Virginia Allen, "New York Times Mum on '1619 Project' Creator Calling '1619 Riots' Moniker an 'Honor,'" DailySignal.com, June 22, 2020, https://www.daily signal.com/2020/06/22/new-york-times-mum-on-1619-project-creator-calling-1619-riots-moniker-an-honor/.

16   https://twitter.com/theMRC/status/1267818603807567872.

17   "Chris Cuomo demands to know where it says protests must be 'peaceful.' Then he gets a lesson on the Constitution," TheBlaze.com, June 3, 2020, https://www.theblaze.com/news/chris-cuomo-protests-peaceful-constitution.

18   Andrew Kerr, "Here Are 31 Times the Media Justified or Explained Away Rioting and

Looting After George Floyd's Death," DailySignal.com, September 4, 2020, https://www.dailysignal.com/2020/09/04/here-are-31-times-the-media-justified-or-explained-away-rioting-and-looting-after-george-floyds-death/.

19 Tonya Mosley, "Understand Protests as 'Acts of Rebellion' Instead of Riots, Marc Lamont Hill Says," WBUR.org, June 2, 2020, https://www.wbur.org/hereandnow/2020/06/02/protests-acts-of-rebellion.

20 Heather Mac Donald, "Taking Stock of a Most Violent Year," WSJ.com, January 24, 2021, https://www.wsj.com/articles/taking-stock-of-a-most-violent-year-11611525947.

21 Brian Flood, "CNN's Don Lemon says anti-police violence of 2020 built on 'facts' so 'you can't compare' to Capitol riot," FoxNews.com, January 13, 2021, https://www.foxnews.com/media/cnns-don-lemon-2020-built-facts-riot.

22 Lindsey Ellefson, "Don Lemon on His Journalistic Approach: My 'Lens' Is 'Not Necessarily a Bias,' but 'Experience,'" TheWrap.com, July 7, 2020, https://www.thewrap.com/don-lemon-on-his-journalistic-approach-my-lens-is-not-necessarily-a-bias-but-experience/.

23 Paul Bedard, "90% of media political donations to Biden, Sanders, AOC, Democrats: Report," WashingtonExaminer.com, October 28, 2020, https://www.washingtonexaminer.com/washington-secrets/90-of-media-political-donations-to-biden-sanders-aoc-democrats-report.

24 Jack Shafer and Tucker Doherty, "The Media Bubble Is Worse Than You Think," Politico.com, May/June 2017, https://www.politico.com/magazine/story/2017/04/25/media-bubble-real-journalism-jobs-east-coast-215048.

25 Keith Griffith, "American trust in the mainstream media hits an all-time low with just 18% of Republicans saying they believe journalists after the 2020 election," Daily Mail.co.uk, January 21, 2021, https://www.dailymail.co.uk/news/article-9173711/American-trust-media-hits-time-low.html.

26 "James Callendar," Monticello.org, https://www.monticello.org/site/research-and-collections/james-callender.

27 Amy Solomon Whitehead, "The Unattainable Ideal: Walter Lippmann and the Limits of the Press and and Public Opinion," LSU master's thesis, LSU.edu, 2015, https://digitalcommons.lsu.edu/cgi/viewcontent.cgi?article=3281&context=gradschool_theses.

28 Walter Lippmann, *Liberty and the News* (New York: Harcourt, Brace & Howe, 1920), 88–89.

29 Ravi Somaiya and Ashley Southall, "Arrested in Ferguson Last Year, 2 Reporters Are Charged," NYTimes.com, August 11, 2015, https://www.nytimes.com/2015/08/11/us/arrested-in-ferguson-2014-washington-post-reporter-wesley-lowery-is-charged.html?_r=0.

30 Wesley Lowery, *They Can't Kill Us All* (New York: Hachette Book Group, 2016), 37.

31 Maxwell Tani, "Washington Post Threatened Another Star Reporter Over His Tweets," DailyBeast.com, February 3, 2020, https://www.thedailybeast.com/wash ington-post-threatened-another-star-reporter-wesley-lowery-over-his-tweets.

32 Ben Smith, "Inside the Revolts Erupting in America's Big Newsrooms," NY Times.com, June 7, 2020, https://www.nytimes.com/2020/06/07/business/media/new-york-times-washington-post-protests.html.

33 Oliver Darcy, "New York Times staffers revolt over publication of Tom Cotton op-ed," CNN.com, June 4, 2020, https://www.cnn.com/2020/06/03/media/new-york-times-tom-cotton-op-ed/index.html.

34 Marc Tracy, "James Bennet Resigns as New York Times Opinion Editor," NY Times.com, June 7, 2020, https://www.nytimes.com/2020/06/07/business/media/james-bennet-resigns-nytimes-op-ed.html.

35 Michael M. Grynbaum, "The Atlantic Cuts Ties with Conservative Writer Kevin Williamson," NYTimes.com, April 5, 2018, https://www.nytimes.com/2018/04/05/business/media/kevin-williamson-atlantic.html.

36 Kyle Smith, "Politico Staff in Uproar over Ben Shapiro Appearance," National Review.com, January 14, 2021, https://www.nationalreview.com/corner/politico-staff-in-uproar-over-ben-shapiro-appearance/.

37 https://twitter.com/ErikWemple/status/1349900614470393864.

38 Maxwell Tani, "100+ Politico Staffers Send Letter to Publisher Railing Against Publishing Ben Shapiro," TheDailyBeast.com, January 25, 2021, https://www.the dailybeast.com/more-than-100-politico-staffers-send-letter-to-ceo-railing-against-publishing-ben-shapiro.

39 https://twitter.com/ErikWemple/status/1349804843439894532.

40 Karen Attiah, "The media had a role to play in the rise of Trump. It's time to hold ourselves accountable," WashingtonPost.com, January 20, 2021, https://www.washingtonpost.com/opinions/2021/01/20/media-had-role-play-rise-trump-its-time-hold-ourselves-accountable/.

41 Marc Tracy, "Top Editor of Philadelphia Inquirer Resigns After 'Buildings Matter' Headline," NYTimes.com, June 6, 2020, https://www.nytimes.com/2020/06/06/business/media/editor-philadephia-inquirer-resigns.html.

42 Bari Weiss, "Resignation Letter," BariWeiss.com, July 14, 2020, https://www.bariweiss.com/resignation-letter.

43 Victoria Bynum, James M. McPherson, James Oakes, Sean Wilentz, and Gordon S. Wood, "RE: The 1619 Project," *New York Times Magazine*, December 29, 2019. https://www.nytimes.com/2019/12/20/magazine/we-respond-to-the-historians-who-critiqued-the-1619-project.html.

44 K. C. Johnson, "History Without Truth," City-Journal.org, December 31, 2019, https://www.city-journal.org/1619-project-history-without-truth.

45 Leslie M. Harris, "I Helped Fact-Check the 1619 Project. The Times Ignored Me," Politico.com, March 6, 2020, https://www.politico.com/news/magazine/2020/03/06/1619-project-new-york-times-mistake-122248.

46. Brian Stelter and Oliver Darcy, "1619 Project faces renewed criticism—this time from *The New York Times*," CNN.com, October 12, 2020, https://www.cnn.com/2020/10/12/media/new-york-times-1619-project-criticism/index.html.

47. "Oprah Winfrey, Nikole Hannah-Jones to Adapt '1619 Project' for Film, TV," HollywoodReporter.com, July 8, 2020, https://www.hollywoodreporter.com/video/oprah-winfrey-nikole-hannah-jones-adapt-1619-project-watch-1302506.

48 Jacques Steinberg, "An All-Out Attack on 'Conservative Misinformation,'" NY Times.com, October 31, 2008, https://www.nytimes.com/2008/11/01/washington/01media.html.

49 Tucker Carlson and Vince Coglianese, "Inside Media Matters: Sources, memos reveal erratic behavior, close coordination with White House and news organizations," DailyCaller.com, February 12, 2012, https://dailycaller.com/2012/02/12/inside-media-matters-sources-memos-reveal-erratic-behavior-close-coordination-with-white-house-and-news-organizations/.

50 Nicholas Kristof, "A Letter to My Conservative Friends," NYTimes.com, January

27, 2021, https://www.nytimes.com/2021/01/27/opinion/trump-supporters-conspiracy-theories.html.

51 Margaret Sullivan, "Fox News is a hazard to our democracy. It's time to take the fight to the Murdochs. Here's how," WashingtonPost.com, January 24, 2021, https://www.washingtonpost.com/lifestyle/media/fox-news-is-a-hazard-to-our-democracy-its-time-to-take-the-fight-to-the-murdochs-heres-how/2021/01/22/1821f186-5cbe-11eb-b8bd-ee36b1cd18bf_story.html.

52 Max Boot, "Trump couldn't have incited sedition without the help of Fox News," WashingtonPost.com, January 18, 2021, https://www.washingtonpost.com/opinions/2021/01/18/trump-couldnt-have-incited-sedition-without-help-fox-news/.

53 Oliver Darcy, "Analysis: TV providers should not escape scrutiny for distributing disinformation," CNN.com, January 8, 2021, https://www.cnn.com/2021/01/08/media/tv-providers-disinfo-reliable-sources/index.html.

54 https://twitter.com/tomselliott/status/1351140855478947844.

55 Kara Swisher, "Zuckerberg's Free Speech Bubble," NYTimes.com, June 3, 2020, https://www.nytimes.com/2020/06/03/opinion/facebook-trump-free-speech.html?action=click&module=RelatedLinks&pgtype=Article.

56. Kevin Roose, "The Making of a YouTube Radical," NYTimes.com, June 8, 2019, https://www.nytimes.com/interactive/2019/06/08/technology/youtube-radical.html.

57 Jim VandeHei, "Our new reality: Three Americas," Axios.com, January 10, 2021. https://www.axios.com/capitol-siege-misinformation-trump-d9c9738b-0852-408d-a24f-81c95938b41b.html?stream=top.

58 Armin Rosen, "Journalists Mobilize Against Free Speech," TabletMag.com, January 24, 2021, https://www.tabletmag.com/sections/news/articles/jounalists-against-free-speech.

59. Caitlin Flanagan, "The Media Botched the Covington Catholic Story," The Atlantic.com, January 23, 2019, https://www.theatlantic.com/ideas/archive/2019/01/media-must-learn-covington-catholic-story/581035/.

60 "Statement of Nick Sandmann, Covington Catholic High School junior, regarding incident at the Lincoln Memorial," CNN.com, January 23, 2019, https://www.cnn.com/2019/01/20/us/covington-kentucky-student-statement/index.html.

61 Caitlin Flanagan, "The Media Botched the Covington Catholic Story," The Atlantic. com, January 23, 2019, https://www.theatlantic.com/ideas/archive/2019/01/media-must-learn-covington-catholic-story/581035/.

62 https://grabien.com/story.php?id=321993.

63 https://twitter.com/Acosta/status/1351649797820862465.

64 Isaac Schorr, "Jen Psaki Is Living Her Best Life," NationalReview.com, January 25, 2021, https://www.nationalreview.com/2021/01/jen-psaki-is-living-her-best-life/.

65 Margaret Sullivan, "The media can be glad for the Biden White House's return to normalcy. But let's not be lulled," WashingtonPost.com, January 21, 2021, https://www.washingtonpost.com/lifestyle/media/the-media-can-be-glad-for-the-biden-white-houses-return-to-normalcy-but-lets-not-be-lulled/2021/01/20/ea444ac6-5b81-11eb-a976-bad6431e03e2_story.html.

CHAPTER 8: 친구관계를 끊고 있는 미국인들

1 Emma-Jo Morris and Gabrielle Fonrouge, "Smoking-gun email reveals how Hunter Biden introduced Ukrainian businessman to VP dad," NYPost.com, October 14, 2020, https://nypost.com/2020/10/14/email-reveals-how-hunter-biden-introduced-ukrainian-biz-man-to-dad/.

2 Ben Schreckinger, "Biden Inc.," Politico.com, August 2, 2019, https://www.politico.com/magazine/story/2019/08/02/joe-biden-investigation-hunter-brother-hedge-fund-money-2020-campaign-227407.

3 Tim Marcin, "Hunter Biden Admits His Last Name Has Opened Basically Every Door for Him," Vice.com, October 15, 2019, https://www.vice.com/en/article/a35y9k/hunter-biden-admits-his-last-name-has-opened-basically-every-door-for-him.

4 Mark Moore, "Joe Biden's testy response to NBC question about Hunter's dealings in Ukraine," NYPost.com, February 3, 2020, https://nypost.com/2020/02/03/joe-bides-testy-response-to-nbc-question-about-hunters-dealings-in-ukraine/.

5 "Read Trump's phone conversation with Volodymr Zelensky," CNN.com, September 26, 2019, https://www.cnn.com/2019/09/25/politics/donald-trump-ukraine-transcript-call/index.html.

6 Ebony Bowden and Steven Nelson, "Hunter's ex-partner Tony Bobulinski: Joe Biden's a liar and here's the proof," NYPost.com, October 22, 2020, https://nypost.

com/2020/10/22/hunter-ex-partner-tony-bobulinski-calls-joe-biden-a-liar/.

7 Natasha Bertrand, "Hunter Biden story is Russian disinfo, dozens of former intel officials say," Politico.com, October 19, 2020, https://www.politico.com/news/2020/10/19/hunter-biden-story-russian-disinfo-430276.

8 Evan Perez and Pamela Brown, "Federal criminal investigation into Hunter Biden focuses on his business dealings in China," CNN.com, December 10, 2020, https://www.cnn.com/2020/12/09/politics/hunter-biden-tax-investigtation/index.html.

9 Paul Bedard, "Media's hiding of Hunter Biden scandal robbed Trump of clear win: Poll," MSN.com, November 13, 2020, https://www.msn.com/en-us/news/politics/media-s-hiding-of-hunter-biden-scandal-robbed-trump-of-clear-win-poll/ar-BB1aZGcF.

10 Benjamin Hart, "Twitter Backs Down After Squelching New York Post's Hunter Biden Story," NYMag.com, October 16, 2020, https://nymag.com/intelligencer/2020/10/twitter-facebook-block-ny-post-hunter-biden-article.html.

11 Audrey Conklin, "Facebook official who said platform is reducing distribution of Hunter Biden has worked for top Dems," FoxNews.com, October 14, 2020, https://www.foxnews.com/politics/facebook-spokesperson-top-democrats-new-york-post.

12 https://twitter.com/andymstone/status/1316395902479872000.

13 https://twitter.com/andymstone/status/1316423671314026496.

14 Alex Hern, "Facebook leak reveals policies on restricting New York Post's Biden story," TheGuardian.com, October 30, 2020, https://www.theguardian.com/technology/2020/oct/30/facebook-leak-reveals-policies-restricting-new-york-post-biden-story.

15 47 U.S. Code §230.

16 "Section 230 of the Communications Decency Act," EFF.org, https://www.eff.org/issues/cda230. 17. "CDA 230: Legislative History," EFF.org, https://www.eff.org/issues/cda230 /legislative-history.

18 47 U.S. Code §230.

19 Mark Zuckerberg, "Bring the World Closer Together," Facebook.com, June 22, 2017, https://techcrunch.com/2017/06/22/bring-the-world-closer-together/.

20 Justin Fox, "Why Twitter's Mission Statement Matters," HBR.org, November 13, 2014, https://hbr.org/2014/11/why-twitters-mission-statement-matters.

21 Angie Drobnic Holan, "2016 Lie of the Year: Fake news," Politifact.com, December 13, 2016, https://www.politifact.com/article/2016/dec/13/2016-lie-year-fake -news/.

22 David Remnick, "Obama Reckons with a Trump Presidency," NewYorker.com, November 18, 2016, https://www.newyorker.com/magazine/2016/11/28/obama-reckons-with-a-trump-presidency.

23 Scott Shackford, "Senator Feinstein's Threat to 'Do Something' to Social Media Companies Is a Bigger Danger to Democracy Than Russia," Reason.com, November 3, 2017, https://reason.com/2017/11/03/sen-feinsteins-threat-to-do-something-to/.

24 Kurt Wagner, "Mark Zuckerberg says it's 'crazy' to think fake news stories got Trump elected," Vox.com, November 11, 2016, https://www.vox.com/2016/11/11/13596792/facebook-fake-news-mark-zuckerberg-donald-trump.

25 Mark Zuckerberg, "Building Global Community," Facebook.com, February 16, 2017, https://www.facebook.com/notes/mark-zuckerberg/building-global-community/10103508221158471/?pnref=story.

26. "Transcript of Mark Zuckerberg's Senate hearing," WashingtonPost.com, April 10, 2018, https://www.washingtonpost.com/news/the-switch/wp/2018/04/10/transcript-of-mark-zuckerbergs-senate-hearing/.

27. Tony Romm, "Zuckerberg: Standing for Voice and Expression," WashingtonPost.com, October 17, 2019, https://www.washingtonpost.com/technology/2019/10/17/zuckerberg-standing-voice-free-expression/.

28 Alison Durkee, "Jack Dorsey Sees a 'Major Gap and Flaw' in Mark Zuckerberg's Free Speech Argument," VanityFair.com, October 25, 2019, https://www.vanityfair.com/news/2019/10/jack-dorsey-mark-zuckerberg-free-speech-political-ads-facebook.

29 Sara Rimer, "Jack Dorsey, Twitter and Square Cofounder, Donates $10 Million to BU Center for Antiracist Research," BU.edu, August 20, 2020, https://www.bu.edu/articles/2020/jack-dorsey-bu-center-for-antiracist-research-gift/.

30. Kara Swisher, "Zuckerberg's Free Speech Bubble," NYTimes.com, June 3, 2020, https://www.nytimes.com/2020/06/03/opinion/facebook-trump-free-speech.html.

31 Alison Durkee, "'So You Won't Take Down Lies?' AOC Blasts Mark Zuckerberg in Testy House Hearing," VanityFair.com, October 24, 2019, https://www.vanityfair.com/news/2019/10/mark-zuckerberg-facebook-house-testimony-aoc.

32 Cecilia Kang, "Biden Prepares Attack on Facebook's Speech Policies," NYTimes .com, June 11, 2020, https://www.nytimes.com/2020/06/11/technology/biden-facebook-misinformation.html.

33 "Report of the Select Committee on Intelligence on Russian Active Measures Campaigns and Interference in the 2016 Election, Volume 2: Russia's Use of Social Media with Additional Views," Intelligence.senate.gov, https://www.intelligence.senate. gov/sites/default/files/documents/Report_Volume2.pdf.

34 Nicholas Thompson and Issie Lapowsky, "How Russian Trolls Used Meme Warfare to Divide America," Wired.com, December 17, 2018, https://www.wired.com/story/ russia-ira-propaganda-senate-report/.

35 Molly Ball, "The Secret History of the Shadow Campaign That Saved the 2020 Election," Time.com, February 4, 2021, https://time.com/5936036/secret-2020-election-campaign/.

36 Eliza Shearer and Elizabeth Grieco, "Americans Are Wary of the Role Social Media Sites Play in Delivering the News," Journalism.org, October 2, 2019, https://www. journalism.org/2019/10/02/americans-are-wary-of-the-role-social-media-sites-play-in-delivering-the-news/.

37 Kevin Roose, "The Making of a YouTube Radical," NYTimes.com, June 8, 2019, https://www.nytimes.com/interactive/2019/06/08/technology/youtube-radical.html.

38 Lesley Stahl, "How Does YouTube Handle the Site's Misinformation, Conspiracy Theories, and Hate?," CBSNews.com, December 1, 2019, https://www.cbsnews.com/ news/is-youtube-doing-enough-to-fight-hate-speech-and-conspiracy-theories-60-minutes-2019-12-01/.

39 Josh Constine, "Facebook will change algorithm to demote 'borderline content' that almost violates policies," TechCrunch.com, November 15, 2018, https://techcrunch. com/2018/11/15/facebook-borderline-content/?guccounter=1.

40 Kevin Roose, Mike Isaac, and Sheera Frankel, "Facebook Struggles to Balance Civility and Growth," NYTimes.com, November 24, 2020, https://www.nytimes. com/2020/11/24/technology/facebook-election-misinformation.html.

41 Ben Shapiro, "Facebook Unveils Plan to Defeat 'Fake News': Rely on leftist FactCheckers," DailyWire.com, December 15, 2016, https://www.dailywire.com/ news/facebook-unveils-plan-defeat-fake-news-rely-ben-shapiro.

42 Bethania Palma, "Did AOC Exaggerate the Danger She Was in During Capitol Riot?," Snopes.com, February 3, 2021, https://www.snopes.com/fact-check/aoc-capitol-attack/.

43 Stephen J. Ceci, "The Psychology of Fact-Checking," ScientificAmerican.com, October 25, 2020, https://www.scientificamerican.com/article/the-psychology-of-fact-checking1/.

44 Elizabeth Dwoskin, Nitasha Tiku, and Heather Kelly, "Facebook to start policing anti-Black hate speech more aggressively than anti-White comments, documents show," WashingtonPost.com, December 3, 2020, https://www.washingtonpost.com/technology/2020/12/03/facebook-hate-speech/.

45 Emine Saner, "YouTube's Susan Wojcicki: 'Where's the line of free speech—are you removing voices that should be heard?,'" TheGuardian.com, August 10, 2019, https://www.theguardian.com/technology/2019/aug/10/youtube-susan-wojcicki-ceo-where-line-removing-voices-heard.

46 https://www.facebook.com/communitystandards/hate_speech/.

47 Tony Romm and Elizabeth Dwoskin, "Trump banned from Facebook indefinitely, CEO Mark Zuckerberg says," WashingtonPost.com, January 7, 2021, https://www.washingtonpost.com/technology/2021/01/07/trump-twitter-ban/.

48 "Permanent suspension of @realDonaldTrump," Twitter.com, January 8, 2021, https://blog.twitter.com/en_us/topics/company/2020/suspension.html.

49 "Yann LeCun Quits Twitter Amid Acrimonious Exchanges on AI Bias," Synced Review.com, June 30, 2020, https://syncedreview.com/2020/06/30/yann-lecun-quits-twitter-amid-acrimonious-exchanges-on-ai-bias/.

50 Dan Levin, "A Racial Slur, a Viral Video, and a Reckoning," NYTimes.com, December 26, 2020, https://www.nytimes.com/2020/12/26/us/mimi-groves-jimmy-galligan-racial-slurs.html.

51 Jon Ronson, "How One Stupid Tweet Blew Up Justine Sacco's Life," NYTimes .com, February 12, 2015, https://www.nytimes.com/2015/02/15/magazine/how-one-stupid-tweet-ruined-justine-saccos-life.html.

52 Ari Levy, "Trump fans are flocking to the social media app Parler—its CEO is begging liberals to join them," CNBC.com, June 27, 2020, https://www.cnbc.com/2020/06/27/parler-ceo-wants-liberal-to-join-the-pro-trump-crowd-on-

the-app.html.

53 Brian Fung, "Parler has now been booted by Amazon, Apple and Google," CNN.com, January 11, 2021, https://www.cnn.com/2021/01/09/tech/parler-suspended-apple-app-store/index.html.

54 https://twitter.com/jason_kint/status/1358467793323257857.

55 Brian X. Chen and Kevin Roose, "Are Private Messaging Apps the Next Misinformation Hot Spot?," NYTimes.com, February 3, 2021, https://www.nytimes.com/2021/02/03/technology/personaltech/telegram-signal-misinformation.html?smtyp=cur&smid=tw-nytimes.

56 Eliza Shearer and Elizabeth Grieco, "Americans Are Wary of the Role Social Media Sites Play in Delivering the News," Journalism.org, October 2, 2019, https://www.journalism.org/2019/10/02/americans-are-wary-of-the-role-social-media-sites-play-in-delivering-the-news/.

57 H. Tankovska, "Facebook: Number of monthly active users worldwide 2008-2020", https://www.statista.com/statistics/264810/number-of-monthly-active-face book-users-worldwide/#:~:text=With%20roughly%202.8%20billion%20monthly,network%20ever%20to%20do%20so.

58 Jeff Desjardins, "How Google retains more than 90% of market share," Business Insider.com, April 23, 2018, https://www.businessinsider.com/how-google-retains-more-than-90-of-market-share-2018-4.

59 Greg Stirling, "Almost 70% of digital ad spending going to Google, Facebook, Amazon, says analyst firm," MarketingLand.com, June 17, 2019, https://marketingland.com/almost-70-of-digital-ad-spending-going-to-google-facebook-amazon-says-analyst-firm-262565#:~:text=However%2C%20eMarketer%20revised%20down ward%20its,nearly%2050%25%20to%2038%25.&text=Google%2C%20Facebook%20 and%20Amazon%20are,dollars%20spent%20according%20to%20 eMarketer.

우리 앞에 놓인 선택지

1 Emma Nolan, "What Did Gina Carano Say? 'The Mandalorian' Star Fired after Instagram Holocaust Post," Newsweek.com, February 11, 2021, https://www.newsweek.com/what-gina-carano-said-about-holocaust-mandalorian-fired-1568539.

2 "'The Mandalorian' Star Gina Carano Fired Amid Social Media Controversy," THR.com, February 10, 2021, https://www.hollywoodreporter.com/news/the-mandalorian-star-gina-carano-fired-amid-social-media-controversy.

3 Emma Nolan, "What Did Gina Carano Say? 'The Mandalorian' Star Fired after Instagram Holocaust Post," Newsweek.com, February 11, 2021, https://www.newsweek.com/what-gina-carano-said-about-holocaust-mandalorian-fired-1568539.

4 "'The Mandalorian' Star Gina Carano Fired Amid Social Media Controversy," THR.com, February 10, 2021, https://www.hollywoodreporter.com/news/the-mandalorian-star-gina-carano-fired-amid-social-media-controversy.

5 https://twitter.com/benshapiro/status/1359833571075227648.

6 Andreas Wiseman, "Carano Hits Back, Announces New Movie Project with Ben Shapiro's Daily Wire: 'They Can't Cancel Us If We Don't Let Them,'" Deadline.com, February 12, 2021, https://deadline.com/2021/02/gina-carano-mandalorian-ben-shapiro-hits-back-cancel-culture-1234692971/.

7 Marc Tracy, "Two Journalists Exit New York Times After Criticism of Past Behavior," NYTimes.com, February 5, 2021, https://www.nytimes.com/2021/02/05/business/media/donald-mcneil-andy-mills-leave-nyt.html.

8 Dylan Byers, "New York Times editor walks back statement on racial slurs," NBCNews.com, February 11, 2021, https://www.nbcnews.com/news/all/new-york-times-editor-walks-back-statement-racial-slurs-n1257482.

9 Joe Pompeo, " 'It's Chaos': Behind the Scenes of Donald McNeil's *New York Times* Exit," VanityFair.com, February 11, 2021, https://www.vanityfair.com/news/2021/02/behind-the-scenes-of-donald-mcneils-new-york-times-exit.

10 Pedro Domingos, "Beating Back Cancel Culture: A Case Study from the Field of Artificial Intelligence," January 27, 2021, https://quillette.com/2021/01/27/beating-back-cancel-culture-a-case-study-from-the-field-of-artificial-intelligence/.

권위주의적 순간

미국 좌파들은 어떻게 시스템을 완전히 장악해 버렸을까

초판 1쇄 발행   2023년 2월 6일
초판 2쇄 인쇄   2023년 4월 1일

지은이   벤 샤피로(Ben Shapiro)
옮긴이   노태정
책임편집 윤구영
펴낸이   안병훈
펴낸곳   도서출판 기파랑
등 록   2004. 12. 27 제300-2004-204호
주 소   서울시 종로구 대학로8가길 56 동숭빌딩 301호   우편번호 03086
전 화   02-763-8996(편집부) 02-3288-0077(영업마케팅부)
팩 스   02-763-8936
이메일   info@guiparang.com
홈페이지 www.guiparang.com

ISBN 978-89-6523-541-5   03300